그리스도의 영

앤드류 머레이 지음
임 석 남 옮김

기독교문서선교회

The Spirit of Christ

by
Andrew Murray

translated by
Sėk-Nam Lim

1989
Chritian Literature Crusade
Seoul, Korea

저자 서문

구약 시대 성도들은 하나님을 만나 알았으며 그와 동행하였다. 그들은 하늘에 계신 하나님과 교제하고 있음을 분명하게 의식하였다. 또한 그들의 모든 것이 하나님을 즐거워함을 믿음을 통하여 확신했었다. 하나님의 아들이 이 땅에 오셔서 아버지를 계시하신 것은 하나님과의 교제와 그의 사랑에 대한 확신이 더욱 명확해짐으로 하나님의 모든 자녀들에게 영원한 기업이 되게 하기 위함이었다. 하나님의 아들이 영광의 보좌로 높임을 받으신 것은 우리 마음에 성령—성부와 성자는 하늘의 축복된 생명을 그의 안에 두셨다—을 보내심으로 하나님과 교제하며 사는 복된 삶을 하나님의 능력으로 지속시키기 위함이었다. 새 언약의 특징 중 하나라면 그 언약의 각 지체들이 하나님과 개인적으로 교제하며 행한다는 것이다. "그들이 다시는 각기 이웃과 형제를 가리켜 이르기를 너는 여호와를 알라 하지 아니하리니 이는 작은 자부터 큰 자까지 다 나를 앎이니라 내가 그들의 죄악을 사하고 다시는 그 죄를 기억치 아니하리라 여호와의 말이니라." 성령 안에서의 하나님에 대한 지식과 그와의 개인적인 교제는 죄의 용서라는 열매를 낳는다. 하나님의 아들이 우리 마음에 보내신 영은 우리를 구속하신 아들의 사역 만큼이나 거룩한 사역을 매순간 행하시면서, 우리의 생명을 능력 안에 있는 그리스도의 생명으로 대체시키시고, 하나님의 아들을 거룩하고도 의식적으로 늘 우리와 함께 있게 하신다. 이런 사실이 바로 하나님께서 신약성경의 특별한 축복으로 약속하신 것이다. 삼위일체 되신 하나님과의 교제가 이제 '우리 안에' 있게 되었다. 즉, 성령은 우리 안에 성자를 나타내시고 그로 말미암아 성부를 나타내신다.

　이와 같이 하나님과 동행하며 그의 안에 거하는 삶―이는 천부께서 자기 자녀들을 위해 준비하신 것이다―을 인식하고 있는 신자들이 별로 많지 않다는 사실을 부인할 사람은 아무도 없을 것이다. 그리고 이런 잘못의 원인이 무엇이냐 하는 것은 논란의 여지가 없는 일이다. 성령이 교회에서 마땅히 받으셔야 할 인정을 받지 못하시고 있다는 사실은 이미 널리 알려진 것이기 때문이다. 성령 하나님의 전능하심으로 인하여 신자의 삶과 모습 안에 성자와 성부의 내적인 계시가 비추어진다. 그럼에도 설교와 실제 생활에서 성령은 그가 하나님의 계획과 약속 가운데 차지하시고 있는 탁월한 위치를 얻지 못하시고 있다. 성령에 대한 신조가 정통적이고 성경적인 반면에 신자들의 생활과 말씀의 사역, 세상을 향한 교회의 증거에 있어서의 성령의 존재와 능력은 말씀이 약속한 것도 아니요 하나님의 계획이 요구하는 바도 아니다.

　이 점에서의 결핍을 크게 의식하고 그런 결핍에 대한 하나님의 생각과 그것에서 벗어나는 방법을 간절히 알고 싶어하는 사람들이 적지 않다. 어떤 사람들은 자기들의 생활이 바람직하지 못하다고 생각한다. 그들 중 상당수는 영적 부흥이 일어났던 특별한 시기를 회고해 보기도 한다. 그때의 그들의 생활은 분명히 높은 수준으로 향상된 것이었다. 그들은 구세주께서 그들의 믿음을 지키시리라는 것을 알았으며 구세주의 현존으로 인한 기쁨과 능력을 경험했었다. 그런 경험은 잠시 동안이긴 하지만 매우 실제적이고 복스러운 것이었다. 하지만 그것이 지속되지 못했다. 즉, 많은 헛된 노력과 뼈아픈 실패를 겪으면서 천박한 삶의 수준으로 점차적으로 하락한 것이었다. 그런데 그들은 그런 잘못된 상태의 원인이 어디에 있는지를 알려고 하지 않는다. 그 문제의 원인이 다음과 같다는 데에는 의심할 여지가 없다. 즉, 그들은 생활의 힘이자 믿음의 능력되신 내주하시는 성령을 알지도 못하고 존중하지도 않으므로 항상 예수를 바라보며 그를 의뢰하는 일에 실패했던 것이다. 그들은 마음을 낮게 하고 경외심을 품은 가운데 날마다 성령을 앙망한다는 것이 무엇을 의미하는지 알지 못했던 것이다. 성령만이 그들을 육신의 권세에서 건져 그들 안에 성부와 성자의 놀라운 임재를 지속시키실 수 있다.

하나님의 사랑하는 자녀들 중에는 시행착오(試行錯誤)를 무수히 반복하는 생활을 떠나 보다 밝은 생활을 즉각적으로 경험할 수 있다는 사실에 대해 아직도 알지 못하며 지내는 사람들이 대단히 많다. 그들은 신앙 부흥운동과는 무관하게 살아온 것이다. 그들이 받고 있는 가르침은 전적인 헌신의 문제에 그다지 도움을 주지 못한다. 그들의 환경 또한 영적 생명의 성장에 도움을 주지 않는다. 그들도 더욱 하나님의 뜻에 따라 살아가고자 하는 간절한 소망을 몇 번이고 갖지만 실제로 하나님과 동행하며 그를 기쁘시게 해드릴 수 있으리라는 기대감은 좀체로 떠오르지 않는다. 주님께서 기뻐받으시기에 합당한 것을 알지 못하는 것이다. 성령의 은사는 하나님의 자녀로서 타고난 권리의 가장 훌륭한 부분이자 그리스도 안에서의 아버지의 사랑이 베푸는 가장 귀한 은사로 그들 안에 거하며 그들을 이끈다. 그런데 그들은 사실상 그에 대해 전혀 모르고 있는 것이다.

나는 하나님의 사랑스런 자녀들에게 "너희가 하나님의 성전인 것과 하나님의 성령이 너희 안에 거하시는 것을 알지 못하느냐?"라는 하나님의 말씀이 제기하는 문제를 일깨워주고자 한다. 그리고 하나님의 자녀들 안에 거하시는 성령이 그들 각자에 대해 행하실 수 있는 영광스런 사역에 관한 복된 소식을 전해 주고자 한다. 나의 하나님이 이렇게 하는 데에 나를 사용하신다면 그것은 내게 이루 말할 수 없는 영광이 될 것이다. 뿐만 아니라 할 수 있다면 성령께서 그의 복된 사역을 이루시는 데에 장애가 되었던 것이 무엇인가를 밝히고, 성령께서 우리 안에서 행하시기 위해 얻으신 바 된 모든 것—내주하시는 예수님의 존재에 관한 충만한 계시—으로 인해 생기는 기쁨으로 들어가는 길이 고결한 영혼에게 있어서 얼마나 거룩하고 소박한 것인가를 나타내고자 한다. 내가 겸손히 하나님께 간구하는 것은 나의 말이 비록 보잘 것 없다 할지라도 성령의 감화를 주십사 하는 것이다. 나의 말을 통하여 하나님의 생각과 진리와 사랑과 능력이 그의 많은 자녀들의 마음에 들어가 빛을 비추며, 놀라운 사랑의 은사, 곧 성령의 생기와 기쁨을 경험하며 누리는 축복을 전해 주길 소망한다. 성령은 이제까지 멀리 계시며 하늘 위 높은 곳에 계신 줄만 알고 있던 예수님을 하나님의 자녀들 가까이에 있게 하시며 그들 안에서 영광받게 하실 것이다.

그리고 내가 갖고 있는 또 하나의 소망을 밝혀야겠다. 실은 몹시 걱정스러운 것이 있다. 나는 마음을 겸손히 낮추면서 이를 말하고자 한다. 이는 오늘날 교회의 신학에 있어서 진리의 영의 인도하심과 가르치심, 그리고 그의 기름부으심(이것만이 모든 것을 가르칠 수 있다) 등이 거룩하신 하나님이 요구하시며 우리를 구원하신 분이 의도하시는 것만큼 실제적인 인정을 받지 못하고 있다는 점이다. 교회의 의식(意識)과 모임을 이끄는 사람들, 신학 교수들과 주석자들, 목회자들과 신학생들, 기독교 저술가들과 사역자들 등은 하나님의 말씀과 그리스도의 교회 그리고 그리스도의 이름으로 이 땅에서 이루어지는 사랑의 구원사역과 연관을 맺고 있다. 그들은 이 모든 면에서 성령이 사도행전 시대의 교회에서 차지하셨던 것과 똑같이 구별되고 절대적인 영광스런 지위를 오늘날에도 차지하셔야만 한다는 사실을 충분히 의식해야 한다. 그렇게 할 때 비로소 성령의 영광의 징표들, 즉 그의 거룩한 현존의 표지(標識)들이 더욱 분명해지고, 성령의 능력있는 역사(役事)가 더욱 완연해지게 될 것이다. 그리고 나의 이 글이 이스라엘의 선생들에게라 할지라도 예사롭게 보아넘기기 쉬운 사실을 일깨워주는 데에 도움이 되기를 바란다 해서 주제넘는 것은 아닐 것이라고 생각한다. 영생을 위한 열매를 맺는 일에 진실로 요구되는 필수적인 으뜸가는 사실은 영원하신 성령의 능력으로 충만해지는 것이다.

   지성적이며 교양있는 사람들 곧 과학적 사고방식의 신학자들의 관심을 끌려면 내가 감히 논할 수 없는 두드러진 학식과 사고력, 표현력을 갖춰야 한다는 것을 익히 알고 있다. 하지만 이런 글들을 우습게 여길 정도로 높은 수준에 있는 그런 형제들에게라 할지라도 담대하게 요구하고픈 것이 있다. 그것은 이 책을 적어도 수많은 사람들의 마음에서 울려나오는 빛을 향한 부르짖음에 대한 메아리로써, 그리고 많은 사람들이 갈망하는 해결을 위한 문제의 진술로써 여겨달라는 것이다. 오늘날 많은 사람들에게는 성경이 지향하고 그리스도께서 직접 약속하신 교회의 마땅한 모습이 교회의 실제 상태와는 맞아 떨어지지 않는다는 의식이 깊게 드리워져 있다.

   모든 신학적인 문제들 중에서 하나님의 영광 가운데로 가장 깊숙히 인도하며 일상 생활에 있어서 지극히 필수적인 중요성을 지닌 실제적인 문제는 하나님의 계시와 구속사역에 있어서 완성점과 정점(頂點)은 무엇이냐 하는 것이다. 이는 하나님의 성령이 충만하게 내주하시면서 그의 자녀의 마음을 거룩하고 아름다운 하나님의 전으로 만들며 그 곳에서 그리스도께서 영존하시고 전능하신 구세주로서 다스리게 하시기 위해 어떻게 하시느냐

하는 문제이다. 또한 그 해결책을 성령의 임재와 가르치심 가운데서 추론하고 발견한다면 모든 신학을 하나님에 대한 올바른 영생의 지식으로 바꿀 수 있는 문제이기도 하다.

오늘날은 어떤 형태로든지 신학적으로 부족한 면은 없다. 그러나 저술, 설교, 그리고 사역에 있어선 부족한 점이 있는 것처럼 느껴진다. 오늘날 부족한 것이라면 위로부터 내려오는 능력이 아닐까? 또는 그리스도를 향한 온갖 사랑과 그리스도 때문에 행하는 갖가지 노력에도 불구하고 마음 속의 주된 목적이 그리스도께서 보좌로 올라가실 때 품으셨던 주된 목적과 다른 것이 아닐까? 주님은 그의 제자들에게 흩어지지 말고 성령의 능력으로 옷입을 때까지 기다리라고 하셨다. 그리고 제자들은 주님의 임재를 깨닫게 하시는 성령의 능력을 힘입어 주님을 증거할 수 있었다. 하나님이 신학자들 가운데서 많은 사람들을 일으키셔서 그들이 신자들의 삶과 교회에서 이루어지는 모든 활동, 그리고 말과 글로 행하는 말씀의 사역 등에 있어서 하나님의 성령을 확고하게 인식케 하는 일에 그들의 삶을 헌신할 수 있게 하시길 기도한다.

나는 우선 연합기도로의 부르심을 주의깊게 생각해 보았다. 연합기도는 "그리스도인의 삶과 가르침이 더욱 더 성령께 종속되도록 하기 위한 것"이다. 연합기도의 으뜸가는 축복 중 하나라면 분명하게 응답받지 못하는 기도에 대한 원인을 일깨워주고 풍성한 응답을 받을 수 있는 실제적인 준비를 하게 하는 것이라고 생각한다. 연합기도와 관련지어 책을 읽고 신자들의 생활을 살펴보고 개인적으로 경험해 보면서 깊게 인상지워진 생각이 하나 있다. 그것은 성령의 능력있는 역사가 우리를 통하여 퍼져 나가길 간구하는 기도가 강한 응답을 얻으려면 '각 신자에 대한 성령의 내주하심'이 보다 뚜렷하게 인식되고 판명되어야만 한다는 것이다. 그리스도인은 자기 안에 성령을 모시고 있다. 작은 일에 충성하는 자만이 보다 큰 일을 감당해낼 수 있는 것이다. 우선 성령의 인도하심에 자신을 맡기며 자기 안에 있는 성령의 현존을 인정하고 일상 생활의 모든 면에서 성령의 인도하심을 인식하고 받아들여야 한다. 그렇게 할 때 비로소 하나님께서 보다 커다란 능력의 사역을 기꺼이 맡기실 것이다. 내주하셔서 다스리시는 생명되신 성령의 능력에 전적으로 자신을 맡길 수 있어야 한다. 그러면 성령도 은혜를 베푸셔서 보다 완전하게 능력을 소유할 수 있게 하시며 우리를 통하여 역사하실 것이다.

내가 바라는 것이 하나 더 있다면 주님께서 나의 글을 사용하셔서 성령에 관한 다음과 같은 진리를 분명히 하셔서 인상깊게 해주십사 하는 것이다. 즉, 성령을 내주하시는 생명으로써 깨달아야만 한다는 것이다. 생명력있고 흠모받을 만한 믿음을 얻으려면 성령의 내주하심을 수긍하고 소중히 여겨야 한다. 그래서 "성령이 나를 소유하고 계시다"는 생각이 새 사람된 자의 의식의 일부가 되어야 한다. 이런 믿음 가운데서 지극히 사소한 것에 이르기까지 모든 삶을 성령의 인도하심에 맡기며 육신과 자아에 속한 모든 것을 십자가에 못 박아 죽음에 이르게 해야 한다. 또한 이런 믿음 가운데서 하나님의 거룩한 인도하심과 역사하심을 바라며 자신을 온전히 그의 처분하심에 내어 둔다면 기도가 응답받지 않을 수 없을 것이다. 그렇게 되면 감히 기대하지도 못했던 성령의 능력의 역사와 나타나심이 교회와 세상 가운데에 있게 될 것이다. 성령은 다만 그에게 따로 떼어져 온전히 바쳐진 그릇들을 요구하실 뿐이다. 그는 언제나 우리의 주님되신 그리스도의 영광을 드러내길 기뻐하신다.

나의 사랑하는 믿음의 동역자들을 모두 성령의 가르치심에 맡긴다. 우리가 성령의 사역을 연구하면서 모든 것을 가르치시는 그의 기름부으심에 참예하는 자 되길 간구해 본다.

앤드류 머레이(Andrew Murray)

목 차

저자서문
1. 새 영, 하나님의 영 ·· 13
2. 성령세례 ·· 20
3. 성령 안에서의 예배 ·· 27
4. 성령과 말씀 ·· 34
5. 영광 받으신 예수님의 영 ······································ 41
6. 내주하시는 영 ·· 48
7. 순종하는 자에게 주시는 영 ·································· 55
8. 성령을 아는 것 ·· 62
9. 진리의 성령 ·· 69
10. 성령이 임하시는 데서 오는 유익 ······················ 77
11. 그리스도의 영광을 나타내시는 성령 ················ 84
12. 죄를 책망하시는 성령 ·· 92

13. 성령을 기다림 …………………………………100
14. 능력의 성령 ……………………………………107
15. 성령을 부으심 …………………………………115
16. 성령과 선교 ……………………………………123
17. 성령의 새로운 것 ………………………………130
18. 성령의 자유케 하심 ……………………………138
19. 성령의 인도하심 ………………………………145
20. 기도의 성령 ……………………………………152
21. 성령과 양심 ……………………………………159
22. 성령의 계시 ……………………………………167
23. 영에 속한 자와 육신에 속한 자 ………………174
24. 성령의 전 ………………………………………181
25. 성령의 직분 ……………………………………187
26. 성령과 육체 ……………………………………196
27. 믿음으로 말미암는 성령 ………………………204
28. 성령을 좇아 행함 ………………………………212
29. 사랑의 성령 ……………………………………220
30. 성령의 하나되게 하심 …………………………228
31. 성령충만 ………………………………………235

강해편

강해 1 ·· 245
강해 2 ·· 257
강해 3 ·· 264
강해 4 ·· 270
강해 5 ·· 274
강해 6 ·· 276
강해 7 ·· 285
강해 8 ·· 288
강해 9 ·· 291
강해 10 ··· 292
강해 11 ··· 297
강해 12 ··· 300
강해 13 ··· 302
강해 14 ··· 306
강해 15 ··· 310
강해 16 ··· 324
강해 17 ··· 326

1
새 영, 하나님의 영

또 새 영을 너희 속에 두고 새 마음을 너희에게 주되 너희 육신에서 굳은 마음을 제하고 부드러운 마음을 줄 것이며 또 내 신을 너희 속에 두어 너희로 내 율례를 행하게 하리니 너희가 내 규례를 지켜 행할 지라—에스겔 36 : 26~27.

하나님은 커다란 두 시대 속에서 자신을 계시하셨다. 구약 시대가 약속과 준비의 때라면 신약 시대는 성취와 소유의 때이다. 두 시대의 어떤 차이점에 걸맞게 하나님의 영의 사역도 이중적인 면을 지니고 있다. 구약 시대에 하나님의 영은 특별한 시기에 특별한 방법으로 사람들에게 임하여 역사하셨고 위와 밖에서부터 활동을 시작하여 인간 안으로 향하셨다. 신약 시대에 이르러 성령은 사람들 안으로 들어와 내주하시면서 인간 안에서부터 활동을 시작하여 위와 밖으로 향하신다. 전자의 경우는 전능하고 거룩하신 분으로서의 하나님의 영이시고 후자의 경우는 예수 그리스도의 아버지의 영이시다.

그러나 성령의 역사의 이중적 면이라는 차이점이 있다고 해서 구약 시대의 종막(終幕)과 더불어 그 시대에 나타난 하나님의 영의 사역도 종말을 고했으며, 신약 시대에는 구약 시대의 예비적인 사역과 같은 것이 더 이상 존재하지 않는다고 생각해서는 안될 것이다. 결코 그렇지 않다. 하나님의 영의 내주하심을 기대하는 것이 구약 시대의 축복이었던 것처럼 신약 시대에도 하나님의 영의 사역이 이중적으로 계속되고 있다. 지식이나 믿음 또는 성실성이 부족함으로 인하여 오늘날의 신자라 할지라도 성령의 역사에 있어서 구약의 수준을 거의 넘어서지 못할 수도 있다. 내주하시는 성령은 하나님의 자녀라면 누구에게나 주신 바 된 것이다. 하지만 하나님의 자녀라 할지라도 중생 시에 주신 바 된 새 영에 관한 약속의 절반도 채 경험치 못하며 그의 안에 계신 살아 있는 인격으로서의 하나님의 영에 대해서도 거의 알지 못할 수 있다. 죄와 의를 깨닫게 하고 회개와 믿음, 새 생활로 이끄는 성령의 사역은 단지 예비적인 사역일 뿐이다. 성령의 다스림에 따른 영광 중 가장 두드러진 것은 믿는 이의 마음 속에 내주하시는 인격이신 하나님으로서 성부와 성자를 계시하신다는 것이다. 그리스도인들이 이 점을 이해하고 기억할 때 비로소 그리스도 예수 안에서 그들을 위해 예비된 성령충만을 구할 수 있는 것이다.

 에스겔의 말 속에는 하나님이 그의 영으로 말미암아 주시겠다는 이중적인 축복이 하나의 약속으로 아주 뚜렷하게 제시되어 있음을 알 수 있다. 첫번째 것은 "새 영을 너희 속에 두고," 즉 인간의 영이 하나님의 영의 사역으로 새로워지고 힘을 얻으리라는 것이다. 이 일이 이루어진 후에 "내가 나의 신을 너희 속에 두어"라는 두번째 축복이 따른다. 이는 하나님의 영이 새로워진 영 안에 거하시리라는 것이다. 하나님은 자기가 거하시고자 하는 곳에 우선 거처를 마련하신다. 하나님은 아담에게 생기를 불어넣어 주시기 전에 먼저 그의 몸을 지으셨다. 이스라엘의 경우도 장막과 성전이 세워져 완성을 본 후에야 하나님이 임재하셔서 그 곳을 차지하셨다. 마찬가지로 새 마음이 주어지고 새 영이 우리 안에 있게 되는 것은 하나님의 영이 우리 안에 거하시기 위한 필수적인 조건이다. 그러한 구별은 다윗의 기도에서도 찾아볼 수 있다. 다윗은 우선 "하나님이여 내 속에 정한 마음을 창조하시고 내 안에 '정직한 영'을 새롭게 하소서"라고 말한 다음에 "'주의 성신'을 내게서 거두지 마소서"라고 간구한다. 다윗의 이런 기도에서 뿐만 아니라 "영으로 난 것은 영이니"라는 말씀 속에서도 그 가르침을 얻을 수 있다. 이 말씀은 산모의 역할을 하는 하나님의 영이 존재하는데 새 영은 그로 말미암아 태어난다는 의미이다. 그러므로 하나님의 영과 새 영은 구별되어져야 한다. "성령이 친히 우리 영으로 더불어 우리가 하나님의 자녀인 것을 증거하시나니." 우리 영은 새로워지고 거듭난 영이다. 하나님의 성령은 우리 영 안에 거하시지만 그것과 구별되시면서 그것 안에서, 그것과 함께, 그것을 통하여 친히 증거하고 계신다.

이제 이런 차이점을 인식하는 것이 중요하다는 점을 쉽게 알 수 있을 것이다. 그럴 때 중생과 성령의 내주하심 간의 진정한 관계를 이해할 수 있다. 중생은 죄를 깨닫게 하고 회개와 그리스도에 대한 믿음으로 인도하며 새로운 성품을 부여해 주는 성령의 사역이다. 그러므로 하나님은 성령을 통하여 "새 영을 너희 속에 두고"라는 약속을 성취하신 셈이다. 이처럼 신자란 하나님의 자녀이며 성령이 거하시기 위해 예비해 놓은 성전이다. 믿음으로 이 사실을 알게 될 때 하나님의 약속의 나머지 절반도 처음 절반만큼이나 확실하게 성취된다. 하지만 신자라고 해도 중생과 자기의 영 안에 이루어진 갱신(更新)에만 연연해 한다면 그를 위해 계획된 기쁨과 능력의 삶에는 이르지 못할 것이다. 그가 새로운 성품이나 내적인 성전보다 더 좋은 것이 있다는 하나님의 약속을 받아들이고 그의 안에 거하시려는 아버지와 아들의 영이 존재함을 인정하게 될 때 거룩함과 축복의 놀라운 장(場)이 전개될 것이다. 그리고 성령이 어떻게 행하시며 무엇을 원하시는지에 대해 바로 알며, 성령의 내주하심을 충만히 경험하고, 우리 안에서 성령이 활동하심으로 베푸시는 하나님의 아들에 관한 계시를 이해하려면 어떻게 해야 하는가를 깨닫게 될 것이다. 나아가서 이런 깨달음만이 신자로서 갖는 유일한 큰 소망이 될 것이다.

문제는 하나님의 약속의 이런 이중적인 면이 어떻게 이루어지느냐, 곧 동시적으로 이루어지느냐 순차적으로 이루어지느냐 하는 것이다. 그 문제에 대한 해답은 매우 간단하다. 하나님 편에서 볼 때 이중적인 은사는 동시적인 것이다. 하나님의 영은 나뉘어질 수 없다. 하나님의 영을 베푸시는데 있어서 하나님은 자신과 자신의 모든 것을 아울러 주신다. 오순절날이 그러했었다. 그 날에는 3천 명이나 되는 많은 사람들이 회개하고 믿으므로 새 영을 받았고 같은 날 그들이 세례를 받았을 때 그들의 믿음에 대한 하나님의 인치심으로써 내주하시는 성령을 받았다. 사도들의 증거를 통하여 성령은 당시의 많은 무리들에게 임하여 능력있게 역사하였고 그들의 기질과 마음, 영을 변화시켰다. 그들은 그들 가운데서 역사하는 새 영의 능력 안에서 믿고 고백하는 순간 성령 세례를 받아 성령을 마음 속으로 모실 수 있었다. 그러므로 하나님의 영이 능력있게 활동하며 교회가 성령의 능력 안에 생활력있게 움직이는 때에 새로 태어나는 하나님의 자녀들은 그리스도인으로서의 생활의 첫 출발부터 성령의 인치심과 내주하심을 뚜렷이 의식하며 받아들임을 알 수 있다. 하지만 설교자의 자질이나 청중들의 신앙에 좌우되는 환경, 즉 하나님의 약속의 두 개의 면이 긴밀하게 연결되지 않는 환경도 있다는 사실이 성경에 나타나 있다. 빌립의 전도로 개종한 사마리아 신자들의 경우가 그러했다. 또한 바울이 에베소에서 만난 개종자들의 경우 역시 그러했다. 그들의 경우를 보면 사도들 자신의 경험—주님이 죽으시기 전 거듭난 자들임에도 범했던 과오—을 반복하고 있었다. "성령이 너희 속에 계시겠음이라"고 사도들에게 하신 주님의 약속이 이루어진 것은 오순절날에 이르러서였다. 이처럼 신구약 성경에 있듯이 사도들의 경우에서도 찾아볼 수 있는 것, 즉 성령의 은혜가 두 개의 분리된 모습으로 나뉘어지는 현상은 오늘날에도 얼마든지 일어날 수 있다. 교회의 영적 생활의 표준이 병들어 저급해지거나 말씀의 선포와 신자들의 증거에 있어서 내주하시는 성령의 영광스러운 진리가 분명하게 선포되지 않는다면 하나님이 그의 영을 허락하신다 해도 사람들은 그를 거듭나게 하시는 영으로서만 이해하고 또한 그렇게만 경험할 뿐이다. 이런 현상은 조금도 이상한 일이 아니다. 그 경우에 성령의 내주하시는 임재란 수수께끼로 남아 있게 될 것이다. 하나님의 은사에 있어서 그리스도의 영은 충만한 가운데 내주하시는 영으로서 모든 사람을 위하여 단번에 주신 바 된 것이다. 그러나 사람들은 그들의 믿음이 미치는 한도 내에서만 성령을 받아들이고 소유한다.[1]

성령은 성부, 성자와 동등한 위치에 계신 분이지만 그에 어울리게 인정받지 못하시고 있다는 것은 교회도 일반적으로 인식하고 있는 사실이다. 실상 성부와 성자를 진정으로 모셔들이고 깨달아 알려면 성령 하나님의 인격을 통해야만 하며 또한 교회가 자신의 아름다움과 축복을 지키려면 그의 안에 거해야만 한다. 종교개혁 시대에 개혁자들은 인간의 의를 구원의 터전으로 삼으려는 엄청난 오해로부터 그리스도의 복음을 변호하면서 하나님의 은혜의 풍성함을 주장하였다. 그리고 그 기초 위에 진리를 세우며 풍

---

[1] "외부적으로 표현되면서 인간에게 임하시는 성령의 예비적 사역과 그가 실제적으로 인간 안에 내주하시는 것 사이의 이런 구분은 그리스도인의 의식에서 거의 지워진 듯 보인다."—Godet on John 요 14 : 17

"성령은 우선 인간에 대해 말과 행위에 있어서 밖에서부터 안으로 역사하신다. 그리고난 후에 성령은 인간의 내적인 인격적 소유로 되시어 그의 안에 거하시게 된다. 우리는 반드시 성령의 내향적 사역과 내주하심을 구별해야 한다."—Beck,*Chr.Ethik*.

성한 은혜가 예수의 영의 내주하심을 통하여 신자들을 위해 이루고자 하는 이들을 감당해야 할 책임이 뒤이어 등장한 세대들에게 주어졌다. 그러나 교회는 이미 받았던 것에 지나치게 만족해 하며 안주해 버렸다. 또한 성령의 모든 가르치심—그의 인도하시며 거룩케 하시고 강건하게 하시는 능력 가운데서 각 신자에게 의도하시는 것—은 복음적 가르침과 삶 속에서 마땅히 차지해야 할 위치를 아직도 얻지 못하고 있다.[2] 최근에 어떤 젊은 지성적인 신자가 언급한 신앙고백에 뜻을 같이 하는 진지한 그리스도인들이 많이 생겼다. 성부와 성자의 사역을 이해하고 있는 나로서는 그런 사람들의 출현을 기쁘게 여긴다. 하지만 나는 그들에게서 성령이 차지하시는 위치를 발견하기 어렵다. 하나님이 그의 능력 가운데서 성령의 능력있는 사역을 그의 교회에 허락하시기를 그리고 하나님의 자녀 각자가 자기 안에서 "새 영을 너희 속에 두고 내 신을 너희 속에 두리라" 하는 이중적인 약속이 성취됨을 증명할 수 있기를 간구해야 한다. 그리고 그렇게 구하는 모든 사람들과 연합해야 한다. 또한 내주하시는 성령의 놀라운 축복을 인정함으로 내적으로 돌아서서 성부의 사랑과 예수님의 은혜의 충만한 계시에 대해 마음에서부터 전적으로 개방적일 수 있기를 기도해야 한다.

"너희 속에," "너희 속에"라고 본문에서 두 번 반복되는 이 말은 신약의 중심어들 중의 하나이다. "나의 율례를 '그들 안에' 두겠고"[3] 그것을 '그들 마음'에 기록할 것이다." "나를 경외함을 '그들 마음에' 둠으로 그들이 내게서 떠나지 아니하리라." "하나님은 그의 내주하심을 위하여 사람의 마음을 창조하셨다. 그러나 죄가 들어와 그것을 더럽혔다. 사천 년 동안 하나님의 영은 자기 소유를 되찾기 위해 힘써 일하셨다. 그리스도의 화육(化肉)과 대속 안에서 구속이 성취되었고 하나님의 나라가 세워졌다. 예수

---

2) "교회사를 살펴보면 성경에 분명히 계시된 중요한 많은 진리들이 수 세기 동안 파묻힌 채로 있었음을 알 수 있다. 그런 것들은 소수의 따로 떼어진 그리스도인들에 의해서만 이해되고 인식될 뿐이었다. 하지만, 하나님은 선택된 증인들로 교회를 깨우치고 그의 자녀들에게 감춰져 잊혀진 귀한 진리들에 대한 지식을 베푸시기를 기뻐하셨다. 종교개혁 후라 할지라도 성령에 관한 가르침, 즉 개종 시의 성령의 사역과 신자 안에서의 성령의 내주하심 등이 얼마나 오랫 동안 거의 알려지지 않은 채로 있었던가!"—Saphir, *The Lord's Prayer*.

3) "속"(within)으로 번역된 단어는 전치사가 아니라 이곳이나 또는 다른 곳에서(시 5:9; 119:11)번역되고 있듯이 '내부'(inward parts)또는 '마음 속의 생각'(inmost thought)과 같은 것이다.

님은 "하나님의 나라가 너희에게 임하였다" "하나님의 나라는 너희 '안에' 있다"라고 말씀하실 수 있었다. 우리가 새로운 언약, 즉 율법에 관한 것이 아니라 생명에 관한 언약의 성취를 찾아야만 하는 것은 '안에서'이다. 무한한 생명의 능력 안에서 하나님이 법과 그에 대한 경외심이 우리 마음 속에 부여된 것이다. 그리스도 자신의 영이 생명의 능력으로 우리 안에 거하시는 것이다. 정복자되신 그리스도의 영광은 갈보리나 부활이나 하늘의 보좌에서 뿐 아니라 우리 마음 안에서도 발견할 수 있다. 그의 구속의 실재와 영광이 실제적으로 나타나는 것은 우리 안에서이다. 우리 안에, 우리 마음의 가장 깊은 곳에 지성소가 숨겨져 있다. 거기에는 내주하시는 성령이 영원토록 생생한 필치로 쓰신 율법을 담고 있는 피뿌려진 언약궤가 있으며 성령을 통하여 성부와 성자가 임재하셔서 거하신다.

오, 나의 하나님! 이 이중적인 축복에 대해 감사드립니다. 당신이 내 안에 스스로 세우신 그 놀라운 성전—내 안에 허락하신 새 영으로 인해 감사드립니다. 더욱이 감사하옵는 것은 훨씬 더 놀라운 거룩한 현존, 내 안에 거하셔서 성부와 성자를 계시하시는 당신 자신의 영으로 인한 것입니다. 오, 나의 하나님! 구하옵나니, 나의 눈을 여시사 당신의 사랑의 신비를 깨닫게 하소서. '당신 안에' 있는 말씀으로 나를 낮아지게 하사 당신의 겸손하심 앞에 두려워하며 떨게 하소서. 그리하여 나의 유일한 소망은 내 영을 당신의 영이 거하실 만한 처소로 삼는 것이 되게 하소서. 당신 말씀으로 나를 거룩한 신뢰와 기대 가운데로 들어 올리시사 당신의 약속이 의도하는 모든 것을 찾으며 구하게 하소서.

오, 나의 아버지여! 당신의 영이 내 안에 거하심을 감사드립니다. 간구하오니, 그의 내주하심이 능력, 당신과의 생생한 교제, 그의 새롭게 하시는 능력에 대한 체험의 증대, 그리고 그의 현존과 영화로우신 주 예수의 내주하심을 증거하는 언제나 새로운 기름부음 가운데 있게 하소서, 나의 날마다의 걸음이 내 안의 성령의 거룩한 현존에 대한 깊은 경외감과 그가 행하시는 모든 일에 대한 기쁜 경험 가운데 있게 하소서. 아멘.

요 점

1. 그리스도 안에 거 하며 그리스도처럼 행하고 그리스도 안에서 성결의 삶을 사는 데 많은 사람들이 실패하는 이유가 이번 장에 나오지 않았는가? 그들은 하나님이 그런 삶을 살 수 있도록 놀랍고 완전하게 충분히 예비해 두신 것을 올바르게 알지 못하고 있다. 그들은 성령이 그들 안에서 그 일을 이루시리라는 것을 분명하게 확신하지 못한다. 무엇보다도 약속을 굳게 잡기 위해 힘써야 한다. 그 약속은 우리에게 새 영을 주신 하나님이 우리 안에 자신의 영을 또한 허락하신다는 것이다.

2. 이 차이는 지극히 중요하다. 내게 주신 내 영 안에서 내 안에 하나님의 작품을 갖는다. 하지만 하나님의 영 안에선 나와 함께 거하시는 살아계신 인격이신 하나님 자신을 소유한다. 가난과 무력함은 해결되지 않은 채 부자 친구가 지어준 집을 제공받아 그 안에서 사는 것과 부자 친구 자신이 찾아와 함께 살면서 모든 필요를 채워주는 것은 얼마나 차이가 나는 일인가!

3. "성령은 이 전의 건축자이자, 거주자로서 임재하신다. 우리가 거하는 것은 성령이 세우시고 나서야 가능한 일이다. 또한 그가 세우심은 몸소 거하시기 위함이다"—호웨(Howe).

4. 집과 그 거주자 사이에는 조화가 있어야 한다. 이 거룩한 손님을 알면 알수록 자기를 낮추는 두려움과 존경심 가운데서 더욱 더 머리를 숙이게 될 것이고 마음을 드려 그가 기뻐하시는 대로 처분하고 꾸미게 할 것이다.

5. 성령은 성부와 성자의 내면적인 자아이다. 나의 영은 나의 내면인 자아이다. 성령은 나의 내면적 자아를 새롭게 하신다. 그리고나서 거기에 거하시면서 충만하게 하신다. 따라서 성령은 예수님께 대해서 그랬던 것처럼 내게 대해서도 내 인격의 생명 그 자체가 되신다. 경건히 침묵하며 경외심을 품고 머리를 숙여 "오, 나의 아버지! 당신의 거룩한 영이 내 안에, 나의 자아 안에 거하게 하심을 감사드립니다"라고 말하지 않을 수 없다.

2
성령세례

요한이 또 증거하여 가로되 내가 보매 성령이 비둘기같이 하늘로서 내려와서 그의 위에 머물렀더라 나도 그를 알지 못하였으나 나를 보내어 물로 세례를 주라 하신 그이가 나에게 말씀하시되 성령이 내려서 누구 위에든지 머무는 것을 보거든 그가 곧 성령으로 세례를 주는 이인줄 알라 하셨기에—요한복음 1:32~33.

세례 요한이 그리스도의 인격에 관하여 설교했던 것은 두가지 면에서였다. 하나는 그가 세상 죄를 지고 가는 하나님의 어린 양이라는 점이었고 다른 하나는 그가 그의 제자들에게 성령과 불로 세례를 베푸시리라는 점이었다. 어린 양의 피와 성령세례는 세례 요한의 신조와 설교에 있어서 중심적인 두 개의 진리였다. 그것들은 진실로 뗄 수 없는 것들이다. 교회가 능력으로 일을 하며 존귀하신 주님이 교회 안에서 영광을 얻으시는 것은 주춧돌로서의 보혈과 모퉁이 돌로서의 성령이 온전히 선포되어지는 때이다.

온전한 선포는 성경을 자기들의 인도자로서 진심으로 인정하는 사람들 중에서라 할지라도 항시 이루어지는 것은 아니다. 하나님의 어린 양, 그의 고난과 속죄, 그로 말미암은 용서와 평화에 대한 선포는 비교적 쉽게 사람들의 이해력에 의해 인식되고 비교적 빠르게 그들의 감정에 영향을 미친다. 그러나 성령의 세례와 내주하심, 인도하심이라는 보다 내적인 영적 진리의 선포는 그렇지 않다. 피흘리심은 지상에서 일어난 사건이었고 외견적인 것이었으며 모형(模型)들 때문에 전혀 이해할 수 없는 것이 아니었다. 성령의 부으심은 하늘 곧 하나님의 감추어진 신비에 속한 것이었다. 피흘리심이 죄많은 반역자들을 위한 것이었다면 성령의 은사는 사랑스런 순종적인 제자들을 위한 것이었다. 교회 활동이 주님께 대한 진지한 헌신 가운데에 있지 아니할 때, 성령세례에 대한 선포와 믿음이 구속과 사죄에 관한 것보다 으례 더 적게 다루어지기 마련이다.

그러나 하나님은 성령세례를 그렇게 다루려 하지 않으셨다. 구약성경의 언약은 우리 안에 있는 하나님의 영에 대해 말하였다. 동시에 선각자 요한도 그 전통을 이어받았다. 그는 속죄의 어린 양을 전하면서 우리가 구속받는 것이 무엇을 위한 것이며 하나님의 높으신 뜻이 우리 안에서 어떻게 실현될 것인가를 반드시 이야기하였다. 죄란 단순히 범죄나 정죄(定罪)만이 아니다. 그것은 더러움이며 죽음이다. 죄는 하나님의 은혜의 상실만을 초래할 뿐 아니라 하나님과 교제할 자격을 잃게 한다. 그리고 죄가 없었다면 사람을 창조한 놀라운 사랑은 만족할 수 없었을 것이다. 하나님은 자신을 위하여 진실로 우리를, 즉 우리 마음과 애정, 우리 마음 속의 인격과 우리의 자아 그리고 그의 사랑이 거하기 위한 집과 그가 경배받으시기 위한 전을 소유하길 원하신다. 세례 요한의 설교는 구원의 시작과 끝을 모두 포함하고 있다. 어린 양의 피는 하나님의 전을 깨끗하게 하며 그의 보좌를 마음 속에 회복시킬 것이다. 진실로 성령의 세례와 내주하심만이 하나님과 인간 양편의 마음을 모두 흡족케 할 것이다.

성령세례가 의미하는 것에 대하여 예수님 자신이 모형이 되신다. 그는 자기 자신이 받으셨던 것을 주려고만 하셨다. 성령이 그 위에 머무셨기 때문에 그는 성령으로 세례를 베푸실 수 있었다. 그러면 성령이 예수님께 내려와 그 위에 머무셨다는 것은 무엇을 의미하는가? 예수님은 성령으로 말미암아 태어나셨다. 성령의 능력 안에서 그는 성결한 아이와 청년으로 성장하셨고 성년이 되시되 죄로부터 자유로우셨으며 요한에게 나아와 자신을 드려 회개의 세례에 복종하는데 있어서 모든 의를 이루셨다. 그리고 그의 복종하심에 대한 보상으로써 또는 그가 성령의 다스리심에 전적으로 맡기신 것에 대해 하나님이 인정하시는 보증으로써 하늘의 생명의 능력과의 새로운 교제를 누리셨다. 즉, 예수님이 당시까지 겪으셨던 것을 초월하여 하나님의 의식적으로 내주하시는 현존과 능력이 예수님을 사로잡아 사역에 적합하게 했던 것이다. 성령의 인도하심과 능력이 이전보다 더욱 의식적으로(눅4 : 1, 14, 22) 그의 것이 된 것이다. 그는 성령과 능력으로 세례 받으신 것이다.

그러나 예수님이 세례를 받으셨다 할지라도 아직까진 다른 사람들에게 세례를 베푸실 수는 없었다. 그는 우선 성령세례의 능력 안에서 유혹과 맞서 이겨내야만 하셨다. 고난과 복종을 배우며 영원하신 성령을 통하여 하나님과 그의 뜻에 자신을 희생제물로 드려야만 하셨다. 그렇게 하시고 난 이후에야 비로소 복종의 댓가로써 그에게 속한 모든 자들에게 세례를 베푸시는 능력과 함께 성령을 새롭게 받으실 수 있었다(행 2 : 32~33).

예수님을 통하여 살펴본 것은 성령세례가 무엇인가를 가르쳐 준다. 그것은 우리를 하나님께 돌아오게 하며 거듭나게 하고 하나님의 자녀답게 살도록 힘쓰게 하는 그런 은혜가 아니다. 예수님이 그의 제자들에게 세례 요한의 예언을 일깨워주었을 때(행 1 : 4) 그들은 이미 이 은혜에 참여한 자들이었다. 그들이 성령으로 세례받은 것은 그 이상의 것을 의미했다. 성령세례는 그들에게 있어서 그들 마음에 거하시기 위해 하늘에서 다시 오신 영화로우신 주님의 의식적인 현존이었으며 그들이 그의 새 생명의 능력에 참여하는 것이었다. 그것은 기쁨과 능력의 세례였으며 영광의 보좌 위에 계신 예수님과의 생생한 교제 가운데로 이끄는 것이었다. 더욱이 제자들이 지혜와 용기와 성결을 받아들이게 되었던 것은 전적으로 성령세례에 그 뿌리를 두고 있었다. 예수님이 세례를 받으셨을 때 성령이 예수님께 대하여 하나님의 능력과 현존을 생생하게 연결시켰던 것처럼 예수님도 제자들에 대하여 그리하셨다. 성령을 통하여 성자가 자신을 나타내시고 성부와 성자가 함께 거처를 마련하신 것이다.

"성령이 내려서 누구 위에든지 머무는 것을 보거든 그가 곧 성령으로 세례를 주는 이인 줄 알라." 이 말씀은 세례 요한에게 뿐 아니라 우리에게도 임한다. 성령세례가 의미하는 것과 그것을 어떻게 누구에게서 받게 되는가를 알려면 성령이 내리셔서 그 위에 머무시는 '사람'을 알아야만 한다. 성령으로 세례받으신 예수님을 알아야만 한다. 예수님이 성령세례를 필요로 하신 것, 그것을 위해 준비하신 것, 그것에 맡기신 것, 그리고 그 능력 가운데 죽으시고 다시 사신 것 등을 이해하기 위해 힘써야 한다. 예수님은 우리에게 주셔야만 하는 것을 우선 받아들이셔서 개인적으로 자신에게 적용시키셨다. 그가 자신을 위해 받아들이시고 얻으신 것은 전적으로 우리를 위한 것이다. 예수님은 그것을 우리의 소유로 만드실 것이다. 우리가 성령이 그 위에 머무심을 보는 그 사람이 성령으로 세례를 베푸실 것이다.

이 성령세례에 있어서 답변하기가 쉽지 않으며 저마다 똑같은 해답을 제시하지 못하는 문제들이 있다. 오순절의 성령의 부으심은 약속의 완전한 성취였는가? 그것은 새로 태어난 교회에 대해 단회적으로(one for all) 베풀어졌던 유일한 성령세례였는가? 아니면, 사도행전 4장의 제자들과 사마리아 사람들(행 8장) 고넬료 집 안의 이방인들(행 10장)과 에베소의 12 제자들(행 19장)에게 성령이 임하신 것은 "그는 성령으로 세례를 주실 것이다" 하는 말씀이 제각기 나름대로 성취된 것들로 간주할 수 없는가? 중생 시에 각 신자에게 주어진 성령의 인침이 성령세례로 여겨질 수 있는가? 아니면 혹자가 말하고 있는 것처럼 성령세례는 중생 이후에 받아들여지는 뚜렷이 구별된 축복인가?

성령세례는 오직 단번에 주어지는 축복인가 아니면 반복되고 새로워지는 것인가? 연구해 나가는 동안에 이와 같은 난제들을 해결하는데 도움을 주는 빛을 하나님의 말씀 속에서 발견하게 될 것이다. 그러나 특히 중요한 것은 결국엔 별로 중요하지 않게 될 이런 문제들에 처음부터 사로잡혀선 안되며, 하나님이 성령세례에 관한 선포에서 우리에게 깨닫게 하시고자 하는 위대한 영적 교훈들에 우리 마음을 고정시켜야 한다는 것이다. 특별히 살펴보아야 할 영적 교훈은 다음의 둘이다.

하나는, 성령세례는 예수님 사역의 절정이고 영광이며 우리에게 필요한 것이며 나아가서 우리가 참된 그리스도인의 삶을 살고자 한다면 성령세례를 소유해야 함을 알아야만 한다는 사실이다. 우리에게는 성령세례가 필요하다. 거룩하신 예수님은 그것을 필요로 하셨다. 그리스도가 사랑하신 순종적인 제자들도 그러했다. 성령세례는 중생케 하시는 성령의 사역 이상의 것이다. 그것은 그리스도의 인격적인 영이 우리 안에 그리스도 자신을 현존케 하시는 것이며 또한 그리스도가 모든 원수 위에 높임을 받으신 것처럼 그의 영화로우신 성품의 능력 가운데서 그 영이 항상 마음 속에 거하시는 것이다. 성령세례는 그리스도 예수의 생명의 영이 죄와 사망의 법에서 우리를 자유케 하시며 죄로부터의 해방으로 이끄셔서 인격적으로 체험케 하시는 것이다. 그리스도는 우리를 구속하셨지만 중생한 대부분의 사람들에게 있어서 죄로부터의 해방이란 그들에게 기재(記載)된 축복일 뿐 소유하거나 즐기는 대상이 아니다. 성령세례는 능력을 부여함으로 온갖 위험 앞에서도 담대함으로 가득차게 하며 세상과 모든 원수에 대해 승리하게 하는 것이다. 성령세례는 "내가 그들 안에 거하겠고 그들 안에서 행하리라" 하신 약속 가운데서 하나님이 의도하셨던 것이 이루어지는 것이다. 하나님의 사랑이 우리를 위해 작정했던 모든 것을 계시해 달라고 간구해 보자. 그러면 우리의 영혼은 "그가 성령으로 세례를 주신다"라는 영광스런 생각으로 충만하게 될 것이다.

그리고나서 또 하나의 교훈이 있다. 그것은 이처럼 세례를 베푸시는 이는 예수님이시라는 것이다. 성령세례를 이미 소유하였고 다만 보다 충분한 인식만을 필요로 하는 것으로써 간주하건, 여전히 받아야 할 것으로써 간주하건간에 이런 점에선 누구나 다 동의한다. 성령으로 세례받은 생명을 얻거나 유지하거나 새롭게 하는 것은 오직 예수님과의 교제와 그에 대한 신실한 의뢰와 순종 안에서만 가능한 일이다. 예수님은 "나를 믿는 자는 그 배에서 생수의 강이 흘러나리라"고 말씀하셨다. 우리에게 필요한 것은 오직 내주하시는 예수님에 대한 생명력있는 믿음이다. 그것으로 인해 생수의 강이 넘치도록 흘러나는 것이다. 믿음은 새 성품의 본능이다. 믿음은 본능적으로 거룩한 양식과 음료를 분별하고 받아들인다. 각 신자 안에 거하시는 성령의 능력 안에서 예수님을 신뢰하자. 그가 성령으로 충만케 하실 것이다. 사랑과 순종으로 그에게 매달리자. 그는 성령으로 세례를 주시는 이다. 예수님과의 친교, 그에 대한 헌신 그리고 그가 우리에게 자신을 온전히 주셨고 앞으로도 주시리라는 확신 가운데 성령세례에 수반되는 모든 것을 오직 그에게서만 기대하자.

이런 점에 있어서 특별히 한 가지 사실을 기억하지 않으면 안된다. 그것은 적어도 충실한 자만이 많은 것을 지배할 수 있다는 것이다. 성령의 사역과 관련하여 이미 얻은 바 되고 알고 있는 것에 전적으로 충실하라. 마음 깊이 경외심을 갖고 자신을 하나님의 전으로 여기라. 자기 안에 있는 하나님의 영의 지극히 부드러운 속삭임을 기다리며 그에 귀기울이라. 특히 보혈로 깨끗함을 받은 양심의 소리에 귀기울이라. 그 양심을 단순한 어린 아이 같은 순종으로 언제나 깨끗하게 하라. 마음 속에 많은 무의식적인 죄가 있을 수 있으며 그로 인해 스스로 무기력하게 느낄 수도 있다. 이런 타고난 부패―이는 실제적인 범죄로 굳어져 버렸다―때문에 자신을 심히 낮추어야 한다. 그리고 무의식적인 죄로 인해 생겨나는 모든 것은 보혈 안에서 깨끗함을 얻어야 한다.

그러나 의식적인 행위에 있어선 날마다 주 예수께 그를 기쁘시게 하기 위하여 알고 있는 모든 것을 기꺼이 행하겠다고 고백해야 한다. 실족할 땐 양심의 책망에 따라야 한다. 그리고 다시 돌아와 하나님 안에 소망을 두고 "내가 아는 한 하나님이 내게 행하길 원하시는 것을 기꺼이 행하겠다"는 맹세를 새롭게 해야 한다. 행로의 인도하심을 위해 매일 아침 겸손히 간구하며 기다리라. 성령의 음성을 더욱 선명하게 들으며 그의 능력을 느끼게 될 것이다. 예수님은 세례반(baptism class)에 제자들을 3년 동안이나 두셨다. 그 이후에야 성령세례의 축복이 임했다. 예수님이 사랑하시는 순종적인 제자가 되라. 성령이 그 위에 머무시고 성령으로 충만하신 그를 신뢰하라. 그러면 성령세례의 충만한 축복을 받아들일 자세를 갖추게 될 것이다.

복되신 주 예수시여! 성령으로 세례를 받으시고 보좌 위에 오르신 분으로 당신을 전심으로 경배합니다. 오! 이런 당신의 영광 가운데서 내게 당신 자신을 계시하시사 당신에게서 기대 할수 있는 것을 바로 알게 하소서.
성령충만을 받기 위해 무엇을 해야 하는지 당신 안에서 알게 하시니 감사합니다. 오, 나의 주여, 나사렛에서 당신의 사역을 위해 준비하시며 생활하시는 동안 성령은 항상 당신 안에 계셨읍니다. 하지만 당신이 모든 의를 이루시기 위하여 자신을 드리시며, 죄인들―당신이 오심은 이들을 구원하시기 위함이었읍니다―과 함께 하시기 위해 그들의 세례에 참여하셨을 때 당신은 아버지에게서 성령을 새롭게 받으셨읍니다. 그것은 당신에게 있어서 아버지의 사랑의 인침이었으며 그의 내주하심의 계시였고 그를 섬기시기 위한 능력이었읍니다. 그리고 이제 당신은 아버지께서 당신을 위해 행하셨던 것을 우리를 위해 행하십니다. 우리는 당신 위에 성령이 내리셔서 머무심을 봅니다.
나의 거룩하신 주여! 성령이 또한 내 안에 계심을 감사드립니다. 하지만 오, 간절히 구하옵나니 당신이 약속하신 대로 충만하고 넘치게 하옵소서. 성령을 힘입어 내맘 속에 있는 당신의 현존에 대한 계시가 하늘 보좌 위에 계신 것만큼 영광스럽고 능력있게 그침없이 충만하게 하소서.

오, 나의 주 예수시여! 내게 성령으로 세례를 베푸시사 충만하게 하소서. 아멘.

요 점

1. 하나님이 베푸시고 움직이시는 모든 것은 영생의 능력 안에 있다. 그래서 "그가 성령으로 세례를 주신다"라는 복된 말씀에 비추어 날마다 예수님을 바라볼 수 있다. 예수님은 각 사람의 새로운 필요에 따라 보혈로 정결케 하시고 성령으로 세례를 베푸신다.

2. 세례 요한이 전파했던 이중적인 진리를 항상 우리의 믿음과 불가분하게 연관시켜야 한다. 그것은 죄를 짊어지신 어린 양 예수님과 성령으로 세례를 베푸시는 기름부음을 받은 자 예수님에 관한 것이었다. 예수님이 성령을 받으셔서 베푸실 수 있는 것은 오직 그의 피흘리심 때문이다. 성령이 활동하시는 것은 십자가가 전파되는 때이다. 내가 기름부음을 구할 수 있는 것도 모든 죄에서 깨끗하게 하는 귀중한 보혈을 믿으며 나의 하나님 앞에서 피뿌려진 양심으로 행하는 때이다. 피와 기름은 병행한다. 나에게는 둘다 필요하다. 내가 그것들을 모두 얻는 것은 보좌 위에 앉으신 어린 양 예수님 한 분 안에서이다.

3
성령 안에서의 예배

아버지께 참으로 예배하는 자들은 신령과 진정으로 예배할 때가 오나니 곧 이때라 아버지께서는 이렇게 자기에게 예배하는 자들을 찾으시느니라. 하나님은 영이시니 예배하는 자가 신령과 진정으로 예배할 지니라—요한복음 4 : 23, 24.
하나님의 성령으로 봉사하며 그리스도 예수로 자랑하고 육체를 신뢰하지 아니하는 우리가 곧 할례당이라—빌립보서 3 : 3.

예배하는 것은 인간 최고의 영광이다. 인간은 하나님과의 교제를 위해 창조되었다. 그런 교제에 있어서 예배는 가장 **빼**어난 표현이다. 신앙 생활의 모든 실제들, 곧 묵상과 기도, 사랑과 믿음, 양보와 순종 등 모든 것은 예배에서 절정에 이른다. 하나님의 모습을 그의 거룩함과 영광 그리고 그의 사랑 가운데서 인식하고 자신의 모습을 죄많은 피조물이자 성부 하나님의 구속받은 자녀로서 인정할 때 예배 중에 자신의 전존재를 한데 모아 하나님께 드리며 그가 마땅히 받으셔야 할 찬송과 영광을 돌리게 된다. 하나님께 가장 진실하고 완전하고 가깝게 나아가는 것이 예배이다. 신앙 생활의 모든 감정과 봉사는 거기에 포함된다. 예배하는 것은 인간의 가장 고상한 운명이다. 왜냐하면 그 안에서 하나님은 모든 것이 되시기 때문이다.

예수님은 그가 오심으로 새로운 예배가 시작될 것을 말씀하신다. 이방인들이나 사마리아인들이 예배라 일컫던 모든 것 그리고 유대인들이 하나님의 율법의 잠정적인 계시에 따라 예배에 대해 알고 있던 모든 것은 전적으로 독특한 새로운 것, 즉 신령과 진정으로 드리는 예배를 위해 자리를 내어주게 될 것이다. 이 예배는 예수님이 성령을 주심으로 시작하려 하셨던 것이다. 이 예배만이 아버지를 기쁘시게 하는 것이다. 우리가 성령을 받은 것은 특별히 이 예배를 위해서이다. 성령의 사역에 대한 연구를 시작하면서 성령이 우리 안에 계시는 위대한 목적은 우리가 신령과 진정으로 예배하기 위함이라는 축복된 사실을 염두에 두자. "아버지께서는 이렇게 자기에게 예배하는 자들을 찾으시느니라"—하나님은 이를 위하여 자기 아들과 영을 보내셨다.

신령으로. 하나님이 사람에게 살아 있는 혼을 주셨을 때 혼은 그의 인격과 의식의 터전이자 기관(器官)으로써 한편으로는 육신을 통하여 외부의 보이는 세계와 연결되었고 다른 한편으로는 영을 통하여 보이지 않는 하나님과 연결되었다. 혼은 자신을 영에게 맡김으로 하나님과 그의 뜻에 연결되어야 할지 아니면 육신과 보이는 것의 유혹에 자신을 맡겨야 할지 결정해야만 했었다. 타락할 때 혼은 영의 다스림을 거부하고 자기 욕심을 따라 육신의 노예가 되었다. 사람은 육신적으로 되었다. 영은 그 정해진 통치지위를 잃었고 잠자고 있는 능력에 지나지 않게 되었다. 영은 더 이상 통치원리가 아니었고 다만 투쟁하는 포로일 뿐이었다. 그리고 이제 영은 혼과 육 모두의 생명—이는 죄에 종속되어 있다—을 일컫는 육신과 반대되는 위치에 있다.

바울은 신령한 사람과 비교하여 거듭나지 못한 사람에 대해 말하면서 (고전 2 : 14) 그를 자연적 생명만을 갖고 있는 심적 존재, 혼적 존재 또는 육적 존재라 일컫는다. 혼의 생명은 하나님의 영의 새롭게 하심과는 별개로 우리의 모든 도덕적 지적 능력을 포함하고 있다. 그 능력은 하나님의 일들을 지향해야 한다. 하지만 혼이 육신의 권세 아래에 있다. 그래서 사람은 육에 속한 존재라 불리워진다. 몸은 육과 뼈로 이루어져 있고 육은 몸의 일부이다. 육은 감수성을 타고 났으며 우리는 그것을 통하여 외부세계를 감각한다. 이처럼 육은 인간 본성을 나타낸다. 그런데 육은 감각세계에 종속되어 왔다. 더욱이 혼의 모든 생명은 육의 권세 아래로 왔기 때문에 성경은 혼의 모든 속성에 대해 육에 속한 것으로써 또한 그 권세 아래 있는 것으로써 말한다. 성경은 신앙과 예배에 관하여 그것들이 기인할 수 있는 두 개의 원리들을 대비시킨다. 육적 지혜와 영적 지혜가 있다(고전 2 : 12, 골 1 : 9). 육체를 신뢰함과 자랑함으로 하는 하나님께 대한 봉사와 성령으로 하는 하나님께 대한 봉사가 있다(빌 3 : 3,4, 갈 6 : 13). 육체의 마음과 영의 마음이 있다(골 2 : 18; 1 : 9). 육체에서 나온 뜻과 성령으로 말미암아 역사하시는 하나님에게서 나온 뜻이 있다(요 1 : 13, 빌 2 : 13). 육체로 할 수 있는 것의 세력 안에 있기 때문에 육체를 만족케 하는 예배와(골 2 : 18, 23) 성령 안에서의 하나님께 대한 예배가 있다. 예수님이 오셔서 가능하게 하셨고 우리 마음 깊은 곳에 새 영을 허락하시고 나아가서 하나님의 성령을 주심으로 우리 안에서 인식하게 하신 것은 이런 성령 안에서의 예배이다.

신령과 진정으로. 신령으로 드리는 예배는 또한 진정으로 드리는 예배이기도 하다. '신령으로'라는 말은 외적 의식과 대조되는 내적 자세를 의미하지 않으며 인간의 타고난 능력이 실현할 수 있는 것에 반대되는 하나님의 영에 의해 짜여진 영적 자세를 의미한다. 마찬가지로 '진정으로'라는 말은 마음으로, 진지하게, 정직하게 등을 의미하지 않는다. 구약 시대의 성도들은 모든 예배 가운데서 하나님이 내적인 면에서 진실성을 찾고 계심을 알고 있었다. 그래서 그들은 전심으로 매우 올바르게 하나님을 구하였다. 하지만 그들은 신령과 진정으로 드리는 예배에는 이르지 못했다. 이는 예수님이 육신의 장막을 찢으셨을 때 가져오신 것이다. 여기서 '진정'이란 하나님께 대한 예배가 함축하고 있는 모든 것—그 예배가 요구하는 면과 약속하는 면에 있어서—의 내용이며 실체이고 나아가서 그것을 실제적으로 소유하는 것을 의미한다. 요한은 예수님을 "은혜와 진리가 충만한 아버지의 독생자"라 말한다. 그리고 이어서 "율법은 모세로 말미암아 주신 것이요 은혜와 진리는 예수 그리스도로 말미암아 온 것이라"고 덧붙인다. 진리를 거짓에 반대되는 것이라 할 때 모세의 율법도 예수님의 복음처럼 진리이다. 그것들은 모두 하나님에게서 왔다. 그러나 율법은 "다가올 좋은 것들"의 그림자만을 제공하며 그리스도는 좋은 것들 그 자체와 실체를 가져다 주신다. 이런 사실이 의미하는 바를 이해한다면 예수님이 얼마나 진리로 충만하신가를 깨달을 것이다. 예수님은 그 자신이 진리이시며 실체이시고 하나님이 우리에게 주신 생명과 사랑과 능력이 되신다. 그리고 또한 '신령으로' 드리는 예배만이 '진정으로' 드리는 예배, 곧 하나님의 능력을 실제로 기뻐하는 가운데 드리는 예배가 될 수 있다는 것을 깨달을 것이다. '진정'은 그리스도 자신의 생명이고 아버지와의 교제이며 성령으로 말미암아 우리 속에 계시되고 유지되는 것이다.

"아버지께 참으로 예배하는 자들은 신령과 진정으로 예배한다." 예배하는 모든 사람들이 참으로 예배하는 사람들이라 볼 수는 없다. 성실하고 정직한 예배라 할지라도 신령과 진정으로 하지 않는 경우가 많이 있다. 마음을 강렬하게 사로잡고 감정을 깊이 자극하며 의지를 세차게 일깨워준다 해도 하나님의 진리 가운데 서 있는 영적 예배란 찾아보기 어렵다. 아무리 성경적 진리에 집착한다 해도 하나님의 사역에서가 아니라 인간의 노력에서 나온 것이 주도적으로 활개치고 있다면 그것은 하나님이 찾으시는 예배, 즉 그리스도를 얻고 성령으로 호흡하는 예배가 아닐 것이다. 영이신 하나님과 성령 안에서 그에게 나아가는 예배자들 사이에는 일치와 조화와 화합이 있어야만 한다. 아버지는 그에게 그렇게 예배할 자를 찾으신다. 무한하고 완전하고 거룩한 영이신 성부 하나님은 그의 자녀 안에 있는 영에게서 반드시 반응을 얻고자 하신다. 그리고 이것은 하나님의 영이 우리 안에 거하실 때만 가능하다.

우리가 신령과 진정으로 예배하는 사람들, 곧 참으로 예배하는 사람들이 되기 위해 힘쓰고자 한다면 우리에게 우선적으로 필요한 것은 우리의 본성이 육신과 그것의 숭배에 있다는 위기의식이다. 신자로서 우리는 이중적인 성품―육에 속한 것과 영에 속한 것을 가지고 있다. 육에 속한 성품은 하나님께 예배하는 데에 필요로 하는 것들을 행할 때에 방해하며 그에 도전하기를 주저하지 않는 타고난 부분이다. 영에 속한 성품은 영적 부분이다. 하지만 이는 매우 연약할 수도 있다. 또한 우리가 그것의 다스림을 온전히 받는 법을 알지 못할 수도 있다. 우리의 마음은 하나님의 말씀을 연구하는 가운데 기뻐하기도 하며 우리의 감정은 그 말씀에 계시된 놀라운 사상으로 인해 감동받기도 하고 우리의 의지는 로마서 7:22에서 보듯이 속 사람을 따라 하나님의 법을 즐거워하기도 한다. 그러나 우리는 그 법을 행하며 익히 알고 인정하는 복종과 경배를 드리는 데는 무능력할 수도 있다.

삶과 예배 모두를 위해서 우리에게는 성령의 내주하심이 필요하다. 그리고 이를 얻으려면 무엇보다도 육신을 잠잠케 할 필요가 있다. 모든 육체들이여, 여호와 앞에서 잠잠하라! 어느 육체도 그의 면전에서 자랑치 못하게 하라! 예수님이 그리스도시라는 사실이 베드로에게는 아버지로 말미암아 이미 계시되었다. 하지만 그가 맛보지 못한 십자가를 생각함에 있어서 그의 마음은 하나님의 일에 의거한 것이 아니라 인간의 일에 의거한 것이었다. 하나님의 일들에 대한 우리 나름대로의 생각과 올바른 감정을 일깨우거나 그에 영향을 미치기 위한 우리 나름대로의 노력을 포기해야만 한다. 예배드릴 수 있는 우리 나름대로의 능력을 내려 놓고 낮추어야만 한다. 하나님께로 나아감은 전적으로 성령께 대한 매우 분명하고 고요한 헌신 아래서 이루어져야 한다. 우리 뜻대로 어느 때든지 성령의 사역을 확보하는 것이 얼마나 불가능한가를 알아야 한다. 그리고 성령 안에서 예배드리고자 한다면 성령 안에서 행해야만 함을 알아야할 것이다. "만일 너희 속에 하나님의 영이 거하시면 너희가 육신에 있지 아니하고 영에 있나니." 성령이 내 안에 거하셔서 다스리실 때 나는 성령 안에 있으며 성령 안에서 예배할 수 있다.

"아버지께 참으로 예배하는 자들은 신령과 진정으로 예배할 때가 오나니 곧 이때라 아버지께서는 이렇게 자기에게 예배하는 자들을 찾으시느니라." 그렇다. 아버지는 신령과 진정으로 예배하는 자들을 찾으신다. 그리고 그는 찾으시는 것을 발견하신다. 왜냐하면 그가 직접 그 일을 수행하시기 때문이다. 아버지가 자기 아들을 보내셔서 잃은 자를 찾으시고 구원하신 것은 우리가 참으로 예배하는 자들이 되게 하기 위함이었다. 그는 우리를 구원하시되 이런 구원으로 하셨다. 그러므로 우리는 육신의 찢어진 장막으로 들어가 성령 안에서 그에게 경배하는 참으로 예배하는 자들이 되어야만 한다. 그리고 또한 아버지는 자기 아들의 영 곧 그리스도의 영을 보내셨다. 그 영은 우리 안에서 이 땅에 계셨던 그리스도의 참된 모습이자 실재, 즉 그리스도의 실제적 현존이시며 그리스도께서 누리셨던 생명을 우리 안에 전해 주신다. 하나님이여, 찬양받으소서! 아버지께 참으로 예배하는 자들은 신령과 진정으로 예배할 때가 왔는데 곧 이때다. 우리는 지금 이 순간 그런 때에 살고 있는 것이다. 이 사실을 믿어야 한다. 성령은 주신 바 되어 우리 안에 거하신다. 이는 한 가지 이유, 즉 아버지께서 신령과 진정으로 예배하는 자들을 찾으시기 때문이다. 성령이 주어졌기 때문에 그에 도달하여 참으로 예배하는 자들이 될 수 있다는 확신 가운데서 기뻐할 수 있어야 한다.

거룩한 두려움 속에서 성령이 내주하심을 인식하자. 겸손히 육신을 잠잠케하는 가운데 성령의 인도하심과 가르치심에 우리 자신을 맡기자. 하나님 앞에서의 믿음으로 성령의 사역들을 바라보자. 그리고 이 예배를 실천하자. 성령의 역사가 목적하는 바를 늘 새롭게 통찰하며 그의 내주하심에 대한 믿음이나 그의 사역에 대한 경험을 온전히 활용하므로 이 예배가 그 최고의 영광으로 끝맺게 하자. 그것은 아버지를 높이는 예배이며 그에게 찬송과 감사, 오로지 그의 것인 존귀와 사랑을 드리는 것이다.

오, 하나님! 당신은 영이시며 당신께 예배하는 자들은 신령과 진정으로 예배하지 않으면 안됩니다. 찬양받으실 당신의 이름이여! 당신은 당신 자신의 아들을 보내셔서 성령 안에서의 예배를 위해 우리를 구속하시고 준비하게 하셨읍니다. 또한 당신은 당신의 영을 보내셔서 우리 안에 거하게 하시고 우리를 그에 합당하게 하셨읍니다. 그리고 이제 우리는 아들로 말미암은 것처럼 성령 안에서 아버지께 나아갑니다.

지극히 거룩하신 하나님이시여! 우리의 예배가 얼마나 많이 육신의 능력과 의지 가운데 있어 왔는가를 부끄러움으로 고백합니다. 이로 인하여 우리는 당신의 이름을 더럽혔으며 당신의 영을 슬프게 했고 우리의 영에게는 말할 수 없는 손실을 가져왔읍니다. 오, 하나님! 우리를 용서하사 이 죄로부터 구원하소서. 구하옵나니 우리를 가르치사 신령과 진정으로 드리지 않는 예배를 결단코 시도하지 말게 하소서.

우리 아버지시여! 당신의 성령이 우리 안에 거하십니다. 간구하옵나니, 당신의 영광의 풍성함을 따라 성령의 능력으로 우리를 강건케 하사 우리 속 사람이 진실로 성령의 전이 되어 영적 제물이 끊임없이 드려지게 하소서. 그리고 자아와 육신을 죽이며 우리 안에 있는 성령을 바라며 신뢰하는 축복된 기술을 당신 면전에 나아갈 때마다 자주 가르치소서. 그리하여 그리스도 예수로 말미암아 당신 마음에 흡족한 경배와 믿음, 사랑을 우리 안에 일어나게 하소서. 오, 또한 신령과 진정으로 드리는 예배를 추구하며 성취하고 그것을 날마다 당신께 드리게 하소서. 예수님의 이름으로 구하옵나이다. 아멘.

요 점

1. 성령이 부여받은 목적을 가장 완벽하게 성취하시는 것은 예배 안에서이다. 그가 자기 모습을 가장 철저하게 증명하실 수 있는 것 또한 예배 안에서이다. 성령의 현존에 대한 의식과 그 능력이 내 안에서 강하게 되기를 원한다면 '예배를 드려야 한다.' 성령은 예배에 합당하시며 예배는 성령에 어울린다.

2. 예배라는 것은 단지 간구하는 것만이 아니다. 예배는 거룩한 존재에 엎드려 경배하는 것이다. 때로는 "백성이 머리 숙여 경배하니라"(출 4 : 21; 12 : 27, 느 8 : 6). "장로들은 엎드려 경배하더라"(계 5 : 14) 하는 말들 없이 오직 아멘 할렐루야만으로 된 것일수도 있다.

3. 신자들 중에서라 할지라도 성령 안에 있지 않는 예배가 얼마나 많은가! 개인이나 가족 그리고 공적인 예배에 있어서 우리를 들어 올리사 하늘로 향하게 하시는 성령을 조금도 기다림없이 육신의 능력으로 하나님의 면전에 서둘러 나아가는 경우가 얼마나 많은가! 합당한 예배에 어울리는 것은 성령의 임재와 능력뿐이다.

4. 성령의 커다란 장애물은 육신이다. 영적 예배의 비결은 육신을 죽이는 것이다. 즉, 육신을 십자가의 저주받은 죽음에 내어 맡기며, 그 활동을 심히 두려워하는 가운데 성령의 생명과 능력이 자기 생명과 능력을 대신하도록 겸손하고 신실하게 기다리는 것이다.

5. 우리 삶과 같이 우리 예배도 그러할 것이다. 성령이 우리 예배에 생명력을 불어 넣으시려면 일상 생활을 이끄시고 다스리셔야만 한다. 하나님의 뜻에 복종하며 그의 현존 안에 있는 삶은 예배에 합당하다. 하나님께서 우리에게 신령과 진정으로 드리지 않는 예배의 한계와 죄성, 무기력함을 깊이 느끼게 하시길.

6. 성령은 예배를 위하여 그리고 예배 안에서 허락된다. 이 작은 책의 성령의 사역에 대한 연구가 하나님을 겸손하고 경건하게 바라는 가운데서 이루어지길. "나의 영혼이여, 너는 하나님 앞에서 잠잠하라."

4
성령과 말씀

살리는 것은 영이니 육은 무익하니라 내가 너희에게 이른 말이 영이
요 생명이라. 주여 영생의 말씀이 계시매 우리가 뉘게로 가오리이까
―요한복음 6 : 63, 68.
저가 또 우리로 새 언약의 일군 되기에 만족케 하셨으니 의문으로 하
지 아니하고 오직 영으로 함이니 의문은 죽이는 것이요 영은 살리는
것임이니라 ―고린도후서 3 : 6.

우리의 복된 주님은 자신을 생명의 떡으로 자신의 살과 피를 영생의 양식과 음료로 말씀하셨다. 그의 제자들 중 많은 사람에게는 그것은 이해하지 못할 어려운 말이었다. 예수님은 그의 말씀이 그들에게 분명하게 되는 것은 성령이 임하여 그들의 소유로 될 때 뿐이라고 말씀하셨다. 그는 "살리는 것은 영이니 육은 무익하니라 내가 너희에게 이른 말이 영이요 생명이라" 하셨다.

이 말씀 중 "살리는 것은 영이니" 하는 것과 "영은 살리는 것임이니라" 하는 바울의 대응구는 이른바 성령에 대한 정의에 가장 근접하는 것이다 (고전 15 : 45의 "살려주는 영"과 비교하여 보라). 성령은 항상 자연 안에서건 은혜 안에서건간에 우선 생명을 주는 원리로써 작용한다. 이 사실을 단단히 붙잡아 두는 것이 심히 중요한 일이다. 신자 안에서 인치시고 거룩하게 하시며 가르치시고 강건하게 하시는 성령의 사역은 전적으로 이 사실에서 기인한다. 그의 은혜의 사역들을 경험할 수 있는 것은 그가 영혼의 내적 생명이라 알려져 존경받으며 자리를 얻고 섬김을 받을 때이다. 성령

의 다른 사역들은 생명의 부산물에 지나지 않는다. 그것들을 누릴 수 있는 것은 내부에 있는 생명의 능력 안에서이다. "살리는 것은 영이니." 우리 주님은 육신을 성령과 대비하여 두셨다. 그는 "육은 무익하니라" 말씀하신다. 그는 육신에 대해 죄의 토대로써 말씀하시는 것이 아니라 그 종교적인 면에 있어서 말씀하시는 것이다. 즉, 육신의 능력 안에서 자연인 또는 신자라 해도 온전히 성령께 내어 맡기지 않은 자가 하나님을 섬기거나 하나님에 관한 사실들을 알고 소유하기 위해 애쓰는 것을 의미하는 것이다. 이 모든 노력의 헛된 성격을 우리 주님은 "무익하니라" 하는 말로 지적하신다. 그런 노력들은 충분치 못하며 영적 실재, 곧 하나님에 관한 사실들 자체에 이르는 데에 도움이 되지 않는다. 바울이 죽이는 의문을 영과 비교할 때도 그와 같은 것을 의도했다. 모든 율법은 단지 의문과 육신에 관한 것이었다. 그것이 분명한 영광을 갖고 있었고 이스라엘의 특권이 매우 크긴 했지만 바울이 말하고 있듯이 "영광되었던 것이 더 큰 영광을 인하여 이에 영광될 것이 없게 된 것"이었다. 심지어 그리스도 자신도 육신에 있는 한 그의 장막이 찢어짐으로 성령의 법이 육신의 법을 대신할 때까지 그의 말씀으로 제자들에게서 그가 기대하셨던 것을 얻어내실 수 없었다. "살리는 것은 영이니 육은 무익하니라."

우리 주님은 이 말씀을 특별히 그가 해오신 말씀들과 거기에 함유된 영적 진리에 적용하셨다. "내가 너희에게 이른 말이 영이요 생명이라." 그는 제자들에게 두 가지 사실을 가르치고자 하셨다. 하나는 말씀은 살아 있는 씨앗으로 싹이 터 돋아나 그 생명력을 시위하고 그 의미를 나타내며 또한 말씀을 받아 늘 마음 속에 간직하고 있는 사람들에게 그 신적인 능력을 증명할 수 있는 힘을 지녔다는 것이다. 예수님은 제자들이 단번에 말씀을 깨달을 수 없을지라도 용기를 잃지 않길 원하셨다. 그의 말씀은 영이고 생명이다. 그것은 이해를 위해서가 아니라 생명을 위해서 작정된 것이다. 말씀은 모든 생각보다 높고 깊은 보이지 않는 영의 능력 가운데 임하여 생명의 근원으로 들어간다. 또한 자체적으로 신적인 생명을 지니고 있어서 표현하고 있는 진리를 신적인 능력으로 효과적으로 다루어 말씀을 받아들이는 사람들의 경험으로 이끈다. 말씀의 이런 영적 성격의 결과로써―이는 예수님이 제자들에게 배울 것을 기대하셨던 또 하나의 교훈이다―그가 하신 말씀들은 그것들을 받아들일 영적 성품을 필요로 한다. 씨앗은 같은 성질의 토양을 필요로 한다. 즉, 씨앗에 뿐만 아니라 토양에도 생명이 있어야 한다. 말씀을 정신이나 감정, 의지로만 받아들여서는 안되며 그것들을 통하여 생명으로 받아들여야 한다. 그 생명의 중심은 양심의 목소리를 지닌 인간의 영적 성품이다. 거기서 말씀의 권위가 인정되어야만 한다. 하지만 이것으론 흡족하지 않다. 양심은 스스로 다스릴 수 없는 세력에 에워싸인 포로로서 인간 마음 속에 거하기 때문이다. 하나님께로부터 나오고 그리스도께서 오셔서 가져 오신 것이 성령이시다. 그는 우리의 생명이 되시며 말씀을 받으셔서 우리의 생명으로 동화시키신다. 그리고 하나님과 그리스도께서 우리 안에서 진리와 능력이 되게 하실 것이다.

  이 축복의 영의 사역에 대한 연구에 있어서 이 축복된 진리를 분명하고 견고하게 파악하기 위해 아무리 주의를 기울여도 지나치지 않을 것이다. 그렇게 하는 것이 좌로나 우로 치우치는 잘못에서 우리를 건질 것이다. 나아가서 말씀없이 성령에 대한 가르침을 맛보려거나 성령없이 말씀의 가르치는 바에 정통하려는 기대감을 갖지 못하게 할 것이다.

  한편으로 우리에게는 우로 치우치는 잘못, 즉 말씀없이 성령에 대한 가르침을 구하려는 경향이 있다. 거룩한 삼위일체에 있어서 말씀과 성령은 상호간에 성부와 하나이다. 말씀은 하나님의 영감으로 된 성경말씀과 다를 바 없는 것이다. 성령은 각 세대마다 하나님의 생각을 쓰여진 말씀으로 구체화하셨다. 그리고 지금은 그 말씀의 능력과 의미를 나타내기 위해 우리 마음 속에 살아 계신다. 성령으로 충만하려면 말씀으로 충만해야 한다. 우리 안에 있는 성령의 거룩한 생명을 더욱 강건하게 하며 우리 성품의 모든 부분에서 능력을 얻으려면 그리스도의 말씀이 풍성하게 우리 안에 거해야 한다. 성령이 생각나게 하는 일을 수행하시면서 적절한 순간에 일깨워 주시고 예수님이 우리의 필요에 대해 말씀하신 것을 신기할 정도로 정확하게 적용하시려면 그리스도의 말씀이 우리 안에 거해야 한다. 성령이 매 생활환경 속에서 하나님의 뜻을 나타내시고, 일치하지 않음에 분명한 법령이나 원칙에서 해야만 할 것을 틀림없이 정확하게 지적하시며, 필요할 때 그것을 제시하시려면 말씀이 우리 안에 살아 있어서 그가 사용하시도록 준비되어야 한다. 영원한 말씀을 빛으로 소유하려면 기록된 말씀이 성령을 힘입어 마음 판에 새겨져야 한다. "내가 너희에게 이른 말이 영이요 생명이라." 그 말씀들을 취하여 새겨 두라. 성령이 소생케 하는 능력을 나타내

는 것은 말씀을 통해서이다.[4]

다른 한편으로 좌로 치우치는 보다 흔한 잘못이 있다. 말씀이 우리 안에 그 생명을 펼쳐 보이려면 우리 안에 계신 성령이 내적 생명 속으로 그 말씀을 받아들여 소유해야 하심을 한순간도 잊어서는 안된다. 성경읽기나 성경연구, 말씀전파에 있어서 으뜸가는 주된 목적이 말씀의 의미에 이르는 것인 경우가 얼마나 많은가? 사람들은 말씀이 의미하는 것을 정확하고 꼼꼼하게 이해한다면 자연적 결과로 말씀이 전해 주고자 하는 축복에 이르리라 생각한다. 이는 결단코 그렇지 않다. 말씀은 씨앗이다. 모든 씨앗에는 표피적인 부분이 있고 그 안에 생명이 숨겨져 있다. 그 표피적 실체 속에 가장 가치있고 완벽한 씨앗이 있다. 하지만 그것이 적당한 토양에서 햇빛과 수분의 영향에 몸을 드러내지 않는다면 그 생명은 결코 자라날 수 없다. 우리도 성경말씀과 그 가르침을 매우 지적으로 진지하게 이해할 수 있지만 그 생명과 능력에 대해 거의 알지 못할 수 있다. 성령의 감동하심을 받은 옛 성현들이 말한 성경은 그와 똑같은 성령의 가르침을 받는 성도들에 의해서만 이해될 수 있다. 이 사실을 우리 자신과 교회에 끊임없이 일깨워야만 한다. "내가 이른 말이 영이요 생명이라." 말씀을 이해하고 그에 함께 하는데 있어서 육은 무익하며 살리는 것은 영, 곧 우리 안에 있는 생명의 영인 것이다.

이것은 그리스도 시대의 유대인 역사가 가르치는 두려울 정도로 엄숙한 교훈들 중의 하나이다. 유대인들은 그들 스스로 생각했던 것만큼 하나님의 말씀과 영광에 대해 대단히 열심이었다. 하지만 그들의 모든 열심은 하나님의 말씀에 대한 인간적 해석을 위한 것이었음이 판명되었다. 예수님은 그들에게 "너희가 성경에서 영생을 얻는 줄 생각하고 성경을 상고하거니와 이 성경이 곧 내게 대하여 증거하는 것이로다 그러나 너희가 영생을 얻기 위하여 내게 오기를 원하지 아니하는도다"라고 말씀하셨다. 유대인들은 성경이 영생으로 인도할 것을 진정으로 믿었다. 그러나 그들은 그것이 그리스도에 대해 증거하고 있음을 전혀 알지 못했다. 그래서 그리스도

---

4) 엡 5:18,19과 골 3:16을 주의깊게 비교해 보면 똑같은 말로 묘사된 그리스도인의 삶의 기쁨에 찬 교제가 전자에서는 성령으로 충만한 데서 후자에서는 말씀으로 충만한 데서 나왔다고 말한다. 성령에 관한 것만큼 말씀에 대해서도, 말씀에 관한 것만큼 성령에 대해서도 똑같은 정도로 추구해야 한다.

께 나아오기를 원치 않았다. 유대인들이 성경을 연구하고 수용한 것은 인간적 이해에 비추어 그 능력으로 행한 것이지 생명이신 하나님의 영의 빛과 능력 가운데 행한 것은 아니었다. 매우 많은 신자들이 성경을 많이 읽으며 잘 알고 있음에도 생활에 있어서 무기력한 데에는 다른 이유가 있을 수 없다. 그들은 살리는 것은 영이며 육, 즉 인간적 이해는 아무리 지적이고 진지하다 해도 무익함을 깨닫지 못하는 것이다. 그들은 성경에서 영생을 얻는 줄 생각하지만 그들의 생명인 성령의 능력 안에서 살아 계신 그리스도를 거의 깨닫지 못한다.

 요구되는 것은 매우 간단하다. 곧, 쓰여진 말씀을 다루되 살려주는 영을 힘입지 않고 하기를 단호하게 거부하는 것이다. 성경을 우리 손이나 마음 또는 입으로 받아들일 때마다 반드시 성령의 필요성과 그에 관한 언약을 인식해야 한다. 우선 조용한 예배행위 속에서 우리 안에 자기 영의 활동을 허락하시고 새롭게 하시는 하나님을 바라보아야 한다. 그리고 말없는 믿음의 행위 가운데 우리 안에 거하는 능력에 전념하면서 하나님을 섬겨야 한다. 이는 마음뿐 아니라 내적 생명까지 열려져 말씀을 받아들이기 위함이다. 성령이 우리의 생명이 되셔야만 한다. 안으로부터 나오는 성령과 생명에 대하여 밖으로부터 오는 말씀이 그 양식으로서 어울리게 될 때 그리스도의 말씀은 참으로 영이고 생명이 된다.

 성령에 관한 복된 주님의 가르침을 더 깊이 추적해 보면 주님의 말씀이 영이고 생명인 것처럼 성령은 생명의 영으로서 우리 안에 계셔야만 한다는 것이 분명해질 것이다. 저마다 마음 깊은 곳의 생명은 하나님의 영이어야만 한다. 마음과 감정과 의지를 넘어 보다 깊이 내려가 이 모든 것들의 뿌리에 이르게 될 때 생명력을 불어 넣는 원리로써 하나님의 영이 존재해야만 한다. 마음이나 감정, 의지를 벗어나 더욱 깊이 내려가기를 힘써야 한다. 그리고 어느 것도 살아 계신 하나님의 말씀 안에 있는 생명의 영에 이를 수 없으며 또한 우리 안의 보이지 않는 깊은 곳에 숨겨진 생명 가운데 있는 성령을 섬길 수 없음을 깨달아야 한다. 성령만이 말씀을 그의 소생케 하는 능력 안에서 받아들이고 나타내며 우리의 생명 중의 생명으로 이끌 수 있다. "살리는 것은 영이니" 하는 말씀이 의미하는 바를 실제적으로 이해해야 한다. 그러면 영이고 생명인 말씀이 내주하시는 성령과 생명으로 말미암아 우리 안에서 조화를 이루는 것이 하나님 보시기에 얼마나 올바르고 합당한 것인지 알게 될 것이다. 나아가서 말씀이 그 의미를 펼쳐 보이고 그 실체를 전하기 위해 그 신적 능력과 완벽함을 이미 내주시시는 성령과 생명에게 어떻게 부여하는가를 발견할 것이다.

　오, 나의 하나님! 내주하시는 성령의 놀라운 은사에 대해 다시금 감사드립니다. 그리고 내가 겸손히 새롭게 간구하옵는 것은 그가 내 안에 계심을 진실로 깨닫고 그가 수행하시고 있는 하나님의 사역이 얼마나 영광스러운가를 알기 위함입니다.

　구하옵나니, 나를 특별히 가르치시사, 성령이 내 안에 있는 하나님의 생명을 자라나게 하는 생명이시자 능력되시며 나의 하나님이 내게 베풀고자 하시는 온갖 것들을 향해 내가 자라날 수 있다는 증거이시자 보증되심을 믿게 하소서. 내가 이를 알 때, 내 안의 생명의 영되신 그가 내 영으로 생명의 양식인 말씀을 갈구하게 하시며 그것을 수용하시고 소화하셔서 참으로 생명이게 하심을 깨달을 것입니다.

　나의 하나님이시여, 나를 용서하소서. 이는 내가 영이며 생명인 당신의 말씀을 인간의 사고력과 육에 속한 마음으로 이해하는 데에 크게 힘을 기울였기 때문입니다. 나는 육이 무익하다는 것을 배우는 데에 몹시 더디었읍니다. 이제 그 사실을 배우길 원합니다.

　오, 나의 아버지시여, 내게 지혜의 영을 허락하시며 성령의 능력있는 사역을 베푸시사, 당신의 말씀 하나하나가 영적으로 매우 심오하며 영적인 것들은 오직 영적으로만 분별할 수 있음을 알게 하소서. 내가 당신의 말씀과 갖는 모든 교제 속에서 나를 가르치시사, 육과 육에 속한 마음을 부인하게 하시며 깊은 겸손과 믿음 가운데서 말씀을 소생케 하시는 성령의 내적 사역을 앙망케 하소서. 그리하여 당신의 말씀에 대한 나의 모든 생각과 믿음과 순종 가운데 그것을 지키려는 나의 모든 행위가 영과 진리, 생명과 능력 가운데 있게 하소서. 아멘.

요 점

1. 어떤 책을 이해하려면 독자는 저자의 것과 똑같은 언어를 알고 있어야만 한다. 그리고 대개의 경우에 저자의 글에 담겨진 것과 똑같은 정신을 다소간 지니고 있어야 한다. 성경을 이해하려면 옛 성현들이 그것을 작성하는데 능력을 얻었던 것과 똑같은 영이 우리 안에 거해야만 한다.

2. 영원의 말씀과 영원한 영은 분리할 수 없다. 창조의 말씀과 창조하는 영(창 1:2,3; 시 33:6)도 그러하다. 구속에 있어서 말씀과 영(요 1:1~3, 14, 33)이 달리 될 수 없다. 기록된 말씀에 있어서도-"내가 이른 말이 영이요"-역시 그러하다. 사도들이 선포한 말씀(살전 1:5)에 있어서도 마찬가지다. 그리고 우리가 읽고 묵상하는 말씀에 있어서도 마땅히 그래야만 한다. 하나님의 살아 있는 말씀이 밖으로부터 임하는 것만큼 실제적으로 하나님의 살아 있는 영도 안으로부터 나와 그에 어울려야만 한다.

3. 말씀은 씨앗이다. 씨앗에는 생명이 감추어져 있는데 이는 자라날 생명력있는 토양을 필요로 한다. 말씀은 하나님의 생명을 갖고 있다. 말씀을 받아들이되 타고난 마음이나 의지로 뿐 아니라 하나님의 영이 거하시는 새 영으로 해야 함을 깨달아야 한다.

4. 나는 이 사실을 더욱 더 절감한다. 말씀의 능력과 진리는 예수님과의 생생한 교제에 달려 있다. 그리스도인의 삶에 있어서 승리보다는 실패가 잦은 이유는 무엇인가? 이는 진리가 성령의 능력을 벗어나 이해되기 때문이다. 하나님이 나를 도우시사 다음 두 가지 사실들을 신뢰케 하시길 간구한다. 하나는 말씀은 하나님의 영과 능력으로 충만하여 능력있게 역사할 수 있다는 것이다. 다른 하나는 마음에도 그와 똑같은 하나님의 영이 있는데 그를 통하여 생명의 말씀이 생명의 능력으로 받아들여진다는 것이다. 나의 생명이 성령의 능력 안에 있지 않으면 안된다.

5
영광 받으신 예수님의 영

> 나를 믿는 자는 성경에 이름과 같이 그 배에서 생수의 강이 흘러나리라 하시니 이는 그를 믿는 자의 받을 성령을 가리켜 말씀하신 것이라 (예수께서 아직 영광을 받지 못하신 고로 성령이 아직 저희에게 계시지 아니하시더라)―요한복음 7:38, 39.

여기서 우리 주님은 그에게로 나와 마시며 그를 믿는 자들은 결단코 목마르지 않을 뿐 아니라 그들 자신이 원천이 되어 그들에게서 생수의 강, 생명과 축복의 강이 흘러나리라고 약속하신다. 요한은 말씀을 기록하면서 그 약속은 예견적인 것이며 성령의 부음을 받기까지 그 실현을 기다려야만 할 것이라고 설명한다. 그는 또한 이렇게 지연되는 것에 대해 이면의 이유를 제시한다 : 성령이 '아직 계시지 아니하셨다.' 왜냐하면 예수님이 '아직 영광을 받지 못하셨기' 때문이다. 성령이 아직 계시지 않았다는 표현은 기이하게 보인다. 그래서 '삽입된' 말씀이 주어진 것이다. 그러나 그 표현은 있는 그대로 받아들여진다면 예수님이 영광을 받으시고 나서야 비로소 성령이 임하시리라는 사실의 참된 의미를 올바르게 이해하도록 이끌 것이다.

우리는 하나님이 자신에 대해 구약에는 하나님으로서 그리고 신약에는 아버지로서 이중적으로 계시하셨음을 알고 있다. 또한 영원부터 아버지와 함께 계셨던 아들이 육신이 되심으로 새로운 현존의 무대에 등장하신 것도 알고 있다. 그 아들이 하늘로 되돌아가셨을 땐 하나님의 독생자로서는 변함이 없으셨지만 이미 예전과 같은 존재는 아니셨다. 그는 인자로서 죽은 자들로부터 처음 나신 자였으며 스스로 완전케 하시고 깨끗케 하신 영광스런 겸손으로 옷입으셨기 때문이다. 마찬가지로 오순절에 부어주신 하나님의 영도 실상 새로운 존재이셨다. 성령은 구약에 걸쳐서 늘 하나님의 영이나 여호와의 영이라 불리워지셨다. 그는 그때까지 성령이라는 이름을 자기의 적절한 이름으로 갖고 계시지 못하셨다.[5] 그의 적절한 명칭이 사용되기 시작한 것은 그리스도를 위한 길과 그의 몸을 예비하는데 있어서 그가 하셔야만 할 일과 연관지어서 뿐이었다(눅 1 : 15, 35). 오순절에 성령이 강림하셨을 땐 그는 영광을 받으신 예수님의 영, 즉 육신을 입으시고 십자가에 못 박히신 후 높이 들림을 받으신 그리스도의 영으로서 임하신 것이었다. 성령은 하나님의 생명이 아니라 그리스도 예수의 인격 안에서 인간성으로 짜여진 생명을 지니고 있으면서 우리에게 전달해 주시는 것이다. 그가 성령이란 이름을 갖고 계신 것은 특별히 이런 능력에서이다. 하나님이 거룩하신 것은 내주하시는 분으로서 때문이기도 하다. 그리고 이 영에 있어서 그가 육신을 입으신 예수님 안에 거하심으로 또한 육신 가운데 있는 우리 안에 거하실 것이라는 점에서 성령이 아직 계시지 않았다는 표현은 분명히 말 그대로 사실인 것이다. 그는 영광받으신 예수님, 즉 하나님의 아들이 되신 인자의 영이시다. 예수님이 영광을 받으시고 나서야 비로소 그는 그렇게 되실 수 있었다.

이와 같이 생각해 볼 때 보내심을 받아 우리 안에 거하시는 이가 하나님의 영이 아니시고 예수님의 영이시라는 이유를 더욱 더 밝히 깨닫게 된다. 죄는 하나님의 법에 대한 관계뿐 아니라 하나님 자신과의 관계까지 깨뜨려 놓았다. 그리스도가 오심은 인간을 죄와 그 저주에서 구원하시기 위함뿐 아니라 인간성 자체를 하나님의 생명과의 교제로 다시 돌이키셔서 하나님의 성품에 참여하는 자로 만드시기 위함이었다. 그가 이것을 하실 수 있었던 것은 신적인 능력을 인간에게 발휘함에 의해서가 아니라 자유롭고 도덕적이며 가장 참된 인간 개발에 의해서였다. 예수님은 육신이 되심으로 자

---

5) 단지 세 구절(시 51 : 11, 사 63 : 10, 11)에서만 우리 말로 성령이라 번역되어 있다. 이에 해당하는 적절한 히브리 말은-가령 스티어(Stier)가 그의 주석에서 그렇게 번역하고 있듯이-"그의 거룩한 영"(The Spirit of His holiness)이다. 따라서 그 용어가 사용된 것은 하나님의 영에 관한 것이지 삼위로서의 적절한 명칭에 관한 것은 아니었다. 오직 신약에서만 그 영은 "성령"(Holy Spirit)이란 명칭을 갖는다.

신의 인격으로 육신을 정결하게 하시며 하나님의 영의 내주하심을 위하여 그것을 합당하고 헌신적인 그릇으로 만드셔야만 했었다. 그리고 이 일을 이루신 후에 보다 낮은 형태의 삶을 보다 높은 형태의 것으로 향상시키는 율법에 따라 썩어지시고 죽으시지 않으면 안되었다. 그 죽으심 안에서 죄의 저주를 짊어지시고 자신을 마치 곡물의 씨앗처럼 드리심으로 우리 안에 열매를 맺으셔야만 했다. 부활과 승천으로 영광을 얻은 그리스도의 성품에서 그의 영은 그의 인간적 생명의 영으로서 임하셨다. 그 생명이 하나님과의 연합으로 영광을 얻은 것이다. 이는 그리스도가 개인적으로 수행하시고 획득하신 모든 것, 즉 그 자신과 그의 영광스런 생명에 우리를 참여케 하기 위함이었다. 그의 대속하심 덕택으로 인간은 이제 이전과는 전혀 달리 거룩한 영의 충만하심과 내주하심을 요구할 권리를 갖게 되었다. 그리고 그리스도가 우리를 대신하여 자기 안에 새로운 거룩한 인간성을 완성하심으로 전에는 결코 존재하지 않았던 것—인간적이면서 동시에 신적인 생명을 이제 전해 받을 수 있게 되었다. 이로부터 성령은 하나님의 인격적 생명이셨던 것처럼 인간들의 인격적 생명이 되실 수 있게 된 것이다. 이제 성령은 하나님 자신 안에서의 인격적 생명 원리이신 것처럼 하나님 자녀 안에서 또한 그러하시다. 하나님의 아들의 영은 우리 마음 속에서 아바 아버지라 부르짖는 영이 되신다. "예수께서 아직 영광을 받지 못하신고로 성령이 아직 계시지 아니하시더라"는 말씀은 이 영에 있어선 어울리고도 남는 것이다.

하나님을 찬양할진대, 이제 예수께서 영광을 받으셨다. 이제 영광받으신 예수님의 영이 계신다. "나를 믿는 자는 그 배에서 생수의 강이 흘러나리라"는 약속이 이제 이루어지게 되었다. 예수님이 영광을 받으셨을 때 일어났던 위대한 사건은 이제 영구적인 현실이 되었다. 그리스도께서 인간성과 함께 육신을 입으신 채로 가장 거룩한 곳으로 들어가셨을 때 베드로가 "하나님이 오른 손으로 예수를 높이시매 '그가 약속하신 성령을 아버지께 받아서'"라고 말한 것이 성취되었다. 그는 우리를 대신하여 인간이자 그 우두머리로서 하나님의 영광을 온전히 받으셨고 그의 인간성을 하나님의 영의 처소이자 분배처로 삼으셨다. 그래서 성령은 신인(神人)의 영—참으로 하나님의 영이면서 마찬가지로 인간의 영으로서 임하실 수 있었다. 그는 영광받으신 예수님의 영으로 임하셔서 예수님을 믿는 각 사람 안에 계시면서 예수님의 인격적 생명과 현존의 영임과 동시에 신자의 인격적 생명의 영이 되신다. 예수님 안에서 하나님과 인간의 완전한 연합이 성취되고 최종적으로 완성된 것은 예수님의 보좌 위에 앉으시고 새로운 실존의 무대, 즉 이제까지 알려지지 않은 영광에 들어가셨을 때이다. 그리하여 이제는 새로운 시대가 성령의 생명과 사역 속에서 시작하게 된 것이다. 성령은 지금 임재하셔서 하나님과 인간의 완전한 연합을 증거하시고 우리의 생명이 되심으로 우리가 그 연합에 참여하게 하신다. 영광받으신 예수님의 영은 '지금 계신다.' 예수님은 성령을 쏟아 부으셨다. 우리가 성령을 받아들일 때 그는 축복의 강이 되어 우리 안으로 흘러 들어와 우리를 통하여 흐르며 우리에게서 흘러나가게 된다.

예수님의 영화롭게 되심과 그의 영의 흘러나오심은 밀접한 연관성을 갖고 있다. 그 둘은 지극히 중요한 유기적 연합으로 불가분하게 연결되어져 있다. 우리가 하나님의 영뿐만 아니라 그리스도의 영—"아직 계시지 않았지만" 이제는 계신 영광받으신 예수님의 영을 소유하고자 한다면 특별히 영광받으신 예수님과 신실한 관계를 맺어야만 한다. 우리는 단지 십자가와 죄의 용서를 신뢰하는 것으로 만족해서는 안된다. 새 생명, 즉 인간성 가운데 있는 하나님의 영광과 능력의 생명을 알기 위해 힘써야 한다. 영광받으신 예수님의 영은 그것의 증인이자 전달자가 되도록 계획된 것이다. 이것은 예로부터 감추어져 있다가 이제 성령, 즉 '우리 안에 계신 그리스도로' 말미암아 알려지게 된 신비이다. 성령만이 진실로 육신 가운데 있는 우리 속에서 거룩한 삶을 사실 수 있는 것이다. 우리는 저마다 예수님이 영광받으신 것과 인간성이 하나님의 생명과 영광에 참여하는 것과 예수님이 영광받으시지 않는 한 성령이 아직 계시지 않았을 것이라는 사실들이 의미하는 바를 알고 이해하는 데에 매우 강한 관심을 갖고 있다. 이는 우리가 언젠가 영광중에 계신 예수님을 바라보며 그의 영광을 공유하리라는 것 때문 뿐 아니라 지금 날마다 그 가운데 살고자 함 때문이기도 하다. 성령은 우리가 그와 영광받으신 예수님의 생명에 대해서 기꺼이 소유하고자 하는 것만큼 우리에 대해서도 그러하신다.

"이는 그를 믿는 자의 받을 성령을 가리켜 말씀하신 것이라(예수께서 아직 영광을 받지 못하신고로 성령이 아직 저희에게 계시지 아니하시더라)." 하나님을 찬양할지니 예수님이 영광을 받으신 것이다. 이제 영광받으신 예수님의 영이 존재하신다. 우리는 그를 받아들이게 되었다. 구약 시대에는 오직 하나님의 유일성만이 계시되었다. 성령이 언급될 땐 언제나 하나님의 영, 즉 하나님이 행사하시고 계신 능력으로써 언급되었다. 성령은 한 위(位)로서 이 땅 위에 알려지지 않으셨다. 신약 시대에 이르러 삼위일체가 계시된 것이다. 오순절에 성령은 한 위격으로서 강림하셔서 우리 안에 거하시게 되었다. 이것은 예수님의 사역의 결실이다. 우리는 이제 이 땅 위에서 성령의 인격적 임재를 얻게 된 것이다. 이위(二位)이신 그리스도 예수 안에서 아들이 오셔서 아버지를 계시하시고 아버지가 그의 안에 거하시면서 말씀하셨던 것처럼 삼위(三位)이신 성령은 아들을 계시하시기 위해 임재하시며 그 안에서 아들은 우리 안에 거하시면서 활동하신다. 이는 아들이 아버지를 영화롭게 하신고로 아버지가 아들을 영화롭게 하신 영광이다. 성령은 아들의 이름으로 또한 아들을 통하여 한 위격으로서 강림하셔서 신자들 안에 거하시고 영광받으신 예수님을 그들 안의 현재적 실재로 삼으신다. 이것이 예수님이 그를 믿는 자는 결코 목마르지 않으며 그 배에서 생수의 강이 흘러나리라고 말씀하시던 것이다. 영혼의 갈증을 만족시키며 나아가서 그 영혼을 다른 사람들을 소생케 하는 원천으로 만드는 것은 오직 이것, 즉 영광받으신 예수님의 현존을 계시하시는 성령의 인격적인 내주하심뿐이다.

"나를 믿는 자는 그 배에서 생수의 강이 흘러나리라." 이는 예수님이 성령에 대해서 말씀하신 것이다. 여기서 우리는 하나님의 온갖 보화에 대해 '나를 믿는 자'라는 축복의 열쇠를 다시금 얻게 된다. 성령으로 세례를 베푸시는 이는 영광받으신 예수님이시다. 그를 믿어야 한다. 여기 약속된 성령충만을 갈망하는 자라면 누구든지 오로지 그를 믿어야 한다. 그가 참으로 영광받으셨다는 것과 그가 존재하시고 행하시며 이루시고자 하는 모든 것은 그의 거룩한 영광의 능력 안에 있다는 것을 믿어야 한다. 그의 영광의 풍성함을 따라 이제 하나님이 우리 안에서 일하실 수 있는 것이다. 예수님이 그의 성령을 허락하셨고 그로 인해 우리가 이 땅 위에서 우리 안에 성령의 인격적 현존을 얻을 수 있다는 것을 믿어야 한다. 이런 믿음에 의해 하늘의 예수님의 영광과 우리 마음 속의 성령의 능력이 연결되어져 뗄 수 없게 된다. 예수님과의 교제하는 가운데 생수의 강이 우리 안팎으로 더욱 더 세차고 풍성하게 흐르리라는 것을 믿어야 한다. 예수님을 신뢰해야 하는 것이다. 하지만 기억해야 할 것이 있다. 즉, 이런 사실들을 생각하며 이해하고 분명히 확신하며 즐겨 보다 깊이 통찰하는 것이 필요하긴 하지만 그 자체가 믿음은 아니라는 점이다. 믿는다는 것은 새로워진 성품의 능력이다. 그것은 자아를 버리고 그에 대하여 죽으므로 영광받으신 그리스도가 임재하셔서 점유하시고 자기 일을 수행하실 수 있는 여지를 하나님을 위해 마련해 놓는 것이다. 예수님께 대한 믿음은 겸손히 입을 다문 가난한 마음으로 엎드려 자기는 아무것도 아니며 또다른 존재, 즉 보이지 않으시는 성령이 내주하셔서 자신의 인도자요 능력이요 생명이심을 인정하는 것이다. 예수님께 대한 믿음은 믿음으로 그를 섬길 때 그가 생수의 강을 넘쳐나게 하시리라는 것을 분명히 확신하며 그의 앞에서 말없이 항복하며 잠잠한 가운데 무릎꿇는 것이다.

복되신 주 예수시여! 내가 믿사오니 나의 믿음없음을 도우소서. 우리 믿음의 주체이시자 완성자이신 당신께서 또한 내 안에서 믿음의 역사를 완성하소서. 구하옵나니, 보이지 않는 것에 들어가는 믿음으로 가르치시사 당신의 영광이 어떠한가를 인식하게 하시며 나아가서 "내게 주신 영광을 내가 저희에게 주었사오니"라는 당신의 말씀을 따라 당신 영광 가운데서의 나의 몫이 지금 어떠한가를 깨닫게 하소서. 성령과 그의 능력이 당신이 우리에게 주시는 영광임을 내게 가르치시사, 이 땅에서의 그의 거룩한 현존과 우리 안에 거하심을 기뻐하는 가운데 우리가 당신의 영광을 나타낼 것을 당신이 기대하고 계심을 알게 하소서. 나의 복되신 주여, 무엇보다도 나를 가르치시사 이 진리들을 마음 속으로 이해하고 간직할 뿐 아니라 나의 가장 깊은 곳에 있는 내 영으로 당신을 섬김으로 당신의 영으로 가득차게 하소서.

오, 영광받으신 나의 주님이시여! 지금 당신의 영광 앞에 겸손한 믿음으로 엎드립니다. 내가 예배하며 당신 앞에서 기다릴 때 자아와 육에 속한 모든 생명을 낮추시고 멸하소서. 영광의 영이 내 생명이 되게 하소서. 그가 임재하심으로 자아에 대한 모든 신뢰를 깨뜨리며 당신을 위한 자리를 마련하게 하소서. 그리하여 나의 모든 삶이 나를 사랑하사 나를 위해 자신을 드리신 하나님의 아들을 향한 믿음의 삶이 되게 하소서. 아멘.

요 점

1. 그리스도는 외적으로 종으로서의 낮은 지위에 있었는데 이는 왕으로서의 그의 영광스런 지위에 선행하는 것이었다. 그를 영광의 자리로 이끈 것은 종의 신분에 대한 그의 신실함이었다. 영광 중에 계신 그리스도와 함께 하기를 갈망하는 신자라면 누구든지 우선 자기를 부인하시던 그를 신실하게 따라야만 한다. 그리하면 성령께서 적절한 때에 그리스도 안의 영광을 나타내 보이실 것이다.

2. 그리스도의 영광은 특별히 십자가에서의 죽으심이라는 그의 고난의 열매였다. 그리스도가 나를 위해 십자가에 못 박히신 것과 내가 그리스도와 함께 십자가에 못 박힌 것이라는 이중적인 면에서 십자가의 죽음으로 들어갈 때 비로소 영광받으신 그리스도에 관한 성령의 계시를 향해 마음문을 열게 되는 것이다.

3. 나를 만족케 하는 것은 내 주님의 영광에 대해 이따금 영광스런 생각이나 느낌을 지녀보는 것이 아니다. 만족케 하는 것은 '내 안에서 영광받으신 그리스도 자신'이시다. 그는 나의 개인적 삶 속에서 거룩한 천상적 방법으로 영광 중에 있는 그의 생명을 나의 생명과 연합시키신다. 이것만이 그의 마음과 나의 마음을 만족시킬 수 있다.

4. 다시 한번 말한다 : 하나님께 영광을! 이 영 곧, 영광받으신 이의 영이 내 안에 계신다. 그는 나의 마음 속 깊이 있는 생명을 소유하고 계신다. 그의 은혜를 힘입어 그 생명을 자아와 죄의 길에서 멀어지게 한다. 또한 그가 마음을 완전히 사로잡으시고 준비케 하셔서 내 안에 계신 주님을 영화롭게 하실 것을 확신하고 기다리면서 예배한다.

6
내주하시는 영

내가 아버지께 구하겠으니 그가 또다른 '보혜사'를 너희에게 주사 영원토록 너희와 함께 있게 하시리니 저는 '진리의 영'이라 세상은 능히 저를 받지 못하나니 이는 저를 보지도 못하고 알지도 못함이라 그러나 너희는 저를 아나니 저는 너희와 함께 거하심이요 또 '너희 속에 계시겠음이라'—요한복음 14 : 16,17.

"너희 속에 계시겠음이라"는 이 단순한 말 속에서 우리 주님은 그의 구속 사역의 열매이자 절정이 될 성령의 내주하심에 관한 놀라운 비밀을 선언하고 계신다. 인간이 만들어진 것은 이를 위해서였다. 성령이 과거 역사를 통하여 무익하나마 인간과 싸우셨던 것은 이것—하나님이 마음을 다스리시는 것—을 위해서였다. 예수님이 사시다가 죽으시려 했던 것 또한 이것을 위해서였다. 이것이 없었다면 아버지의 뜻과 사역이 이루어지지 못했을 것이다. 이것이 결여됨으로 인해 복되신 주님이 제자들과 교제할 때 별로 열매를 맺지 못하셨다. 그는 제자들에게 이것을 언급할 엄두를 내지 못하셨다. 왜냐하면 그들이 이것을 이해하지 못하리라 알고 계셨기 때문이다. 하지만 마지막날 밤, 시간이 얼마 남지 않았을 때에 주님은 하나님의 비밀을 드러내셨다. 이는 그가 떠남으로 해서 그의 육체적 현존보다 더 큰 축복이 그들의 손실을 보상해 주리라는 것이었다. 또다른 분이 그를 대신하여 오셔서 그들과 함께 영원히 거하시고 또한 그들 안에 계시게 된 것이다. 그는 그들 안에 거하시면서 그들을 준비케 하셔서 자신을 그들의 주(主)로 받아들이게 하시며 또한 아버지를 그들 안에 모시게 할 것이다.

"너희 속에 계시겠음이라."

아버지는 우리에게 자신에 대해 이중적으로 계시하셨다. 그의 아들 안에서는 '자신의 거룩한 형상'을 계시하신다. 아들을 사람들에게 제시하시면서 그를 그들의 마음과 삶 속에 영접함으로 그와 같이 될 것을 권하신다. 그의 영 안에서는 '자신의 거룩한 능력'을 발산하시면서 우리 안으로 들어오신다. 그리하여 안으로부터 우리를 준비케 하셔서 아들과 아버지를 받아들이게 하신다. 성령 시대는 내적 생명의 시대이다. 인간이 하나님의 형상으로 창조된 것으로 시작해서 모든 예비적 단계를 거치면서 그리스도의 육체 가운데서의 출현으로 이어지는 율법과 성자의 시대에 있어선 모든 것은 비교적 외적이고 예비적이었다. 때때로 성령의 특별한 강력한 역사들이 있었다. 그러나 성령의 내주하심은 알려지지 않았다. 인간은 아직 성령 안에서 하나님의 거처가 되지 못했던 것이다. 하지만 드디어 이것이 성취되게 되었다. 영생이 인간의 생명 자체가 되어 자신을 인간의 존재와 의식 속에 잠입시켜 인간의 의지와 생명의 형식으로 옷입히게 된 것이다. 하나님의 현존하심은 성령을 통해서이다. 성부와 성자에게 성령은 원리이시며 그들의 인격은 그 안에서 뿌리와 자각을 얻는다. 마찬가지로 이 하나님의 생명의 영은 이제 '우리 안에서'—이 표현의 가장 심오한 의미에 있어서— 우리 생명의 원리되시며 우리 인격의 뿌리되시고 또한 우리 존재와 의식의 생명 그 자체가 되실 것이다. 그는 하나님의 내재하심을 전제로 우리와 하나되셔서 아버지가 아들 안에 계시고 아들이 아버지 안에 계신 것처럼 우리 안에 거하실 것이다. 우리는 거룩하고 경건하게 엎드려 경배하고 찬양함으로 능력의 축복을 받아들여야 한다.

우리의 복된 주님이 이 말씀에서 약속하고 계신 것을 온전히 이해하고 경험하려면 무엇보다도 그의 말씀하심은 '하나님의' 내주하심에 관한 것임을 기억해야 한다. 하나님은 어디에 계시든지 자신을 숨기신다. 본래 그는 자신을 숨기신다. 대부분의 사람들은 하나님이 계신 곳에서 하나님을 뵙지 못한다. 그가 구약의 성도들을 만날 때에는 대개 인간적 연약함을 지닌 어떤 모습 아래에 자신을 숨기셨다. 그래서 그들이 "정녕 주님은 이 곳에 계시지만 나는 깨닫지 못했다"라고 말한 것은 종종 그가 떠나버린 이후의 일이었다.[6] 축복의 성자께서 하나님을 계시하시기 위해 오셨지만 마른

---

6) 장막과 성전에서 하나님은 어둠 속에 거하셨다. 그는 거기에 계셨다. 하지만 휘장 뒤에 있어 믿음과 경외의 대상이었지 가시적(可視的)대상은 아니었다.

땅에서 나온 줄기같이 고운 모양도 없고 풍채도 없이 오신 것이었다. 그의 제자들이라 할지라도 때때로 그로 인해 실족하였다. 사람들은 항상 하나님의 나라가 눈에 띄게 임하리라 생각한다. 그들은 그 나라가 숨겨진 비밀임을 알지 못한다. 그것은 하나님이 진심으로 항복하여 마음의 채비를 갖춘 사람들에게 자기 계시적 능력으로 자신을 알게 하실 때에야 비로소 수용되는 것이다. 그리스도인들은 성령의 약속이 그들을 사로잡을 때는 언제나 주저함없이 새로운 생각을 품으려 한다. 그래서 성령의 인도하심이 그들의 사고 속에 알려지고 그의 새롭게 하심이 그들의 감정에 영향을 미치며 그의 성결케 하심이 그들의 의지와 행위 가운데서 인식되게 된다. 그리스도인들은 정신이나 감정 의지보다 더 깊이 그리고 이러한 것들이 자리잡고 있는 영혼(the soul) 보다 더 깊이, 하나님에게서 나온 영(the spirit)의 깊은 곳에 성령이 임하셔서 거하신다는 것을 생각해야만 한다.

그러므로 이 내주하심은 무엇보다 먼저 모든 방면에 걸쳐 믿음으로 인식해야 한다. 성령 사역에 대한 최소한의 증거조차 깨달을 수 없는 때라 해도 잠잠히 경건한 심정으로 성령이 내 안에 거하심을 믿어야 한다. 그런 믿음 안에서 평안하고 신실하게 그의 사역을 의뢰하며 그것을 기다려야 한다. 나아가서 내 자신의 지혜와 능력을 아주 분명하게 부인하며 어린 아이와 같은 자기 헌신으로 그가 일하시는 것을 의지해야 한다. 성령이 일을 시작하실 때는 너무 희미하고 가리워져 있어서 그 일이 그에게서 비롯된 것인지를 거의 식별치 못한다. 그것은 양심의 목소리이거나 익숙하게 들리는 어떤 성경적 진리에 지나지 않는 것으로 보일 수도 있다. 하지만 믿음으로 주님의 약속과 아버지의 은사를 굳게 잡으며 성령이 내주하셔서 인도해 주시리라는 것을 신뢰해야 할 시기는 바로 그런 때이다. 그 믿음 안에서 끊임없이 나의 모든 존재를 성령의 다스리심에 맡겨야 한다. 그의 목소리에 가장 근접한 것으로 보이는 것에 충실해야 한다. 그런 믿음과 성실함 가운데서 내 영혼은 성령의 목소리를 보다 잘 분별할 채비를 갖추게 될 것이다. 깊숙히 가리워진 곳에서 그의 능력이 발동하여 마음과 뜻을 사로잡으며 마음 속 깊이 숨겨진 곳에 내주하심이 점점 드러나 그의 충만하심으로 충만하게 될 것이다.[7]

---

7) 뒤의 '강해 3'을 보라.

믿음은 아무리 저급하고 바람직하지 못한 모습을 띠고 있다 할지라도 영성 중에서 하나님을 인식할 수 있는 유일한 능력이다. 믿음으로 하나님으로서 영광 가운데 계신 아버지와 그 아버지의 나타나심되신 아들을 인식한다. 뿐만 아니라 보이지 않으신 하나님의 생명의 능력으로 임하셔서 인간의 연약함으로 옷입으시고 그 안에 자신을 숨기신 성령을 인식하는데 믿음이 필요함은 말할 나위 없는 것이다. 아버지에 대한 우리의 믿음을 크게 신장하고 실천하자. 아들로 "말미암은" 그의 유일한 은사는 우리 마음 속의 성령이시다. 아들에 대해서도 그리하자. 그의 모든 인격과 사역과 영광은 내주하시는 성령의 은사의 중심을 이룬다. 그리고 살아 계신 인격이신 이 강력한 능력―보이지 않으며 때로는 느낄 수도 없는 하나님의 현존에 대한 우리의 믿음을 강하게 하자. 그는 연약한 우리 가운데로 들어 오셔서 자신을 미약한 우리 안에 감추시고 우리가 아버지와 아들의 거처로 어울리게 하신다. 영광받으신 주님을 찬양하는 예배를 통하여 그가 기도하는 각 사람에게 베푸시는 놀라운 응답을 붙들기 위해 힘써야 한다. 이는 우리가 받은 것에 대한 보증이며 우리 하나님에 대한 보다 깊은 지식과 더욱 친밀한 교제, 보다 풍성한 축복에 대한 약속으로 성령이 우리 안에 거하신다는 것이다.

성령의 내주하심을 올바르게 인식하는 것이 심히 중요하다는 것은 우리 주님의 고별설교 속에서 그것이 차지하는 위치로 보아 분명하다. 요한복음 14장과 뒤이은 두 개의 장에서 주님은 성령에 관해 보다 직접적으로 언급하시면서 그를 가르치시는 분이자 증거하시는 분으로서 또한 주님 자신을 대표하시고 영화롭게 하시며 세상을 책망하시는 분으로서 말씀하신다. 동시에 자신과 아버지의 내주하심, 포도나무와 가지의 연합, 기도하는 가운데 그의 제자들이 얻게 될 평안과 기쁨과 능력에 대해 언급하시면서 이를 '그 날' 즉 성령의 오실 때와 연관시키신다. 그러나 이 모든 것에 앞서서 그 유일한 조건이자 원천으로서 주님은 "성령이 너희 속에 계시겠음이라"는 약속을 정하신다. 성령이 우리를 위해 행하시는 모든 것을 알고 우리가 그를전적으로 의뢰하고 있음을 고백한다 해도 주님이 우선적으로 정하신 것을 분명히 인식하고 그에 우선권을 두지 않는다면 별로 유익을 얻지 못할 것이다. 성령이 우리의 스승이시며 능력이실 수 있는 것은 오직 '내주하시는 영'으로서 그러한 것이다. 교회적으로 또는 신자 개인적으로

"성령이 너희 속에 계시겠음이라"는 주님의 약속을 받아들이고 그 믿음의 통제 하에 살 때 축복된 영과의 올바른 관계가 복구될 것이다. 성령은 책임을 지시고 생명력을 불어넣으실 것이다. 그의 처소로 헌신된 존재를 능력으로 충만케 하시고 축복하실 것이다.

서신들을 주의깊게 연구해 보면 이를 확신할 수 있다. 바울은 고린도 교인들에게 보내는 글에서, 가슴 아플 정도로 끔찍한 그들의 죄악들을 책망하면서도 매우 연약하고 불충한 신자들을 포함하여 모든 이들에게 "너희 가운데 하나님의 영이 계심을 알지 못하느냐," "너희 몸은 성령의 전인 줄을 알지 못하느냐"라고 말하고 있다. 그는 이 진리를 믿고 이에 하나님이 얻고자 하셨던 위치를 부여하는 것은 새로운 거룩한 삶의 동기가 될 뿐 아니라 능력이 되리라는 것을 확신하고 있었다. 뒷걸음질치는 갈라디아 교인들에게도 이러한 것을 이야기함보다 더 강한 호소가 없을 것이다. 갈라디아 교인들은 듣고 믿음으로 성령을 '수용하였다.' 하나님은 그 아들의 영을 '그들 마음 가운데' 보내셨다. 그들은 그들 안에 성령으로 인하여 생명을 갖고 있었다. 그들이 이 사실을 이해하고 믿기만 한다면 또한 성령을 좇아 행할 것이다.

그리스도의 교회에 오늘날 필요한 것은 이 가르침이다. 내가 깊이 확신하는 것은 우리 중에 아주 많은 사람들이 이를 올바르게 이해하지 못함으로 상당수의 신자들이 성령에 관한 진리의 이 양상을 모르고 있으며 이것이 거룩한 삶과 행위에 있어서 무기력한 원인이 되고 있다는 것이다. 성령의 사역을 위해 기도를 많이 할 수도 있고 절대적으로 온전히 성령을 의지하는 것에 대한 고백이나 설교, 기도에 있어서 매우 정확을 기할 수도 있다. 그러나 성령의 인격적이고 지속적인 거룩한 내주하심을 인식하지 못하고 경험하지 못한다면 늘 실패하기 마련인데 이는 조금도 놀랄 일이 아니다. 성령은 그의 안식처가 모든 침입이나 소란에서 벗어나길 원하신다. 하나님은 그의 전을 완전히 차지하길 원하신다. 예수님은 그의 집이 전적으로 자신에게만 속하길 원하신다. 그가 거기서 그의 일을 이루시고 다스리시며 그 자신과 그의 사랑을 의도하시는 대로 나타내시려면 집 전체, 즉 내적 존재 전부가 성령에 사로잡혀서 그로 인해 충만해져야 한다. 우리는 이 사실에 동의해야 한다. 그리고 내주하심의 의미를 필요한 만큼 충분히 알고 그것을 거룩한 실재로 받아들여 오직 전능하심에 의해 실현되고 지속되게 해야 한다. 또한 마음을 비워 무릎꿇고 믿음과 찬양 가운데 자신을 낮추면서 "그가 너희 속에 계시겠음이라"하는 약속을 수용하며 그에 따라 살아야 한다. 아버지는 예수님을 위하여 즐거이 그 약속을 성취하시므로 우리로 경험케 하실 것이다. 그리할 때 우리는 참된 제자의 삶의 시작과 비밀과 능력이 성령의 내주하심이라는 것을 알게 될 것이다.

복되신 주 예수시여! 나의 영혼은 "성령이 너희 속에 계시겠음이라"는 당신의 귀한 말씀을 인하여 당신을 찬양합니다. 나를 심히 낮추는 가운데 다시금 그 말씀을 받아들입니다. 구하옵나니, 그 말씀의 복된 의미를 내게 온전히 가르치소서.

나 자신과 모든 하나님의 자녀들을 위하여 구하옵나니 당신의 사랑이 우리에게 얼마나 가깝게 다가오며 당신이 자신을 우리에게 얼마나 완벽하고 친근하게 허락하시는가를 깨닫게 하소서. 당신이 우리 안에 처소를 마련하시고 우리 생명 중의 생명으로서 우리 안에 거하시는 것 외엔 어느 것도 당신을 만족케 할 수 없을 것입니다. 이를 위하여 당신은 영광 가운데 나오신 성령을 우리 마음 속으로 보내셨읍니다. 그는 우리 마음 속 깊은 곳에 사시면서 활동하시는 능력이시며 우리 안에 당신 자신을 계시하시는 분입니다. 오, 거룩한 구세주시여! 가리워져 잃어버린 바 된 이 진리를 당신의 교회가 깨달아 경험하며 나아가서 능력 가운데 그것을 증거하게 하소서. 참된 신자라면 누구나 다 성령의 내주하심과 인도하심을 누리고 있다는 기쁜 소리가 교회 주변에 울려 퍼지게 하소서.

나의 주여! 믿음의 삶―이는 자아에서 벗어난 것입니다―을 내게 가르치시사, 당신을 섬기게 하소서. 그리하면 당신은 당신의 영 안에서 당신의 일을 내 안에 이루실 것입니다. 내 생활 중에 시시때때로 그리스도의 영이 내 안에 거하심을 거룩하고 겸손하게 의식하게 하소서.

나의 하나님이시여! 나의 주 예수시여! 겸손히 입을 다물며 당신 자신의 영이 내 안에 거하신다는 이 거룩한 비밀 앞에 엎드리나이다. 아멘.

요 점

  1. 하나님의 아들이 죄많은 육신의 모양으로 오셨다는 것, 즉 말씀이 육신이 되셨다는 것, 더욱이 그가 우리 성품 가운데 거하셨다는 것—이것이야말로 얼마나 비밀스런 일인가! 크도다, 경건의 비밀이여! 그러나 죄많은 육신인 우리 안에 거하시는 하나님의 영에 관한 비밀은 얼마나 더 크겠는가! 하나님이 '이 비밀'—우리 안에 계신 그리스도—의 영광이 어떻게 풍성한 것을 알게 하신 자들에게는 복이 있다.

  2. 영혼이 그 생각과 느낌, 목적을 내적으로 살펴보는 자기 성찰(自己省察)이란 것이 있다. 이는 은혜의 증거와 평안의 근거를 발견하기 위함이다. 이것은 불건전한 것이며 믿음에 속한 것이 아니다. 자기 성찰은 눈을 그리스도에게서 자기에게로 돌린다. 그러나 또다른 내적 성찰이 있는데 이는 믿음의 가장 고상한 실제 중 하나이다. 이것은 영혼이 본래 볼 수 있는 모든 것에 눈을 감으면서 마음 깊은 곳에 새 영이 있으며 그 안에 현재 그리스도의 영이 거하신다는 믿음을 인식하기 위해 애쓰는 것이다. 이런 믿음 안에서 영혼이 전적으로 자신을 내어 맡길 때 성령으로 새롭게 되며 자신의 모든 능력을 포기할 때 내주하시는 성령으로 인해 깨끗하게 되고 그 인도하심을 받게 된다. 마음 속에 그 거주자에 대한 의식 —이는 거룩한 침묵 속에서 날마다 새롭게 되어진다—이 없다면 아버지께서 그의 영으로 능력있게 역사하실 것을 분명한 믿음으로 구할 수 없으며 또한 예수께서 안으로부터 생수의 강을 허락하실 것을 확신할 수도 없다.

  3. '너희 안에! 너희 안에!' 너희 마음 가장 깊은 곳에! 이것은 하나님의 약속이다. 하나님께 감사하는 것은 그의 성령이 내 안에 거하심이라!

  4. 성전에 들어가는 것과 관련하여 우선적으로 생각해야 할 것은 두려워하는 마음, 즉 머리에 아무것도 쓰지 않는 것이다. 성령이 그의 전인 내 안에 거하시는 것과 관련하여 변치 않고 우선적으로 생각해야 할 것 역시 거룩한 존재 앞에서 깊이 두려워하는 것이다.

  5. "저는 너희와 함께 '거하심'이요 '너희 속에' 계시겠음이라." 다음 두 가지 생각을 굳게 해야 한다. 하나는 성령이 '변함없이' 교회와 함께 계신다는 것이고 다른 하나는 그가 각 신자 속에 '친근하게' 거하신다는 것이다.

7
순종하는 자에게 주시는 영

너희가 나를 '사랑하면' 나의 '계명'을 지키리라 내가 아버지께 구하겠으니 그가 또다른 보혜사를 너희에게 주사 영원토록 너희와 함께 있게 하시리니 저는 '진리의 영'이라—요한복음 14 : 15, 16, 17. 하나님이 '자기를 순종하는' 사람들에게 주신 '성령'—사도행전 5 : 32.

이 말씀들이 표현하고 있는 진리는 종종 의문을 제기한다. 어떻게 이런 일이 있을 수 있는가? 우리가 성령을 필요로 함은 우리의 순종함을 위해서이다. 우리는 성령의 능력을 갈망한다. 왜냐하면 여전히 남아 있는 불순종을 몹시 슬프게 여기며 순종할 수 있기를 원하기 때문이다. 그런데 이것은 어찌됨인가? 구주께서 순종을 요구하심은 아버지께서 성령을 베푸시고 우리가 그를 받아들일 수 있는 조건으로써 그런 것이다.

이 난점은 여러 번 살펴본 것을 기억한다면 해결할 수 있을 것이다. 즉, 하나님의 영에 대해서는 구약과 신약에 대응하는 이중적 계시가 존재한다는 것이다. 구약 시대에 성령은 하나님의 영으로서 활동하시면서 예수 그리스도의 아버지되신 하나님의 보다 높은 차원의 계시를 위해 길을 예비하셨다. 이런 점에서 성령은 그리스도의 제자들 가운데서 개심(改心)과 믿음의 영으로서 역사하셨다. 제자들이 새롭게 받아들이려 했던 것은 보다 차원높은 것, 즉 영광받으신 예수님의 영이었다. 그 영은 위로부터 능력을 전해 주시면서 예수님의 구원하심을 온전히 경험케 하신다. 그리고 이제 신약적 질서 아래에 있는 모든 신자들에게 그들 안에 계신 영이 그리스도의 영이라 할지라도 이중적 계시에 상응하는 것이 여전히 남아 있는 것이다. 성령의 사역에 대한 지식이 별로 많지 않으며 교회나 개인 안에서의 성령의 활동이 지극히 미약한 곳에서는 비록 신자들이라 해도 그들 안에서 성령이 예비적으로 활동하시는 것을 넘어선 경험을 하지 못한다. 비록 그가 그들 안에 계신다 할지라도 그들은 영광받으신 주님의 영되신 그의 능력 안에서 그를 알지 못한다. 신자들이 성령을 그들 안에 모시고 있는 것은 그들의 순종함을 위해서이다. 그들은 성령의 보다 기본적인 사역, 즉 그리스도의 계명을 지키는 것에 순종해야 한다. 그럴 때만이 더욱 자극을 받아 영광 중에 계신 예수님의 대표자이시자 계시자로서 성령이 의식적으로 내주하심을 경험하게 될 것이다. "너희가 나를 사랑하면 나의 계명을 지키리라 내가 아버지께 구하겠으니 그가 또다른 보혜사를 너희에게 주사."

이 가르침은 우리가 아무리 주의를 기울여 연구하여도 지나치지 않는 것이다. 낙원, 하늘의 천사들, 하나님의 아들 등에 있어서 하나님과의 관계는 순종, 오직 순종함으로만 유지될 수 있었으며 하나님의 사랑과 생명을 보다 밀접하게 경험하는 것을 보장받을 수 있었다. 하나님의 계시된 뜻은 그의 감추어진 완전성과 존재의 표현이다. 그 뜻을 받아들이고 행하며 그 뜻에 전적으로 맡겨 그가 기뻐하시는 대로 소유하시고 사용하시게 할 때만이 그의 거룩한 현존으로 들어갈 자격을 얻는다. 심지어 하나님의 아들의 경우에도 그렇지 않았는가? 그가 성령으로 세례를 받으신 것은 30년 간의 겸손한 순종적 성결의 삶을 사신 후에 "우리가 모든 의를 이루는 것이 합당하니라" 하는 온전한 헌신의 말씀을 하시면서 자기 백성들의 죄를 위한 세례에 자신을 내어주셨을 때이다. 성령은 그의 순종하심으로 인해 임재하셨다. 더욱이 그가 다시 아버지께 성령을 받아서(행 2 : 33) 그의 제자들에게 부어주신 것은 고난 가운데 순종함을 배우시고 십자가의 죽음에 순종하신 이후의 일이었다. 그의 몸된 교회를 위한 성령충만은 순종에 대한 보응이었다. 그리고 머리되신 그리스도 안에 계시된 이 성령 임재의 법칙은 그의 몸된 각 지체에게도 적용된다. 순종은 성령의 내주하심의 필수조건이다. "너희가 나를 사랑하면 나의 계명을 지키리라. 그러면 아버지께서 성령을 너희에게 주시리라."

그리스도 예수께서 오심은 성령 임재를 위한 길을 준비하시기 위함이었다. 오히려 그가 외적으로 육체 가운데 임하신 것은 내적으로 성령 안에서 임하시는 것을 준비하시는 것이었다. 이는 하나님의 내주하심이라는 약속을 성취하시기 위함이었다. 그리스도의 외적 임재는 지성과 감정에 호소하며 그것들에 영향을 미친다. 외적으로 임재하신 그리스도를 영접하고 사랑하며 그에 복종할 때 비로소 내적이고 보다 친밀한 계시가 허락된다. 개인적으로 예수께 속하여 개인적으로 그를 주님으로서 영접하고 사랑하며 순종하는 것은 제자들이 성령세례를 위해 준비할 수 있는 것이었다. 그리고 이제 우리가 부드럽게 들려 오는 양심의 소리에 귀기울이며 예수님의 계명을 지키기 위해 성실하게 노력하면서 그를 향한 우리의 사랑을 나타내 보인다면 성령충만을 위한 준비된 마음을 갖게 될 것이다. 우리의 성취가 목표했던 것에 미치지 못할 수도 있고 의도했던 바를 행치 못함으로 마음 아프게 여길 수도 있다. 그러나 주님께서 그의 뜻에 전적으로 항복하고 있는 마음을 보시고 우리가 이미 얻은 바 된 성령의 인도하심에 성실하게 순종하고 있음을 아신다면 풍성한 은혜를 보류하지 않으시리라는 것을 확신해도 좋을 것이다.

 이 말씀들(요 14 : 15, 16, 17, 행 5 : 32—역자주)은 성령의 존재와 능력이 교회 안에서 매우 희미하게 인식되고 있는 두 개의 큰 이유를 제시하지 않는가? 우리는 사랑의 순종이 성령충만에 선행해야 하는 것처럼 성령충만 또한 그에 뒤따름을 이해하지 못한다. 순종하기도 전에 성령충만을 바라는 자들은 순종은 이미 성령충만이 이루어진 표시라고 생각하는 자들 못지않게 오류를 범하고 있는 것이다.

 '순종은 성령세례에 선행해야 한다.' 요한은 예수님을 참으로 세례를 베푸시는 분, 곧 성령과 불로 세례를 베푸시는 분이라 선포하였다. 예수님은 이 세례를 위한 후보자로서 그의 제자들을 택하셔서 3년 동안의 훈련 과정을 거치게 하셨다. 무엇보다도 그들이 개인적으로 예수님 자신에게 소속되게 하셨다. 예수님은 그의 제자들이 그를 위해 모든 것을 포기하도록 가르치셨고 자신을 그들의 주인이며 주(主)라 부르셨다. 또한 그들을 가르치셔서 그가 말씀하신 것을 행하게 하셨다. 그리고 그의 고별사에서 모든 영적 축복의 유일한 조건으로써 그의 계명에 순종할 것을 몇 번이고 말씀하셨다. 교회가 이 '순종'이라는 말에 그리스도께서 부여하신 우월성을 무시해 온 것은 두려워해야 할 일일 것이다. 자기 의의 위험, 풍성한 은혜를 고양시키기 위한 방법, 죄의 세력 등에 대한 잘못된 시각 그리고 육신이 본래 높은 수준의 성결을 받아들이길 꺼리는 성향으로 인해 반드시 존재하기 마련인 죄에 대한 그릇된 이해는 순종을 무시하는 이유가 되어 왔다. 은혜의 풍성함과 믿음의 단순성을 선포하면서 순종과 성결의 절대적 필요성을 그에 버금가게 강조하지 못했다. 성령충만을 소유한 사람들만이 순종할 수 있다고 생각해 왔을 뿐이었다. 순종이 보다 기본적 단계임을 깨닫지 못했다. 그리고 영광받으신 주님이 자신을 내주하시는 분으로 충만히 계시하시며 능력으로 우리 안에서 우리로 말미암아 그의 힘있는 사역들을 이루시는 성령세례는 보다 고급한 단계로 순종하는 자가 물려받을 수 있는 것임을 인정치 않았다. 양심의 모든 명령과 말씀의 모든 가르침에 단순히 전적으로 충성하며 "주님이 온전히 기뻐하시기에 합당하게 행하는 것"은 성령 안의 풍성한 삶에 이르는 수단임을 알지 못했다. 성령은 풍성한 가운데서 주님이 마음 속에 거하심을 증거하실 것이다.

　이와 같은 진리를 소홀히 다룬 결과로 당연히 그와 동반자적인 진리를 잊게 되었다. 즉, '순종하는 자가 성령충만을 구할 수 있으며 또한 구해야만 한다'는 것이다. 특별히 순종하는 자에게 성령이 의식적이고 능동적으로 내주하신다는 약속은 많은 그리스도인들이 깨닫지 못했던 것이다. 그들은 대부분의 삶을 불순종과 성령의 능력의 결핍에 대해 슬퍼하는데 허비하고 성령이 그들을 도우셔서 순종케 해달라고 기도하면서도 이미 그들 안에 계신 성령의 능력—이는 순종을 가능케 하고 필요로 하는 것이다—으로 순종하고자 힘쓰지 않는다. 성령은 특별히 순종하는 자들에게 보내심을 받으신다. 그는 그들 안에 지속적인 실재로서 예수님의 현존을 허락하신다. 그리고 아버지가 아들 안에서 일하셨던 것처럼 아들이 그들 안에서 보다 큰 일을 하실 수 있게 하신다. 그러나, 많은 그리스도인들이 이에 대해 거의 생각치 못한다. 우리의 본(本)으로서 예수님의 삶이 갖는 의미를 이해하지 못한다. 예수님께 있어서 숨겨져 있는 영광과 능력의 영적 삶을 준비하기 위해 외적으로 드러난 노력과 순종의 겸손한 삶이 너무 분명치 않았던가! 영광받으신 예수님의 영의 은혜에 우리를 참여하게 하는 것은 내적 생명이다. 그러나 우리가 그 은혜에 내적으로 또한 인격적으로 참여하려면 예수님이 우리를 위해 헌신하신 방법대로 행해야 한다. 우리가 육신을 십자가에 못 박음으로 하나님의 뜻에 우리 자신을 맡길 때 하나님은 그가 의도하시는 바를 우리 안에서 이루실 것이고 우리 역시 하나님이 행하고자 하시는 바를 행하게 될 것이다. 그러면 하나님을 발견하되 그의 뜻 가운데서만 그렇게 할 수 있음을 경험하게 될 것이다. 우리가 행하고자 하는 마음으로 그리스도 안에서 받아들이고 이루는 그의 뜻이 곧 성령의 거처이다. 아들이 철저한 순종으로 계시하신 것은 성령을 베푸시는 조건이다. 사랑과 순종으로 아들을 영접하는 것은 성령의 내주하심을 위한 통로이다.

최근 몇년 동안 철저한 복종과 전적 헌신이란 말을 사용함으로 많은 사람들의 마음에 능력으로 뼈저리게 와닿은 것도 이 진리이다. 그들은 주 예수께서 무조건적인 순종을 참으로 요구하셨고 그와 그의 뜻에 모든 것을 맡기는 것이 절대적으로 필요하다는 것을 이해하고, 실제로 가능한 그의 은혜의 능력과 그 능력에 대한 믿음으로 그것을 행했을 때 이전에 알지 못했던 평안과 능력의 삶에 들어감을 깨달았다. 그리고 많은 사람들이 배우고 있으며 또한 배워야만 하는 것은 그들이 여전히 그 교훈을 완전하게 알지 못한다는 것이다. 그들이 생각하고 있는 것 이상으로 이 원리가 적용됨을 깨달아야 할 것이다. 우리가 이미 소유하고 있는 성령의 보편적 능력 안에서 우리 삶의 모든 움직임을 예수님께 대한 충성으로 이끌고 믿음으로 우리 자신을 충성하는 일에 바쳐야 한다. 그렇다면 영광받으신 주님의 영이 주님을 현존케 하시며 우리가 구하거나 생각하는 것에 훨씬 넘치도록 그의 능력의 사역을 우리 안에서 우리로 말미암아 행하실 것이다. 하나님과 그리스도께서 성령의 내주하심을 작정하셔서 우리가 이제까지 알고 있던 것보다 더 많은 것을—오, 진정코 훨씬 더 많은 것을 교회에 속하게 하셨다. 예수님을 위해 어떤 것이든 희생시키려는 사랑과 순종으로 우리 자신을 내어준다면 우리 마음은 넓어져 우리를 위해 예비된 그의 충만한 축복을 받아들이게 될 것이다.

하나님께 열심히 부르짖어 그가 그의 교회와 백성을 깨우셔서 이 이중적인 교훈으로 이끄시게 하자. 즉, 실제적인 순종은 내주하심을 철저히 경험하는데 필수불가결한 것이며 내주하심에 대한 철저한 경험은 사랑의 순종이 확실하게 얻어낼 수 있는 것이라는 점이다. 주님을 사랑하며 그의 계명을 지키겠다고 지금 당장 고백하자. 아무리 연약하고 부족하다 할지라도 우리 영혼의 유일한 목적되신 그에게 이것을 아뢰자. 그는 그 고백을 받아들이실 것이다. 이미 우리 안에 허락된 성령의 내주하심을 믿으며 믿음으로 순종하는 가운데 우리 자신을 주님께 맡기자. 내재하시는 그리스도의 계시인 성령의 충만한 내주하심이 우리 소유일 수 있다는 것을 믿자. 그리고 때로는 사랑스럽고 때로는 경건하며 두렵기도 하지만 결국에는 복된 의식으로 온전한 만족을 누리자. 즉, 하나님의 영이 우리 안에 거하시므로 우리가 하나님의 전이라는 것이다.

복되신 주 예수시여! 전심으로 당신의 이 말씀들이 가르치는 바를 받아들입니다. 그리고 간절히 바라옵는 것은 그 진리를 마음 속 보다 깊숙히 당신 나라의 법들 중의 하나로 새겨 두는 것입니다. 이는 사랑의 순종(Loving Obedience)이 사랑의 영접(a Loving Acceptance)을 구할 수 있다는 것입니다. 그 영접은 성령의 능력에 대한 다함없는 경험을 보장받는 것입니다.

당신 제자들의 사랑과 순종이 어떠했던가에 대해 당신 말씀이 가르치고 있는 것에 감사드립니다. 비록 불완전했다 할지라도—이는 그들이 전적으로 당신을 저버리지 않았기 때문입니다—당신은 사랑의 옷자락으로 감싸주셨읍니다. "마음에는 원이로되 육신이 약하도다." 그리고 연약했다 할지라도 받아주셨읍니다. 구주시여! 당신을 사랑하며 당신 계명을 빠짐없이 지킬 것을 마음을 다하여 고백합니다.

이를 위해 새로이 당신께 헌신합니다. 내 영혼의 깊은 곳에 오직 하나의 소망이 있음을 당신은 아십니다. 그것은 당신의 뜻이 하늘에서처럼 내 안에서도 이루어지는 것입니다.

양심이 책망할 때마다 겸손하게 엎드릴 것입니다. 당신의 영이 움직일 때마다 무조건적으로 순종할 것입니다. 나의 뜻과 생명을 당신의 죽음에 내어줍니다. 이는 당신과 함께 부활하여 또다른 분, 즉 내 안에 거하셔서 당신을 계시하시는 성령의 생명이 내 생명이 되도록 하기 위함입니다. 아멘.

요 점

1. 하나님은 이스라엘에게 그를 위한 거룩한 처소를 세우라고 명하셨다. 이는 그가 그들 가운데 거하시기 위함이었다. 하나님은 모세에게 "무릇 내가 네게 보이는 대로 장막의 식양과 그 기구의 양식을 따라 지을지니라"고 말씀하셨다. 그래서 출애굽기의 마지막 두 장에서 모든 것이 "여호와께서 명하신 대로" 만들어졌다는 표현을 18번이나 발견하게 된다. 따라서 하나님이 임재하셔서 거하셨던 곳은 그가 임의대로 정하신 모양을 따라 세워 놓은 집 안이었다. 이는 그의 뜻의 완벽한 표현이었다. 하나님은 인간에 의해 수행되는 그의 뜻 안에서 거처를 찾으신다. 하나님은 임재하셔서 자기 백성의 순종 가운데 거하신다.

2. 이 집에서 속죄소를 두었던 하나님의 보좌는 증거판이 그 안에 있는 증거궤였다. 새로운 영 안에 하나님은 그의 법을 새겨 두시고 또한 지켜 나가신다. 주님은 그 안에서 자신의 존재를 직접적으로 계시하신다.

3. 하나님이 임재하셔서 거하시기에 앞서서 이스라엘은 그를 위한 집을 예비하는데 시간과 희생을 바쳐야 했다. 믿는 이여, 예수님의 계시를 간구한다면 안으로 돌아서서 그대 마음이 그의 전으로 준비되었는가를 살펴보라. 그대가 주님의 뜻을 알고 행하기 위해 전심으로 구하고 있다고 양심이 증거하는가?

4. 하나님의 뜻이 우리의 유일한 법으로 받아들여지고 성령이 예수님의 계명을 마음 속에 새겨 두실 때 비로소 하나님의 영광이 그의 전을 가득 채우게 될 것이다.

5. 성령의 내주하심을 복된 현실로 깨닫길 원한다면 양심을 아주 순수히 지키며 매일의 자랑이 "하나님의 거룩함과 진실함으로…하나님의 은혜로"(고후 1 : 12) 행한 것임을 증거하는 바가 되게 하라.

8
성령을 아는 것

저는 '진리의 영'이라 세상은 능히 저를 받지 못하나니 이는 저를 보지도 못하고 알지도 못함이라 그러나 '너희는 저를 아나니' 저는 너희와 함께 거하심이요 또 너희 속에 계시겠음이라—요한복음 14 : 17.

너희가 하나님의 성전인 것과 하나님의 성령이 너희 안에 거하시는 것을 알지 못하느뇨—고린도전서 3 : 16.

믿음 생활 가운데 지식, 즉 올바른 영적 지식의 가치를 과장하기란 매우 어렵다. 이 세상의 어떤 사람이 그에게 올 유산이나 그의 밭에 보배가 있다 해도 그것들에 대해 알지 못하고 소유하고 사용하는 방법조차 모르고 있다면 결코 부자라 할 수 없을 것이다. 마찬가지로 하나님의 은혜의 선물들로 인해 풍성한 축복을 얻으려면 우리가 그것들을 알고 또한 알게 되므로 그것들을 올바르게 평가하고 소유해야 한다. 지혜와 지식의 모든 보화는 그리스도 안에 '숨겨져' 있다. 주님되신 그리스도 예수를 '아는 지식'이 가장 고상한 것은 이것 때문이다. 신자는 그 지식으로 인해 모든 것을 기꺼이 배설물로 여긴다. 하나님이 그리스도 안에서 우리를 위해 예비해 놓으신 것에 대한 올바른 지식이 부족함으로 인해 신자들의 삶이 매우 천박하고 연약하게 되는 것이다. 바울은 에베소 교인들을 위해 드리는 기도에서 아버지께서 '지혜와 계시의 정신'을 그들에게 주사 하나님을 '알게 하시고' 그들 마음 눈을 밝히사 그의 부르심의 소망과 그 기업의 영광의 풍성함과 그들 안에서 그의 힘의 강력으로 역사하시는 능력의 지극히 크심을 '알게 하시기'를 구한다. 이는 우리가 우리 자신을 위해서건 다른 사람들을 위해서건 결코 흡족하게 구할 수 없는 것이다. 그러나 특별히 중요한 것은 모든 지식을 전하여 주시는 교사를 우리가 알아야 한다는 것이다. 아버지는 그의 자녀들 각자에게 진리이시며 모든 생명과 은혜의 실체이신 그리스도를 허락하셨을 뿐 아니라 그리스도와 진리의 영이신 성령도 허락하셨다. "우리가 오직 하나님께로 온 영을 받았으니 이는 우리로 하여금 하나님께서 우리에게 은혜로 주신 것들을 알게 하려 하심이라."

이제는 우리를 가르치고 있는 것이 성령이시라는 것을 어떻게 아느냐 하는 중요한 문제에 이르게 된다. 하나님의 일들에 대한 지식이 우리에게 확신과 위로가 되려면 교사 자신을 알아야만 한다.

오직 그를 아는 것만이 우리가 영적 지식이라 생각하는 것이 결코 속임수가 아니라는 충분한 증거가 될 것이다. 우리의 복된 주님은 이 문제를 그에 따른 모든 진지한 문제들과 함께 직면하셔서 우리가 성령을 '알아야' 할 것을 확신시키신다. 사신이 와서 왕의 이야기를 전하거나 증인이 그의 친구를 위해 증언할 경우에 자신들에 대해서는 말하지 않는다. 그러나 사신이나 증인 모두 자신들에 대해서 아무 말도 하지 않는다 해도 그들의 증거를 제시함으로 관심을 그들 자신에게 모아 그들의 존재와 신뢰성을 인정해 줄 것을 요구한다. 마찬가지로 성령이 그리스도에 대해 증언하며 그를 영화롭게 할 때 성령은 그의 신적 임무와 존재를 발견하고 인식해 줄 것을 요구한다. 우리가 받아들인 지식이 하나님께 속한 것이며 우리의 인간적 이성으로 하나님의 말씀에서 모은 것이 아니라는 확신을 얻을 수 있는 근거는 이와 같이 성령의 요청에 부응할 때 뿐이다. 왕의 직인을 아는 것이 모조인에 속지 않는 유일한 방어수단이다. 성령을 아는 것은 확실성에 대한 신적 근거이다.

그렇다면 성령을 어떻게 알 수 있는가? 예수님은 "너희는 저를 아나니 저는 너희와 함께 거하심이요 또 너희 속에 계시겠음이라"고 말씀하셨다. 성령의 내주하심이 그를 아는 조건이다. 그의 존재는 자증적(自證的)인 것이다. 우리가 성령을 우리 안에 모시고 믿음과 순종 가운데 그에게 전적으로 사로잡히어 그가 주님되신 예수님께 대해 증거하심을 들을 때 성령은 그의 신임장을 제시하실 것이다. 즉, 그는 자신이 하나님의 영이심을 증명하실 것이다. 성령이 증거하심은 그가 진리이시기 때문이다. 성령은 각 신자에 대해 내주하시는 교사로서 존재하심에도 교회는 이에 대해 거의 알지 못하고 인정치도 않는다. 이 결과로 성령의 사역은 희소하고 연약하게 되기 마련이다. 그래서 성령의 증거를 인식하는 데에 많은 어려움과 의심 그리고 두려움과 주저함이 있게 되는 것이다. 성령의 내주하심에 대한 진리와 경험이 하나님의 백성들 가운데서 회복되고 성령이 다시금 자유롭게 우리 안에서 능력으로 역사하실 때 그의 복된 존재가 그 자체로 충분한 증거가 되어 우리가 그를 참으로 알게 될 것이다. "너희는 저를 아나니 저는 너희와 함께 거하심이요."

그러나 한편으로 성령의 존재가 거의 인정받지 못하고 그의 사역이 어려움을 당하는 경우에 그를 어떻게 알 것인가? 이 문제에 대한 답변은 아주 간단하다. 자신이 성령을 소유하고 있음을 알고 성령을 그의 인격 안에서 깨달으며 또한 개인적 소유이자 교사로서 성령을 발견하기를 정직하게 소망하는 자라면 누구에게나 권하고 싶은 말이 있다. 즉, 성령에 관하여 말씀이 가르치는 바를 연구하라는 것이다. 교회나 사람들이 성령에 대해 가르치고 있는 것에 만족치 말고 말씀으로 나아가라. 말씀을 일상적으로 읽는 것이나 그 가르침에 대해 이미 알고 있는 것으로 만족하지 말라. 진심으로 성령을 알고자 한다면 특별히 이런 생각을 가지고 목마른 자가 생수를 깊숙히 들이키려 하는 것처럼 말씀으로 나아가 탐구하라. 말씀이 성령, 곧 그의 내주하심과 사역에 대해 가르치는 모든 사실을 모아 마음 속에 간직하라. 말씀이 가르치는 것 외에는 어느 것도 용납치 않으며 말씀이 가르치는 것이라면 전적으로 마음 깊이 받아들이겠다고 결단하라.

그러나 말씀을 연구하되 성령의 가르침에 의존해야 할 것이다. 말씀을 인간적 지혜로 연구한다면 그 연구는 잘못된 생각을 굳게 할 뿐이다. 하나님의 자녀라면 성령이 자기 안에서 어떻게 활동하시는지 알지 못한다 해도 성령의 가르치심을 소유하고 있는 것이다. 아버지께서 자기 안에서 성령으로 말미암아 일하셔서 말씀이 생명과 빛이 되길 간구하라. 겸손한 심정으로 하나님의 인도하심을 신뢰하면서 진정으로 말씀에 복종한다면 하나님의 가르치심을 받으리라는 약속이 분명히 성취됨을 깨달을 것이다. 지금까지 여러 번 밖으로부터 안으로 향하는 과정에 대해 이야기했었다. 말씀을 받아들일 때는 자신과 다른 사람들의 모든 생각을 포기하는데 전심을 기울여야 한다. 하나님께서 그의 영에 관한 그의 생각을 그의 영으로 말미암아 계시해 주시길 간구해 보라. 그러면 하나님께서 정녕 그렇게 하실 것이다.
 우리 안에 계신 성령을 알게 하는 말씀 가운데서 발견할 수 있는 특징들이란 주로 어떤 것인가? 그 특징들이란 주로 두 가지이다. 첫번째 것은 보다 외적인 것인데 성령이 행하시는 사역에 대해 언급하고 있다. 두번째 것은 보다 내적인 삶, 즉 성령이 그가 거하시는 자들 가운데서 추구하시는 성향에 관한 것이다.
 예수님이 성령 임재의 조건으로써 사랑의 순종에 대해 말씀하셨던 것을 앞서 살펴보았다. 순종은 성령이 존재하신다는 변함없는 특징이다. 예수님은 성령을 교사이자 인도자로서 허락하셨다. 성경은 그의 사역에 대해 삶의 전적 복종을 요구하는 것으로 말한다. "영으로서 몸의 행실을 죽이면 살리니 무릇 하나님의 영으로 인도함을 받는 그들은 곧 하나님의 아들이라." "너희 몸은 성령의 전일 줄 알지 못하느냐 그런즉 너희 몸으로 하나님께 영광을 돌리라." "만일 우리가 성령으로 살면 또한 성령으로 행할지니." "저와 같은 형상으로 화하여 영광으로 영광에 이르니 곧 주의 영으로 말미암음이니라." 이와 같은 말씀들은 성령의 사역을 아주 분명히 정의한다. 하나님이 그가 하신 일들 가운데서 처음으로 자신을 알리셨듯이 성령의 경우도 그러하다. 성령은 하나님의 뜻, 곧 그 뜻을 행하셔서 우리를 부르시고 그 가운데서 자기를 따르게 하시는 그리스도를 계시하신다.
 신자가 성령 안에서의 삶에 복종할 때, 성령의 인도하심이나 육신을 죽이는 것 또는 그리스도의 다스리심에 제한이나 예외를 두지 않고 순종하는 것이란 곧 자신을 포기하는 것이라는 사실에 충심으로 동의할 것이다. 그리고 이 모든 것을 행하시는 성령을 섬길 때 자기 안에서 행하시는 성령을 발견하고 깨닫게 될 것이다. 우리가 단순히 성령의 목적을 우리의 목적으로 삼으며 성령이 오셔서 이루시고자 하는 바에 우리 자신을 전적으로 내어줄 때 그가 우리 안에 거하시는 분임을 절로 알게 될 것이다. 성령 자신은 그가 우리 안에 계심을 우리 영과 더불어 증거하시는데, 우리가 그의 인도하심을 받아 그리스도께서 그러셨던 것처럼 하나님께 복종할 때 이를 알 수 있다.
 우리는 또한 성령을 알되 보다 확실하고 친밀하게 알 수 있다. 이를 위해선 그가 이루시는 삶에 복종하는 것으로 그쳐선 안된다. 신자가 그와 맺고 있는 개인적 관계와 그의 사역을 가장 완벽하게 경험할 수 있는 방법을 연구해야 한다. 성령이 원하시는 영적 태도는 믿음이라는 한마디 말에 담겨져 있다. 믿음은 보이지 않는 것, 즉 사람 보기엔 타당치 않은 것에 관한 것이다. 신성이 예수님 안에서 나타났을 때는 지극히 비천한 모양 속에 숨겨져 있었다. 예수님은 30년 간 나사렛에 사셨지만 사람들은 그가 목수의 아들이라는 것 외엔 아무것도 깨닫지 못했다. 그의 하나님 아들되심을 전적으로 깨닫기 시작한 것은 그가 세례를 받으셨을 때이다. 예수님의 신적 영광은 종종 그의 제자들에게까지 가리워지곤 했다. 하물며 하나님의 생명이 우리의 죄성 깊은 곳까지 들어올 때 그것을 인식하는 것이야말로 믿음의 문제가 아니겠는가? 거룩하고 겸손한 믿음 가운데 성령을 만나자. 성령이 우리 안에 계심을 아는 것만으로 만족하지 말자. 그것은 우리에게 별 유익을 주지 못한다. 각자 믿음의 실천 속에서 두려워하는 마음으로 하나님 앞에 조용히 엎드리는 자세를 기르자. 그리하여 성령이 응당 받으셔야 할 인정을 받으시고 육신의 뜻을 억눌려 오히려 그것이 기꺼이 하나님을 섬기게 하자. 성령을 깊이 신뢰하며 섬기자. 조용한 묵상의 시간을 갖자. 그때에 우리는 우리 마음 속 깊은 전으로 들어갈 것이다. 그러므로 거기에 있는 모든 것이 참으로 성령께 복종하고 있으며 아버지 앞에 엎드려 그에게서 성령의 능력있는 사역을 구하며 기대하고 있음을 깨닫게 될 것이다. 우리가 깨닫고 느끼는데 아무리 무디다 해도 믿음을 잃지 말자. 하나님은 언제나 우선적으로 믿음을 통해 자신을 알게 하신다. 우리가 변치 않고 믿는다면 저절로 깨닫고 이해하게 될 것이다.

어떤 열매에 대해 알려면 그것을 맛보아야만 한다. 빛을 이해하려면 그 안에 있으면서 사용해 보아야 한다. 어떤 사람을 알려면 그와 사귀어 보아야 한다. 성령을 알려면 그를 소유하고 그에 사로잡히는 것 외에는 달리 방도가 없다. 성령 안에 사는 것이 성령을 아는 유일한 방법이다. 성령이 우리 안에 계셔서 그의 사역을 수행하시고 그와의 사귐을 허락하시는 것이 주님이 펼쳐 놓으신 길이다. 그는 "너희는 저를 아나니 저는 너희와 함께 거하심이요"라고 말씀하셨다.

신자들이여! 바울은 그리스도 예수를 아는 지식이 가장 고상함을 인하여 모든 것을 배설물로 여겼다. 우리 또한 그럴 수 없는가? 성령으로 말미암아 영광받으신 그리스도를 알기 위하여 모든 것을 포기하지 않겠는가? 오, 그에 대해 생각해 보자. 아버지께서 성령을 보내심은 우리가 영광받으신 그리스도의 영광에 전적으로 참여케 하기 위함이다. 성령이 우리 안에 계셔서 모든 것을 소유하시므로 그를 온전히 알게 하시며 또한 그로 인하여 아들과 아버지를 알게 하시도록 우리 자신을 포기하지 않겠는가? 축복의 영의 내주하심과 가르치심에 지금 당장 우리 자신을 전적으로 맡기자. 아들은 그를 아버지로부터 우리에게 허락하셨다.

복되신 아버지시여! 당신은 그리스도의 이름으로 당신의 성령을 우리에게 허락하셨읍니다. 자비롭게 나의 기도를 들으사 내 안에 그를 모심으로 참으로 그를 알게 하소서. 예수님에 대한 그의 증거가 거룩하여 분명하고 능력있으며 그의 인도하심과 깨끗케 하심이 거룩한 능력 안에 있고 그가 내 영 안에 거하심이 진리와 생명 가운데 있게 하사 그를 내 생명으로 아는 것이 내 타고난 생명을 아는 것만큼이나 단순하고 확실하게 하소서. 빛이 태양을 증거하기에 충분하듯이 그의 빛이 예수님의 존재를 절로 증거하는 것이 되게 하소서.

오, 나의 아버지시여! 성령을 아는 일에 나를 인도하사 그를 내 안에 허락하신 당신 사랑의 비밀을 바로 깨닫게 하소서. 당신의 비밀스런 헤아릴 수 없는 전능하심으로 내 안에서 일하시는 것이나 이 땅에 오셔서 당신을 계시하신 분을 통하여 일하시는 것으로 당신이 만족해 하시지 않음을 깨닫게 하소서. 당신의 아들은 우리를 위해 보다 많은 것을, 훨씬 더 좋은 것을 이루셨읍니다. 즉, 축복된 삼위(三位)되신 성령을 보내셨읍니다. 이는 당신의 인격적 존재와 당신과의 지극히 친밀한 연합 그리고 깨어지지 않는 교제가 내 몫이 되게 하기 위함입니다. 당신의 생명이시자 당신 자신이신 성령은 이제 임재하셔서 내 자신의 생명이 되시며 나를 전적으로 당신 자신의 것으로 삼으십니다.

오, 나의 하나님이시여! 나와 모든 당신의 백성들을 가르치시사 당신의 영을 알게 하소서. 그가 우리 안에 계심을 알거나 그의 사역에 대해 다소간 아는 것으로 그치지 말게 하소서. 그의 인격 안에서 아들을 계시하시고 영화롭게 하시며 그 안에서 아버지이신 당신을 또한 그렇게 하심을 알게 하소서. 아멘.

요 점

1. 교회나 신자는 성경이 성령에 대해 말하고 있는 모든 것을 정확히 이해할 수 있으며 그에 관한 모든 것을 알 수 있으되 그를 구세주이시자 왕이신 현존하시는 그리스도의 신적 계시로서 깨닫는 데는 부족함이 많다.

2. 말씀만으로 가르쳐 성령을 알게 할 수는 없다. 말씀은 시금석(試金石)일 뿐이다. 말씀의 시금석을 확실하게 적용하려면 성령을 확실히 알아야만 하고 그가 우리를 가르치고 계심을 확신해야 한다.

3. "세상은 능히 저를 받지 못하나니 이는 저를 보지도 못하고 알지도 못함이라." "우리가 세상의 영을 받지 아니하고 오직 하나님께로 온 영을 받았으니 이는 우리로 '알게' 하려 하심이라." 세상과 그 지혜의 영은 결코 하나님의 영을 알지 못한다. 하늘에서 오신 성령을 아는 데는 전혀 세속적이 아닌 영이 있어야만 한다.

4. 형제여! 성령을 알길 원하는가? 기억해야 할 것은 성령의 내주하심의 법칙에 복종한다면 그가 자신을 계시하시리라는 것이다. 그 법칙이란 아주 단순하다. 그가 자기 안에 계심을 믿으라. 그리고 그 믿음을 변함없이 유지하라. 그의 인도하심에 자신을 전심으로 맡겨라. 그는 유일하게 삶을 전적으로 이끄시는 분이다. 그리고 겸손히 의뢰하는 가운데 그의 가르치심을 더욱 사모하며 그의 내주하심과 사역을 보다 풍성히 경험하기 위해 노력하라. 그러면 "너희는 저를 아나니 저는 너희와 함께 거하심이요"라는 말씀이 성취됨을 확신하게 될 것이다.

5. "그가 삼위일체 중 한 인격이심을 믿는다면 그를 한 인격으로 대우하며 한 인격되신 그에게 적응하고 우리 마음에 계신 그를 한 인격으로서 영화롭게 하고 한 인격되신 그에게 특별한 사랑의 빛을 비추고 그와 교제해야 한다, 그를 근심케 해드리는 것을 두려워하며 또한 그를 한 인격으로 신뢰하자."—굿원(GOODWIN)

9
진리의 성령

내가 아버지께로서 너희에게 보낼 보혜사 곧 아버지께로서 나오시는 진리의 성령이 오실 때에 그가 나를 증거하실 것이요—요한복음 15 : 26.
그러하나 진리의 성령이 오시면 그가 너희를 모든 진리 가운데로 인도하시리니 그가 자의로 말하지 않고 오직 듣는 것을 말하시며 장래 일을 너희에게 알리시리라—요한복음 16 : 13.

하나님은 인간을 그의 형상대로 창조하셨다. 이는 그와 같이 되어 영광 중에 계신 그와 교제하게 하기 위함이었다. 낙원에는 이런 하나님의 모상(模像)을 성취하는데 두 가지 방법이 인간 앞에 제시되어 있었다. 이 방법들은 두 개의 나무, 즉 생명나무와 선악을 알게 하는 나무로 모형화되었다. 하나님의 방법은 생명나무였다. 인간은 생명을 통하여 하나님에 대한 지식과 그의 모상에 이를 수 있었고 또한 하나님의 뜻에 거하고 하나님의 생명에 동참함으로 완성될 수 있었다. 사단은 선악을 알게 하는 나무를 추천하면서 지식이 인간을 하나님과 같이 되게 하는 유일한 방법이라고 확신시켰다. 그리고 인간이 순종의 삶보다도 지식의 빛을 택했을 때 사망을 낳는 끔찍한 길로 들어서게 되었다.[8] 알고자 하는 욕망이 인간에게는 가장

---

8) 나는 이외 다른 곳에서 두 종류의 나무에 대한 예증을 찾아보고 상기한 사실을 기술한 후에 뒤이어 요 1 : 4에 대한 고우뎃(Godet)의 글을 살펴보았다. "성령의 빛" 이라는 두 단어와 요한이 그 단어들 간에 설정해 놓은 관계 속에서 생명나무와 선악을 알게 하는 나무에 대한 암시를 발견하는 것은 그런 문맥 속에서 자연스럽지 않은가? 사람은 생명나무를 먹은 후에 유혹을 받아 선악을 알게 하는 나무를 먹었을 것이다. 요한은 이런 원시적인 신비한 사실들의 실질적 본질로 우리를 이끌어 이 구절에서 이른바 낙원의 철학(The philosophy of Paradise)을 제시한다.

커다란 유혹이었다. 그의 성품은 전적으로 타락하게 되었고 지식은 순종이나 생명보다 그에게 있어서 더 중요하게 되었다.

　지식으로 행복을 약속하는 이런 기만적 세력 아래서 인간은 여전히 잘못된 길로 나아가고 있다. 그리고 그 기만적 세력은 참된 종교와 하나님 자신의 계시가 관련된 곳에서 그 세력을 가장 무섭게 떨치고 있다. 하나님의 말씀을 받아들이는 때라 할지라도 세상과 육신의 지혜가 침투해 온다. 또한 영적 진리를 성령의 생명이 아닌 인간의 지혜로 이해할 때 그 힘을 잃게 된다. 하나님이 원하시는 대로 진리가 마음 중심으로 들어가면 영의 생명이 된다. 그러나 진리가 인간의 외적 부분들, 즉 지성과 이성에만 머무를 수도 있다. 진리가 외적 부분들에 사로잡혀 그것들을 기쁘게 하고 우리는 진리가 외적 부분들을 근거로 그 영향력과 힘을 행사하리라는 생각으로 만족해 할 수 있다. 그러할 때 진리란 인간적 주장과 지혜에 지나지 않는 것이며 영의 참된 생명에는 결코 이를 수 없는 것이다. 이해와 느낌에 관한 진리가 있는데 이는 자연적인 것으로 인간적 심상(心像)이나 형식일 뿐이고 신적 진리의 그림자에 지나지 않는다. 그리고 본질이며 실체인 진리가 존재하는데 이는 그것을 실제적으로 소유하고 있는 자에게 전달되는 것이며 다른 사람들이 단지 생각하고 말하기만 하는 사실들의 생명인 것이다. 그림자 속에 있는, 즉 형식이나 생각 속에 있는 진리는 율법이 제공할 수 있는 모든 것이었다. 그리고 그 안에서 유대인의 신앙이 존재했었다. 본질적인 진리, 하나님의 생명으로서의 진리는 예수님이 은혜와 진리가 충만하신 독생자로서 전해 주신 것이었다. 그는 자신이 '진리'(the Truth)이시다.[9]

　우리 주님은 그의 제자들에게 성령을 약속하시면서 진리의 영되신 그에 관해 말씀하셨다. 주님 자신이신 진리—그가 우리에게 전해 주시기 위해 본질적인 영적 실체로서 하늘에서 가져오신 진리와 은혜와 생명—그 진리는 하나님의 영 안에 존재한다. 진리는 성령이시다. 성령은 하나님의 진리의 내적 생명이시다. 그래서 우리가 성령을 받아들이고 그를 받아들이는 한 그에 복종한다면 성령은 하나님의 생명이신 그리스도가 우리 안에 거룩하게 실재하는 진리가 되게 하신다. 그는 진리를 우리 안에서 실제화(實際

---

　[9] "요한에게 있어서 '참'이라는 단어는 전통적인 저자들과 마찬가지로 '거짓'에 반대되는 것을 의미하지 않는다. 그것은 모든 불완전한 표현에 반대되는 것으로 사상의 완벽한 실현인 '참'을 의미한다."—Godet, 요 1：9.

化)하신다. 성령은 진리를 가르치시며 그 가운데로 인도하시면서 말이나 생각, 심상이나 느낌만을 주시지 않는다. 그는 외부세계나 서적 또는 교사를 통해서만 임하시지 않는다. 그는 우리 생명의 비밀스런 근원으로 들어오셔서 거기에 하나님의 진리를 씨앗으로 심으시고 그 안에 하나님의 생명으로 거하신다. 그리고 믿음과 기대, 복종 가운데서 우리가 숨겨진 생명을 소중히 가꿔 양육시킬 때 성령은 생기를 불어넣으시고 강건하게 하셔서 그 생명이 더욱 강성하여져 그 가지들을 전존재에 드리우게 하신다. 그러므로 외부로부터가 아니라 내부로부터, 말이 아니라 능력과 생명, 진리 안에서 성령은 그리스도와 그가 우리를 위해 갖고 계신 모든 것을 계시하신다. 그는 우리에게는 단지 심상뿐이고 생각에 지나지 않았던 그리스도—우리 바깥에, 우리 위에 계시던 구세주를 우리 안에서 진리되게 하신다. 성령은 그리스도의 내주하심과 함께 진리를 우리 안으로 이끄신다. 그리고나서 안에서부터 우리를 사로잡으셔서 우리가 감당할 수 있는 한 모든 진리 가운데로 인도하신다.

우리 주님은 진리의 성령을 아버지께로부터 보내시겠다는 그의 약속에서 성령의 으뜸가는 사역이 무엇인지를 아주 명백하게 알려주셨다. "그가 '나'를 증거하실 것이요." 주님은 앞서 "내가 진리요"라고 말씀하셨다. 진리의 성령이 하실 수 있는 것은 오직 그리스도 예수 안에 있는 충만한 은혜와 진리를 계시하시고 나누어주시는 것뿐이다. 그는 하늘에 계신 영광받으신 주님으로 인하여 강림하셔서 우리 안에서 증거하시고 또한 우리를 통하여 그리스도께서 성취하신 구속의 실체와 능력에 대해 증거하실 것이다. 우리 안에 계신 성령의 존재에 대해 많이 생각하는 것이 우리 위에 계신 구세주에게서 멀어지게 하는 것이 될까 두려워하는 그리스도인들이 있다. 그러나 내부에서 우리 자신을 바라본다면 이렇게 할 수 있을 것이다. 곧, 잠잠히 신뢰하며 경배하는 가운데 우리 안에 계신 성령을 인정하는 것만이 그리스도께서 참으로 만물 안에 만물되심을 보다 완벽하고 진실되게 보다 영적으로 인식할 수 있다는 것을 확신할 것이다. "그가 나를 증거하실 것이요," "그가 나를 영화롭게 하리라." 성령은 그리스도에 대한 우리의 지식을 생명과 진리로 만드셔서 그가 행하시고 구원하시는 능력을 체험케 하실 것이다.

성령이 모든 진리 가운데로 인도하심을 전적으로 받아들일 수 있는 마음 자세나 상태가 어떠한 것인가를 알려면 우리 주님이 성령에 관해 사용하시는 특별한 말씀에 주의를 기울여야 한다 : "그가 너희를 모든 진리 가운데로 인도하시리니 그가 자의로 말하지 않고 오직 듣는 것을 말하시며." 진리의 성령의 표지는 가르칠 수 있는 놀라운 신적 능력이다. 성삼위일체의 신비 중에서 이보다 더 아름다운 것은 없다. 즉, 성자와 성령의 관계에는 신적 동등함과 더불어 또한 완벽한 종속 관계가 존재한다. 아들은 사람들이 아버지를 영화롭게 했던 것처럼 자신을 영화롭게 해줄 것을 요구하셨다. 하지만 이것이 아들이 아무것도 스스로 할 수 없고 듣는 대로 심판한다고 말씀하시면서 아버지를 영화롭게 하신 것을 손상시킨 것이라고 결코 볼 수 없다. 그리고 진리의 성령도 결코 자의로 말씀하시지 않는다. 우리는 그가 분명코 자의로 말씀하실 수 있다고 생각해야 할 것이다. 그러나 그는 오직 듣는 것만을 말씀하신다. 스스로 말씀하시길 꺼리시며 하나님이 말씀하시는 것에 귀기울이시고 오직 하나님이 말씀하실 때만 말씀하시는 영—이 분이 진리의 성령이시다.

  이것이 진심으로 성령을 받아들이는 사람들 안에서 성령이 행하시는 성향이고 그가 불어넣으시는 생명이다. 그의 온유한 가르치심은 심령이 가난한 자들과 마음이 상한 자들에게 표시된다. 그들은 그들의 지혜나 능력이 영적 진리를 이해하는데 있어서 그들의 의와 같이 무가치함을 의식한다. 또한 그들이 어느 누구 못지않게 그리스도를 필요로 하며 그들 안에 계신 성령만이 진리의 영이실 수 있음을 알고 있다. 성령은 우리의 손과 혀에 하나님의 말씀을 갖고 있다 해도 기다리는 자세의 유순한 순종적 마음을 전혀 갖고 있지 않다면 그 영적 의미를 밝힐 수 없음을 알려주신다. 그는 우리의 눈을 열게 하셔서 성경 읽기나 성경 지식, 설교 등이 참된 성결에 이르는데 별로 열매를 맺지 못하는 이유를 보여주신다. 이는 위로부터 오지 않는, 즉 하나님께 구하고 기대하지 않는 지혜로 연구하고 그에 따라 지속되기 때문이다. 진리의 성령의 표지가 결여된 것이다. 그는 자의로 말씀하시거나 생각하시지 않는다. 그가 들으신 것을 말씀하신다. 진리의 성령은 날마다 모든 것을 빠짐없이 하늘에 계신 하나님께로부터 받으신다. 그가 들으시지 않으면 침묵하시고 말씀하시지 않는다.

  이렇게 생각해 볼 때 그리스도인의 삶에 있는 커다란 위험을 깨닫게 된다. 즉, 마음 속에 계신 진리의 성령을 분명하게 의식하지 않고 말씀 가운데서 하나님의 진리를 알고자 힘쓰는 것이다. 낙원에서 유혹하던 자는 여전히 사람들 가운데서 두루 다니고 있다. 지식은 지금도 그가 크게 마음을 끄는 것이다. 하나님의 진리에 대한 지식이 별로 유익을 주지 못한다고 고백하는 그리스도인들이 얼마나 많은가? 하나님의 진리에 대한 지식은 그들을 세상과 죄에 대해 무기력하게 할 뿐이다. 그들은 진리가 전해 주고자 하는 빛과 자유, 능력과 기쁨에 대해 거의 알지 못한다. 이는 그들이 하나님의 진리를 인간의 지혜와 사고를 힘입어 받아들이고 하나님의 진리 가운데로 이끄시는 진리의 성령을 기다리지 않았기 때문이다. 그리스도 안에 거하며 그리스도처럼 행하기 위해 아무리 애쓴다 할지라도 실패하는 것은 그들의 믿음이 하나님의 능력에 있기 보다는 인간의 지혜에 있기 때문이다. 아무리 축복된 경험일지라도 단명으로 끝나고 마는 것은 진리의 성령이 내주하셔서 그리스도와 그의 거룩한 현존을 영구적인 현실로 만드심을 깨닫지 못하기 때문이다.

 이런 생각들은 그리스도인의 삶에 절실히 필요한 것을 제시한다. 예수님은 "아무든지 나를 따라 오려거든 자기를 부인하고 나를 좇을 것이니라"고 말씀하셨다. 많은 사람들이 예수님을 따르지만 자기를 부인하지 않는다. 우리 자신의 지혜, 곧 육신적 생각의 에네르기가 하나님의 일들에 있어서 발휘될 때 이를 부인하는 것보다도 더 필요한 것은 없다.

 하나님과의 모든 교제, 즉 말씀이나 기도, 모든 예배행위에 있어서 첫번째 단계는 진지하게 자기를 포기하는 행위이어야만 함을 배우자. 성령에 의한 하나님의 특별한 인도하심을 받지 않고 우리 능력으로 하나님의 말씀을 이해하거나 우리의 말을 그에게 알리려 하지 말자. 그리스도인들은 그들 자신의 의를 부인하는 것 못지않게 훨씬 더 그들 자신의 지혜를 부인해야 한다. 이것은 때때로 자기 부인의 가장 힘든 국면이기도 하다. 모든 예배에서 예수님의 보혈에 대해서 뿐 아니라 예수님의 영에 대해서도 그 유일한 충족성과 절대적 필요성을 인식해야 한다. 이것이 하나님 앞에서 잠잠하며 또한 잠잠한 가운데 그를 섬기라는 부르심의 의미이다. 이는 생각과 말의 범람을 하나님의 존재 안에서 잠재우고, 깊은 겸손과 침묵 속에서 하나님이 말씀하시고자 하는 것을 기다리며 귀기울여 듣는 것이다. 진리의 성령은 결코 자의로 말씀하시지 않는다. 그는 들으시는 것을 말씀하신다. 마음이 겸손하여 잘 듣고 가르침을 잘 받는 것은 진리의 성령이 임재하신 표지이다.

그리고 우리가 기다릴 땐, 진리의 성령은 우리가 생각 속에서 즉각적으로 이해하고 표현할 수 있을 정도로 처음부터 당장에 말씀하시지 않는다는 것을 명심해야 한다. 처음에 깨닫는 것들은 단지 표피적인 것들뿐이다. 이러한 것들이 사실상 깊게 뿌리 내려져야만 한다. 또한 이러한 것들 자체 안에 깊이를 숨기고 있음에 분명하다. 성령은 진리의 영이시다. 왜냐하면 그가 생명의 영이시기 때문이다. 생명은 빛이다. 성령은 무엇보다 생각이나 느낌에 말씀하시지 않는다. 그는 마음 속에 숨겨진 사람, 내재하는 인간의 영, 인간의 가장 깊은 곳에서 말씀하신다. 성령의 가르치심이 의미하는 바와 그가 진리로 인도하시는 바가 드러나는 것은 오직 믿음에 대해서뿐이다. 그러므로 우리가 다시금 우선적으로 해야 할 일은 믿는 것이다. 즉, 살아 계신 하나님을 그가 행하겠다고 약속하신 사역 가운데서 인식하는 것이다. 이미 우리 안에 계신 성령은 하나님의 생기를 불어넣으시고 성결케 하시는 분임을 믿자. 그리고 그에게 모든 것을 맡기자. 그는 자신이 하나님의 빛을 비추시는 분임을 증명하실 것이다. 생명은 빛이다. 우리에게는 아무런 생명이나 선이 없다는 고백은 우리에게는 또한 아무런 지혜도 없다는 고백을 동반해야 한다. 이에 대한 우리의 인식이 깊어지면 깊어질수록 성령의 인도하심에 대한 약속은 더욱 더 소중하게 될 것이다. 그리고 진리의 성령이 우리 안에 계심을 깊게 확신하면 그는 우리 안에 거룩한 교사의 모습으로 나타나실 것이고 조용히 귀기울이심으로 주님의 비밀들을 계시하실 것이다.

오, 진리의 주님이시여! 당신은 진리를 당신께 예배하는 자들의 내밀한 곳에서 구하십니다. 당신이 내게 진리의 성령을 주셨고 그가 지금 내 안에 거하심으로 인해 감사드립니다. 내가 당신 앞에 두려워하는 마음으로 엎드려 간구하는 것은 성령을 바로 알며 당신 앞에서 행하기 위함입니다. 이는 진리의 성령, 즉 진리이신 그리스도의 영이 진실로 내 안에 계시며 그가 내 새 생명 깊숙한 곳에 있는 존재이심을 생생하게 의식할 때 가능합니다. 모든 생각과 말, 모든 성벽과 습관이 진리이신 그리스도의 영이 내 안에 거하시며 내 안에서 다스리시는 증거가 되게 하소서.

특별히 간구하는 것은 진리의 성령이 내게 그리스도 예수를 증거하시는 것입니다. 그리스도의 대속하심과 피흘리심의 진리가 하늘의 지성소에서 효과적으로 살아 역사하는 것처럼 내 안에 거하며 내가 그 진리 안에 거하게 하소서. 그리스도의 생명과 영광이 또한 내 안에서 진리가 되게 하사 그의 존재와 능력을 생생하게 경험하게 하소서. 오, 나의 아버지시여! 당신 아들의 영, 곧 진리의 성령이 참으로 내 생명이게 하소서. 당신의 아들이 성령을 통하여 말씀하시는 한마디 한마디가 내 안에서 그대로 이루어지게 하소서.

오, 나의 아버지시여! 성령이 내 안에 거하심을 다시 한번 감사드립니다. 내가 무릎꿇는 것은 당신의 영광의 풍성함을 따라서 그가 나와 모든 성도들 안에서 능력있게 역사하도록 허락해 주십사 하는 것입니다. 오, 당신의 모든 백성들이 이런 그들의 특권을 알며 그 안에서 즐거워하게 하소서. 그리하여 그들 안에 계신 성령이 은혜와 진리가 충만하신 그리스도를 그들 안에 있는 진리로써 계시하게 하소서. 아멘.

요 점

1. 육안(肉眼)이 건강한 육체적 생명의 기능인 것처럼 영적 빛은 오직 건강한 영적 생명에서 나온다. 생명에 관한 사실들을 알려면 오직 그 사실들에 따라 살아야 한다. 생명의 성령을 알려면 또한 그 영 안에서 살아야만 한다. 감춰진 부분, 즉 새 영 안에서 성령의 생명을 받아들이고 그에 의뢰하는데 믿음을 발휘한다면 생명의 귀가 열려져 성령의 목소리를 듣게 될 것이다. 생명의 성령은 진리의 영이시다. '내 안에,' 너의 가장 깊은 곳에 —이것은 하나님이 말씀하신 것이다.

2. 죄는 이중적인 결과를 지닌다. 그것은 범죄하는 것에 그치지 않고 죽음을 가져 온다. 그것은 위로부터 법적 정죄함을 받을 뿐 아니라 안으로 도덕적 타락을 일으킨다. 구속은 의일 뿐더러 생명이기도 하다. 그것은 하나님의 사랑과 그와의 사귐을 객관적으로 회복시킬 뿐 아니라 주관적으로도 회복시킨다. 객관적인 것은 우리를 위한 아들의 사역이고 주관적인 것은 우리 안에 계신 아들의 영의 사역이다. 우리를 위한 아들의 사역을 아주 견고하게 고수하지만 그가 베푸시는 평안과 능력에 있어선 그렇지 못한 사람들이 많이 있다. 이는 그들이 우리 안에 계신 성령의 사역에 전적으로 의뢰하지 못하기 때문이다. 내주하시는 거룩한 성령에 대한 확신은 구속하신 거룩한 구세주를 받아들이는 것만큼 확실하고 분명해야 한다. 성령은 구세주의 사역을 우리 안에서 진리되게 하신다. 우리 안에 계신 진리의 성령—이 분이 그리스도의 영이시다.

3. "중심에 진실함을 주께서 원하시오니 내 속에 지혜를 알게 하시리이다." 진리와 지혜는 단순한 이해 속에 있는 것이 아니었고 중심에 숨겨진 성령의 생명 속에 있는 것이었다. 이제 우리 안에 계신 진리의 성령이 이 예언을 성취하신 것이다.

10
성령이 임하시는 데서 오는 유익

내가 너희에게 실상을 말하노니 내가 떠나가는 것이 너희에게 유익이라 내가 떠나가지 아니하면 보혜사가 너희에게로 오시지 아니할 것이요 가면 내가 그를 너희에게로 보내리니—요한복음 16 : 7.

우리 주님은 이 세상을 떠나시면서 그가 떠나시는 것이 유익하리라고 제자들에게 약속하신다. 즉, 보혜사가 주님을 대신하실 것이므로 주님이 육체 가운데 계셨던 것보다 그들에게 훨씬 더 좋으리라는 것이다. 이것은 특별히 두 가지 면에서 그렇다. 주님과 제자들의 사귐은 깨어지기도 했으며 방해받기도 쉬웠다. 더욱이 그것은 주님의 죽으심으로 인해 깨어질 것이고 제자들은 그를 더 이상 뵙지 못할 것이다. 성령이 그들과 함께 영원히 '거하실' 것이다. 주님과의 교제는 매우 외적이었고 이 결과로 바람직스런 것으로 열매맺지 못했다. 성령이 '그들 안에' 계실 것이다. 그는 내주하시는 존재로서 임하실 것이다. 제자들은 그 능력 안에서 예수님을 그들의 생명이며 능력으로서 그들 안에 모시게 될 것이다.

우리 주님은 이 땅에 사시는 동안에 그의 제자들 하나하나를 그들의 독특한 성격과 그들이 처한 특별한 상황에 따라 다루셨다. 그 관계는 지극히 개인적인 것이었다. 주님은 그의 양들의 이름을 알고 계심을 모든 면에서 증명하셨다. 그들 각자에게 걸맞게 깊은 관심과 지혜를 베푸셨다. 성령도 또한 이런 필요를 채워주실 것인가? 예수님의 인도하심을 매우 가치있게 했던 부드러운 인격적 관심과 특별한 개인적 배려를 베풀어주실 것인가? 이것은 의심할 여지가 없다. 그리스도께서 제자들에 대해 갖고 계시던 모든 것을 성령은 보다 더 큰 능력과 그칠 줄 모르는 축복 가운데서 회복시키려 하신다. 예수님의 제자들이 이 땅 위에 계시던 예수님과 함께 하는 것보다 하늘에 계신 예수님과 함께 하는 것이 그들을 훨씬 더 행복하고 안전하며 강건하게 할 것이다. 주님은 매우 지혜로우시고 관용이 풍부하셔서 그의 제자들 각자에게 필요한 것을 허락하시고 또한 그들 하나하나가 주님을 가장 좋은 친구로 느끼게 하셨다. 그런 주님의 제자가 되는 아름다움과 축복의 주된 것은 결코 제거될 수 없었다. 성령은 내주하심으로 그리스도의 지극한 개인적 교제와 인도하심, 즉 그의 직접적인 개인적 친분을 회복시키려 하셨다.

이것을 마음 속으로 생각하거나 믿는 것은 많은 사람들에게 대단히 어려운 일이다. 하물며 그들이 그것을 경험하기란 더욱 힘들다. 그리스도께서 이 땅 위에서 사람들과 함께 행하시고 생활하시면서 그들을 인도하신 것에 대한 생각은 매우 확실하다. 하지만, 성령이 자신을 우리 안에 감추시고 분명한 생각 속에서가 아니라 깊은 곳에 있는 비밀스런 생명 속에서만 말씀하신다는 생각은 갖기 힘든 것이어서 성령의 인도하심을 훨씬 더 어렵게 한다.

하지만 새로운 영적 교제와 인도에 있어서 커다란 어려움을 이루고 있는 것이 그것에 커다란 가치와 축복을 부여하는 계기가 된다. 이것은 우리가 일상 생활에서 발견하는 것과 같은 원리이다. 즉, 어려움은 능력을 불러일으키고 의지를 강하게 하며 성격을 개발시키고 인간답게 만든다. 어린이가 처음으로 가르침을 받을 때는 도움과 용기를 얻어야 한다. 그가 계속해서 보다 더 어려운 것으로 나아갈 때 교사는 그의 재능에 맡겨 버린다. 젊은이는 자기 부모의 집을 떠나 가르침을 받아 온 원리들을 시험해 보고 강화(强化)시켜 나간다. 각 경우에 있어서 외부적 존재와 도움을 철회하고, 가르침을 받아 온 교훈들을 적용하며 소화시키는데 자신을 내던지는 것이 유익하다. 하나님이 진실로 우리에게 교육시키고자 하시는 것은 외적인 법체계에 의해서가 아니라 내적 생명에 의해 다스림을 받는 완벽한 인간성에 관한 것이다. 예수님이 이 땅에서 제자들과 함께 계시는 한 그의 역사(役事)는 바깥에서 안으로 향하는 것이었다. 그는 인간의 마음 중심에 이르러 다스리는데 효과적일 수 없었다. 예수님은 이 땅을 떠나시면서 성령을 보내셔서 제자들 안에 거하게 하셨다. 이는 그들의 성장이 안으로부터 바깥으로 향하게 하기 위함이었다. 예수님이 그의 성령으로 말미암아 우선 그들 존재의 비밀스런 마음 중심을 차지하신다면 그들이 그의 영감과 인도하심에 자발적으로 동의하고 복종하는 가운데에 그들을 소유하실 수 있을 것이다. 또한 그들 가운데 거하시는 그의 성령을 통하여 인격적으로 자기 자신의 모습을 유지하실 수 있을 것이다. 제자들은 진실로 그들의 영이 되신 거룩한 성령의 능력 안에서 순수 그들의 삶을 이루고 그들의 인격을 형성시킬 것이다. 그리고 참된 자기 정립(自己定立), 즉 외적인 것으로부터의 진정한 독립을 이루는 데까지 자라갈 것이다. 그들도 예수님처럼 자기 안에 생명을 갖고 있으며 오직 아버지 안에서만 살아가는 참된 독립적 인격을 지니게 될 것이다.

그리스도인이 편안하고 즐겁게 하는 것만을 추구한다면 그리스도께서 이 땅에 계시지 않는 것이 유익하며 진실로 우리에게는 훨씬 더 좋은 일이라는 것을 결코 이해하지 못할 것이다. 어려움과 희생을 개의치 않고 첫 아들의 형상을 완전히 간직하는 참으로 하나님께 합당한 인간(a truly God-like man)이 되고자 하는 정직한 소망 속에서 범사에 아버지를 기쁘게 해드려야 한다. 그리고 예수님이 떠나신 것은 그의 성령이 이제 우리의 영되게 하기 위함인 것을 생각해야 한다. 그리하면 믿음의 삶 가운데서 연단과 훈련을 받되 기쁨과 감사함으로 받아들이게 될 것이다. 성령의 인도하심에 따르고자 한다면, 특별히 그 안에서 예수님과 인격적으로 사귀며 그의 인도하심을 얻고자 한다면, 그것은 이 땅에 계시던 그를 따르는 것보다 훨씬 더 어렵고 위험한 과정일 것이다. 그러나 우리가 누리고 있는 특권, 우리가 손에 넣은 고결함, 우리가 맺고 있는 하나님과의 친밀한 교제를 기억해야 한다. 이 모든 것들이야말로 말할 수 없이 훨씬 더 큰 것들이다. 우리 주님의 인간됨을 통하여 임하셔서 우리의 영 가운데로 들어오시고 우리와 행동을 같이 하시면서 이 땅에 계신 그리스도 예수의 영이셨던 것처럼 우리의 영이 되신 하나님의 성령을 소유한다는 것—이것은 정녕코 어떤 희생도 치를 만한 축복이다. 이는 하나님 자신의 내주하심의 시작이기 때문이다.

그러나 그런 특권을 알고 그것을 아주 열렬하게 기대한다고 해서 어려운 문제가 해결된 것은 아니다. 그렇다면 문제는 다시 제기된다. 즉, 이 땅에서 예수님이 그의 제자들과 사귀신 것—온유하게 자신을 낮추시고 특별하고 세심한 관심과 개인적으로 누구나 의식할 수 있는 사랑을 베푸신 그 사귐이 예수님이 계시지 않고 성령이 우리의 인도자가 되실 현재 상황에서 어찌 똑같은 정도로 우리의 것이 될 수 있는가 하는 문제이다. 여기서 첫번째 답변은 모든 그리스도인의 삶에 걸쳐 그러한 것처럼 '믿음에 의해서'라는 것이다. 제자들은 일단 믿기만 하면 이 땅에 계시던 예수님과 함께 외견상이긴 하지만 동행하였다. 우리도 믿음을 따라 행한다. 믿음 가운데서 "내가 떠나가는 것이 너희에게 유익이라" 하는 예수님의 말씀을 받아들이고 기뻐해야 한다. 그것을 믿고 인정하며 그가 아버지께 가버리신 것을 기뻐하기 위해 분명하게 시간을 투자해야 한다. 그가 성령 안에 있는 이 생명으로 우리를 부르신 것에 대해 그에게 감사하며 그를 찬송하기를 배워야 한다. 성령의 이 은혜 안에서 우리 주님의 존재와 교제가 가장 확실하며 효과있게 전적으로 보장되었음을 믿어야 한다. 그것은 실상 우리가 이해하지 못하는 방식에 속할 수 있다. 왜냐하면 우리가 성령의 은혜를 그다지 신뢰하지 않으며 즐거워하지 않았기 때문이다. 그러나 이해하지 못하는 것을 믿음으로 신뢰하고 찬송해야 한다. 주님과의 사귐과 그의 인도하심을 어떻게 누릴 수 있는가를 성령과 그로 말미암는 예수님 자신이 가르쳐주실 것을 확고하고 즐거운 마음으로 믿어야 한다.

우리를 가르치실 것이다—이 말을 오해하지 않도록 주의하라. 우리는 항상 가르침을 사고(思考)와 결부시킨다. 예수님이 우리와 함께 하시며 우리 안에 거하시리라는 것에 대한 확실한 개념들을 성령이 우리에게 제시해 주실 것을 기대한다. 그러나 이것은 성령이 행하시는 것이 아니다. 성령은 정신 속에 거하시지 않고 생명 속에 거하신다. '우리가 알고 있는 것' 안에서가 아니라 우리의 상태 속에서 성령은 그의 사역을 시작하신다. 이 사실이나 그밖의 다른 하나님의 진리에 대해 분명한 이해나 새로운 통찰력을 당장에 구하려 하거나 기대해서는 안된다. 지식, 사고, 감정, 행동—이 모든 것은 외면적 신앙의 부분들이다. 예수님의 외부적 모습이 그의 제자들에게서 일으켰던 것은 또한 이런 것들이었다. 하지만 성령이 임하셔서 이 모든 것들보다 더 깊이 내려가고자 하셨다. 그는 제자들의 인격 깊은 곳에 감추어진 예수님의 존재 그 자체가 되고자 하셨다. 하나님의 생명은 그들의 생명으로 되기 위해 새로운 능력 가운데 있었다. 그래서 성령의 가르치심은 말이나 생각에서가 아니라 능력 가운데서 시작될 것이다. 그들 안에서 은밀하게 오직 하나님의 힘주심으로만 역사하는 생명의 능력 가운데서, 예수님이 진실로 가까이 계셔서 모든 삶과 그 모든 환경을 실제로 돌보시고 계심을 기뻐하는 믿음의 능력 가운데서 성령은 그들에게 예수님의 내주하심에 대한 믿음을 불어넣으실 것이다. 이것이 그의 가르치심의 출발이고 축복일 것이다. 제자들은 예수님의 생명을 그들 안에 소유할 것이고 그 생명이 예수님임을 믿음으로 깨달을 것이다. 동시에 그들의 믿음은 성령 안에 계신 주님의 존재의 원인이자 결과가 될 것이다.

예수님의 존재가 그가 이 땅에 계실 때 만큼 실질적이고 충족적일 수 있는 것은 그런 믿음, 즉 성령이 불어넣으시고 그가 우리 안에 거하셔서 활동하심으로 나오는 믿음에 의해서이다. 그러나 성령을 지니고 있는 신자들이 그것을 보다 자각적으로 충분히 경험치 못하는 것은 왜일까? 대답은 아주 간단하다 : 그들은 그들 안에 계신 성령을 제대로 알지 못하고 영화롭게도 하지 않기 때문이다. 그들에게 있어서 죽으셔서 하늘에서 다스리시는 예수님에 대한 믿음은 대단하지만 그의 성령으로 그들 안에 거하시는 예수님께 대한 믿음은 별로 존재치 않는다. 우리에게 필요한 것은 이것이다. 즉, "나를 믿는 자는 그에게서 생수의 강이 흘러나리라" 하는 약속의 수행자로서 예수님을 믿는 것이다. 성령이 우리 주 예수의 현존으로서 우리 안에 계심을 믿어야 한다. 그리스도께서 말씀하신 것의 진실성을 이해력으로 확신하려 하는 그런 자세의 믿음으로 이것을 받아들이는데 그쳐서는 안된다. 우리는 마음으로, 성령이 그 안에 거하시는 마음으로 믿어야 한다. 성령의 모든 은사와 성령에 관한 예수님의 모든 가르치심은 "하나님의 나라는 너희 안에 있다"는 말씀을 견고히 할 것이다. 마음에 속한 참된 믿음을 소유하고자 한다면 내면으로 돌아서서 우리 안에서 그의 역사를 이루시는 성령께 아주 온순하고 겸손하게 의뢰해야 한다.

성령의 생명과 능력 가운데 서 있는 이 가르침과 믿음을 받아들이려면 무엇보다도 성령을 가장 방해하고 있는 것—인간의 뜻과 지혜를 경계해야 한다. 우리는 여전히 육신에 속한 자기 생명에 둘러싸여 있다. 하나님께 대한 예배와 심지어 믿음을 사용하려는 수고에 있어서도 그 생명은 자신을 앞세우며 그 힘을 발휘하고 있다. 모든 생각—악한 생각뿐 아니라 선하다 할지라도 성령에 앞선 마음으로 하는 생각을 제어해야만 한다. 우리의 의지와 지혜를 예수님의 발 앞에 묶어 두고 믿음과 영혼의 거룩한 침묵 가운데서 그를 기다리자. 성령이 우리 안에 계시며 그의 거룩한 생명이 우리 안에서 살아 자라나고 있음에 대한 깊은 의식이 점점 강하게 될 것이다. 따라서 우리가 성령을 영화롭게 하며 그를 의뢰할 때, 우리의 육신적 활동을 굴복시키고 그를 바랄 때, 그는 우리를 부끄럽게 아니하실 것이고 우리 안에서 그의 사역을 이루실 것이다. 그는 우리의 내적 생명을 강하게 하실 것이고 우리의 믿음을 소생케 하실 것이며 예수님을 계시하실 것이다. 그리고 예수님의 현존과 인격적 교제, 인도하심이 그가 이 땅에서 우리와 함께 계시는 것보다 더 실제적이고 능력있게 또한 분명하고 친근하게 우리의 것이 됨을 차근차근히 깨닫게 하실 것이다.

  복되신 주 예수시여! 당신이 더 이상 여기 이 땅에 계시지 않음을 기뻐합니다. 당신이 이 땅에 계실 때보다 더 실질적이고 더 가까우며 더 부드럽고 더 효과적인 교제를 통하여 당신 제자들에게 당신 자신을 나타내 보이심을 감사합니다. 또한 당신의 성령이 내 안에 거하셔서 그런 교제가 어떠하며 당신의 거룩한 내주하심의 실체가 어떠한가를 알게 하시니 감사합니다.   지극히 거룩한 주님이시여! 내가 당신의 성령을 보다 일찍이 더 잘 알지 못했고 이 지극히 놀라운 당신과 아버지의 사랑의 은사에 대해 당신을 찬양치 못했으며 바르게 사랑치 못했음을 용서하소서. 그리고 당신을 신뢰하는 충만한 믿음 가운데서 날마다 신선한 기름부음이 당신께로부터 흘러나와 생명을 채움을 내게 가르치소서.
  주님이시여! 내가 수많은 구속받은 자들을 위해 당신께 부르짖을 때 귀기울이소서. 그들은 육체를 따라 사는 불순한 삶을 포기하고 그것을 잊어버리며 그것을 대신하여 성령의 능력 안에 있는 삶을 받아들인다는 것이 어떠한 것인가를 알지 못합니다. 여러 성도들과 함께 구하옵나니 교회가 깨어나게 하소서. 교회를 택하신 유일한 표지와 교회가 당신의 현존을 즐길 수 있는 유일한 비밀과 교회가 그 부르심을 성취하기 위한 유일한 능력은 각 신자가 인도함을 받아 성령이 자기 안에 거하시는 것과 보호자이며 안내자이자 친구로서 주님이 그와 함께 영원히 계심이 그의 확고한 기업인 것을 깨닫는데 있음을 알게 하소서. 주님이시여! 당신의 이름을 위하여 이를 허락하소서. 아멘.

요 점

1. "'내가 떠나가지 아니하면 보혜사가 오시지 아니할 것이요' 하는 이 말씀은 '오순절 이래의 성령의 은사가 그 이전 것과는 전적으로 구별된 것이라'는 확고한 증거이다. '그것은 새롭고 보다 고상한 선물이다'"―알포드(Alford).

2. 제자들이 이 땅에 계신 예수님께 대해 갖고 있던 지식은 매우 복되고 거룩한 것이어서 그들은 더 좋은 것이 있으리라 상상할 수 없었다. 그들은 하나님께 속한 것이라 알고 있던 것을 장차 잃게 되리라는 생각 때문에 속상해 있었다. 복음적 그리스도인들 중에서도 그리스도께서 성령의 능력으로 그들 안에 계시하고자 하신다면 이제까지 그리스도께 대해 갖고 있던 지식을 저버려야만 할 사람들이 많이 있다. "내가 간다고 해서 너희 마음에 근심이 가득 하였도다. 내가 너희에게 실상을 말하노니 내가 떠나가는 것이 너희에게 유익이라." 이 말씀을 온전히 이해할 수 있는 것은 그것이 개인적인 체험으로 될 때 뿐이다. 그리스도에 대한 보다 많은 외부적 지식들은 그 시행착오(試行錯誤)의 과정과 함께 성령의 내주하심을 위한 길을 마련해야 한다.

3. 하나님 나라의 법은 죽음을 통하여 생명에 이르고 모든 것을 잃음으로 모든 것을 얻는 것이다. 그리스도인들에게 크게 장애가 되는 것은 그들의 신앙지식의 정통성과 충족성에 대한 신뢰감이다. 그들은 "보다 더 열심을 내고 더욱 충성스러울 수 있기만 하다면" 하고 말한다. 그러나 제자들이 주님을 소유하는 그들의 특권을 사용하는데 있어서 더욱 열심을 내고 진지해서는 아니되었음을 유의해야 한다. 새롭게 더욱 열심을 발휘하려는 노력은 다만 보다 쓰라린 새로운 실패만을 낳을 뿐이다. 아무리 진실된 제자들이었다 할지라도 그들은 그리스도를 떠나시게 하고 그를 알고 있던 옛 방식을 잊고 그에 대해 죽으며 전혀 새로운 그와의 생명의 교제를 선물로 받아들여야만 했다. 오, 제발 그리스도인들이 거룩한 삶을 살아가는 보다 탁월한 방식을 깨달을 수 있기를. 그리스도 자신의 내주하시는 성령이 그들 안에 거하시며 능력으로 그들의 주님의 현존을 계시하시고 지속하심을 알 수 있기를.

11
그리스도의 영광을 나타내시는 성령

내가 떠나가는 것이 너희에게 유익이라 내가 떠나가지 아니하면 보혜사가 너희에게로 오시지 아니할 것이요 가면 내가 그를 너희에게로 보내리니… 그가 내 영광을 나타내리니 내 것을 가지고 너희에게 알리겠음이니라-요한복음 16 : 7, 14.

성경이 말하는 아들을 영화롭게 하는 방법에는 두 가지가 있다. 하나는 아버지에 의한 것이고 다른 하나는 성령에 의한 것이다. 앞에 것은 하늘에서 이루어지며 뒤에 것은 여기 이 땅에서 이루어진다. 앞에 것에 의하면 그는 "하나님 자신으로 인하여" 영광을 얻으시고 뒤에 것에 의하면 "우리로 말미암아" 영광을 받으신다(요 13 : 32; 17 : 10). 앞에 것에 대하여 예수님은 "만일 하나님이 저로 인하여 영광을 얻으셨으면 하나님도 자기로 인하여 저에게 영광을 주시리니 곧 주시리라"고 말씀하셨다. 그리고 다시 대제사장 다운 기도에서 "아버지여 때가 이르렀사오니 아들을 영화롭게 하사… 지금도 아버지와 함께 나를 영화롭게 하옵소서"라고 하셨다. 뒤에 것에 대하여 그는 "성령이 내 영광을 나타내리라"고 말씀하셨다. "내가 그로 인하여 영광을 얻는다."

영화롭게 한다는 것은 어떤 대상의 숨겨진 탁월함과 가치를 나타낸다는 것이다. 인자이신 예수님은 그의 인간성이 하나님이 거하시는 능력과 영광에 전적으로 참여한 바 되었을 때 영광받으시기로 되었었다. 그는 하늘 세계, 즉 신적 존재의 완전한 영적 생명에 들어가셨다. 그리고 모든 천사들은 그를 보좌에 앉으신 어린 양으로서 경배하였다. 그리스도의 이런 천상적인 영적 영광을 인간 정신으로는 사실상 상상하거나 이해할 수 없다. 그것은 오직 경험함으로써 그리고 내적 생명으로 전해 받아 그 생명 안으로 들어가게 함으로써 올바르게 깨달을 수 있는 것이다. 이것은 영광받으신 그리스도의 영되신 성령의 사역이다. 그는 영광의 영으로서 임하셔서 우리 안에 거하시고 활동하심으로 영광 중에 계신 그리스도의 생명과 능력 안에서 그리스도의 영광을 계시하신다. 그는 그리스도를 우리에게 또한 우리 안에서 영광스럽게 하신다. 나아가서 그리스도를 우리 안에서 영화롭게 하심으로 우리로 말미암아 볼 눈을 가진 자들 안에서 또한 그리스도를 영화롭게 하신다. 아들은 자신의 영광을 구하지 않으신다. 하지만 아버지는 하늘에서 그를 영화롭게 하시고 성령은 우리 마음 속에서 그를 영화롭게 하신다.

그러나 성령께서 그리스도의 영광을 나타내시기에 앞서서 그리스도께서는 우선 그의 제자들을 떠나셔야만 했다. 그들은 육체 가운데 계시면서 성령 안에 계시던 그리스도를 소유할 수 없었다. 그의 육체적 존재는 영적 내주하심에 방해가 되는 것이었다. 그들은 성령이 그 영광을 나타내시는 내주하시는 그리스도를 받아들이기에 앞서서 그들이 함께 지내던 그리스도와 헤이져야만 했다. 그리스도 자신은 하늘에서나 우리 안에서 영광을 받으시기에 앞서 생명을 버리셔야만 했다. 그러므로 우리가 진실로 성령으로 말미암아 우리에게 그리고 우리 안에서 그리스도를 영화롭게 하려 한다면 우리가 알고 있던 그리스도, 즉 우리가 그 안에서 소유하고 있던 어느 정도의 생명을 그와 연합하는 가운데 포기해야만 한다.

내가 확신하는 것은 바로 여기에 많은 하나님의 사랑하는 자녀들에게 "내가 떠나가는 것이 너희에게 유익이라"는 가르침이 필요한 이유가 있다는 것이다. 제자들처럼 그들도 예수님을 믿으며 사랑하고 그에 복종한다. 그들은 예수님을 알고 따르는 말할 수 없는 축복 중 많은 것들을 경험한다. 하지만 성경에서 보는 바와 같이 예수님이 영속적으로 내주하시는 데서 오는 깊은 안식과 기쁨, 거룩한 빛과 하나님의 능력은 여전히 그들의 것이 아님을 느낀다. 물론, 은밀한 가운데 또는 성도들과의 복된 교제에서 감화(感化)를 받거나 교회가 집회에서 하나님의 사역자들의 가르침을 받는 가운데 도움을 얻으며 놀라운 축복을 받기도 한다. 그리고 그리스도를 대단히 귀하게 여기게 된다. 하지만 여전히 그들 앞에 있는 것, 즉 완전히 실현되지 않은 약속들이나 충분한 만족을 얻지 못한 욕구들을 보게 된다. 그 이유는 오직 그들이 "보혜사는 너희와 함께 '거하심'이요 또 '너희 속에' 계시겠음이라 그가 '내 영광을 나타내리라'"는 약속을 온전히 물려받지 못한데 있다. 성령 안에서 다시금 영광을 받으시기 위해 그리스도께서 떠나가신 데서 오는 유익을 그들은 제대로 이해하지 못하고 있는 것이다. 그들은 "우리가 비록 육체를 따라 그리스도를 알았다 해도 이제는 더 이상 그를 그렇게 깨닫지 않을 것이다"라고 말할 수 없을 것이다.

"육체를 따라 그리스도를 아는 것"—이것은 끝장나야만 하는 것이며 성령의 능력으로 그리스도를 알기 위해 자리를 비켜야만 하는 것이다. "육체를 따라"라는 것은 말과 생각, 노력과 감정, 마음이나 사람들 또는 수단에서 나오는 영향력과 보조물 등 외적인 것들의 세력 안에서라는 의미이다. 성령을 받았지만 이 사실이 함축하고 있는 바를 제대로 알지 못하며 따라서 성령의 내주하심과 인도하심에 전적으로 복종하지 않는 신자는 대개 육체를 신뢰하고 있다. 스스로 성령없이는 아무것도 하지 못함을 인정하면서도 헛되이 노력하고 수고하면서 그가 으례히 알고 있는 대로 믿고 살아가는 것이다. 그는 그리스도만이 그의 생명이며 힘이심을 성심 성의껏 고백하고 때로는 매우 복되게 그것을 경험하기도 한다. 하지만 그리스도께서 그 안에서 삶을 이루어 나가실 수 있다고 하는 신실한 의뢰의 자세를 견지하고 있지 못함을 생각하고 가슴 아파하며 기운을 잃는다. 그는 그리스도께서 가까이 계심과 지키심, 내주하심에 관해 믿을 만한 모든 것을 믿으려 한다. 하지만 어떻든지간에 좌절하며 훼방받는다. 즉, 그것은 믿음이 마땅히 그래야만 하는 것—우리가 바라던 사실들의 실체와 같지 않은 것이다. 그 이유는 믿음 그 자체가 아직도 육체의 능력과 인간의 지혜에 속한 인간 마음의 작업에 치우쳐 있는 것임에 틀림없다. 신실하게 지키시고 변함없이 친구가 되시는 그리스도에 대한 계시가 존재함은 사실이지만 그 계시가 부분적으로 육신과 육체적인 마음에 사로잡힌 것이다. 이것이 믿음을 무기력하게 한다. 그리스도—영광의 그리스도—내주하시는 그리스도에 대한 가르침이 혼합된 생명 가운데로, 부분적으로는 육신을 따라 부분적으로는 영을 따라 받아들여진 것이다. 오직 성령만이 그리스도의 영광을 나타낼 수 있는 것이다. 우리는 그리스도를 알고 믿으며 그를 소유하는 옛 방식을 포기하고 물리쳐야만 한다. 우리는 더 이상 그리스도를 육체를 따라 알아서는 안된다. "성령이 내 영광을 나타내리라."

그렇다면 성령이 그리스도의 영광을 나타낸다는 것은 무엇을 의미하는가? 성령이 계시하시는 그리스도의 영광이란 무엇인가? 성령은 그것을 어떻게 나타내실 것인가? 그리스도의 영광이 어떠한가를 성경에서 배울 수 있다. 히브리서를 읽어보면 "우리가 만물이 아직 저에게 복종한 것을 보지 못하고 영광과 존귀로 관쓰신 예수를 보니"라고 기록되어 있다. 만물은 그리스도께 복종하였다(히 2:8의 전내용을 참조하여야 한다. "만물을 그 발 아래 복종케 하셨느니라 하였으니 만물로 저에게 복종케 하셨은 즉 복종치 않은 것이 하나도 없으나 지금 우리가 만물이 아직 저에게 복종한 것을 보지 못하고"—역자주). 그러므로 우리가 본문으로 택한 구절들에서 우리 주님은 그가 영광받으신 것은 만물이 그에게 주어진 것과 연관시키신다. "그가 내 영광을 나타내리니 그가 내 것을 가지겠음이라. 무릇 아버지께 있는 것은 다 내 것이라. 그러므로 내가 말하기를 그가 내 것을 가지고 너희에게 알리리라 하였노라." "내 것은 다 아버지의 것이요 아버지의 것은 내 것이온데 내가 저희로 말미암아 영광을 받았나이다". 아버지께서는 모든 정사와 권세와 주관하는 자 위에 그리스도를 뛰어나게 하시사 만물을 그 발 아래 복종하게 하셨다. 아버지는 모든 이름 위에 뛰어난 이름을 그에게 주시사 모든 무릎을 예수의 이름에 꿇게 하셨다. 나라와 권세와 영광은 영원히 하나이다. 보좌에 앉으신 이에게, 보좌 가운데 계신 어린 양에게 영광과 권세가 영원히 있을 것이다. 예수님이 하늘에서 영광받으신 것은 하나님의 영광의 보좌에 앉으사 만물을 그 발 아래 복종하게 하셨을 때이다(엡 1:20~22).

성령이 우리 안에서 예수님을 영화롭게 하실 때 예수님의 이런 영광 안에서 우리에게 그를 계시하신다. 그는 그리스도께 속한 것들을 가지시사 그것들을 우리에게 알리신다. 그것은 그가 어떤 생각이나 심상, 우리 위 하늘에 있는 영광에 대한 환상을 제공하시는 것이 아니라 우리 각자의 개인적 경험과 소유로써 나타내시는 것이다. 그는 우리가 마음 중심으로 그 영광에 참여하게 하신다. 그가 그리스도를 보이시는 것은 우리 속에 제시하실 때이다. 우리가 그리스도께 대해 갖고 있는 살아 있는 참된 지식이란 모두 하나님의 성령으로 말미암은 것이다. 그리스도는 우리 안에 연약한 유아(幼兒)처럼 들어오시지만 점점 자라나 강해지시고 우리 안에서 그 모습을 이루셔서 우리는 그를 신뢰하고 따르며 섬기기를 배우게 된다. 이것은 전적으로 성령의 사역이다. 하지만 이 모든 것은 제자들에게서도 그랬던 것처럼 상당한 어둠과 많은 실패와 더불어 이루어질는지도 모른다. 그러나 성령이 그의 사역을 완전하게 행하시고 영광받으신 주님을 계시하실 때 주님의 영광의 보좌가 마음 속에 세워지며 주님은 모든 원수를 다스리실 것이다. 모든 권세는 복종케 될 것이고 모든 생각들은 그리스도께 순종하도록 사로잡힐 것이다. 전적으로 새로워진 성품을 통하여 "보좌 위에 앉으신 이에게 영광"이라는 찬송이울려 나올 것이다. "내 속 곧 내 육신에 선한 것이 거하지 아니하노니"라는 고백이 언제까지나 사실로 여겨진다 할지라도 통치자이며 주관자이신 그리스도의 거룩한 현존이 마음과 생명을 충만케 하므로 그의 주권이 모든 것을 지배할 것이다. 죄는 아무런 권세가 없다. 그리스도 예수 안에 있는 생명의 성령의 법이 죄와 사망의 법에서 나를 해방하였다.

이것이 성령이 나타내시는 그리스도의 영광이라면 어떤 방법으로 그것을 이루시는가를 알기란 쉬운 일이다. 예수님이 영광 중에 보좌에 앉으시는 것은 오직 마음 속에서 일어나는 일이다. 마음 가운데서 제한없이 절대적으로 복종할 것을 약속하고 그가 그의 권세로 다스리시리라는 것을 용기있게 믿으며 그런 믿음 가운데 모든 원수가 그의 발 아래 있게 되리라는 것을 기대해야 한다. 크건 작건간에 그리스도의 소유가 되어 그의 성령으로 말미암아 그의 인도하심을 받는 삶의 모든 영역에서 만물의 주되신 그리스도를 필요로 하며 그를 기꺼이 소유하고자 하고 그를 기대하며 받아들이려 하는 것은 그런 자세의 마음이다. 성령이 거하시기로 약속된 곳은 사랑을 품고 순종하는 제자들 안이다. 그들 안에서 성령은 그리스도의 영광을 나타내신다.

이 일은 오직 충만한 때가 믿는 자에게 이르렀을 때 일어날 수 있다. 교회의 역사는 전체적으로 각 개인 속에서 반복된다. 때와 기한을 자기 손에 두신 아버지께서 정하신 시기에 이르기까지는 유업을 이을 자라 할지라도 후견인과 청지기 아래 있으면서 노예와 다름이 없었다. 때가 차고 믿음이 완성되었을 때 영광받으신 이의 영이 능력으로 임하시고 그리스도는 마음 가운데 거하시게 되었다. 그리스도 자신의 역사는 또한 사람 속에서 반복된다. 성전 안에는 두 개의 성소(聖所)가 있었다. 하나는 휘장 앞에 있었고 다른 하나는 지성소(至聖所)로 휘장 뒤에 있었다. 그리스도께서 이 땅에 사시는 동안 휘장 밖의 성소에 거하시면서 봉사하셨다. 육신의 휘장이 그가 지성소로 들어가시는 것을 막았다. 그가 하늘의 영광, 곧 성령의 생명으로 충만한 마음 속 지성소(Inner Sanctuary)로 들어가실 수 있었던 것은 육신의 휘장이 찢겨져 그가 죄에 대하여 완전히 영원토록 죽으셨을 때이다. 그러므로 성령으로 말미암아 마음 속에서 영광을 받으신 예수님을 소유하고픈 신자라면 그가 주님에 대한 지식과 봉사에 있어서 아무리 축복을 받았다 할지라도 더 좋은 것이 있음을 배워야 한다. 자기 안에서 역시 육신의 휘장이 찢겨져야 하는 것이다. 모든 것 중에 가장 거룩한 것에 이르는 새로운 생명의 길을 통하여 그리스도의 사역 중 이 특별한 부분으로 들어가야 한다. 육체 가운데 고난을 당하신 주님은 죄를 끊으셨다. 예수님은 육신을 완전히 이겨내시고 그의 육신과 함께 성령의 생명으로 들어가셨다. 그 이기심 덕분에 그의 권세는 완전하셔서 훼방을 놓는 우리 육신 가운데의 모든 것을 다스리신다. 성령의 능력 안에서 예수님은 보호자이시자 왕으로서 완벽하게 들어오셔서 내주하신다. 이를 깨달을 때 휘장이 제거되고 이제까지 성소 안에 있던 생명이 지성소, 즉 영광이 충만히 거하는 곳에 거하는 생명으로 된다.

이와 같이 휘장이 찢기는 것, 곧 마음 가운데 영광받으신 이로서 예수님이 보좌에 앉으시는 것은 언제나 큰 소리로 들려오는 것은 아니다. 어떤 경우에는 그럴 수도 있지만 그렇지 않은 경우에는 아무 소리도 들려오지 않는 곳에서 아무 말도 못하면서 심히 두려워하며 떠는 가운데 이 일이 일어날 수도 있다. 시온의 왕은 여전히 심령이 가난한 자의 것인 하나님 나라와 함께 온유하고 겸손하게 임하신다. 모양도 없고 풍채도 없는 그가 들어오시는 것이다. 생각과 감정이 쇠해질 때 성령은 보지 않고 신뢰하는 믿음에 대해 그리스도의 영광을 나타내신다. 육신의 눈으로는 보좌에 앉으신 그를 볼 수 없다. 그것은 세상에 대해 비밀스런 것이다. 그러므로 마음 속의 모든 것이 기운을 잃고 비게 되었을 때 성령은 비밀리에 하나님의 보증하신 것을 이루시고 영광받으신 이인 그리스도께서 마음 속에 그의 처소를 세우심을 경험하는 축복을 베푸신다. 영혼은 조용히 경배하며 찬양하는 가운데 예수님이 주되시며 마음 속 그의 보좌가 공의 가운데 세워지고 "성령이 내 영광을 나타내리라"는 약속이 이제 성취됨을 깨달을 것이다.

복되신 주 예수시여! 아버지께서 당신께 주신 영광 안에서 당신께 경배합니다. 그리고 그 영광이 당신 제자들의 마음 속에 계시되어 그들 안에 거하며 그들을 충만케 하리라는 약속을 인하여 당신을 찬양합니다. 이것은 당신의 영광입니다. 그리고 아버지께서 갖고 계신 모든 것은 이제 당신 것입니다. 무한히 충만한 능력 가운데 있는 당신의 영광에 대해 당신은 성령이 그 영광을 가지고 우리에게 나타내시리라고 말씀하셨읍니다. 하늘과 땅은 당신의 영광으로 가득합니다. 당신이 사랑하시는 사람들의 마음과 삶 또한 이 영광으로 충만해질 수 있읍니다. 주여, 이 일을 이루소서!

이 일의 성취를 위해 풍성한 출발을 이미 시작한 모든 이들로 인해 당신의 거룩한 이름을 찬양합니다. 주여, 이 일이 영광에서 영광에 이르기까지 계속되게 하소서!

간구하옵나니, 이 목적에 관해 우리를 가르치시사 우리가 당신께 구별됨이 깨어지지 않게 하소서. 마음과 생명은 오로지 당신 것이옵니다. 이 목적에 관해 우리를 가르치시사 우리 안에 계신 성령이 그의 일을 완성하시리라는 우리의 확신이 흔들림없이 견고하게 하소서. 무엇보다도 우리를 가르치시사 변함없이 더욱 더 의존하며 마음을 비우는 가운데 우리 자신을 내어줌으로 성령의 가르치심과 인도하심을 바라게 하소서. 우리는 육체와 그 지혜와 그 의를 조금도 신뢰하지 않기를 원합니다. 당신의 영이신 성령 —당신의 영광의 영이 우리 안에 계셔서 그의 거룩한 사역을 이루신다는 진리를 경외하는 성결한 마음으로 당신 앞에 더욱 겸손히 더욱 깊게 엎드리고자 합니다. 복되신 주님이시여! 성령을 크신 능력으로 일으키시사 우리 속에서 다스리게 하소서! 그리하여 우리 마음이 그로 말미암아 당신만이 영광받으시고 당신의 영광으로 충만한 성전과 나라가 되기에 부족함이 없게 하소서. 아멘.

요 점

1. 제자들이 알고 있던 것은 참된 그리스도였다. 그들이 갖고 있던 것은 언제까지나 그리스도에 관한 참된 지식이었다(마 16장 : 마 16 : 16에서 베드로의 유명한 신앙고백이 나온다. "시몬 베드로가 대답하여 가로되 주는 그리스도시요 살아 계신 하나님의 아들이시니이다"—역자주). 그리고 이것은 그들에게 커다란 영향을 끼치고 그들을 매료시켜 그리스도를 따르며 사랑하게 했던 지식이었다. 그러나 완전한 지식, 곧 신령과 진정으로 된 지식은 아니었다. 그리스도께서 영광을 받으시고 성령으로 말미암아 그들 안에 거하신다는 영적 지식이 아닌 것이다. "없어질 것도 영광으로 말미암은즉 길이 있을 것은 더 큰 영광을 인하여 더욱 영광 가운데 있느니라."

2. 하나님이 우리에게 이 교훈을 가르치시길. 이는 그리스도의 영되신 성령의 유일한 위대한 사역은 영광받으신 그리스도를 항상 우리 안에—생각이나 기억 속에 뿐 아니라 우리 속에, 우리 마음 중심에, 우리의 생명과 경험 속에 있게 하시리라는 것이다.

3. 그것이 이루어질 수 있는가? 영광받으신 이 되신 예수님은 항상 우리와 함께 계시면서 우리 안에 거하실 수 있는가? 그렇다. 성령은 오직 이 일을 위하여 아버지께서 주신 바 된 것이다. 그리고 그는 우리 안에 거하신다. 이 놀라운 내주하심을 믿으며 그 안에 살자.

4. 성령의 인도하심에 복종하는 가운데 아주 겸손히 엎드려야 한다. 또한 그의 가르치심을 기다리고 우리 안의 그의 거룩한 현존을 두려워하는 마음으로 존귀히 여겨야 한다. 비록 우리가 깨닫거나 느끼지 못하는 때라 할지라도. "너희가 믿으면 하나님의 영광을 보리라 하지 않더냐."

12
죄를 책망하시는 성령

가면 내가 그를—보혜사를—'너희에게로' 보내리니 그가 와서 죄에
대하여… '세상을' 책망하시리라—요한복음 16 : 7, 8.

우리 주님의 이 말씀 속에 있는 두개의 진술 사이의 밀접한 연관성이 반
드시 주목을 받는 것은 아니다. 성령은 죄에 대하여 세상을 책망하시기에
앞서 우선 제자들 가운데로 임하셔야 했다. 그는 그들 안에 그의 처소를
만들며 그의 위치를 정하고자 하셨다. 그리고나서 그들로부터 또한 그들
을 통하여 세상을 책망하시는 사역을 이루고자 하셨다. "그가 나를 증거하
실 것이요 너희도 증거하느니라." 제자들은 사람과 싸우시면서 죄에 대하
여 '세상을' 책망하시는 성령의 위대한 사역이 이루어질 수 있는 것은 오
직 그가 '그들 안에서' 이 땅에 뿌리를 내리실 때 뿐이라는 것을 인식해야
했다. 그들이 성령과 불로 세례를 받으며 그 능력을 높은 곳으로부터 받아
야 했던 것은 성령이 세상에 이르실 수 있는 방편이 되어야 한다는 하나의
목적을 위해서였다. 그들 안에 거하시며 그들을 통하여 활동하시는 성령
의 죄를 책망하는 능력있는 권세—이를 위해 우리 주님은 앞서 나온 말씀
들로 그들과 우리를 준비시키려 하시는 것이다. 그 말씀들이 가르치는 교
훈은 매우 중대한 것이다.

　1. 성령이 우리에게 임하시는 것은 우리를 통하여 다른 사람들에게 이르
시기 위함이다. 성령은 거룩한 분, 곧 구속하시는 하나님의 영이시다. 그
가 우리에게 오실 땐 그의 성품을 바꾸지 않으시며 그의 신적 특성을 잃지
도 않으신다. 하지만 그는 사람과 싸우시면서 그들의 구원을 희구(希求)하

시는 하나님의 영이시다. 그가 무지나 이기심의 훼방을 받지 않는 곳이라면 어디서든지 온 세상을 향해 이루셔야만 하는 사역을 위해 그의 전이 될 만한 마음을 찾으시고 그의 사역을 이루시기 위해 그 마음을 적극적이고 담대하게 만드신다. 그가 행하시는 일이란 죄와 그 죄로부터 구원하시는 이인 그리스도에 대해 증거하시는 것이다. 그는 십자가에 못 박히시고 존귀하게 되신 그리스도의 영이 되심으로서 이 일을 아주 특별하게 이루신다. 그리스도께서 성령을 한량없이 받으신 것은 무슨 목적을 위해서인가? "주의 성령이 내게 임하셨으니 이는 가난한 자에게 복음을 전하게 하시려고 내게 기름을 부으시고 나를 보내사 포로된 자에게 자유를 전파하게 하려 하심이라." 이 성령은 그리스도께서 그의 교회에 보내신 것과 같은 성령이시다(그리스도는 그를 통하여 자신을 하나님께 드렸으며 성결의 영 되신 그를 통하여 죽은 자 가운데서 살아나셨다). 그러므로 그리스도께서 자기 안에 성령을 가지셨던 것처럼 이제 성령은 교회 안에서 거처를 얻고자 하신다. 그리고 하나님의 성령이 그리스도 자신 안에 계셨던 것과 조금도 다를 바없이 교회 안에서 하나님의 일을 속행하려 하신다. 또한 안에서 비추시며 계시하시고 꾸짖으시며 어둠을 이겨내시는 빛으로서, "소멸하시는 심판의 영"으로서 세상에 대해 하나님의 책망하시고 돌이키시는 능력이 되려 하신다. 하나님의 성령으로서 그러했던 것처럼 하늘에서 직접 내려오시지는 않지만 '교회 안에 거하시는 성령으로서' 세상을 책망하실 것이다. "내가 그를 '너희에게' 보내리니 그가 와서 '세상을' 책망하시리라." 성령이 세상에 이르실 수 있는 것은 우리 안에서 그리고 우리를 통해서이다.

 2. 성령은 오직 우선적으로 우리를 자신과 완전히 일치시키심으로써 다른 사람들에게 이르실 수 있다. 그는 우리 안에 들어오셔서 우리와 하나가 되심으로 우리 속에서 기질과 생명을 이루신다. 그래서 그가 우리 안에서 또한 우리로 말미암아 다른 사람들 안에서 행하시는 일은 우리의 일과 동일하게 된다.

 이 진리를 세상에서 죄를 책망하는 것에 적용하는 것은 대단히 중대한 일이다. 앞서 나온 우리 주님의 말씀이 빈번하게 신자들에게 적용되는 것은 그가 그들 안에서 행하시지 않으면 안될 끊임없이 죄를 책망하시는 일과 관련지어서이다. 이런 의미에서 그 말씀은 참으로 매우 진실된 것이다.

성령의 이 우선적인 사역은 언제까지나 그의 위로하시고 성결케 하시는 모든 사역의 근저(根底)가 될 것이다. 성령은 다시 범죄할 위험성과 그 부끄러움으로 인해 염려하는 의식을 늘 깨어 있게 하신다. 이럴 때만이 사람은 하나님 앞에서 항상 낮은 자리에 있게 되며 유일하게 자신의 안식처이자 힘이 되신 예수께 피하게 된다. 성령이 마음 속에서 그리스도의 거룩한 생명을 계시하시고 전하실 때 그 확실한 결과로 죄를 죄로 여기는 의식이 더 깊어지게 되는 것이다. 그러나 주님의 말씀은 더 많은 것을 의미한다. 성령이 우리를 통하여 또는 우리의 증거를 통하여 말로든지 행위로든지 세상을 책망하시고자 한다면 그는 세상의 죄에 대하여 우선 우리에게 깨달음을 주셔야만 한다. 성령이 우리들 각자에게 세상이 우리의 구세주를 믿지 않고 거부하며 범죄하는 것에 대한 견해와 분별력을 주셔야 한다. 또한 세상의 죄 하나하나—이것은 죄임과 동시에 주님을 부인하는 원인이고 증거이며 결과이다—에 대한 견해와 분별력을 주셔야 한다. 그러면 우리도 어느 정도는 성령과 같이 죄에 관하여 생각하고 느낄 것이다. 그때에 우리를 통하여 일하시는 성령에 대한 내적 적합성이 우리 안에 있게 될 것이고 죄에 대하여 그리고 하나님을 향하여 우리가 증거하는 것과 성령이 증거하시는 것 사이에 내적 통일성이 있게 될 것이다.

가슴 아픈 것은 육신의 능력으로 다른 사람들을 판단해 버리기가 쉽다는 것이다. 자기 눈으로는 빛을 보지도 못하고 또한 자신이 정죄하는 것을 면하고 있다 해도 "비켜 서라. 내가 너보다 더 거룩하다"라고 내심 생각하면서 다른 사람들을 판단하는 마음을 갖기 쉽다는 것이다. 우리는 잘못된 마음과 우리 자신의 힘으로 증거하면서 일하거나 때로는 일할 의욕을 전혀 갖지 않을 수도 있다. 이는 우리가 다른 사람들의 허물과 죄를 보되 성령으로부터 나온 확신 가운데 보지 않기 때문이다. 성령이 우리에게 세상의 죄에 대해 깨닫게 하실 때 그의 사역은 두 가지 특징을 지니고 있다. 하나는 자기 희생인데 이는 하나님과 그의 존귀하심을 향한 열심 속에서 죄에 대해 염려하는 깊은 탄식과 결부된 것이다. 다른 하나는 구원의 가능성과 그 능력에 대한 깊고 강한 믿음이다. 전체적인 죄와는 끔찍한 관계 속에서 죄 하나하나를 보아야 한다. 십자가에 이중적으로 비추어 전체적인 죄를 바라보아야 한다. 하나님께 대하여 두려울 정도로 거스리며 허약한 영혼에 대해 그 무서운 힘을 행사하는 죄를 말할 수 없이 가증스럽게 여겨야 한다. 아울러 그 죄는 예수 안에서 심판당하고 대속되어져 제거됨으로 극복된 것임을 알아야 한다. 세상에 대해 하나님이 그의 거룩하심 속에서 그것을 바라보고 계신 것처럼 바라보기를 배워야 한다. 하나님은 세상의 죄를 지극히 미워하시지만 세상을 매우 사랑하신다. 그러므로 그의 아들을 허락하시고 그 아들은 자기 생명을 내어 주심으로 죄를 멸하시고 죄의 포로된 것에서 세상을 자유롭게 하셨다.

하나님은 그의 백성들이 그리스도를 거부하는 세상의 죄에 대해 올바르고 깊게 깨닫게 하실 것이다. 그래서 성령이 그들을 사용하셔서 죄에 대하여 세상을 책망하시는 일을 위해 그들을 적절히 준비시키실 것이다.

3. 죄에 대해 이런 확신을 얻으려면 신자는 그것을 위해 기도해야 할 뿐 아니라 그의 모든 삶을 성령의 인도하심 아래 두어야 한다. 그것은 아무리 열심히 강조해도 지나친 일이 아니다. 성령의 많은 다양한 은사들은 마음 속 생명에 그가 내주하시면서 최고의 지위를 차지하시는 것과 죄를 멸하시기 위해 자기 생명을 내어 주신 그리스도에 대해 우리 안에서 계시하시는 것에 달려 있기 때문이다. 우리 주님은 "성령이 너희 속에 계시겠음이라"는 헤아릴 수 없는 의미의 말씀을 하시면서 성령이 가르치고 성결케 하시며 능력있게 하시는 모든 사역의 비밀을 털어 놓으셨다. 성령은 하나님의 생명이시다. 그는 안으로 들어오셔서 우리의 생명이 되신다. 그가 우리 안에서 의도하시는 모든 일을 하실 수 있는 것은 생명을 다스리시며 또한 기운을 불어넣으실 때이다. 신자가 성령의 다양한 사역에 관심을 향하는 것은 바람직스럽고 유익한 일이다. 이는 그가 모르고 지냄으로 소홀히 하는 것이나 잃어버리는 것이 없게 하기 위함이다. 하지만 성령이 행하실 수 있는 것에 대한 새로운 통찰력과 함께 훨씬 더 필요한 것은 진리를 더욱 견고하게 잡고 있는 것이다. 생명이 성령 안에 있게 해야 한다. 그렇다면 특별한 축복이 보류되지 않을 것이다. 또한 세상의 죄에 대한 깊은 영적 확신, 즉 죄의 끔찍한 실체와 능력, 감당치 못할 정도로 죄가 가득찬 것에 대한 처절한 의식을 갖게 될 것이다. 그것으로 인해 성령이 죄인들을 책망하시기 위해 사용하시는 사람으로는 안성마춤이 될 것이고 자신의 모든 삶과 존재를 성령께 드리게 될 것이다. 거룩하신 하나님이 가까이 계시고 내주하신다는 생각은 마음을 잠잠케 하며 두려운 심정으로 겸손히 경배하게 한다. 하나님을 거역하는 큰 원수-육신, 곧 자기 생명을 날마다 그에게 내

어 준다면 그 생명은 억제당하고 죽임을 당케 될 것이다. 인자의 영(the spirit of the Man)으로 충만해지는 것만을 목표로 삼고 만족해야 한다. 인자의 영광은 자신을 죽음에 내어 주어 죄를 없애버리고 모든 존재와 행위를 그의 통치와 영감 아래 둔 것이다. 성령 안에서의 생명이 건강하고 튼튼하며 영적 기질이 기운을 얻으면 자기 둘레에 있는 죄가 어떠한가를 보다 분명히 볼 것이고 보다 예민하게 마음으로 느낄 것이다. 자기 생각과 느낌은 안에서 생기를 불어넣으시는 성령의 것들로 될 것이다. 죄에 대한 깊은 두려움, 그것으로부터 구속받은 것에 대한 깊은 신앙, 그것 안에 있는 영혼들을 깊이 사랑하는 마음, 사람들을 죄로부터 벗어나게 할 수 있다면 우리 주님처럼 기꺼이 죽겠다는 마음—이 모든 것으로 인해 성령은 우리를 죄에 대하여 세상을 책망하시기 위해 적절한 도구로 만드실 것이다.

4. 또 하나의 교훈이 있다. 우리는 이 하찮은 책자에서 우리 모두가 성령으로 충만해질 수 있는 방법을 찾으려 하고 있다. 여기에는 한 가지 조건이 있다. 즉, 성령이 우리 안에 죄에 대해 세상을 책망하시는 분으로서 거하셔야만 한다는 것이다. "내가 그를 너희에게 보내리니 그가 세상을 책망하시리라." 자기 주변 사람들의 죄를 생각하고 느끼며 증거할 수 있도록 성령께 자신을 헌신하라. 자신의 죄 못지않게 세상 죄에 관심을 기울이라. 세상의 죄가 자신의 죄와 마찬가지로 하나님을 모독하지 않는가? 위대한 구속에 있어서 세상의 죄도 똑같이 참작된 것이 아닌가? 그리고 우리 안에 거하시는 성령은 또한 세상 사람들에게 깨달음을 주시길 소원(所願)하시지 않는가? 성령께서 예수님의 육신과 성품 안에 거하실 때 예수님이 느끼시고 말하시며 행하시는 것의 원천이셨던 것처럼, 또한 하나님이 예수님을 통하여 그의 거룩한 사랑의 뜻을 이루셨던 것처럼 성령은 이제 신자들 앞에 거하신다. 그들은 그의 처소이다. 그리스도께서 세상에 계시던 유일한 목적, 그리고 성령이 지금 존재하시는 유일한 목적은 죄를 정복하며 끝내버리기 위한 것이다. 이것이 성령과 불로 세례를 베푸는 위대한 목적이다. 곧, 신자들 안에서 또한 그들을 통하여 성령이 죄를 깨닫게 하시사 그것으로부터 구원하시기 위함이다. 스스로 세상의 죄와 접촉하라. 궁핍한 자와 불행한 자를 섬기는 이시며 돕는 이이신 예수 그리스도에 대한 사랑과 믿음 속에서 그 죄와 맞부딪치라. 자신을 내어 주어 그리스도를 본받음으로 그에 대한 믿음의 실체를 나타내 보이라. 내주하시는 성령을 충

만히 경험할 수 있기를 구하라. 자신의 이기적 목적을 위해서가 아니라 아버지께서 그리스도를 통해 하셨던 것처럼 성령은 우리를 통해 아버지의 일을 이루려 하신다는 하나의 목적을 위해 그것을 구하라. 사랑함으로 다른 신자들과 화목하게 지내면서 행하고 기도하라. 이는 사람들이 죄로부터 구원받게 하기 위함이다. 그리하면 세상이 하나님께서 그리스도를 보내신 것을 믿을 것이다. 그리스도께서 실재하심을 세상에 증명하면서 세상의 믿지 아니하는 죄를 깨닫게 하는 것은 자기 희생적인 사랑 가운데 있는 신자들의 삶이다.

사람이 살면서 자기 사업을 이끌어갈 때 안식과 성공을 얻는 것은 그가 그 사업에 적합한 건물을 소유하고 있는 것에 크게 좌우된다. 성령은 신자 속에서 마음 전부가 기꺼이 그에게 넘겨져 그것이 죄에 대한 하나님의 생각과 하나님의 구속의 능력으로 충만함을 발견하실 때 그런 자를 통하여 그의 일을 이루신다. 성령께 전적으로 맡김으로 해서 죄에 대한 그리스도의 마음이 우리 안에서 일어나는 것보다 성령충만을 받을 수 있는 더 확실한 방법이 없다는 것을 명심하라. 그리스도는 영원하신 성령을 통하여 자신을 희생하심으로 죄를 없이하셨다. 성령은 그 안에 계셨던 것처럼 우리 안에 계시기를 원하신다. 그리스도께 적용되었던 것은 마찬가지로 우리에게도 적용되어야만 한다.

그리스도인들이여! 성령으로 충만해지기를 원한다면 성령이 우리 안에 계셔서 죄에 대해 세상을 책망하시리라는 사실에 대해 분명한 생각을 갖기 위해 노력하라. 이런 점에서 우리가 성령과 철저하게 일치하며, 성령께서 이 일을 위해 우리를 사용하실 수 있음을 발견하시고, 또한 우리가 이 문제에 있어서 그의 일을 우리의 일로 여긴다면 성령이 우리 안에 풍성히 거하셔서 능력있게 역사하심을 확신하게 될 것이다. 그리스도께서 오신 하나의 목적은 죄를 제거하시려는 것이었다. 성령이 사람들에게 임하시는 하나의 목적은 그들이 죄를 저버려야 함을 깨닫게 하시려는 것이다. 신자가 살아가는 하나의 목적은 죄에 대항하는 싸움에 연합하여 그의 하나님의 뜻과 영광을 구하는 것이다. 그리스도와 그의 성령께서 죄에 대해 증거하시는 일에 그들과 하나가 되라. 그리스도의 생명과 그의 성령의 나타남은 그 결과를 지니고 있다. 즉, 성결과 기쁨, 사랑 그리고 그리스도께 대한 순종이 믿지 아니하는 죄에 대해 세상을 책망하리라는 것이다. 그리스도께서 죽으시고 죄에 대해 자신을 희생하심으로 성령의 능력 안에 있는 그의 영광에 들어가셨던 것처럼 죄에 대해 세상을 책망하시는 성령의 거룩한 사역을 위해 우리의 모든 삶을 더욱 성령께 내어드릴 때 성령의 내주하심을 더욱 충만히 경험하게 될 것이다. 성령을 통하여 우리 안에 계신 그리스도는 죄에 대한 깨달음을 전해 주실 것이다.

　복되신 주 예수시여! 세상이 당신을 부인하는 죄에 대해 깨달으며 죄인들이 세상에서 벗어나 당신을 영접하게 되는 것은 당신 백성 가운데 계신 성령의 존재와 능력에 의해서입니다. 당신이 진실로 하나님의 오른편에 계시다는 증거가 주어지는 것은 성령으로 충만한 남녀 안에서입니다. 성령은 당신이 그들을 위해 행하신 것을 거룩한 기쁨의 능력으로 증거하십니다. 세상이 그 허물과 죄에 대해 저항할 수 없는 가책을 느끼게 되는 것은 당신이 그들을 위해 행하신 것을 생생하게 증언하는 한 몸 안에서입니다.
　주님, 슬프게도 세상은 이에 대해 얼마나 모르고 있읍니까! 우리가 몹시 부끄럽게 여기며 당신께 구하는 것은 주 예수께서 한시라도 빨리 당신 교회를 일깨우시사 그 소명을 깨닫게 해주십사 하는 것입니다. 이는 각 신자가 그의 개인적 삶 속에서 그리고 당신의 모든 믿는 백성이 그들의 교제 속에서 당신의 믿음 안에 있는 실체와 축복과 능력이 어떠함을 세상에게 나타내 보이기 위함이니이다. 세상 사람들이 아버지께서 당신을 보내신 것과 아버지께서 당신을 사랑하시는 것처럼 그들을 사랑하심을 믿게 하소서.
　주 예수시여, 세상 죄의 짐을 당신 백성들의 마음에 무겁게 지우소서. 그리하여 그들이 당신의 성령이 거하시는 당신 몸의 지체가 되어 당신의 존재를 세상에 나타내보이지 않고는 어떤 것으로도 살아갈 수 없게 하소서. 당신께서 우리 안에 당신의 존재와 구원의 능력을 나타내는데 훼방을 놓는 것은 어떠한 것이든지 제거하여 주옵소서. 주 예수시여, 당신의 성령이 우리에게 임하심은 세상을 책망하시기 위함이니이다. 그가 오셔서 끊임없이 자라나는 능력 가운데 역사하게 하소서. 아멘.

요 점

1. 세상의 큰 죄는 불신앙, 곧 그리스도를 거부하는 것이다. 이것이 바로 세상의 정신이다. 세상에 대한 나의 모든 관점과 관계를 결정해야 하는 것은 이런 입장이다. 세상은 본성적으로 그리스도를 거부한다.

2. 이처럼 거절당하신 그리스도는 이 세상을 떠나 아버지께로 가셨다. 그러나 그는 세상에 그의 백성을 남겨 두시고 그의 성령으로 말미암아 그들 속에 거하신다. 이는 그 백성들의 거룩한 생명의 능력과 그런 생명에서 나오는 그리스도께 대한 그들의 고백이 허물과 죄에 대해 세상을 책망하기 위한 것이다. 내 안에서, 내 삶에 의해서 성령께서 불신앙하는 죄에 대해 세상을 책망하시고자 할 때 전적으로 내어 드림으로 그의 소유가 되는 것이 얼마나 필요한 일인가!

3. "여기에(요 16 : 7,8을 가리킴-역자주) 약속된 것은 하나님의 성령을 부으시는 것인데 이것은 제자들의 의식 속에 계시될 뿐 아니라 방관하는 세상에 대해서도 부인할 수 없는 놀라운 사실로써 실체화될 것이다. 여기서 요구되는 위대한 사실은 하나님의 성령이 그리스도의 백성들에게 쏟아 부어지심으로 사람들이 그 백성들과 함께 하시며 또한 하나님의 우편에 계신 그리스도의 존재에 대해 깨달음을 얻게 되리라는 것이 아닌가?"-보우웬(Bowen).

4. 세상을 기독교의 진리에 대해 깨닫게 하려면 우선 죄에 대해 깨닫게 해야만 한다. 그리스도를 이해할 수 있게 하는 것은 오직 죄이다. 그리고 이를 위해 필요한 것은 증거나 논증이라기 보다 우선적으로 하나님의 보좌에 계신 그리스도께로부터 신자들 속에 임하시는 성령의 분명한 존재이다. 또한 이를 위해선 강하고 지속적이며 연합하는 신자들의 기도가 필요하다. 하나님은 그 기도를 통하여 그의 영광의 풍성함을 따라 우리 모두를 그의 성령의 능력으로 강건하게 하실 것이다.

13
성령을 기다림

저희에게 분부하여 가라사대…내게 들은 바 아버지의 약속하신 것을
'기다리라'-사도행전 1:4.

 구약 성도들의 생활 속에서 기다림이란 그들이 하나님을 향한 그들 영혼의 자세를 표현하는데 매우 즐겨 쓰는 말들 중의 하나이다. 그들은 하나님을 기다리며 그를 의뢰했다. 때때로 성경에서 그것을 경험적인 언어로 발견할 수 있다. "진실로 내 영혼이 하나님을 기다렸도다." "내가 여호와를 기다리며 내 영혼이 바람이여." 어떤 이들에게 그것은 기도 속의 간구였다. "나를 인도하소서. 내가 종일토록 당신을 기다리니이다." "우리에게 은혜를 베푸소서 우리가 당신을 기다렸나이다." 종종 그것은 어려운 일 속에서 인내를 북돋아주는 권고가 되기도 한다. "여호와를 바라라 내가 말하길 여호와를 바라라." "여호와를 의뢰하며 참음으로 그를 기다릴지니라." 그리고 또 실제적인 축복에 대한 증언도 있다. "그를 기다리는 자는 복이 있도다." "여호와를 기다리는 자들은 그 힘을 새롭게 하리니."

 앞서 갔던 성도들의 이 모든 가르침과 경험을 우리 주님은 한 데 모으셔서 그가 사용하신 말들 중에서 특별히 아버지의 약속, 즉 성령과 연관시키신다. 하나님의 백성의 종교 생활과 언어의 바탕 속에 깊게 짜여져 있던 것이 이제는 새롭고 보다 고상하게 적용되려 하고 있다. 그들 영혼을 향한 하나님의 얼굴 빛, 그들의 구원에 대한 특별한 간섭 그리고 자기 백성에게 하신 약속을 이루시기 위한 하나님의 임재 가운데서 그들이 하나님의 나타나심을 기다렸던 것처럼 우리도 역시 기다려야만 한다. 하지만 이제 아버

지께서 아들 안에 나타나신 바 되시고 아들이 위대한 구속을 완성시키셨다는 점에서 기다림이란 특별히 아버지의 사랑과 아들의 은혜가 계시되어 하나가 된 위대한 약속의 성취, 즉 성령의 은사와 내주하심, 그리고 충만하심에 관한 것이다. 우리는 아버지와 아들을 섬기면서 성령이 끊임없이 들어오셔서 역사하시길 기다려야 한다. 축복의 성령이 아버지와 아들을 안에서 계시하시며 또한 그가 아버지와 아들이 우리를 부르시는 거룩함과 섬김을 온전히 이루시도록 그의 감동하심과 인도하심, 능력으로 강건하게 하심을 기다려야 한다.

"저희에게 분부하여 가라사대 내게 들은 바 아버지의 약속하신 것을 기다리라." 이 말씀이 오직 오순절날에 성령을 부으시는 것만을 언급하고 있는 것인지 또는 성령이 교회에 이미 베풀어졌다는 점에서 그 분부가 아직도 유효한 것인지 의문이 제기될 수도 있다. 성령을 자기 안에 갖고 있는 신자의 경우에 아버지의 약속하신 것을 기다린다는 것은 성령을 받았고 그가 내주하신다는 것을 믿음과 기쁨으로 의식하고 있기에 거의 지키기 힘든 것이라고 이의를 제기할 수도 있다.

이런 의문과 이의는 지극히 중요한 교훈에 이르는 길을 제시한다. 성령은 우리가 보호하고 다스리며 임의대로 사용할 수 있는 소유물로서 제공된 것은 아니다. 성령은 우리의 주인이 되어 우리를 보호하도록 제공된 것이다. 우리가 성령을 사용해야 하는 것은 아니다. 성령이 우리를 사용하셔야 한다. 성령은 진실로 우리 소유이다. 그러나 하나님으로서 그런 것이다. 그를 향한 우리의 자세는 "원하시는 대로" 각 사람에게 주시는 분께 마음 깊이 전적으로 의뢰하는 자세이어야 한다. 아버지는 진실로 우리에게 성령을 주셨다. 그러나 성령은 조용히 계시면서 오로지 아버지의 영으로서 일하신다. 아버지께서 그의 성령의 능력으로 우리를 강건케 해주시기를 바라면서 성령의 사역을 간구하는 기도와 그 사역을 기다리는 자세는 우리가 처음 성령을 구했던 것처럼 실제적이고 분명해야만 한다. 하나님이 그의 성령을 주실 땐 그의 마음 중심에 있는 자아(His inmost Self)를 주신다. 그는 신적 은사로, 즉 계속적이고 방해받지 않으며 결코 그침이 없는 영원한 생명의 능력 가운데서 주신다. 예수님은 그를 믿는 자들에게 끊임없이 솟아나는 샘을 지닌 영원토록 넘쳐날 강을 약속하신다. 하지만 이는 그들이 단번에 그 축복을 독립적으로 소유하게 되는 단 하나의 믿음의 행위에 대해 말씀하신 것이 아니라 그치지 않고 받아들이면서 언제나 예수님 자신과 생생하게 연합할 때만 그 은사를 소유할 수 있는 믿음의 삶에 관해 말씀하신 것이다. 그러므로 "저희에게 분부하여 가라사대… 기다리라" 하신 것에서 '기다리라' 하는 이 귀한 말씀은 과거의 경험에서 나온 온갖 축복과 더불어 새로운 성령의 은사의 조직(組織) 속에 짜여져 있는 것이다. 그리고 제자들이 기다리는 열흘 동안에 행하고 느꼈던 모든 것과 그들이 그 복된 열매와 보상으로서 얻었던 모든 것은 우리에겐 우리가 그 안에서 살 수 있는 성령의 생명의 통로이며 보증이 된다. 아버지의 약속인 성령충만과 우리의 기다림은 불가분하게 영원토록 함께 연결되어져 있다.

우리는 여기서 그렇게 많은 신자들이 성령의 능력과 기쁨을 별로 알지 못하는 이유에 대해 해답을 얻지 않는가? 그들은 기다리는 것을 결코 깨닫지 못한다. 그들은 "저희에게 분부하여 가라사대 아버지의 약속하신 것을 기다리라" 하신 주님의 고별사를 결코 주의를 기울여 듣지 않는다. 그들은 약속을 들었다. 그리고 그 성취를 갈망한다. 열심있는 기도로 그것을 간구한다. 그들은 부족을 느끼면서 짐을 지고 가며 신음한다. 그들은 믿으려 하고 붙잡으려 하며 성령으로 충만해지려 한다. 그러나 그 모든 것과 함께 기다린다는 것이 무엇인지를 알지 못한다. 그들은 "무릇 그를 기다리는 자는 복이 있도다." "여호와를 기다리는 자는 그 힘을 새롭게 하리라"는 말씀을 결코 말하지 않으며 사실상 듣지도 않는다.

하지만 이 기다림이란 무엇인가? 우리는 어떻게 기다려야 하는가? 나는 성령을 힘입어 하나님을 바라보면서 그가 나를 가르치시사 그의 자녀가 이 명령을 따르는데 도움을 얻을 만한 것을 될 수 있는 한 가장 간단하게 진술할 수 있기를 구해 본다. 우선, 신자로서 우리가 기다려야 하는 것은 우리 안에 계신 성령의 능력의 보다 완벽한 나타남이라는 것을 말하고자 한다. 부활의 날 아침에 예수님은 그의 제자들에게 숨을 내쉬시면서 "성령을 받으라" 말씀하셨다. 그들은 불과 능력의 충만한 세례를 기다려야 했었다. 우리는 하나님의 자녀로서 성령을 가지고 있다. 허물과 죄로 가득찬 신자들에게 보내는 서신에 담긴 말씀들을 연구해 보라(고전 3:1~3, 16; 6:19, 20, 갈 3:2, 3; 4:6). 성령이 우리 안에 거하고 계시다는 조용한 확신을 자라게 하려면 하나님의 말씀에 대한 단순한 믿음으로 시작하라. 적은 것에 신실하지 못하다면 큰 것을 기대할 수 없다. 성령이 우리 안에 계심을 믿음으로 인정하고 감사하라. 하나님께 말씀드리기 위해 골방으로 들어갈 때마다 우선 조용히 앉아 우리 안에서 아버지께 부르짖는 기도의 영으로서 성령이 우리 안에 계심을 기억하고 믿으라. 하나님 앞에 모습을 보이고 우리가 성령의 전임을—이를 스스로 충분히 의식할 때까지—그에게 분명하게 고백하라.

이제는 두번째 단계를 취할 적절한 태도를 갖추게 되었다. 즉, 여기서부터는 성령의 사역을 허락해 달라고 하나님께 매우 단순하고 조용하게 구할 수 있게 된 것이다. 성령은 하나님 안에 계시고 또한 우리 안에 계신다. 우리가 하늘에 계신 아버지께 구하는 것은 그의 전능하신 영이 더욱 큰 생명과 능력 가운데 그로부터 임하셔서 내주하시는 영으로서 우리 안에서 보다 능력있게 역사해 주십사 하는 것이다. 이것을 약속들이나 또는 그 중에서 우리가 하나님께 제시하는 어떤 특별한 약속을 근거로 구할 때 그가 들으시고 행하시리라 믿는다. 하지만 마음 속에 무언가를 느끼기를 당장에 기대해서는 안된다. 모든 것이 어둡고 냉랭할 수도 있다. 믿어야 하는 것이다. 곧, 비록 느끼지 못한다 해도 하나님이 행하실 것과 또한 행하고 계시는 것에 의지해야 하는 것이다.

그리고나서 기다림이 필요한 것이다. 주님을 바라라. 성령을 기다리라. 큰 침묵 속에서 영혼을 고요하게 하며 하나님 앞에 잠잠케 하라. 그리고 성령께 시간을 드려 하나님께서 그가 능력으로 역사하게 하시리라는 확신을 우리 안에 불어넣으시며 깊게 하시도록 하라. 우리는 영적 희생을 드리는 거룩한 제사장이다. 산 제물을 죽이는 것은 예배의 본질적 요소였다. 우리가 드리는 각 제물 속에도 죽이는 것이 있어야 하는데 이는 자아와 그 능력을 죽음에 내어주어 희생시키는 것이다. 우리가 거룩한 침묵 가운데 계신 하나님 앞에서 기다릴 때 그는 우리가 아무것도 가지고 있지 않다는, 즉 올바르게 기도할 지혜도 없으며 바르게 행할 능력도 없다고 고백하고 있음을 간파하신다. 기다림은 부족함과 아무것도 없음의 표현이다. 그리스도인의 삶을 통하여 가난함과 연약함에 대한 의식과 전적으로 충족한 부요함과 능력으로 인한 기쁨은 언제나 동행한다. 영혼이 스스로의 무가치함으로 인해 의기소침해 하다가 하나님이 그 희생을 받아주시고 그 소원하는 바를 이루시리라는 확신 가운데 기운을 얻게 되는 것은 하나님 앞에서 기다림으로 인해서이다.

그러므로 영혼이 하나님을 기다렸을 땐 그가 그의 약속의 성취와 그의 자녀의 기대를 돌보시리라는 믿음 안에서 일상 생활과 그 영혼을 기대하는 특별한 의무 가운데로 나아가야 한다. 이처럼 성령을 기다린 후에 자신을 기도하는 것이나 말씀 읽는 것에 바친다면, 내주하시는 성령이 자신의 기도와 생각을 인도하신다는 확신 안에서 그 일들을 행해야 한다. 경험상으로 성령이 인도하시지 않는 것처럼 보인다 해도 이는 단지 보다 단순한 믿음과 보다 완전한 복종에로 나아가게 하기 위함인 것으로 확신하라. 우리는 이해력과 육적 마음의 능력 가운데서 예배하는 것에 너무 익숙해 있기 때문에 진실로 영적으로 예배하는 것이 쉽게 이루어지지 않는다. 하지만 기다리라. "저희에게 분부하여 가라사대 기다리라." 일상 생활과 의무 속에서 기다리는 마음가짐을 유지하라. "내가 종일토록 당신을 기다리니이다."—내가 이처럼 말하는 것은 삼위일체 하나님께 대해서이다. 성령은 하나님과 가까이 계시면서 그와 연합하신다. 날마나 새롭게 하라. 그리고 할 수 있는 대로 하나님을 기다리는 실제적인 영역을 넓혀라. 기도 중에 많은 말과 열렬한 감정은 종종 도움이 되기 보다 방해가 된다. 우리 안의 하나님의 사역은 하나님 자신으로 말미암아 보다 깊고 보다 영적이며 보다 직접적으로 이루어져야 한다. 약속하신 것을 그 충만함 가운데서 기다리라. 무지함과 아무것도 가진 것이 없음, 믿음과 기대, 그리고 성령의 주권에 완전히 실제적으로 항복함을 표현하는 데에—이것이야말로 축복이다—투자한 시간을 잃어버린 것으로 생각치 말라. 오순절은 높임을 받으신 예수께서 그의 보좌에서 그의 교회를 위하여 행하시는 것의 증거가 되도록 어느 시대든지 의도된 것이다. 열흘 동안의 기다림은 어느 시대든지 보좌 앞에서의 태도가 되어야 한다. 그 태도는 오순절의 축복을 지속적으로 확보한다. 형제여! 하나님의 약속하신 것은 확실하다. 우리가 그것을 얻는 것은 예수님께로부터이다. 성령 자신은 이미 우리 안에서 역사하시고 있다. 그의 충만한 내주하심과 인도하심은 우리 자녀의 기업이다. 오, 우리 주님의 분부를 지켜라. 하나님을 바라라. 성령을 기다리라. "내가 말하길 여호와를 바라라." "무릇 그를 기다리는 자는 복이 있도다."

복되신 아버지시여! 우리는 당신의 사랑받는 아들에게서 당신의 약속을 들었읍니다. 하나님께 속하여 결코 멈추지 않고 흘러나오는 생수의 강은 하나님과 어린 양의 보좌 아래서 흐릅니다. 당신의 성령은 우리의 목마른 영혼을 소생하게 하기 위해 흘러나오옵니다. 오! 하나님이여, 우리의 목마름은 당신 곁에서 우리가 그가 자기를 기다리는 자를 위해 준비해 놓으신 것을 듣지도 못했으며 보지도 못했기 때문입니다.

그리고 우리는 약속하신 것을 기다리라는 분부를 듣습니다. 이미 우리에게 그 약속을 이루신 것으로 인해 당신께 감사드립니다. 그러나 우리의 영혼은 충만한 소유, 즉 그리스도의 충만한 축복을 갈망합니다. 복되신 아버지시여, 우리를 가르치시사 당신의 문설주에서 매일매일 지키시는 당신을 기다리게 하소서.

우리가 당신께 가까이 나갈 때 날마다 우리를 가르치시사 성령을 기다리게 하소서. 우리 자신의 지혜와 의지를 희생시키며 우리 본성의 활동을 두려워하는 성결함 속에서 우리가 당신 앞에서 매우 낮아지기를 배우게 하소서. 이는 당신의 성령이 능력으로 역사하게 하기 위함입니다. 오, 자아의 생명이 날마다 당신 앞에 놓여져 있을 때 보좌 아래서 흘러나오는 거룩한 생명이 능력 가운데 일어나며 우리의 예배가 성령과 진리 안에 있으리라는 것을 가르치소서. 아멘.

요 점

1. 제자들은 성령이 베풀어지리라는 약속에 대한 믿음 속에서 앞서 그들의 일을 행하려 하지 않았다. 그들은 하늘에 계신 그리스도께서 그의 성령을 그들 속에 베푸시는 것을 기쁨으로 증거하고 나타내 보일 수 있을 때까지 기다리려 했다. "그때까지 머무르라."

2. "우리는 우리의 오순절을 되돌아보려 하지 않는다. 사도행전의 오순절은 단지 그리스도의 교회가 이 은사에 속한 특권들을 인식하기 위해 주어진 것이다. 하나님의 성령은 비처럼 임하신다. 그 비는 지금도 몇 번이고 다시 와야만 한다. 또한 바람처럼 임하신다. 그 바람은 지금도 몇 번이고 다시 불어와야만 한다"—보우웬(Bowen).

3. '기다림'! 이는 아버지의 약속하신 것에 대한 제자들의 자세를 가리키는 포괄적인 단어이다. '기다림'! 이는 자아와 그 지혜, 그 능력에 대한 부인, 모든 것으로부터의 구별, 성령이 요구하시는 모든 것에 대한 양도와 준비, 그리스도의 존재에 대한 기쁨에 찬 신앙 그리고 그가 행하실 것에 대한 확신에 찬 기대 등을 포함한다. '기다리라! 머무르라!'이는 약속의 실현을 위해 승천하시는 주님께서 부과하시는 유일한 최종적인 조건이다.

4. '기다리라!' 사람들이 저마다 성령이 자기 안에 계심을 알고 위에서 오신 그로 말미암아 능력으로 강건하게 되기를 갈망한다면 이것이 성령과의 관계 속에서 그의 일상 생활의 깊은 근저이어야 한다. '기다리라!'교회가 그 기도의 응답으로 주님이 세상 속에서 그의 능력을 힘있게 나타내 주실 것을 기대한다면 이것이 교회의 자세이어야 한다. "저희에게 분부하여 가라사대 기다리라.""너희는 위로부터 능력을 입히울 때까지 유하라."

5. "그리스도께서 율법의 완성이시고 율법의 마침이셨던 것처럼 성령은 모든 복음의 완성이시다. 즉, 그는 모든 복음의 성취이시며 유익이시다. 성령께서 우리 마음 속에 들어오셔서 그 모든 것을 뼈저리게 느끼게 하시지 않는다면 그리스도께서 행하신 모든 것은 우리에게 아무런 유익이 없었을 것이다"—굿윈(Goodwin).

14
능력의 성령

너희는 몇 날이 못되어 성령으로 세례를 받으리라. 오직 성령이 너희
에게 임하시면 너희가 권능을 받고…내 증인이 되리라—사도행전 1
:5, 8.
너희는 위로부터 능력을 입히울 때까지 이 성에 유하라—누가복음 24
:49.

제자들은 요한에게서 성령의 세례에 관해 들었었다. 예수님은 아버지께서 성령을 그들에게 베푸셔서 그를 구하게 하시며 그들의 아버지의 성령이 그들 안에서 말씀하실 것을 이야기하셨다. 그리고 마지막 날 밤에 그는 성령이 그들 안에 내주하셔서 그들과 더불어 증거하시며 그들에게 임하셔서 세상을 책망하실 것을 말씀하셨다. 성령의 이런 임재가 어떠하리라는 것에 대한 모든 생각은 그들 마음 속에서 그들이 행해야만 할 일과 그것을 위한 능력과 연관되어졌다. 우리 주님이 그의 모든 가르침을 "성령이 너희에게 임하시면 너희가 권능을 받고 내 증인이 되리라" 하신 말씀 속에 모으셨을 때 이 말씀은 그들에게 있어서 그들이 구했던 것의 간명한 총체(總體)이었음에 틀림없었다. 즉, 십자가에 못 박혀 죽으셨다가 부활하신 예수님의 증인이 되는 새로운 하나님의 일을 위한 새로운 하나님의 능력 그것이었다.

이것은 그들이 성령의 사역에 관해 성경에서 보았던 모든 것과 완벽하게 일치하는 것이었다. 홍수가 나기 전에 성령은 사람들과 싸우고 계셨다. 모세의 사역 기간에 성령은 모세와 성령을 받은 칠십인을 이스라엘을 다스리

고 이끄는 일과 하나님의 집을 세우던 사람들에게 지혜를 제공하는 일에 어울리게 하셨다. 사사 시대에 성령은 원수들과 싸워 이길 힘을 주셨다. 왕과 선지자의 시대에 성령은 죄를 증거하는 담대함과 다가올 구원을 선포하는 권능을 베푸셨다. 구약에서 성령을 언급할 때면 항상 하나님의 존귀와 나라 그리고 그 안에서의 예배에 어울리는 것과 연관되어진다. 하나님의 아들이 나사렛에서 그의 사역을 개시(開始)하시리라는 메시야에 대한 위대한 예언에서 그가 성령으로 기름부음을 받으심은 포로된 자들에게 해방을 신음하는 자들에게 기쁨을 주시는 유일한 목적을 갖고 계심을 알 수 있다. 구약의 학생들이며 그리스도 예수의 추종자들인 제자들의 마음에는 성령에 대한 약속은 단 하나의 의미를 갖고 있었는데, 이는 그들의 주님이 보좌에 오르시면 그들이 그를 대신하여 해야만 했던 위대한 사역을 위해 그 약속이 적절하다는 것이었다. 성령이 위로하시고 가르치시며 영혼을 성결케 하시고 예수님을 영화롭게 하시는 그의 사역에서 제자들 각자에게 의도하셨던 것은 전적으로 하나의 목적에 이르기 위한 방편으로서였다. 그 목적이란 그들이 떠나가신 주님을 섬기기 위해 능력을 입는 것이었다.

그리스도의 교회가 오늘날 이 사실을 이해했더라면! 성령께서 하나님의 자녀들 가운데서 영향력있게 인도하시며 기쁨을 주시길 바라는 모든 기도는 이것을 목표로 삼아야 한다. 그것은 그리스도를 증거하며 그를 위해 세상을 정복하는 일에 효과적인 봉사를 하기에 적합한 것이다. 힘의 낭비는 그것을 증거하는 사람들에게 언제나 후회의 원인이 된다. 힘의 절약은 모든 기구(機構)와 산업에 있어서 커다란 원동력 중의 하나이다. 성령은 하나님의 위대한 능력이시다. 성령은 하나님의 구속의 위대한 능력이시다. 그 능력은 모든 권세를 부여받은 자의 보좌에서 내려온다. 그런데 거룩하고 지혜롭고 선하게 됨으로 아름다와지려는 욕구에서 자기 자신만을 위해 이를 구하는 자들에게서 하나님께서 이 능력을 베푸시리라고 상상할 수 있겠는가? 진실로 결코 그럴 수 없을 것이다. 성령은 예수님이 그의 보좌와 그의 생명을 희생시키셨던 사역을 수행하기 위해 위로부터 오신 능력이다. 그 능력을 받기 위한 필수적인 조건은 우리가 성령이 오셔서 성취하실 사역을 행할 준비가 되어 있으며 그에 적합한가를 깨닫는 것이다.

'내 증인', 이 두 단어는 진실로 거룩하고 헤아릴 수 없는 풍부한 의미 가운데 성령의 사역과 우리의 사역—오직 성령의 거룩한 능력만이 요구되는 사역과 우리의 연약함이 그에 적절한 사역―에 대한 가장 완벽한 묘사를 담고 있다. 정직한 증거만큼 효과적인 것도 없다. 변론자의 박식한 웅변은 자리를 비켜서야만 한다. 우리가 보고 들은 것을 말하며 때로는 묵묵하게 우리 안에서 이루어진 일을 증거하는 것만큼 단순한 것도 없다. 그것은 예수님 자신의 위대한 사역이었다. "내가 이를 위하여 났으며 이를 위하여 세상에 왔나니 곧 진리에 대하여 증거하려 함이로라." 하지만 우리를 예수님의 증인으로 만드는 것이 단순하고 쉬워 보인다 할지라도 성령의 전능한 능력이 요구되는 것이며 성령이 보냄을 받아 행하시려 하는 것이다. 우리가 영생의 능력, 다가올 세계의 능력, 예수님이 하늘에서 다스리실 때 그에 대해 증거하기 위한 하늘의 능력 안에 있다면 우리의 입술과 삶의 증거에 생기를 불어넣기 위해 오직 하나님의 능력으로 된 하늘의 생명만을 필요로 할 것이다.

성령은 우리를 증인으로 만드신다. 이는 그 자신이 증인이시기 때문이다. 예수님은 "그가 나를 증거하실 것이요"라고 말씀하셨다. 베드로는 예수께서 하늘로 올라가셔서 아버지께 성령을 받아 부어주셨음을 오순절날에 설교하면서 그가 알고 있던 것, 즉 성령이 그의 증인으로 그의 안에서 높임을 받으신 그의 주님의 영광에 대해 증거하심을 말했다. 그리스도의 능력과 존재의 실체에 대한 성령의 이런 증거로 인해 베드로는 공회 앞에서 담대하고 강하게 "하나님이 그를 높이사 임금과 구주를 삼으셨느니라 우리는 이 일에 증인이요 성령도 그러하니라"고 말할 수 있었다. 우리의 증거가 그의 능력 안에 있게 되는 것은 성령이 예수께서 지금 이 순간 그의 영광 중에 계심을 하나님의 생명과 능력으로 우리에게 증거하실 때이다. 우리는 복음이 기록하고 있는 모든 것과 성령이 예수님의 인격과 사역에 대해 가르치고 있는 모든 것을 깨달을 수도 있다. 때로는 우리가 한때 예수님의 능력에 대해 깨달았던 것을 과거의 경험을 근거로 말할 수도 있다. 그러나 이는 여기서 약속하고 있으며 세상에 영향을 미칠 능력에 대한 증거는 아니다. 우리의 증거에 하늘에서 온 생명의 숨결을 불어넣어 하나님으로 말미암아 능력으로 강력한 진을 파하게 하는 것은 인격적 예수님의 존재를 증거하시는 지금 이 순간에 계신 성령의 존재이다. 진실로 성령이 생명과 진리 안에서 우리에게 증거하고 계시는 것만큼 우리도 예수님께 대해 증거할 수 있다.

능력의 세례, 즉 능력을 입는 것은 때때로 특별한 은사로 언급되며 또한 추구된다. 바울이 성령으로 인침을 받은 에베소 사람들을 위해 아버지께서 그들에게 "지혜의 영"(엡 1 : 17)을 주시기를 아주 분명하게 간구하고 있다면 우리가 그처럼 "능력의 성령"을 분명하게 구한다 해도 결코 잘못된 일은 아니다. 마음을 감찰하시는 이는 성령의 마음이 어떠함을 아시고 우리 말의 정확함에 의해서가 아니라 우리 마음에 성령이 불어넣으시는 소망에 따라 베푸실 것이다. 아니면 바울의 다른 기도(엡 3 : 16)를 살펴보자. 그리고 "그가 그의 성령으로 말미암아 능력으로 강건하게 하옵시기를" 간구해 보자. 우리가 아무리 우리의 기도를 공식화한다 해도 한 가지 사실은 분명하다. 즉, 우리가 구하는 것—그것이 능력의 성령이건 성령의 능력이건간에—이 하나님 자신으로부터 임하게 되는 것은 끊임없는 기도 속에서 우리의 무릎을 꿇고 하나님을 기다리는 가운데서이다. 성령은 결코 하나님과 분리된 어떤 것이 아니다. 그가 나와서 행하시는 모든 일에 있어서 언제나 변함없이 하나님의 마음 중심의 자아가 되신다. 그의 영광의 풍성함에 따라서 우리가 구하거나 생각하는 것에 넘치도록 능력있게 행하시며 그리스도 안에서 우리가 성령의 능력으로 옷입게 하시는 이는 하나님 자신이시다.

이런 성령의 능력을 구하는데 있어서 그가 행하시는 방식을 주의해야 한다. 우리가 특별히 경계해야 하는 잘못이 하나 있다. 그것은 능력이 역사할 때 언제나 그 능력을 '느낄 수 있기를' 기대하는 것이다. 성경은 능력과 연약함을 놀랍게도 상호간에 대신하는 것으로써가 아니라 공존하는 것으로써 연결시킨다. "내가 너희 가운데 거할 때에 약하며… 내 전도함이… 능력으로 하여." "내가 약할 그때에 곧 강함이니라"(고전 2 : 3~5, 고후 4 : 7, 16; 6 : 10; 12 : 10; 13 : 3, 4을 보라). 그 능력은 믿음으로 인해 주어지는 하나님의 능력이다. 그리고 믿음은 어두운 데서 강하게 자라난다. 성령은 자신을 하나님이 택하신 연약한 것들 속에 감추시는데 이는 육체가 그 앞에서 자랑치 못하게 하기 위함이다. 영적인 능력을 깨닫는 것은 오직 믿음의 성령에 의해서이다. 우리가 우리의 연약함을 더욱 분명하게 느끼고 시인하며 또한 필요할 때면 언제든지 역사하는 우리 가운데 거하는 능력을 보다 분명하게 믿으면 아무것도 느끼지 못하는 때라 해도 하나님의 능력의 역사를 더욱 확신있게 기대할 수 있을 것이다. 그리스도인들은 능력을 기다리지 않음으로 뿐만 아니라 잘못된 방식으로 기다림으로 많은 것을 잃는다. 자신의 능력이 아무리 하찮아 보일지라도 맡겨진 일을 감당하도록 부르실 때마다 충성스럽게 기꺼이 순종하면서 위로부터 오는 능력을 깊이 의존하며 기다리고 기대하기를 힘써 보라. 휴식을 취하고 교제를 나누면서 틈틈이 우리 안에 거하며 우리로 말미암아 역사하기를 기다리는 하나님의 능력을 간구하고 신뢰하기를 실천해 보라. 시간을 들여 노력하고 애쓰는 것이 믿음으로 말미암아 연약한 가운데서 강해짐을 증명하게 될 것이다.

 또한 이런 하나님의 능력의 역사를 위한 '조건'에 대해 깨달아 그릇된 생각을 가져서는 안된다. 자연을 지배하고자 하는 자는 우선 지극히 절대적으로 자연에 복종해야 한다. 능력, 곧 성령의 능력을 갈망하고 간구하는 데는 그다지 많은 은혜를 필요로 하지 않는다. 어느 누가 능력을 소유하길 기뻐하지 않겠는가? 많은 사람들이 그들의 일을 하면서 능력을 구하지만 받지 못한다. 이는 그들이 성령이 그 가운데서 일하실 수 있는 유일한 태도를 받아들이지 않기 때문이다. 우리는 능력을 소유하며 사용하길 원한다. 하나님은 능력이 우리를 사로잡아 사용하길 원하신다. 우리가 우리 자신을 능력에 내어줌으로 우리 안에서 다스리게 한다면 능력은 그 자체를 우리에게 허락함으로 우리를 통하여 다스릴 것이다. 우리의 마음 속 생명 안에서 무조건적으로 능력에 복종하고 따르는 것이 우리가 능력으로 옷입기 위한 유일한 조건이다. 하나님은 순종하는 자에게 성령을 주신다. 능력은 하나님께 속하여서 영원토록 하나님의 것으로 있다. 우리가 우리 안에서 그의 능력이 역사하게 하고자 한다면 우리 안에 거하시면서 지극히 사소한 일들에서도 그의 인도하심에 복종할 것을 원하시는 거룩한 존재 앞에 두려운 마음으로 매우 낮게 무릎꿇어야 한다. 어떤 일에서든지 그의 거룩한 뜻을 깨닫고 행하는데 실패하지 않도록 거룩한 두려움 속에서 아주 겸손하게 행하라. 우리를 전적으로 다스리며 마음 속 중심을 완전히 사로잡는 능력에 내어준 자답게 살아라. 성령과 그의 능력이 우리를 사로잡게 하라. 그러면 그의 능력이 우리 안에서 역사하고 있음을 깨달을 것이다.

 그리고 이 능력의 '목적,' 곧 그것이 행하고자 하는 일에 관해서도 분명해야 한다. 사람들은 힘을 절약하며 그 힘을 일을 가장 효과적으로 할 수 있는 곳에 모으는데 매우 주의를 기울인다. 하나님은 우리의 기쁨을 위해서—어려움과 수고에서 우리를 벗어나게 하는 것과 같은 사소한 일을 위해서 이 능력을 주시지 않는다. 그는 한 가지 목적, 즉 그의 아들을 영화롭게 하기 위해 이 능력을 베푸신다. 연약함 속에서 이 한 가지 목적에 충실하며 순종하고 증거하는 가운데 어떤 희생을 치르더라도 기꺼이 하나님을 영화롭게 하고자 함을 하나님께 보여드리려 하는 사람들—그들은 위로부터 오는 능력을 받을 것이다. 하나님은 이처럼 능력으로 옷입힐 남녀들을 찾으신다. 교회는 그 섬기는 것과 예배하는 것에 대단히 연약함을 놀라면서, 모든 면에서 그런 자들을 두루 찾는다. 세상은 하나님께서 그의 백성 가운데 진실로 계심을 깨닫기를 고대한다. 멸망당하는 수많은 사람들이 구원을 부르짖고 있으며 하나님의 능력은 그 일을 이루기 위해 기다리고 있다. 하나님이 그들을 방문하셔서 복주시기를 바라는 기도나 우리가 그들을 위해 할 수 있는 최선의 것을 행하려는 노력으로 만족해서는 안된다. 우리들 각 신자마다 자신을 전적으로 내어줌으로 예수님께 대한 증인으로 살아야 한다. 하나님께서 그의 백성들에게 보이사 그리스도께서 하나님의 대표자이셨던 것처럼 그들도 그리스도의 대표자들이라는 것이 의미하는 바를 알게 하시기를 간구해 보자. 능력의 성령이 우리 안에 계시며 아버지께서 우리가 그를 기다릴 때 성령의 능력으로 충만하게 하시리라는 믿음 가운데서 살자.

지극히 복되신 아버지시여! 당신이 당신 자녀들을 위해 예비해 두신 놀라운 것으로 인해 감사드립니다. 이는 그들이 연약한 가운데서 강해지며 그들의 연약함 속에서 당신의 강한 권능이 영광받는 것입니다. 또한 능력의 영이신 성령께서 임하셔서 예수님—모든 능력은 그로 말미암아 주어집니다—을 그의 교회와 현존케 하시며 그의 제자들이 그 현존의 증인이 되게 하심을 인해 감사드립니다.

오, 나의 아버지시여! 간구하오니, 내가 살아 계신 예수님을 소유하고 있는 것처럼 능력을 소유하고 있음을 가르치소서. 그 능력이 눈에 보이게 임하리라고 기대하지 말게 하소서. 그것은 인간의 연약함 속에 있는 하나님의 능력인데 이는 영광이 오직 당신께만 속하게 하기 위함인 줄을 인정하게 하소서. 믿음으로 그 능력을 받아들이기를 배우므로 능력의 주 예수께서 연약한 가운데서 권능을 갖고 역사하게 하소서. 그리고 성령으로 말미암아 주 예수께서 나와 함께 계시므로 내 증거가 오직 그로 인한 것이게 하소서.

오, 나의 아버지시여! 나의 모든 존재가 이 거룩한 능력에 복종하기를 원하나이다. 날마다 종일토록 그 다스림 앞에 무릎꿇기를 원하나이다. 내가 그것의 종이 되어 나 자신을 낮춤으로 그것의 아무리 보잘 것 없는 명령일지라도 행하기를 원하나이다. 아버지시여! 능력이 내 안에서 다스리게 하사 나로 하여금 그것이 사용하기에 적합하게 하소서. 그리고 내 인생의 유일한 목적이 당신의 복된 아들이 존귀와 영광을 받는 것이게 하소서. 아멘.

요 점

1. 그리스도의 교회에는 그리스도 자신이 이 땅에 계실 때처럼 그리고 그가 지금 권능의 보좌 위에 계신 것처럼 전능하고 신적인 존재가 있다. 교회가 깨어나 이것을 믿으며 더러운 곳에서 일어나 아름다운 옷으로 입을 때, 교회가 주님을 기다리며 "위로부터 능력을 입게" 될 때 그리스도에 대한 교회의 증거는 살아 있는 능력 안에 있게 될 것이다. 교회는 전능하신 주님이 자기 안에 계심을 나타내보일 것이다.

2. 이렇게 "위로부터 능력을 입는 것," 즉 "성령의 권능을 받는 것"은 무릇 우리의 본성적 기대와는 정반대의 방식으로 생겨난다. 이것은 하나님의 능력이 연약함 가운데서 역사하는 것이다. 연약함에 대한 의식이 없어지지 않는다. 능력은 우리의 소유물로 주어지지 않는다. 우리는 다만 주님 자신을 얻고 있는 것처럼 능력을 얻을 수 있다. 주님은 우리의 연약함 안에서 또한 그것을 통하여 능력을 발휘하신다.

3. 우리의 커다란 위험은 능력을 보거나 느끼기를 기다리는 것이다. 우리에게 필요한 유일한 것은 믿음이다. 즉, 능력의 주님이 현재 계심을 영적으로 인식하고 그가 연약함 속에서 일하시리라는 것을 깨닫는 것이다. 능력을 입는 것, 권능을 받는 것은 주 예수께 맡기고 믿음으로 그를 받아들이므로 우리의 영혼이 그의 감추어진 존재를 기뻐하며 그의 능력이 우리의 연약함 가운데서 역사하고 있음을 아는 것이다.

4. 몸의 성격이 그것을 이루고 있는 다양한 미립자(微粒子)들에 좌우되는 것처럼 그리스도의 교회의 능력은 구성원 개개인의 상태에 따라 결정될

것이다. 성령이 하나님의 교회를 통하여 세상에서 능력있게 일하시려면 신자 개개인의 집단이 그들의 주님께 온전히 헌신함으로 성령으로 충만해져야 한다. 이를 위해 수고하며 기도하자.

5. 의지와 목적을 지닌 한 인격적인 능력이 내 속에서 분부를 하면서 범사에 그의 뜻을 내 안에서 이루려 한다. 내 자신보다는 내 존재의 깊은 곳에서 지금 다스리는 또 하나의 의지는 섬김을 받으려 하고 있다. 내가 복종하고 따를 때 그 능력이 나로 말미암아 역사할 것이다. 나는 또다른 이의 능력 아래에 살고 있다.

6. "저도 '남의 수하에 든 사람'이요 '제 아래'에도 군병이 있으니 이더러 가라 하면 가고." 스스로 더 높은 권능 아래 있는 사람은 그의 아래에 있는 사람들을 다스릴 권능을 갖고 있다. 다른 사람들 '우위(優位)에 있어' 정복하려면 우선 최고의 권능'아래에 있어야' 한다.

15
성령을 부으심

오순절날이 이미 이르매 저희가 다 성령의 충만함을 받고 성령이 말하게 하심을 따라…말하기를 시작하니라—사도행전 2 : 1, 4.

그리스도의 사역은 성령을 부으심으로 정점에 이른다. 베들레헴에서 육화하신 찬탄할 만한 신비, 갈보리에서 성취하신 위대한 구속, 그리스도께서 부활하심으로 영생의 능력 가운데서 하나님의 아들되심을 나타내보이심, 승천하심으로 영광 중에 들어가심—이러한 것들은 모두 예비 단계이다. 이런 것들의 목표와 면류관은 성령의 임재하심이었다. 오순절이 마지막이기 때문에 그것은 그리스도교의 절기 중 가장 큰 것이다. 다른 절기들은 그 안에서 실현되고 완성에 이른다. 교회가 이것을 거의 인식하지 못하고 오순절의 영광이 아버지와 아들의 최고의 영광임을 깨닫지 못하므로 성령은 그가 의도하신 대로 아들을 계시하시지 못했고 그의 영광을 나타내시지 못했다. 우리가 오순절이 의미하는 바를 인식하고 있는지를 살펴보자.

하나님은 사람을 자기 형상대로 만드셨다. 그리고 사람이 하나님 자신처럼 되어야 한다는 분명한 목적으로 하나님을 본받게 하셨다. 사람은 하나님이 내주하시기 위한 전이 되어야 했으며 하나님이 안식하실 수 있는 처소가 되어야 했다. 가장 밀접하고 친근한 연합인 사랑의 내주함—이것은 거룩한 분이 바라시며 기대하시는 것이었다. 이스라엘의 성전에서 모형적으로 아주 희미하게 나타나던 것이 나사렛 예수 안에서 하나님의 실체로 되었다. 하나님은 그 안에 안식하실 수 있으며 그의 모든 존재가 하나님의 뜻의 다스림과 하나님의 사랑의 교제에 개방된 자를 발견하신 것이다. 그 안에는 하나님의 성령에 사로잡힌 바 된 인간성이 있었다. 그리고 하나님은 모든 사람들이 그렇게 되기를 원하셨다. 또한 이 예수와 그의 성령을 자기들 생명으로 받아들인 모든 자들은 그렇게 되고자 했다. 예수님의 죽으심은 죄의 저주와 권세를 제거하고 사람들이 그의 성령을 받아들일 수 있게 하기 위함이었다. 그의 부활하심은 인간성을 모든 육체적 연약함에서 해방시켜 하나님의 생명, 즉 하나님의 영의 생명으로 들어가게 하는 것이었다. 그의 승천하심은 인자로서 하나님의 영광에 들어가는 것, 곧 영광 중에 계신 하나님과 완벽하게 교제하는 인간성에 의해 성령과의 일치에 참여하는 것이었다. 그러나 이 모든 것과 함께 사역이 완성된 것은 아니었다. 어떤 것, 즉 주된 것이 여전히 결여되어 있었다. 아버지께서 그리스도 안에 거하셨던 것처럼 어떻게 사람들 안에 거하실 수 있는가? 이것은 큰 문제인데 오순절은 그에 대해 답변하고 있다.

신성(神性)의 심오한 곳에서 성령은 그가 이전에 결코 갖고 있지 않던 새 성격과 새 능력 가운데서 보내심을 받는다. 창조계 속에 그는 생명의 영으로서 하나님께로부터 임하셨다. 특히 인간 창조에 있어서 그는 능력으로 활동하셨는데 인간이 하나님을 닮은 것은 그 능력에 기초한 것이었다. 또한 그는 인간이 타락한 후에도 하나님에 대해 증거하셨다. 이스라엘에 있어서 그는 신정(神政)의 영으로 나타나셨는데 특정한 사람들에게 명백하게 영감을 불어넣으셔서 그들의 일에 적합하게 하셨다. 예수 그리스도 안에서 그는 아버지의 영으로 오셨다. 그는 예수님께 측량할 수 없이 부여된 바 되셨고 예수님 안에 거하셨다. 이 모든 것들은 그 정도가 다르기는 하지만 하나의 같은 성령의 모습들이다. 그러나 이제는 최종적으로 오랫 동안 약속된 전혀 새로운 하나님의 성령이 등장한다. 예수 그리스도 안에 거하시면서 그의 순종의 삶 속에서 그의 인간적 영을 자신과의 완벽한 교제와 일치로 이끄셨던 성령은 이제 높임을 받으신 신인(神人: God-man)의 성령이 되신다. 인자이신 그리스도 예수께서 하나님의 영광과 하나님이 그 안에 거하시는 성령의 생명과의 완전한 교제로 들어가시면서 그의 성령을 그의 제자들 가운데로 보내실 권리, 즉 성령 안에서 스스로 내려오셔서 그의 제자들 안에 거하실 권리를 아버지께 받으셨다. 예수님이 십자가에 못 박히지 않으시고 영광받지 못하신고로 이제까지 불가능했던 새로운 능력 안에서 성령은 영광받으신 예수님의 영으로 오신다. 아들의 일, 곧 아버지의 고대하시는 바가 그 실현을 본 것이다. 사람의 마음은 이제 참으로 그의 하나님의 거처이다.

진실로 오순절은 교회 절기 중 가장 큰 것이라고 말하지 않았던가? 베들레헴의 신비는 참으로 이해할 수 없이 영광스럽지만 내가 그것을 믿을 땐 불가능해 보이고 부당해 보이는 것이 존재치 않는다. 그런 순수하고 거룩한 몸이 성령의 능력으로 하나님의 아들을 위해 형성되었다. 더욱이 그런 몸 안에 성령이 거하신 것은 전적으로 하나님의 능력으로 인한 기적이었다. 그와 똑같은 성령이 이제 죄많은 인간들의 몸 안에 오셔서 거하시는 것, 즉 그들 안에 아버지께서 그의 거처를 정하신 것은 모든 이해를 초월한 신비스런 은혜이다. 하나님께 영광을 돌릴진대 이것이 오순절의 축복이 가져오고 받아들인 것이다. 하나님의 아들이 베들레헴에서 우리의 육신을 입으시고 죄의 저주와 그로 인한 죽음을 우리의 보증으로 당하시고 인간성 가운데서 첫 아들로서 죽음에서 일어나 영생의 능력으로 들어가시고 아버지의 영광에 이르신 것은 예비 단계일 뿐이다. 완성은 이것인데 다른 모든 것은 이를 위해 성취된 것이다. 즉, "보라, 하나님의 장막이 사람들과 함께 있으며 그가 그들과 함께 거하시리라"는 말씀이 이제 이루어지기 시작한 것이다.

오순절에 선행했던 모든 것, 즉 하나님이 죄인들과 함께 거하실 수 있었다면 그의 생각에는 별로 대단치 않았던 모든 능력의 희생에 비추어서만 성령의 부으심에 관한 이야기를 이해할 수 있다. 그것은 그리스도께서 하늘에서 높임받으시는 것을 이 땅에 반영하는 것이며 그가 지금 아버지와 함께 갖고 계신 영광 중에 그의 친구들을 참여케 하시는 것이다. 그것을 올바르게 이해하려면 영적 시야가 필요하다. 아주 단순하게 들리는 이야기 속에 하나님 나라의 심오한 비밀들이 드러나고 주님이 다시 오실 때까지 거룩한 유산에 대해 권리증서가 교회에 부여된다. 성령께서 '신자들'과 교회, 말씀의 '사역자들'과 그들의 일, 그리 믿지 아니하는 '세상'에 대해 의도하시는 것은 주로 세 가지에서이다.

1. 그리스도께서 그의 제자들에게 약속하신 것은 보혜사 안에서 그 자신이 그들에게 다시 오시리라는 것이다. 그가 이 땅에 사는 동안 보여준 그의 개인적 모습은 보이지 않으신 아버지를 계시하는 것으로써 사람들에게

베푼 아버지의 커다란 선물이었고 제자들이 바라고 필요로 했던 유일한 것이었다. 이것이 이제 이전보다 더 큰 능력 가운데 그들의 기업이 된 것이다. 그리스도께서 영광에 들어가심은 하나님의 방식으로 "만물을 충만케 하시며" 특별히 그의 몸의 지체들을 그 자신과 그의 영광의 생명으로 충만케 하시기 위함이었다. 성령은 내려오셔서 전에는 다만 제자들 가까이 있기는 하되 그들 소유 밖에 있을 뿐이던 생명을 그들 각자의 생명으로 그들 속에 두셨다. 하나님의 아들이 사시면서 사랑하시고 순종하심으로 죽으신 후에 전능한 힘으로 부활하시고 영광을 얻으셨을 때 그의 성령이 그들 개개인의 생명으로 된 것이다. 그들의 친구이신 주님께서 하늘 보좌 위에 앉으신 가운데 하늘에서 맺어진 놀라운 관계에 대해 성령은 임재하셔서 증거하시며 그것을 하늘의 실체로써 그들 속에 전달하시고 지속시키신다. 성령께서 영광받으신 아들로 말미암아 아버지께로부터 임하실 때 그들의 인간성이 하늘의 기쁨과 능력, 예수님의 현존으로 넘치도록 충만해지며 그들의 입술이 하나님의 놀라운 사역에 대한 찬양으로 넘쳐 흐른다는 것은 전혀 이상한 일이 아니다.

 그리스도의 교회의 탄생이 그러했다. 그 성장과 강성함 역시 그래야만 한다. 오순절 교회를 올바르게 계승하는 으뜸가는 본질적 요소는 그 구성원들이 성령과 불로 세례받는 것이다. 그래서 모든 마음이 영광받으신 주님의 현존을 충만하게 경험하며, 모든 혀와 삶이 예수님을 영광의 보좌로 일으키시고 그의 제자들을 또한 그 영광으로 충만케 하시는데 있어서 하나님이 이루신 놀라운 일을 증거해야 하는 것이다. 우리가 구해야만 하는 것은 우리의 설교자를 위한 능력의 세례에 그치지 않는다. 성령으로 말미암아 내주하시는 그리스도의 현존은 그리스도의 몸의 각각의 모든 구성원이 알고 소유하며 증거할 수 있는 것이다. 이것이 세상의 주목을 끌 것이며 예수님의 능력에 대한 고백을 강요할 것이다.

 2. 베드로가 일어서서 설교했던 것은 기쁨으로 찬양하는 믿음의 동료들의 광경이 무리 가운데 관심과 의혹을 불러일으켰을 때이다. 오순절 이야기는 사역의 진정한 위치와 그 능력의 비밀을 가르친다. 성령으로 충만한 교회는 부주의한 자를 일깨우며 모든 정직하고 진지한 마음들을 매료하는 하나님의 능력이다. 설교하는 것이 능력으로 임하는 것이라는 신자들의 증언으로 각성을 얻은 청중에 대해서이다. 성령으로 충만한 남녀들로 이

루어진 교회에서는 성령의 인도하심을 받는 설교자들이 일어나 담대하고 기탄없이 살아 있는 증인된 각 신자들에게 자신들이 선포하는 진리와 자신들의 주님의 능력을 지적한다.

베드로의 설교는 전적으로 성령을 따라 행하는 설교가 어떠해야 할 것인지에 대해 가르치는 가장 두드러진 것이다. 그는 성령을 근거로 그리스도를 선포한다. 그리스도를 거부했던 인간의 생각과는 대조적으로 그는 그리스도를 보내시고 그리스도를 기뻐하시며 자기 오른편에 그리스도를 높이신 하나님의 생각을 나타내 보인다. 성령의 능력 안에서의 모든 설교는 이와 같아야 할 것이다. 성령은 그리스도의 영이시며 그의 인격적 생명의 영이시고 우리의 인격을 소유하시면서 우리 영과 더불어 그리스도께서 우리를 위해 쟁취하신 것을 증거하신다. 성령은 그리스도께서 이 땅에서 시작하신 일을 계속하며 사람들을 그의 구속과 생명에 참여케 하기 위해 오셨다. 이 사실이 변경될 수는 없다. 성령은 늘 그리스도를 증거하신다. 그는 성경에서 그렇게 하셨다. 그리고 신자 안에서 그렇게 하신다. 신자의 증거는 언제나 성경에 따라야 할 것이다. 그리스도 안의 성령, 성령 안의 성령, 교회 안의 성령―이 삼중적 연대가 얽혀져 있는 한 깨어질 수 없다.

3. 이런 설교의 결과는 놀라운 것이었지만 예상했던 것 이상으로 놀라운 것은 아니었다. 예수님의 존재와 능력은 제자들 무리 속에 있는 놀라운 실체였고 그러므로 높은 데로부터, 즉 보좌에서 나온 권능은 베드로를 충만하게 했다. 그가 하나님 우편으로 높임을 받으신 그리스도에 대해 갖고 있는 시각과 경험은 놀라운 영적 실체였고 그 권능이 그에게서 나왔다. 베드로의 설교가 "정녕 알지니 너희가 십자가에 못 박은 이 예수를 하나님이 주와 그리스도가 되게 하셨느니라" 하는 적용에 이르렀을 때 수천 명의 사람들이 깨어지는 심령으로 엎드려 십자가에 못 박히신 이를 그들의 주님으로 기꺼이 인정했다. 성령은 제자들에게 임하셨고 그들을 통하여 불신앙에 대해 책망하셨다. 참회하며 묻는 사람들은 회개하고 믿으라는 명령을 들었고 그들은 또한 성령의 선물을 받았다. 그리스도께서 제자들을 통하여 행하리라고 약속하신 위대한 일들을 성령은 이루셨다. 한순간에 일생의 편견과 혹독한 증오가 복종과 사랑 그리고 찬양으로 바뀌었다. 우선 영광받으신 주님께서 능력으로 그의 몸을 충만하게 하시고 그 몸으로부터 능력이 나와 정복하고 구원한 것이다.

오순절은 "그 날"의 영광스런 일출(日出)이다. 이는 선지자들과 우리 주님이 자주 언급했던 "그 날들" 중 첫 날이며 교회사가 지향해야 할 것에 대한 약속이며 보증이다. 교회가 그 사명을 그릇되게 수행해 왔을 뿐이며 18세기 이후로 그 영광스런 특권의 높은 곳까지 이르지 못했다는 것은 일반적으로 인정되고 있는 사실이다. 심지어 교회가 그 소명을 받아들여 땅끝까지 주님을 증거하기를 힘쓸 때라 해도 오순절의 성령을 믿으며 그의 강력한 능력을 소유하는 가운데 일을 행치 않았다. 교회는 오순절을 일출로써 생각하기 보다는 빛이 감퇴하기 시작할 수밖에 없는 정오(正午)인 것마냥 아주 빈번하게 이야기하고 행동한다. 교회는 오순절로 되돌아가야 한다. 그러면 오순절이 교회로 돌아올 것이다. 하나님의 성령은 신자들을 소유하시되 성령을 받아들이는 그들의 용량을 넘어서지 못하신다. 약속된 바가 기다리고 있다. 성령은 이제 그의 전적인 충만함 가운데 계신다. 이를 받아들이는 우리의 용량이 넓혀질 필요가 있다. 그것은 보좌의 발등상에 있다. 신자들이 찬양과 사랑과 기도에 있어서 끊임없이 일치하며, 미루어진다 해도 오직 기다리며 고대하는 마음을 강하게 하며, 믿음으로 약속을 굳게 잡고 높임받으신 주님을 바라보며, 주님이 그의 백성 가운데서 능력으로 자신을 알게 하시리라는 확신 속에 있을 때, 그것은 오순절이 임하는 보좌의 발등상에 있게 된다. 예수 그리스도는 지금도 능력과 영광으로 관쓰신 만물의 주이시다. 그가 그의 제자들 안에서 그의 존재를 계시하시고 그의 거처인 영광의 생명을 그들에게 나누어주시고자 간절히 소원하시는 것은 그가 처음 보좌에 오르셨을 때와 다름없이 신선하고 충만하다. 우리의 위치를 보좌의 발등상에 두자. 강하고 기대에 찬 믿음에 우리 자신을 내어 맡김으로 성령으로 충만해져 예수를 증거하자. 내주하시는 그리스도께서 우리의 생명이며 힘이고 증거가 되게 하자. 그런 교회에서 성령충만한 설교자들이 일어날 것이고 그리스도의 원수들을 그의 발 아래 무릎꿇게 하는 능력이 나올 것이다.

오, 주 하나님이시여! 우리가 아들이 당신과 함께 앉아 영광과 존귀로 관쓰신 보좌 앞에서 경배합니다. 이것이 사람의 자식들인 우리를 위한 것이며 당신이 이 일을 행하셨고 당신의 기뻐하시는 이가 하늘에 속하신 것처럼 땅에 속하셨으며 당신께 속하신 것처럼 우리에게 속하신 것을 감사하며 찬양합니다. 오, 하나님이시여! 당신의 사랑을 찬양합니다. 당신의 거룩한 이름을 찬양합니다.

오, 우리 아버지시여! 구하옵나니, 우리의 축복인 머리되신 주님께서 우리를 자신의 몸처럼 여겨 그의 생명과 능력, 영광에 있어서 그와 함께 하게 하심과 성령께서 그 생명과 능력과 영광의 전달자로서 우리 속에 계시하시기 위해 기다리고 계심을 당신의 교회에 나타내소서. 오, 이는 당신 백성이 깨어나 성령이 의미하는 바를 영광받으신 주님이 그들 속에 참으로 계신 것으로 또한 이 땅에서의 그들의 사역을 위해 높은 데서 오는 권능을 입는 것으로 알게 하기 위함입니다. 그리고 당신의 모든 백성이 높이 들리신 그들의 왕을 바라보기를 배워 결국에 그들의 모든 존재가 그를 받아들이기 위해 개방되며 그의 성령이 그들의 최대 용량까지 그들을 충만케 하기 위함입니다.

우리 아버지시여! 예수님 이름으로 당신께 간구하오니, 당신의 교회를 소생케 하소서. 각 신자가 진실로 성령으로 충만한 성전이 되게 하소서. 각 교회가 그 믿는 구성원들을 통하여 현존하시는 그리스도를 변함없이 증거하며 높은 데서 오는 능력으로 충만해지기를 늘 기다리는 헌신의 공동체가 되기 하소서. 말씀을 선포하는 모든 이가 성령의 사역자이게 하소서. 그리고 이 땅 전체에 걸쳐서 오순절이 예수님이 다스리시고, 그의 구속받은 자들이 그의 몸이 되고, 성령이 일하고 계신다는, 또한 장차 모든 사람이 그의 앞에 무릎을 꿇는 징표가 되게 하소서. 아멘.

요 점

1. 예수님이 하늘로 가시면서 그가 자기 영광 중에 다시 오는 것이 그 자신과 그의 신실한 추종자들 사이에 지극히 사소한 간격도 야기시키지 않으리라 생각하셨던 것을 힘써 유념(留念)해야 한다. 성령의 임무는 예수님의 약속하신 바를 확고히 하여 그의 추종자들에게 베푸는 것이었다. 성령 사역의 축복은 여기에 있다. 이것으로 말미암아 그는 우리의 사역을 위해 우리 안에서 하나님의 능력이 되는 것이다.

2. 한 몸의 완벽한 건강은 각 지체의 건강을 의미한다. 교회 안에서 성령의 건강한 활동은 모든 신자 개개인의 건강을 요구한다. 이를 위해 기도하고 노력하자. 그러면 모든 신자 속에 내주하시는 성령으로 말미암는 그리스도의 현존은 기도와 봉사의 연합을 위해 우리를 준비하게 함으로 우리의 예배시간들을 변함없이 반복되는 오순절로 만들 것이다. 기다리며 잘 받아들이고 예배하는 이 땅의 공동체로 하늘에서 오신 그리스도의 성령에 걸맞게 할 것이다.

16
성령과 선교

안디옥 교회에 선지자들과 교사들이 있으니… 주를 섬겨 금식할 때에 '성령'이 가라사대 내가 불러 시키는 일을 위하여 바나바와 사울을 따로 세우라 하시니 이에 금식하며 기도하고 두 사람에게 안수하여 보내니라 두 사람이 '성령'의 보내심을 받아 실루기아에 내려가—사도행전 13 : 1~4.

사도행전을 "높임받으신 주님의 행전" 또는 "성령의 행전"이라고 명명할 수도 있다는 것은 옳은 이야기이다. 그리스도께서 떠나시면서 "성령이 너희에게 임하시면 너희가 권능을 받고 예루살렘과 온 유대와 사마리아와 땅끝까지 이르러 내 증인이 되리라"하신 약속은 하나님의 씨앗 말씀 들 중에 하나인데 그런 말씀들 속에는 무한한 성장능력을 지닌 천국이 그 나라의 표현법칙과 그 나라의 최종적 완성에 대한 예언과 더불어 담겨져 있다. 사도행전에서 우리는 그 약속이 최초로 성취된 길을 예루살렘에서 로마로 가는 도중에 발견한다. 그것은 이방인들과 유대인들 앞에서 그리스도를 증거하기 위해 그의 제자들에게 부여된 권능으로써 성령이 오셔서 거하시며 활동하시는 것에 대해서 또한 땅끝까지 정복하기 위한 중심지로써 안디옥과 로마에서 그리스도의 이름으로 승리한 것에 대해서 하나님으로 말미암아 기록된 것이다. 사도행전이 하늘 빛으로 계시하고 있는 것은 성령이 하늘에 계신 우리의 영광 받으신 주님께로부터 그의 제자들에게 강림하셔서 그들 속에 주님의 존재와 인도하심, 그의 권능을 나타내 보이시는데 이는 제자들이 땅끝까지 이르러 주님의 증인이 되기에 부족함이 없게 하기 위함이라는 것이다. 이방인 선교는 성령 선교의 유일한 대상이다.
　우리는 본문으로 택한 구절에서 교회가 선교 사역에 참여하도록 분명히 부름을 받는 부분에 대한 첫 기록을 발견한다. 사마리아에서의 빌립의 설교와 가이사랴에서의 베드로의 설교는 유대인에 속하지 않았던 사람들 가운데서 성령의 인도하심 아래 그들의 맡은 바 사역을 개별적으로 실천하는 사람들의 경우를 보여준다. 구브로와 구레네 사람들이 안디옥에 있는 헬라인들에게 설교한 것에서 사랑과 생명의 성령이 사람들을 이끄셔서 교회 지도자들이 전혀 올 생각을 않던 곳에 새로운 길을 여시는 그의 신적 특성을 발견한다. 그러나 성령께서 이처럼 특정한 사람들을 따로 떼서서 인도하는 것은 교회의 조직에 참여케 하기 위한 것이었고 신자들의 공동체는 전체적으로 성령께서 특별히 이루시기 위해 강림하셨던 사역에 그 몫을 다 하도록 교육을 받아야 한다. 예루살렘 사역에 대해 교회의 사명을 제시하는 사도행전 2장이 중요한 것이라면 분명한 선교 사역을 위해 교회가 구분을 짓는 13장은 그에 못지않게 관심을 모으는 것이다. 우리는 오늘날 선교에 대한 관심이 깊어짐으로 인해 하나님을 찬양해야 함에도 그렇지 못하다. 우리의 관심이 변함없는 인격적인 것이라면, 또한 이것이 우리의 복된 주님에 대한 사랑과 헌신, 나아가서 그가 오셔서 구원하시려 했던 잃은 자에 대한 사랑과 헌신을 위한 개인적 열망에서 나온 것이라면, 그리고 교회의 사역을 진정한 수준의 오순절 권능으로 끌어 올리는데 있어서 열매 맺기 위한 것이라면 우리는 안디옥 교회의 교훈을 잘 배워야 한다. 선교 사역은 그 시작과 권능을 성령의 인도하심을 분명하게 직접적으로 인식하는 것에서 찾아야 한다.
　진정한 선교 사역은 언제나 교회 안에서 신앙 생활의 부흥으로 인해 탄생된다고 하는 것은 종종 지적되는 것이다. 성령의 소생케 하시는 사역은 성령이 계시하시는 복된 주님과 성령이 개입하시는 잃은 자에 대한 새로운 헌신을 불러일으킨다. 주님의 구속받은 자들에게 주님을 위해 힘써 일하라고 촉구하는 성령의 음성을 듣게 되는 것은 그런 마음의 상태에서이다. 안디옥에서도 그와 같았다. 안디옥 교회에는 주님을 섬겨 금식하는 데에 일부의 시간을 할애하는 선지자들과 교사들이 있었다. 그들은 교회에서 공적으로 하나님을 섬기는 자세와 아울러 세상에서 분리하여 자신을 헌신하는 심령을 갖고 있었다. 그들의 주님은 하늘에 계셨다. 그들은 밀접하고

성령과 선교 125

지속적인 교제의 필요성을 느끼면서 그의 명령을 기다렸다. 또한 그들 속에 거하시는 성령께서 자유롭고 충분한 행동영역을 지니시려면 그들이 성령을 그들의 주인으로 모시면서 언제나 그와 직접적으로 교제하며 육신이 십자가에 못 박히신 그리스도와의 교제 속으로 할 수 있는 대로 들어가야 함을 이해했다. "주를 섬겨 금식할 때에"—그들은 이런 사람들이었고 이런 것이 그들의 마음 상태이며 생활습관이었다. 그때에 성령은 그들에게 계시하셔서 그들 중 두 사람을 특별한 일로 부르셨고, 그들에게 부탁하셔서 그 일을 위해 그 두 사람을 따로 세우는 데에 그들이 그의 도구가 되게 하셨다.

하나님 나라의 법은 바뀌어지지 않았다. 모든 선교 사역을 맡고 계신 이는 여전히 성령이시다. 성령은 지금도 사람들의 일과 선택을 정함에 있어서 따로 떨어져 봉사하면서 주님을 기다리고 있는 자들에게 그의 뜻을 계시하신다. 성령께서 어느 시대에 믿음과 기도의 사람들을 가르쳐 그의 사역을 감당하게 하실 때, 다른 사람들이 그들이 행한 것을 찬양하고 인정하며 그들의 행위가 성경과 조화됨을 발견하고 그들의 모범을 모사(模寫) 하기란 쉬운 일이다. 하지만 성령의 인도와 역사로 인한 실제적 능력과 귀한 주님되신 예수님께 대한 진정한 개인적 사랑과 헌신은 거우 아주 조그만 범위에 머무를 수 있다. 선교적 동기에 대한 관심이 주로 이런 성격을 지니고 있음으로 해서 선교 후원자들은 저급한 이유에서 크게 논쟁하며 구하고 간청한다. 주님의 명령은 성경에 기록된 대로 알려져 있다. 그러나, 생생한 현존과 능력 가운데 계신 주님을 계시하시는 성령의 살아 있는 음성은 들리지 않는다. 그리스도인들이 분발하여 자극을 받고 사역에 더 큰 관심을 기울이며 기도하면서 더 많은 것을 베푸는 것으로 충분치 않다. 더욱 절박하게 필요한 것이 있다. 각 개인의 삶 속에서 성령의 내주하심과 그가 지키시는 영광의 주님의 현존과 다스리심이 다시금 그리스도인 삶의 중심 표지가 되어야만 한다. 교회의 교제 속에서 우리는 사람과 일할 분야를 선택하며 관심을 일깨우고 후원을 구하는데 있어서 성령의 인도하심을 더욱 열심히 사모하기를 배워야만 한다. 많은 기도와 성령을 기다림에 직접적인 기원을 둔 선교 속에서 성령의 능력을 특별히 기대할 수 있는 것이다.

이렇게 이야기한다 해서 행해져야만 할 올바른 실제적 사역에서 그리스도인들을 멀게 하지 않을까 두려워할 필요는 없다. 반드시 행해져야 하며 또한 부지런한 노력없이 이루어질 수 없는 것들이 많이 있다. 정보가 돌아야 한다. 독자들을 발견하고 확보해야 한다. 자금을 모아야 한다. 기도모임을 쉬지 않아야 한다. 지도자들이 만나 의견을 나누고 결정해야 한다. 이 모든 일들은 이루어져야만 한다. 그러나 그것들은 잘 수행되어야 하며 주인을 기쁘시게 하는 봉사로써 성령의 능력으로 이루어지는 범위 내에서 수행되야 할 것이다. 오, 교회와 그 각 지체가 이 교훈을 배울 수 있기를! 성령은 하늘에서 내려오셔서 선교의 영이 되시며 그리스도의 제자들이 땅 끝까지 그리스도를 증거하는 데에 영감을 불어넣으시고 능력을 부여하신다.

선교의 시작과 과정 그리고 성공은 전적으로 성령에 속한 것이다. 신자들의 마음 속에 그들 주님의 영광을 위한 질투심과 멸망하는 영혼에 대한 동정심, 주님의 약속에 대한 믿음, 주님의 명령에 기꺼이 복종하는 것 등을— 선교는 이런 것들에서 생겨난다—일깨워주는 이는 성령이시다. 함께 모아 힘을 합하게 하며, 적합한 사람을 불러 나가게 하고, 문을 열며, 이방인들의 마음을 준비케 해서 말씀을 사모하고 받아들이게 하는 이는 성령이시다. 충분히 증가하게 하며 사단의 자리가 있는 곳이라 할지라도 십자가를 세우며 그 주위에 주님의 구속받은 자들을 모으는 것은 또한 성령이시다. 자진해서 선교에 유익을 주고자 하지 않는다면 어느 누구도 성령충만을 기대할 수 없을 것이다. 선교를 위해 일하고 기도하기를 원하는 사람은 자기의 연약함이나 가난함을 두려워할 필요가 없다. 성령은 그가 하나님이 정하신 장소에서 사역을 감당할 수 있게 하시는 능력이다. 선교를 위해 기도하며 선교에 관심있는 심령이 교회에 더 많아지기를 갈망하는 자라면 누구든지 우선적으로 가장 힘써 구할 것은 모든 신자 각 개인 속에서 그리고 교회와 그 모든 사역과 예배 속에서 내주하시는 성령이 전적으로 지배하시는 것이다.

"금식하며 기도하고 '보내니라.' 두 사람이 '성령의 보내심을 받아' 실루기아로 내려가." 여기서 보내는 것은 교회의 사역임과 동시에 성령의 사역이다. 이것이 정상적인 관계이다. 오직 성령의 보내심만을 받는 사람들이 있다. 교회의 반대와 무관심 가운데 성령은 그의 일을 행하신다. 오직 교회의 보냄만을 받는 사람들이 있다. 교회는 그 일을 행해야만 한다고 생각하면서 행하지만 성령의 요구를 인식하는 금식과 기도를 거의 행치 않는다. 그러면서도 성령없이 일하기를 거부한다. 교회와 성령이 시작하신 선교는 복이 있다. 거기서 성령이 인도하실 수 있으며 오직 성령 자신에게서 나오는 축복을 기다릴 수 있다. 열흘 동안 이 땅에서 기도하며 기다릴 때에 성령은 불 가운데 강림하셨다. 이것이 예루살렘교회의 탄생이다. 주를 섬겨 금식하며 그리고나서 다시 금식하며 기도할 때에 성령은 바나바와 사울을 보내셨다. 이것이 선교하는 교회가 되기 위한 안디옥 교회의 헌신이다. 이 땅에서 기다리며 기도한 이후에 하늘에 계신 주님께로부터 오는 성령의 권능 속에는 능력과 기쁨 그리고 그리스도의 교회와 선교의 복이 있다. 집을 멀리 떠나 이 글을 읽고 있는 선교사들에게 "형제여, 기운을 내라! 하나님의 권능이시며 네 속에 계신 예수님의 현존이신 성령께서 너와 함께 네 안에 계신다. 사역은 그의 것이다. 그를 의지하라! 그에게 맡겨라! 그를 기다리라! 사역은 그의 것이므로 그가 그것을 이루실 것이다"라고 말하고 싶다. 모든 그리스도인들에게 "기도나 다른 방면의 일, 곧 하나님 나라의 도래를 재촉하는 위대한 일에 있어서 지도자가 되라! 형제여, 기운을 내라!"고 말하고 싶다. 보좌 앞에서 기다리며 거기서 세례를 받은 이후로 최초의 제자들이 나아가 안디옥에 이르렀다. 그들이 그 곳에 머물며 기도하고 금식하고 난 이후에 로마를 지나 그 지역 니머로 갔다. 이런 우리의 형제들에게서 능력의 비밀을 배우자. 선교 동역자이며 일군이 되고자 하는 모든 그리스도인들을 불러 함께 있으면서 성령으로 충만해지자. 선교 사역은 성령의 것이다. 교회와 세상에 필요한 것은 성령 안에서 내주하시는 그리스도를 증거할 수 있는 신자들임을 분명히 소리높여 증거하며 또한 나타내 보이자. 왕의 존전으로 통하는 방에 함께 모여 예루살렘에서처럼 기다리며 안디옥에서처럼 주를 섬겨 금식하자. 성령은 과거와 같이 지금도 능력 가운데 임하신다. 그는 지금도 활동하시고 보내신다. 또한 능력있게 죄에 대해 책망하시면서 예수님을 계시하시며 수천 명을 그의 발 앞에 엎드리게 하신다. 성령은 우리를 기다리신다. 그를 섬기며 기꺼이 맞이하자.

오, 하나님! 당신은 당신의 아들을 보내셔서 세상의 구주가 되게 하셨읍니다. 당신은 그에게 모든 육체를 다스릴 권세를 주셨는데 이는 그가 당신이 그에게 허락하신 사람들에게 영생을 주시기 위함입니다. 그리고 당신은 모든 육체에 성령을 부으시면서 그를 받아들인 많은 사람들에게 놀라운 축복을 깨달아 전하도록 위임하셨읍니다. 당신의 성령이 사랑과 능력 가운데 보내심을 받았던 것처럼 그는 자신에게 의탁한 사람들을 보내셔서 당신의 아들을 영화롭게 하는 것에 그의 능력의 도구가 되게 하십니다. 우리는 이 하나님의 가장 영광스런 구원으로 인해 당신을 찬양합니다.

오, 우리 하나님이시여! 우리는 당신의 교회가 거룩한 위임을 수행치 아니하고 게으르고 무관심한 것에 놀라며 마음을 낮추게 됩니다. 당신의 아들이 약속하신 것을 인식하고 믿으며 그의 뜻에 복종하고 그의 일을 완성시키는 데에 우리 마음이 더딤으로 인해 부끄러워합니다. 우리 하나님이시여! 당신께 부르짖으오니 당신의 교회를 찾아오시사 당신의 성령, 즉 하나님이 보내신 성령으로 교회의 모든 자녀들을 충만하게 하소서.

오, 나의 아버지시여! 내 자신을 당신께 새로이 바침으로 당신 나라를 위해 살며 수고하고 기도하며 아픔을 겪으며 희생하고 인내하게 하소서. 믿음 속에서 성령, 곧 그리스도의 영의 선물을 새롭게 받아들이며 내 자신을 그의 내주하심에 맡기게 하소서. 내가 겸손히 간구하오니 나와 모든 당신의 자녀들이 성령의 능력으로 강건하게 하소서. 이는 그리스도께서 마음과 생명을 소유하심으로 우리의 유일한 바램이 온 땅이 그의 영광으로 충만해지는 것이 되기 위함이니이다. 아멘.

요 점

1. "성령의 보내심을 받아." 성령은 아버지께로부터 아들로 말미암아 '보내심'을 받아 이 땅에서 그의 일을 계속해 나가신다. 그는 그 일을 위해 사람들을 보내심으로 일을 성취하신다. 성령의 선교는 하나님께서 교회에 선교의 영을 허락하심으로 계획된 것이었다. 성령의 부으심은 모든 육체에 대해서이다. 그는 모든 사람이 그리스도에 대해 이야기를 들을 때까지 쉬지 않으실 것이다.

2. "선교의 성령! 이는 오직 그리스도의 영일 뿐이다. '영혼에 대한 그리스도의 사랑'의 순수한 불꽃이 우리 안에서 밝게 타올라 우선 우리로 작정하게 하고 어디로든지 가서 어떤 고난이든지 감수하기를 갈망하게 한다. 그래서 이 땅의 먼 산과 길없는 사막에서 잃은 자를 찾으며 발견하게 한다."

3. "우리가 전적으로 그리스도께 속한다는 것은 사실인가? 어떤 사람이든지 '그리스도의 영'이 없으면 그리스도의 것이 아니다. 우리는 구세주의 영이 세상의 구원을 위한 자기 희생적인 것임을 알고 있다. 우리는 그것을 우리 마음에 시험해 보아야 한다."

4. 예수님은 성령을 보내셔서 자기를 대신하여 우리 마음을 차지하게 하셨다. 이는 아버지께서 예수님 안에서 그로 말미암아 일하셨던 것처럼 성령께서도 우리 마음에 사시면서 우리 안에서 우리로 말미암아 일하시기 위함이다. 이 사실을 믿음으로 새롭게 받아들이자. 성령이 내 속에 거하신다는 확신으로, 즉 주님의 영의 현존으로 내 영혼이 전적으로 충만해질 때까지 나는 나의 주님을 기다릴 것이다. 제자들이 과거에 그랬던 것처럼 이 성령께 내 자신을 맡긴다. "그들은 그리스도의 눈으로 보았고 그의 마음으로 느꼈으며 그의 능력으로 일했다. 그들은 그의 영을 갖고 있었기 때문이다." 그리고 나 역시 그의 영을 갖고 있다.

5. 리빙스톤(Livingstone)은 그의 마지막 생일을 한 해 앞두고 이렇게 썼다: "나의 예수여, 나의 왕이여, 나의 생명, 나의 모든 것이여, 나는 다시금 나의 모든 자아를 당신께 바칩니다." 그는 무릎을 꿇고 얼굴을 자기 손에 파묻고 기도하며 죽었다.

17
성령의 새로운 것

이제는 우리가 얽매였던 것에 대하여 죽었으므로 율법에서 벗어났으니 이러므로 우리가 영의 새로운 것으로 섬길 것이요 의문의 묵은 것으로 아니할지니라— 로마서 7：6.
너희가 만일 성령의 인도하시는 바가 되면 율법 아래 있지 아니하리라—갈라디아서 5：18.

내주하시는 성령의 사역은 그리스도를 영화롭게 하시며 우리 속에 그를 계시하시는 것이다. 선지자, 제사장, 왕으로서의 그리스도의 삼중적 직무에 상응하여 신자 속에 내주하시는 성령의 사역은 세 가지 면으로, 즉 깨닫게 하시는 것과 성결케 하시는 것과 강건케 하시는 것으로 우리 앞에 제시됨을 알 수 있다. 그리스도께서 고별사에서 특별히 말씀하신 것은 깨닫게 하시는 것에 대해서이다. 그는 성령이 진리의 영으로 그를 증거하시며 모든 진리 가운데로 인도하시며 그의 것을 가지시사 우리에게 선포하실 것을 약속하신다. 로마서와 갈라디아서에는 성결케 하시는 성령의 사역이 특별히 두드러진다. 이 사역은 로마 교회와 갈라디아 교회에 요구되었던 것이며 이교(異敎)의 심장부에 실현된 것이다. 지혜를 몹시 구하며 높이 칭찬했던 고린도 교인들에게 보내는 서신에는 성령 사역의 두 가지 양상이 결합되어져 있다. 그들은 성령은 성결케 하시고나서 비로소 깨닫게 하신다고 가르침을 받는다(고전 2장; 3：1~3, 16, 고후 3장). 사도행전에는 우리가 예상하는 바와 같이 성령의 강건케 하시는 사역이 선명하게 드러난다. 약속된 능력의 영으로서 성령은 박해와 고난 가운데서 담대하고 복되게 증거하는 일에 적격이다.

세계의 수도(首都)이던 로마에 있는 교회에 보내는 서신에서 바울은 하나님의 부르심을 받아 그의 복음과 구속 계획을 완전하고 조직적으로 설명한다. 이 가운데서도 성령의 사역은 중요한 위치를 차지하게 된다. 그는 "의인은 믿음으로 말미암아 살리라"(롬 1:17)는 본문 혹은 주제를 제시함으로 그가 설명하고자 했던 것, 즉 믿음을 통하여 의와 생명에 이르리라는 것을 밝히기 시작한다. 5:11까지의 그의 주장의 첫 부분에서는 믿음의 의가 무엇인가를 가르친다. 그리고 나아가 이 의가 둘째 아담과의 생생한 관계와 생명으로 인한 칭의에 얼마나 뿌리깊게 박혔느가를 보여준다(5:12~21). 이 생명은 그리스도께서 죄에 대해 죽으신 것과 하나님께 대해 살으신 것을 우리 것으로 믿음으로 받아들여지며(6:1~13) 하나님과 의의 종이 되기 위해 자발적으로 복종함으로(6:14~23) 각 개인 속에 이른다. 나아가서 바울은 그리스도 안에서 우리가 죄에 대해 죽을 뿐 아니라 또한 죄의 권세인 율법에 대해 죽음을 보여주면서 그의 복음이 옛 것을 대신함으로 전해 주는 새로운 법, 즉 그리스도 예수 안의 생명의 성령의 법에 자연스럽게 이르게 한다.

우리는 모두 대조적인 것에 의해 인상을 강렬히 받게 됨을 알 수 있다. 사도 바울은 죄를 섬기는 것과 의를 섬기는 것을 대비시켰던 것처럼(6:13~23), 여기서는(7:4) 성령의 능력과 사역이 무엇인가를 충분히 밝히기 위하여, 율법에 얽매여 의문의 묵은 것으로 섬기는 것을 성령으로 말미암아 예수께서 주시는 자유와 능력 가운데서 성령의 새로운 것으로 섬기는 것과 대비시킨다. 뒤이어 오는 문맥, 곧 로마서 7:14~25과 로마서 8:1~16에서도 대조가 이루어진다. 두 개의 진술은 각각 중심 단어를 갖고 있는데 이는 각기 기술하고 있는 생명의 특성을 보여준다. 로마서 7장에는 '율법'(Law)이라는 단어가 스무 번 나오고 '영'(Spirit)이라는 단어는 단지 한 번 나올 뿐이다. 반면에 로마서 8장에서는 처음 16절까지 '영'이라는 단어를 열여섯 번 찾아볼 수 있다. 율법 안에서의 그리스도인의 삶과 성령 안에서의 그리스도인의 삶을 비교하고 있는 것이다. 바울은 아주 담대하게 우리가 죄에 대하여 죽으며 죄로부터 자유롭게 됨은 의와 하나님께 대해 종이 되기 위함이라고(롬 6장) 말할 뿐 아니라 "율법에 대하여 죽임을 당하였으니…우리가 얽매였던 것에 대하여 죽었으므로 우리가 영의 새로운 것으로 섬길 것이요 의문의 묵은 것으로 아니할지니라"고 말한다. 그리고 여기서는 로마서 6장의 가르침에 대한 갑절의 진보가 이루어진다. 로마서 6장에서의 가르침은 죄에 대한 죽음과 그것으로부터의 자유이지만 여기서의 가르침은 율법에 대한 죽음과 그것으로부터의 자유이다. 로마서 6장에는 그리스도 안에서 우리에게 보장된 객관적 실체인 "새 생명"이 있었지만(롬 6 : 4) 여기에는 성령의 내주하심으로 인해 우리 것이 된 주관적 경험인 "영의 새로운 것"이 있다(롬 7 : 6).

"성령 안에서의 삶을 충분히 알며 누리고자 하는 자는 율법 안에서의 삶이 무엇인가를 알고 또한 그것으로부터의 자유—이는 그가 성령으로 말미암아 자유롭게 된 것이다—가 얼마나 완전한가를 알아야만 한다."

율법에 여전히 예속되어 있으면서 율법을 이루려 애쓰는 신자의 삶에 대한 바울의 묘사는 세 가지로 표현되는데, 이는 그런 상태의 특징적인 표지를 총괄하고 있다. 첫째 것은 '육신'이라는 단어이다. "나는 육신에 속하여 죄 아래 팔렸도다. 내 속 곧 내 육신에 선한 것이 거하지 아니하는 줄을 아노니"(롬 7 : 14, 18). "육신에 속하여"라는 말을 이해하고자 한다면 고린도전서 3 : 1~3에 있는 그에 대한 바울의 해석을 참고해야 할 것이다. 거기서 바울은 그 말을 그리스도인들에 대해 사용하고 있는데 그들은 거듭났다 할지라도 성령께 그들 자신을 온전히 맡기지 않음으로 영에 속하지 못한 자들이다.[10] 그들은 성령을 갖고 있었지만 육신이 다스리게 했다. 그러므로 그리스도인들 사이에는 차이가 있는데 이는 그들 속에 가장 강력한 요소로 인해 그들이 육에 속한 자냐 또는 영에 속한 자냐 하는 명칭을 지닐 때 생기는 것이다. 그들이 성령을 갖고 있지만 어떤 이유에서든지 성령의 구원의 능력을 충분히 받아들이지 못하며 그들 자신의 힘으로 애쓰고 있다면 영에 속한 자가 아니며 또한 그렇게 될 수도 없다. 사도 바울은 로마서 7 : 14, 18에서, 자기 자신이 그런 것처럼 중생한 사람을 묘사하고 있다. 갈라디아서 5 : 25에 따르자면 그는 성령으로 살지만 성령으로 행치 않는다. 에스겔 36 : 26에 따라 볼 때 그는 자기 속에 새 영을 갖고 있다. 그러나

---

10) 23장을 보라. 거기서 사용된 단어와 여기서 사용된 단어에는 동일한 자구(字句)임에도 헬라어에는 약간의 차이가 있다. 그러나, 본문의 적용에 영향을 미치는 것은 아니다.

그는 하나님 자신의 영이 그의 영 속에 하나님 생명 중의 생명으로 거하셔서 다스리시도록 이지적으로나 실제적으로 허락치 않는다. 그는 여전히 육신에 속한 것이다.

두번째 표현은 18절에서 발견한다 : "원함은 내게 있으나 선을 행하는 것은 없도다." 가능한 온갖 다양한 표현으로 바울이 시도하고 있는 것(롬 7 : 15~21)은 전적으로 무기력한 고통스런 상태를 명백히 하는 것인데, 율법과 그를 이루려는 수고가 사람을 그 상태로 빠뜨린다는 것이다 : "내가 원하는 바 선은 하지 아니하고 원치 아니하는 바 악은 행하는도다." 이것이 오순절 이전의 삶 속에서 의문의 묵은 것으로 하나님을 섬기는 것이다 (마 26 : 41을 보라). 사람의 새로워진 영혼은 하나님의 뜻을 받아들이며 그에 동의한다. 그러나 행함을 위한 능력의 비밀, 곧 내주하시는 하나님의 성령을 깨닫지 못한다. 이와 반면에 성령 안의 삶이 무엇인지를 아는 사람들 속에서 하나님은 일하시며 뜻을 두고 '행하신다'. 그리스도인은 "내게 능력주시는 자 안에서 내가 모든 것을 '할 수 있느니라'"고 증거한다. 하지만 이것은 믿음과 성령을 통해서만 가능하다. 신자가 "이 일들을 행하는 자는 그것들로 말미암아 살리라" 하는 율법에서 해방됨을 의식하지 못하는 한 하나님의 뜻을 행하려는 그의 노력은 계속되는 실패를 수반하게 될 것이다. 그는 속 사람으로는 하나님의 법을 즐거워하지만 능력이 결핍되어 있다. 그가 하나님을 위하여 열매를 맺히게 하는 것은(롬 7 : 4을 보라) "살아 있는 자는 이 일들을 행할 것임이라" 하는 믿음의 법에 복종할 때 뿐이다. 이는 그가 율법에서 벗어남을 알므로 또다른 이, 즉 성령으로 말미암아 그의 속에서 역사하시는 살아 계신 그리스도와 연합하기 때문이다.

우리가 주목해야 할 세번째 표현은 23절에 있다 : "내 지체 속에서 한 다른 법이 내 지체 속에 있는 죄의 법 아래로 나를 '사로잡아' 오는 것을 보는도다." '사로잡아'라는 말은 '죄 아래 팔려'라는 말처럼 노예로 팔려 자기 뜻대로 행할 자유나 능력이 없는 상태에 대한 개념을 제시한다. 이 부분은 7장 서두에서 우리가 율법에서 '벗어났다'고 말한 것을 돌이켜 지적한다. 분명 여기 나오는 자는 그런 자유를 아직 깨닫지 못한 자이다. 그리고 이 부분은 8:2에서 "그리스도 예수 안에 있는 생명의 성령의 법이 죄와 사망의 법에서 너를 해방하였음이라"고 말하려 하는 것을 앞서 지적한다. 우리가 그리스도 안에서 자유롭게 된 자유는 믿음으로 얻은 것으로 영혼에 율법주의적인 요소가 있는 한 충분히 받아들이거나 경험할 수 없다. 완전한 자유가 성취되는 것은 우리 속에 있는 그리스도의 성령에 의해서이다. 의문의 묵은 것에서와 같이 성령의 새로운 것에도 이중적인 관계가 존재한다. 즉, 객관적인 것과 개인적인 것이다. 내 밖에 있으면서 나를 지배하는 율법이 있고, 객관적인 율법에서 그 힘을 끌어 내면서 내 지체 속에 있는 죄의 법이 있다. 마찬가지로 율법에서 자유롭게 되는데 있어서 내 믿음으로 얻는 그리스도 안의 객관적인 자유가 있으며 충만히 능력껏 주관적으로 개인적으로 소유하는 자유가 있다. 뒤에 것은 죄의 법이 그러한 것처럼 내 지체 속에 거하시면서 다스리시는 성령을 통해서만 얻을 수 있는 것이다. 이것만이 "오호라 나는 곤고한 사람이로다 이 사망의 몸에서 누가 나를 건져 내랴" 하는 포로된 자의 탄식을 "우리 주 예수 그리스도로 말미암아 하나님께 감사하노니 성령의 법이 나를 해방하였음이라" 하는 구속받은 자의 노래로 바꿀 수 있는 것이다.

이제 우리는 로마서 7：14~23과 8：1~16에서 우리 앞에 제시된 두 개의 진술을 어떻게 생각해야 하는가? 그것은 바뀌어지는 것인가? 계속적인 것인가? 아니면 동시적인 것인가?

많은 사람들은 그것을 신자 생활의 다양한 경험에 대한 기술이라 생각한다. 신자가 하나님의 은혜로 선한 일을 행하며 하나님을 기쁘시게 해드리며 살 때마다 그는 8장의 은혜를 경험한다. 한편으로 죄와 부족함을 깨닫게 되면 다시금 7장의 비참한 상태에 빠지게 된다. 때때로 그 두 개의 경험 중 어느 하나가 더 두드러지긴 하지만 매일 둘 다 경험하게 된다.

어떤 이들은 이것은 하나님이 얻고자 하시고 하나님께서 은혜로 예비해 두심으로 우리의 영역에 있게 하신 신자의 삶이 아니라고 느낀다. 그리고 그들은 그리스도께서 자유롭게 하신 자유 안에서의 삶이 성령께서 우리 속에 거하심으로 우리의 영역에 있게 됨을 알고 그에 들어갈 때 로마서 7장의 경험은 영원히 그들과 상관없는 것인 양 생각한다. 그래서 그들은 그런 경험을 이스라엘의 광야 생활처럼, 즉 결코 되돌아오지 않을 삶처럼 필연코 간주하게 된다. 율법의 얽매인 것에서 성령의 자유케 하신 것으로 옮겨진 축복이 무엇인가를 알게 될 때 빛과 축복이 임한다고 증거하는 사람들이 많이 있다.

하지만 이 관점에서 진실성이 아무리 크다 해도 충분한 만족을 주지 못한다. 신자는 "내 속 곧 내 육신에 선한 것이 거하지 아니하는 줄을 아노니"라는 말씀을 초월하는 날이 하루도 없음을 느낀다. 하나님의 뜻을 아무리 열심히 지키며 능력을 얻어 마음먹을 뿐 아니라 행하는 때라 해도 그렇게 하는 것은 자기가 아니라 하나님의 은혜라는 것을, 즉 "내 속에 선한 것이 거하지 아니하는 줄을" 안다. 그러므로 신자는 두 개의 경험이 아닌 두 개의 상태가 동시적임을, 그가 그를 자유롭게 하신 그리스도 예수 안의 생명의 성령의 법을 충만히 경험하는 때라 할지라도 여전히 죄와 사망의 몸을 지니고 있음을 깨닫게 된다.[11] 성령의 자유롭게 하심과 죄의 권세로부터의 해방, 그리고 하나님께 대한 감사의 찬송은 그리스도의 영에 의해 유지되는 영생의 능력을 지속적으로 경험하는 것이다. 내가 성령의 인도하심을 받을 땐 나는 율법 아래 있지 않다. 율법의 속박하는 정신, 율법이 육신으로 말미암아 약하여짐 그리고 율법이 가져오는 심판과 곤고함에 대한 의식은 성령의 자유케 하심으로 인해 추방된다.

성령의 내주하심을 전적으로 누리고자 하는 신자가 반드시 배워야 할 교훈이 한 가지 있는데 이 문맥에서 강하게 가르치고 있는 것이다. 곧, 율법과 육신, 자기 노력은 우리가 하나님을 섬기게 하는데 있어서 전혀 무기력하다는 것이다. 그리스도께서 자유케 하신 자유로 우리를 이끄는 것은 밖에 있는 율법을 대신하여 마음 속에 거하시는 성령이다. "주의 영이 계신 곳에는 자유함이 있느니라".

복되신 주 예수시여! 내가 겸손히 당신께 구하옵나니 성령의 생명의 감추어진 축복을 내게 밝히소서. 우리가 율법에 대해 죽으므로 하나님을 섬기는 것이 더 이상 의문의 묶은 것에 있지 아니함을 가르치소서. 또한 우리가 또다른 이 곧 부활하신 당신 자신과 결혼하였으며 당신으로 말미암아 성령의 새로운 것으로 섬기며 하나님께 열매맺음을 가르치소서.

복되신 주님이시여! 내 본성의 죄를 심히 부끄럽게 여기며 고백합니다. "내 속 곧 내 육신에 선한 것이 거하지 아니하며, 나는 육신에 속하여 죄 아래 팔렸나이다." 내가 당신을 찬양함은 "이 사망의 몸에서 누가 나를

---

11) 상태와 경험 사이의 차이에 유의하라. 상태에 있어 신자가 그의 몸에(롬 6:6; 8:13) 하나님과 원수되는 육신을 가지고 있다면 롬 7장을 결코 벗어나지 못할 것이다. 경험적으로 어느 신자도 그 안에 거해서는 안된다. 성령의 생명이 시시때때로 구원과 승리를 허락하기 때문이다.

건져 내랴" 하는 부르짖음에 대한 응답으로 "우리 주 예수 그리스도로 말미암아 하나님께 감사하리로다" 하는 것을 내게 가르치셨음이니이다. "그리스도 예수 안에 있는 생명의 성령의 법이 죄와 사망의 법에서 나를 해방하였음이라."

복되신 주님이시여! 지금 나를 가르치시사 생명의 성령의 새로운 것과 자유케 하심, 항상 새로운 기쁨 속에서 당신을 섬기게 하소서. 나를 가르치시사 크고도 전심적인 믿음 가운데 그 성령께 내 자신을 맡기게 하소서. 이는 아버지께서 아들 속에 역사하셨듯이 내 생명이 참으로 하나님의 자녀의 영광스런 자유 속에 그리고 내 속에서 역사하시사 뜻을 품고 행하게 하시는 내주하시는 구세주의 능력 속에 있게 하기 위함이니이다. 아멘.

요 점

1. 섬길 수 있는 두 주인, 즉 하나님과 죄가 있으며(롬 6 : 15~22) 우리 자신을 오직 하나님께만 맡겨야 한다는 것을 아는 것으로는 충분치 않다. 하나님을 유일하신 주인으로 섬기는데 있어서 행할 두 가지 방법, 즉 의문의 묵은 것과 성령의 새로운 것이 있음을(롬 7 : 1~6) 알아야만 한다. 사람이 그 차이를 깨닫고 로마서 7 : 14~25에 묘사된 대로 자신의 위험성과 무력함을 시인하며 자신을 온전히 내어버릴 때 비로소 성령의 새로운 것과 기쁨으로 섬기는 것이 무엇인지를 충분히 알게 된다. 새로운 것이 제기되는 것은 육신을 신뢰하는 옛 생명의 죽음을 통해서 뿐이다.

2. 모든 교리문답에 있어서 각 질문은 그 적절한 답변을 갖고 있다. "오호라 나는 곤고한 사람이로다 이 사망의 몸에서 누가 나를 건져내랴"라는 질문을 끊임없이 반복하지만 "우리 주 예수 그리스도로 말미암아 하나님께 감사하리로다." "그리스도 예수 안에 있는 생명의 성령의 법이 나를 해방하였음이라" 하는 승리의 답변을 좀처럼 하지 않는 사람들이 얼마나 많은가? 그 답변에 대해 로마서 8 : 1~16은 설명한다. 질문을 한다면 반드시 해답을 제시해야 한다.

3. 율법이란 단어는 두 가지 의미로 사용된다. 그것은 본래 그에 따라 어떤 힘이 작용하는 내적 통치를 의미하는데 이는 능력 그 자체를 가리키는데 사용된다. 그것은 또한 외적 통치의 지침으로 사용되는데 자발적으로 행치 않는 자는 그에 따라 가르침을 받고 행하게 된다. 외적 통치는 항상 내적 통치가 결여되고 있다는 증거이다. 내적 율법이 다스릴 땐 외적 율법은 필요없는 것이다. "너희가 만일 성령의 인도하시는 바가 되면 율법 아래 있지 아니하리라". 내주하시는 성령은 율법에서 자유케 하신다.

4. 성결의 비결은 전적으로 약속된 새로운 계약 속에 있다. "나는 내 법을 그들 심중에 두며 그들 마음 속에 기록하겠다." 각 식물이 그 성장에 있어서 하나님께서 그들 내부에 정하신 법칙에 자발적으로 복종하는 것처럼 새로운 계약을 전적으로 받아들인 신자는 마음 속 법의 능력 안에서 행한다. 마음 속의 성령은 마음 밖의 율법에 얽매이지 아니하신다.

18
성령의 자유케 하심

'그리스도 예수 안에 있는 생명의 성령'의 법이 죄와 사망의 법에서 너를 해방하였음이라. 너희가…'영으로써' 몸의 행실을 죽이면 살리니—로마서 8 : 2, 13.

로마서 6장에서 바울은 우리가 그리스도 예수 안에서 죄에게서 해방되었음을 말한다(6 : 18, 22). 우리는 그리스도 안에서 죄에 대해 죽으므로 그 권세에서 자유롭게 되었다. 우리가 그리스도를 믿음으로 받아들였을 때 권능이며 주인이던 죄에게서 벗어나 의에게 그리고 하나님께 종이 되었다. 7장(1~6절)에서 바울은 우리가 율법에서 벗어나게 됨을 말한다. 죄의 권세는 율법이다. 그러므로 죄와 율법에서 자유함은 함께 이루어진다. 그리고 우리가 율법에서 자유하게 되었을 때 살아 계신 그리스도와 연합하게 된다. 이는 그와 연합함으로 성령의 새로운 것으로 섬기기 위함이다. 바울은 이 두 문맥(6장과 7 : 1~6)에서 죄와 그 객관적 실체인 율법에서 자유하게 된 이것을 그리스도 안에 예비되어 믿음으로 받아들이고 유지해야 할 삶으로 제시한다. 그리스도인 삶의 점진적인 성장법칙에 따라 신자는 그가 인침을 받은 성령의 능력과 믿음으로 이 연합에 들어가 그 가운데서 행해야 한다. 경험상 거의 모든 신자는 그들이 이런 가르침을 깨닫고 받아들인 후라 할지라도 그들의 삶은 그들이 희망했던 바람직한 것이 아니라고 증거한다. 그들은 로마서 7장 후반부의 가장 현실적이고 고통스런 경험으로 내려감을 발견한다. 이는 대개 신자에게 필요한 두 가지 큰 교훈들을 배울 다른 방도가 없기 때문이다. 하나는 인간의 의지가 그에게 복종을 요구하는 율법 아래서 하나님의 의를 인간 삶 속에 실현시키는 데는 심히 무기력하다는 것이다. 다른 하나는 성령의 의식적이고 가장 완벽한 내주 하심을 하나님의 자녀의 삶을 충족케 하는 유일한 능력으로써 필요로 하는 것이다.

로마서 8장의 전반부는 후자의 사실을 설명하고 있다. 이 서신에서 그리스도인의 삶에 대해 하나님이 계시하시는 것에는 신자의 삶이 자라나는 것처럼 한 단계 씩의 분명한 진전이 있다. 8장이 믿음의 삶ㅡ우리는 6~8장에서 이것을 얻는다ㅡ을 펼치는데 있어서 처음으로 성령을 도입하면서 우리에게 가르치는 것은, 성령이 분명하게 우리의 생활과 행위에 기운을 돋구시며 또한 그가 분명히 인식되고 받아들여짐으로 이를 행하실 수 있을 때 비로소 우리는 그리스도 안에서 풍성한 은혜를 우리 것으로 충분히 소유하고 누릴 수 있다는 것이다. 죄에 대해 죽고 하나님께 대해 살며 죄와 율법에서 해방되어 죽은 자 가운데서 부활하신 이와 결혼했다는 것이 무엇인가를 알기 원하는 자라면 모두 이 가르침으로 나아와 성령 안에서 필요로 하는 능력을 발견해야 한다. 그리스도와의 연합을 거룩한 경험으로 유지하며 능력과 진리 가운데 그리스도께서 우리 속에 살게 하시는 것은 성령을 통해서이다.

8장의 전반부 중에서 둘째 절은 그 중심이다. 그것은 죄와 율법에서의 우리의 자유가 살아 있는 경험으로 지속되는 놀라운 비밀을 계시한다. 신자는 그가 해방됨을 알 수 있다 해도 그의 경험이 사로잡힌 곤고한 자의 것임을 슬퍼해야 한다. 자유는 전적으로 그리스도 예수 '안에' 있으며 그와 연합이 생생하게 유지되려면 분명하고 전적인 하나님의 능력의 역사가 있어야 한다. 그러므로 우리가 하나님의 성령이 이 목적을 위해 우리 속에 거하심을 알고 그의 역사하심을 받아들이며 그것을 의뢰하는 법을 깨달을 때만이 그리스도께서 우리를 자유케 하신 자유 가운데 우리가 진실로 완벽하게 흠없이 설 수 있는 것이다. 로마서 6장과 7 : 1~6에 나오는 생명과 자유가 온전히 우리 것이 되려면 "그리스도 예수 안에 있는 생명의 '성령'의 법이 죄와 사망의 법에서 나를 해방하였음이라"고 말할 수 있어야 한다. 모든 그리스도인의 삶에는 "너희 믿음에 따라 그것이 너희에게 있으리라" 하는 원칙이 지배한다. 믿음의 영이신 성령께서 우리 안에 역사하는 하나님의 큰 부활의 능력을 계시하시고 내주하시는 성령에 대한 믿음으로 복종하여 그 능력을 전적으로 수용할 때 그리스도 예수 안에서 우리에게 해당하는 모든 것이 개인의 일상적 경험으로 실현된다. 우리가 이 가르침과 이전의 가르침(롬 6~7:6) 간의 차이를 인식하며 그 사이에 이루어진 분명한 진보, 즉 그리스도 안의 우리의 삶에 대한 놀라운 계시의 필연적 완성을 깨달을 때, 성령께서 하나님으로서 구속 계획과 믿음의 삶 속에 차지하고 계신 독특하고 지극히 영광스런 위치가 우리에게 펼쳐질 것이다. 그러므로 우리는 그리스도 안의 자유로운 생명이 신적으로 완벽한 것처럼 우리로 하여금 성령 안의 자유 가운데서 행하게 하는 생명의 능력 또한 완벽함을 배우게 된다. 성령의 내주하시는 뜻을 생생하게 확신하고 경험하는 것은, 예수 그리스도 우리 주의 인격과 현존과는 뗄 수 없는 새 생명을 위해 우선적으로 필요한 것일 것이다.

"그리스도 예수 안에 있는 생명의 성령의 법이 죄와 사망의 법에서 우리를 해방하였음이라." 바울은 여기서 두 개의 대립적인 법을 비교한다. 하나는 지체 속에 있는 죄와 사망의 법이며 다른 하나는 죽을 몸이라 할지라도 다스리며 소생케 하는 생명의 성령의 법이다. 저자의 법 아래서 우리는 사로잡힌 곤고한 자처럼 탄식하는 신자의 모습을 본다. 로마서 6장의 후반부에서 바울은 자신을 죄에서 해방된 것으로 선포하고 스스로 항복하여 하나님과 의에게 종이 된다. 그는 죄를 섬기기를 포기했다. 하지만 때때로 죄가 그를 주장한다. "죄가 너희를 ─ 한 순간이라도 ─ 주관치 못하리니"라는 약속은 실현되지 않는다. 원하는 바가 있지만 그것을 이루는 법을 알지 못한다. "오호라 나는 곤고한 사람이로다 이 사망의 몸에서 누가 나를 건져 내랴"하는 것은 율법을 지키려는 그의 모든 노력 가운데서 무기력해진 부르짖음이다. "우리 주 예수 그리스도로 말미암아 하나님께 감사하리로다"하는 것은 믿음의 응답인데 이는 그를 사로잡고 있는 권능에서 그리스도로 말미암아 벗어날 것을 요청하는 것이다. 율법에서, 지체 속에 있는 죄와 사망의 권세에서, 그리고 죄를 일으키는 그 실제적인 능력에서 해방될 수 있다. 그 해방은 새로운 법이고 더욱 강한 힘이고 죄에서 자유롭게 되는 실제적 능력이다. 우리 지체 속에서 일어나는 죄의 능력이 실제적인 만큼 우리 몸 속에 거하시는 성령의 능력도 그러하며 더욱 강하다. 생명의 성령은 그리스도 안에 계신다. 그리스도께서 하나님의 강한 능력으로 다시 사셔서 하늘에 오르심으로(엡 1:17, 21) 생명으로 충만해지시고, 보좌 위에서 하나님의 전능하심, 즉 영원하신 성령을 허락받으셨을 때 그 생명에서 성령, 곧 하나님 자신이 강림하셨다. 그리스도 예수 안에 있는 생명의 법과 능력, 권세는 내 지체 속에 있는 죄와 사망의 법과 권세에서 나를 자유케 했으며 그 자유는 노예 상태가 그러했듯이 실제적인 것이었다. 새 생명의 첫 출발에서 그리스도에 대한 믿음을 불어넣으신 이는 성령이셨다. 우리가 처음으로 의롭다 함을 얻을 때 우리 마음 속에 하나님의 사랑을 넓게 드리우신 이도 그였다. 또한 그리스도를 우리의 의일 뿐 아니라 우리의 생명으로 바라보게 하신 이도 그였다. 그러나 이 모든 것에도 불구하고 대개의 경우에 그의 현존과, 크게 필요로 하며 또한 공급되는 그의 전능한 능력에 대해 잘 알지 못하기 마련이다. 신자가 로마서 7장(14~23절)에서 옛 성품의 율법을 고수하려는 뿌리깊은 성향과 그 절대적 무력함을 발견하게 될 때, 성령과 실제로 죄와 사망의 권세에서 자유케 하시는 그의 능력에 대한 진리를 결코 전과는 같지 않게 이해하게 된다. 그리고 "생명의 성령의 법이 죄와 사망의 법에서 나를 해방하였음이라"는 본문은 지극히 고상한 믿음과 경험에서 나온 말과 일치하게 된다. 지체 속에 있는 죄의 법이 실제적이고 강력하며 자발적이었던 것처럼 이제는 생명의 성령의 법이 그 지체 속에서 또한 그렇게 된다.

 그리스도 예수 안에 있는 이 생명의 자유 속에서 충만한 삶을 살고자 하는 신자는 그가 배워 행해야 할 길이 무엇인가를 쉽게 깨달을 것이다. 로마서 8장은 로마서 6장과 7장이 지향하는 목표이다. 신자는 믿음 가운데서 그리스도 예수 안의 그의 존재에 대해 앞서 나온 두 장이 가르치고 있는 모든 것을 우선 연구하고 수긍해야 할 것이다. 곧, 죄에 대해 죽고 하나님께 대해 살며 죄와 율법에서 벗어나 그리스도와 결혼하는 것이다. "너희가 내 말에 거하면 진리를 알 것이요 진리가 너희를 자유케 하리라." 하나님의 말씀은 그리스도와의 연합을 가르치고 있듯이 믿음과 생활이 날마다 뿌리를 내리는 생명의 토양이 되어야 한다. 그 말씀 안에 거하며 그 말씀이 우리 속에 거하게 해야 한다. 이 복음의 말씀을 묵상하고 단단히 붙잡아 마음 속에 숨겨 두며 그것을 믿음과 인내로 소화하는 것은 성경이 가르치는 보다 고상한 진리에 오르며 그에 도달하는 길이다. 우리가 기뻐하는 율법을 성취하려는 시도에서 나오는 육신에 포로된 상태를 경험해 보면 결코 진전이 없음을 깨달을 것이다. 그리스도께서 자유케 하는 자유로 이끄시며 그 가운데서 지키시는 성령께 대한 복종을 감당하며 강하게 하는 것은 자신에게 전적으로 절망하는데 있음을 기억해야 할 것이다. 육신과 율법에 전혀 희망을 두지 않는다면 성령의 자유케 하심으로 들어갈 수 있을 것이다. 이 새 생명의 길에서 행하기 위해 특별히 "성령을 좇아 행하라"는 말이 아주 분명하게 표현하고 있는 의도를 기억해야 할 필요가 있다. 성령은 길을 인도하시고 결정하시며 보여주려 하신다. 이것은 항복과 복종, 인도하심에 대한 기다림 등을 포함한다. 성령은 다스리시는 권능이어야 하며 우리는 모든 면에서 그의 법과 그가 정해 놓으신 것 그리고 그의 권세 아래 살면서 행해야 한다. 그를 슬프시게 할까 두려워하는 거룩한 마음, 그의 인도하심을 알기 위해 민감하게 깨어 있는 것, 감추어져 있으나 가장 확실한 그의 존재에 대한 변함없는 믿음, 그를 하나님으로 겸손히 경배하는 것 등은 이런 삶의 징표이어야만 한다. 이 부분을 끝맺으면서 바울이 구사한 말은 우리의 유일한 목적을 표현하는 것이다 : "너희가 영으로서 몸의 행실을 죽이면 살리니." 성령은 우리의 영과 혼의 모든 권세를 소유하시고 그에게 영감을 불어넣으시고 기운을 돋구시며 몸으로 들어오셔서 그 신성한 생명의 능력 가운데 몸의 행실을 죽게 하신다. 이것으로 미루어 "그리스도 예수 안에 있는 생명의 성령의 법이 죄와 사망의 법에서 나를 해방하였음이라"는 말씀이 성취된 것을 알 수 있는 것이다. 이것이 "성령의 성결케 하심 속에서의 구원"인데 우리는 그것에로 택함을 받았다.

"믿음으로 행하라". 이는 "성령을 좇아 행하는 것"과 관련하여 특별히 기억해야만 하는 것이다. 그리스도의 가시적(可視的)인 모습과 그의 사역은 우리 속에 계신 성령의 계시보다 훨씬 더 이해하기 쉽다. 그러므로 무엇보다도 성령의 인도하심을 구하는 데에 믿음이 요구되는 것이다. 전능하신 성령은 우리의 연약함과 그 연약함을 항상 느끼는 우리의 인격과 실제로 연합함으로 자신을 숨기신다. 그러므로 그가 내주하시면서 우리를 위해 우리의 모든 삶을 진실로 떠맡고 계심을 충분히 의식하기 위해서는 믿고 복종하는 가운데 끈질기게 인내할 필요가 있다. 또한 기름부음을 받으신 그리스도와 교제하면서 지속적으로 아버지를 기다리는 가운데 날마다 새롭게 성령께로부터 직접 기름부음을 받을 필요가 있다. 이런 점에서 항상 "오직 믿기만 하라!"는 말씀이 요구되는 것이다. 아버지와 그의 약속을 믿으라! 아들과 그의 생명을 자기 것으로 믿으라! "우리 생명이 그리스도와 함께 하나님 안에 감춰었음이니라."성령을, 예수님의 생명과 현존을 지니고 계시고 전달하시며 유지해 주시는 분으로 믿으라./ 그가 이미 자기 속에 계신 것으로 믿으라 / 하나님께 속한 상상을 초월한 방식으로 그가 능력으로 신실하게 역사하시는 것을, 즉 자기 속에서의 그의 역사를 믿으라./ "그리스도 예수 안에 있는 생명의 성령의 법이 죄와 사망의 법에서 나를 해방하였음이라" 하는 것을 믿으라./ 하나님 앞에 깊이 침묵하는 마음으로 엎드려 그가 그의 성령으로 말미암아 우리 속에서 능력있게 역사하시길 기다리라./ 자기를 낮출 때 하나님은 그의 복된 사랑의 역사를 행하실 것이다. 그는 거룩하게 현존하시는 예수 그리스도를 우리의 성령의 생명으로 계시하시며 전달하시고 지속시키실 것이다.

영원토록 복되신 하나님 아버지시여./ 당신의 성령의 놀라운 은사로 인해 찬양을 드립니다. 그 안에서 당신은 당신 아들과 더불어 오셔서 우리 안에 거하십니다. 영생의 그 놀라운 은사로 인해 당신을 찬양합니다. 당신의 사랑스런 아들이 그것을 우리에게 전해 주셨으며 우리는 그것을 예수님 자신 안에서 우리에게 주신 그 자신의 생명으로 소유하게 되었읍니다. 그리고 그리스도 예수 안에 있는 생명의 성령의 법이 이세 죄와 사망의 법에서 우리를 해방한 것을 감사드립니다.

우리 아버지시여./ 우리가 겸손히 간구하오니 이 완전한 해방의 법의 실체를 우리에게 계시하시사 온전히 경험하는 복을 얻게 하소서. 그것이 마음 속 생명의 법임을 가르치소서. 그 생명은 기쁜 자발적 능력 가운데 그 복된 운명을 향해 자라납니다. '그 법은' 지속적이며 쇠하지 않는 능력 가운데 있는 다름아닌 영생의 법임을 가르치소서. 그것이 그리스도 예수 안에 있는 생명의 '성령'의 법임을 가르치소서. 성령은 우리 속에서 그리스도를 내주하시는 존재로 계시하시며 그를 영화롭게 하십니다. 오, 아버지시여./ 우리 눈을 여시사 우리 믿음을 강건하게 하소서. 그러므로 우리가 성령의 법이 우리 지체 속에 있는 죄의 법보다 참으로 강하며 또한 그것에서 자유롭게 함을 믿게 하소서. 성령으로 말미암아 몸의 행실을 죽이며 진실로 그리스도의 삶을 살게 하소서.

오, 아버지시여./ 당신의 모든 자녀들에게 이것을 가르치소서. 아멘.

요 점

1. 여기서 잠깐 멈추고 이것이 우리의 경험인가를 물어 보자. 나로 하여금 탄식하며 구원을 기다리게 했던 내 지체 속에 있는 "죄와 사망의 법에서 그리스도 예수 안에 있는 생명의 성령의 법이 나를 해방하였다." 나는 이 자유의 축복 속에서 살고 있는가?

2. 그렇게 살고자 하는 사람이라면 누구나 다 바울이 그리스도의 복음 안에서 우리 앞에 제시하는 길을 기억해야 한다. 우리가 그 아들의 죽으심으로 말미암아 하나님으로 더불어 화목되었은즉 그의 살으심으로 인하여 구원을 얻을 것이다(롬 5:10). 믿음으로 말미암아 그 생명이 그 모든 능력 가운데 우리 것임을 안다(롬 6:1, 11). 생명의 능력 안에서 하나님의 종으로 우리 자신을 드린다 (롬 6:15~22). 그러나 그 섬김은 율법 아래 합당한 영에 있는 것이 아니라 영의 새로운 것에 있다(롬 7:1~6). 우리가 이것을 이해하지 못하기 때문에 새로운 생명의 능력 안에서 우리가 기뻐하는 율법을 이루려 하지만 전적으로 실패한다(롬 7:14, 25). 들어 보라. 여기서 성령이 임하신다. 예수님과 그의 생명에 대한 믿음은 우리 안에 있는 성령의 생명에 이르는 길로 이끈다. 성령은 율법에서 자유로우시며 그리스도의 생명을 그의 살아 있는 현존의 능력 안에서 유지하신다. 로마서 8:2은 생명의 축복의 열쇠이다.

3. "아담의 생명이 모든 인류 속에 번식하고 있는 것처럼 신인(神人)의 '새 생명'은 그의 모든 백성들에게 항상 충만하다. 우리의 생명은 그리스도의 영적 생명이 그의 백성 가운데서 번식하는 것이다. 신생(新生)은 우리를 둘째 사람과 연관시킨다. 그는 성령으로 말미암아 자기 전달적(自己傳達的)인 행위로 그의 백성들을 그의 아래로 모은다"—스매튼(SMEATON).

4. 그런 삶을 살기 원하는가? 앞으로 나아갈 때 우리의 유일한 큰 교훈을 상기하라. 우리 안에 거하시는 성령을 인정하라. 무엇보다도 그리스도와 우리 안에 있는 그리스도의 생명의 계시자로서 성령이 현존하심에 대한 믿음으로 충만해지를기 힘쓰라. 성령께서 다스리시도록 맡겨라. 그를 기다리며 "그를 좇아 행할" 각오를 하라. 마음 속 생명의 힘이며 능력인 성령의 법, 즉 그리스도 예수 안에 있는 생명의 성령의 법이 죄와 사망의 법에서 나를 해방하였다.

19
성령의 인도하심

무릇 하나님의 영으로 인도함을 받는 그들은 곧 하나님의 아들이라
―로마서 8 : 14

 아주 많은 그리스도인들은 성령의 인도하심을 주로 우리의 인내를 위한 착상의 제시로 생각한다. 그들은 소견이나 의무에 관한 의문나는 문제들의 결정, 성경에서 사용해야 할 말씀의 선택, 그리스도인의 직무수행을 위한 분명한 방향지시에 있어서 무엇이 올바른 것인지에 대해 성령께로부터 기꺼이 암시를 얻으려 한다. 그들은 그것을 헛되이 갈망하며 구하는 것이다. 때때로 그들이 그것을 소유하고 있다고 생각할 때라 해도 확신과 평안, 성취감―그들은 이러한 것들이 진실로 성령으로부터 나온 것에 대한 인침이어야 한다고 생각한다―을 얻지 못한다. 그러므로 성령의 인도하심에 대한 귀중한 진리는 모든 논쟁을 종결하고 모든 어려움을 해결하며 평안과 능력의 원천이 되기 보다는 오히려 그 자체가 혼란의 원인이 되며 무엇보다도 가장 큰 어려움이 되고 있다.
 이런 잘못은 지금까지 여러 번 주장해 온 진리를 받아들이지 않는 데서 나온 것이다. 그 진리는 성령의 가르치심과 인도하심은 우선 마음이 아닌 생명 속에 주어진다는 것이다. 생명이 기운을 얻고 강하게 된다. 생명이 빛이 된다. 이 세상과 그것의 영에 따르는 것이 십자가에 못 박혀 죽게 되고 본성의 생명과 육신의 의지를 신중하게 부인하며 억누를 때 우리의 마음의 '영은 새롭게 되고' 또한 그 마음은 하나님의 선하시고 기뻐하시고

온전하신 뜻을 증명하며 깨달을 수 있게 된다(롬 12:2).

우리의 마음 속 생명에서 성령의 성결케 하시는 실제적 사역과 그의 인도하심 간의 이런 연관성은 전후 문맥에 분명히 나온다. "너희가 영으로서 몸의 행실을 죽이면 살리니" 라고 로마서 8:13에서 읽는다. 그리고 곧 이어서 "무릇 하나님의 영으로 인도함을 받는 그들은 곧 하나님의 아들이라"는 말씀이 뒤따른다. 이는 무릇 몸의 행실을 억제하는 가운데 성령의 인도하심을 받는 자들은 하나님의 아들이라는 것이다. 성령은 그리스도 예수 안에 있었고 지금도 있으며 우리 안에서 하나님의 생명의 능력으로 역사하시는 거룩한 생명의 영이시다. 그는 성결의 영이시며 오직 그런 분으로서 인도하신다. 그로 말미암아 하나님은 우리 안에서 역사하셔서 뜻을 정하시고 그의 기뻐하시는 바대로 행하신다. 그로 말미암아 하나님은 모든 선한 일에서 우리를 완전케 하사 그의 뜻을 행하시며 하나님 보시기에 기뻐하시는 것을 우리 안에서 이루신다. 성령의 인도하심을 받는다는 것은 우선 그가 죄를 책망하시며 마음과 몸을 그의 전으로 정결케 하실 때 그의 사역에 복종한다는 것이다. 성령이 조명하시고 인도하시는 것은 마음의 생명을 충만케 하시고 성결케 하시며 다스리시는 내주하시는 분으로서이다.
12)

성령의 인도하심이 의미하는 바를 연구하는데 있어서 이런 생각을 전영역에서 고수하고 있는 것이 우선적으로 중요하다. 오직 영적 마음만이 영적인 일들을 분별할 수 있으며 성령의 인도하심을 받을 수 있는 것이다. 마음이 영적으로 자라나야만 영적 인도가 가능해진다. 바울은 고린도 교인들에게 그들이 비록 거듭났다 해도 여전히 육신에 속했기 때문에 신령한 진리를 그들에게 가르칠 수 없다고 말했다. 이것이 사람을 통해 임하는 가르침에 적용된다면 성령께서 모든 진리 가운데로 인도하시는 그의 직접적인 가르침이야말로 말할 나위가 있겠는가! 성령의 아무리 심오한 신비라 할지라도 인간의 생각으로 이해하고 있다면 성결치 못한 마음으로 연구하며 수용하고 심지어 가르칠 수도 있는 것이다. 그러나 우리가 아무리 강조

---

12) 이 책에는 성령의 성결케 하심, 즉 성결의 영되신 그에 대해 따로 떼어 놓은 장이 없다. 그 이유는 이 작업은 이전의 책, 『그리스도 안의 성결』 *Holy in christ*의 연속이기 때문이다. 거기에는 성령의 속성이자 사역으로서 성결이 의미하는 것에 대해 말한 사례가 있다.

해도 지나치지 않는 성령의 인도하심은 생각이나 느낌의 영역에서 시작하지 않는다. 생명 그 자체, 즉 마음 속 생명의 은밀한 실험실ㅡ우리 영 안에서 의지를 녹이며 인격을 형성하는 능력은 여기서 나온다ㅡ로 깊이 내려가 성령은 그의 거처를 정하시며 거기서 호흡하시고 활동하시며 추진하신다. 성령은 올바른 목적과 결단이 유래하는 생명과 기질을 우리에게 불어넣으심으로 인도하신다. "너희로 하여금 모든 신령한 지혜와 총명에 하나님의 뜻을 아는 것으로 채우게 하시고". 이 기도는 우리들에게 하나님의 뜻을 아는 것이 허락되는 것은 오직 신령한 지혜에 대해서 뿐이라는 것을 가르친다. 그리고 신령한 지혜는 오직 영적 인간의 성장과 영적 생명에의 충실과 더불어 임한다. 성령의 인도하심을 얻고자 하는 자는 그의 생명이 전적으로 성령에 사로잡혀 충만해지도록 자신을 맡겨야 한다. 그리스도께서 성령으로 세례를 받으셨을 때 성령의 충만하심을 입고 성령의 인도하심으로 광야로 가셨고(눅 4 : 1) 성령의 권능으로 갈릴리로 돌아가셔서(눅 4 : 14) "주의 성령이 내게 임하셨으니"라는 말씀과 함께 나사렛에서 그의 사역을 시작하셨다.

　모든 인도는 따를 것을 요구한다. 성령의 인도하심을 누리려면 가르침을 매우 잘 듣고 잘 따르는 믿음이 있어야 한다는 것은 쉽게 이해할 수 있는 것이다. 성령은 죄를 범하는 능력인 육신에 의해서 방해를 받는데 그치지 않고 하나님을 섬기려 애쓰는 능력인 육신에 의해서 훨씬 더 많은 방해를 받는다. 성령의 가르치심을 분별하려면 성경은 귀가 할례받아야 한다고 가르친다. 이는 손으로 행하는 할례가 아니며 육신을 벗어버리고 그리스도로 받는 할례이다. 육신의 뜻과 지혜는 경계되고 십자가에 못 박혀 부인되어야 한다. 자기 속에서건 주위 사람들 속에서건간에 육신과 그 지혜가 말하고 있는 것에 전적으로 귀를 막아야 한다. 하나님께 대한 우리의 모든 생각, 그의 말씀에 대한 연구, 예배하는 데에 가까이 나아가려는 우리의 모든 노력, 그를 위해 일하려는 모든 실천적 행위 속에는 끊임없는 자기 불신과 자기 표기가 있어야만 하며 우리를 가르치시고 인도하시도록 성령으로 말미암아 하나님을 기다리는 뚜렷한 자세가 있어야 한다. 그러므로 지식과 의무를 조명하기 위해 날마다 매시간 하나님의 인도하심을 기다리는 영혼은 틀림없이 그 인도하심을 받을 것이다. 성령의 인도하심을 받고자 하는가? 자기의 뜻과 지혜뿐 아니라 모든 삶과 존재를 날마다 포기하

라. 불이 내려와 희생을 다 태워버릴 것이다.

성령의 인도하심은 아주 특별히 믿음에 속한 것이어야 하는데 두 가지 의미에서 그러하다. 성령의 인도하심이 시작되는 것은 두려워하는 거룩한 마음으로 성령이 내 안에 계시며 그의 일을 행하고 계시다는 확신을 신장(伸長)하며 그에 따라 행하기를 배울 때이다. 성령의 내주하심은 하나님의 구속사역의 최고의 작품이다. 신성한 비밀 중에서 가장 영적이고 가장 신비스런 부분이다. 무엇보다도 여기서 믿음이 요구된다. 믿음은 보이지 아니하시는 하나님을 인정하며 하나님께서 가까이 나아오실 때 그 현존을 느끼고 하나님이 우리에게 전해 주시고 허락하시는 것을 느낀 만큼 받아들이는 영혼의 능력이다. 성령 안에는 하나님의 생명과의 가장 친밀한 교제가 있다. 여기서 믿음은 그것이 느끼고 이해하는 것에 따라 판단하지 못할 수도 있으나 다만 하나님께 복종함으로 그가 말씀하신 것을 행하게 하신다. 믿음은 묵상하고, 예배하며, 기도하고, 항상 새롭게 신뢰하며, 영혼 전부를 맡김으로 받은 것을 찬양하고, "저는 너희 속에 계시겠음이라"는 구주의 말씀에 감사한다. 믿음은 하나님의 강한 권능이신 성령이 마음 속에 거하시며 내가 의뢰할 수 있는 성령 나름대로의 방식으로 나를 인도하시리라는 확신 가운데 기뻐한다.

그리고 성령의 내주하심에 대한 이런 대체적인 믿음과 더불어 인도하심의 각 부분과 관련하여 또한 믿음을 발휘해야 한다. 내가 주님 앞에 제시한 어떤 문제가 있고 내 영혼이 말씀이나 섭리 속에서 부딪힌 것에 대한 주님의 해석과 적용을 단순하게 마음을 비워 놓고 기다릴 때, 나의 하나님의 인도하심이 방해받지 않으리라는 것을 믿음으로 신뢰해야 한다. 앞서 이야기했듯이 갑작스런 충동이나 강렬한 느낌, 하늘의 음성이나 현저한 개입 가운데서 성령의 일상적 인도하심을 기대해서는 안된다. 그런 인도하심이 의심할 여지없이 허락되는 사람들도 있다. 우리의 본성이 보다 영적으로 되고 보이지 않는 분과 보다 더 직접적으로 접촉하며 살 때 우리의 생각이나 느낌이 성령의 복된 음성을 의식하는 매개물이 되는 때가 올 수도 있다. 그러나 우리는 이것, 즉 우리의 영적 능력의 성장을 성령께 일임해야 한다. 사닥다리의 낮은 발판들은 아무리 연약한 자일지라도 충분히 오를 수 있을 정도로 낮다. 하나님은 그의 모든 자녀가 날마다 성령의 인도하심을 받도록 계획하신다. 성령의 인도하심을 좇는 길에 들어서려면 성령이 우리 속에 계신다는 것뿐 아니라, 이제까지 그의 놀라운 축복을 거의 구하거나 누리지 못했다 할지라도 그에게 부탁하고 의뢰하는 일을 그가 지금 당장 감당하시리라는 것을 믿어야 한다. 철저하게 항복함으로 자신을 하나님께 맡겨라. 하나님께서 그 항복을 받아들이심은 우리가 성령께 맡겨짐을 의미한다는 것을 절대적으로 확신하라. 성령으로 말미암아 예수께서 우리를 인도하시고 다스리시며 구원하신다.

그러나 우리 마음의 상상하는 것으로 인도함을 받으면서 육신에 미혹된 것임에 틀림없는 것을 성령의 인도하심이라 여길 위험은 없는가? 만약 그렇다면 그런 오류를 막을 수단은 어디에 있는가? 이 마지막 질문에 통상적으로 주어지는 답변은 하나님의 말씀이라는 것이다. 하지만 그 답변은 진리의 반에 지나지 않는다. 아주 많은 사람들이 하나님의 말씀이 인간의 이성이나 교회에 의해 해석될 때 갖는 광신의 위험성에 반대해 왔으며, 그들 또한 그들이 반대하고자 했던 것 못지않게 많은 오류를 범해 왔다. 해답은 하나님의 성령에 의해 가르침을 받는 하나님의 말씀이다. 우리의 안전장치를 찾을 수 있는 것은 이 두 개의 완벽한 조화 속에서이다. 한편으로 하나님의 모든 말씀이 하나님의 성령에 의해 주어진 것처럼 각 말씀은 그와 똑같은 성령에 의해 우리에게 해석되어야 한다는 것을 염두에 두어야 한다. 이런 해석은 오직 내주하시는 성령에게서 나온다는 것은 반복할 필요가 거의 없다. 말씀의 영적 의미를 분별할 수 있는 것은 마음 속 생명이 성령의 권세 아래 있는 영적 사람뿐이다. 다른 한편으로 모든 말씀은 성령에 의해 주어지며 또한 성령의 위대한 사역은 그 말씀을 영화롭게 하며 거기에 담겨진 충만한 하나님의 진리를 나타내는 것이라는 점을 견고하게 붙잡아야 한다. 성령이 인도하시는 길에서 안전하리라는 우리의 확신은 말씀이 없거나 너무 부족한 성령 속에 있지 않으며 또는 성령이 없거나 너무 미약한 말씀 속에 있지도 않다. 그것은 우리 속에 풍성히 거하면서 절대적인 복종 가운데 양도되는 말씀과 성령 속에 있다.

이것은 처음에 주장했던 가르침으로 되돌아가게 한다. 즉, 성령의 인도하심은 성령의 성결케 하심과 뗄 수 없다는 것이다. 성령의 인도하심을 받고자 하는 자는 저마다 그가 알고 있는 한도 내에서 말씀의 인도함을 얻기 위해 자신을 내어 줌으로 시작해야 한다. 처음부터 시작하라. 계명에 복종하라. "행하는 자는 알리라"고 예수님께서 말씀하셨다. "내 계명을 지키

라. 그리하면 아버지께서 너희에게 성령을 보내시리라." 모든 죄를 포기하라. 모든 것을 양심의 목소리에 맡기라. 모든 것을 하나님께 맡겨 그가 마음대로 행하시게 하라. 성령으로 말미암아 몸의 행실을 죽이라(13절). 하나님의 아들로서 성령의 뜻에 전적으로 맡기면서 그가 인도하시는 바를 좇으라. 그러면 성령 자신—그로 말미암아 우리가 죄를 죽이며 우리 자신을 맡겨 아들로서 인도함을 얻는다—이 이제까지 알지 못했던 기쁨과 능력 가운데서 우리가 진실로 하나님의 자녀이며 아버지의 사랑과 인도하심 속에서 자녀된 모든 특권을 누리고 있음을 우리 영과 더불어 증거하실 것이다.

복되신 아버지시여,/ 무릇 하나님의 영으로 인도함을 받는 그들은 하나님의 자녀라는 가르침으로 인해 감사드립니다. 당신은 당신의 자녀들이 당신의 성령보다 못한 그 어떤 것으로도 인도함을 받지 못하게 하셨읍니다. 그는 당신의 아들 안에 거하시면서 그를 인도하셨던 것처럼 또한 하나님의 지극히 복된 인도하심으로 우리를 인도하시나이다.

아버지시여, 당신은 우리가 이 거룩한 인도하심을 올바르게 이해하지 못하거나 완벽하게 좇지 못함으로 인해 성령의 음성을 종종 깨닫지 못하며 성령의 인도하심에 대한 생각이 기쁨보다는 짐이 됨을 아시나이다. 아버지시여, 우리를 용서하소서. 기쁨으로 은혜를 베푸시사 단순하고 확실한 성령의 인도하심에 대한 믿음을 소생시키시며 우리가 이후로부터 전심으로 우리 자신을 맡겨 그 믿음 가운데서 행하게 하소서.

아버지시여, 이제 당신의 성령의 인도하심을 받는 모든 면에서 당신의 아들로서 내 자신을 당신께 맡깁니다. 내 나름대로의 지혜와 의지, 방법을 포기합니다. 날마다 위로부터 오는 인도하심을 깊이 의뢰하며 기다리겠나이다. 내 영혼이 당신의 거룩한 영 앞에서 늘 침묵하게 하소서. 나는 그가 마음 속에서 다스리시길 기다리나이다. 내가 성령으로 말미암아 몸의 행실을 죽게 할 때 내 마음이 새롭게 됨으로 변화를 받아 당신의 선하고 완전한 뜻을 알게 하소서. 나의 모든 존재가 내주하시며 성결케 하시는 성령의 다스림 아래 있게 하소서. 이는 당신의 뜻을 영적으로 이해하는 것이 진실로 내 생활을 지배하게 하기 위함이니이다. 아멘.

요 점

1. 세 구절의 순서를 아주 주의깊게 살펴보라. 내주하시는 성령으로 몸의 행실을 죽이는 것(13절)이 성령의 인도하심(14절)에 앞선다. 그리고 이 두 구절은 15절과 16절, 즉 성령의 살아 있는 능력 가운데 우리의 아들됨을 지속적으로 증거하는 것을 위한 길을 예비한다. 2. "너희가 영으로서 몸의 행실을 죽이면 살리니." 이는 말씀이 성결과 관련하여 가장 심오하게 가르치는 것 중에 하나이다. 죄는 결국 몸에 거한다. 몸의 행실, 몸이 일으키려는 갖가지 죄, 그 죄의 갖가지 뿌리는 죽일 수 있다. 이를 행하는 것은 성령으로 말미암는 그리스도의 현존과 생명이다. 성령으로 말미암아 그에 의탁하는 신자가 이를 행한다. 죄는 결코 근절되지 않을 것이다. 그러나, 죄를 끊임없이 죽일 수 있으며 죽음의 자리에 있게 할 수 있다. 이렇게 하려면 우리는 오직 그리스도 예수 안에 있는 생명의 성령으로 충만해져야 한다. 우리 안에 있는 그리스도의 생명은 죄의 죽음, 즉 끊임없이 죄를 죽게 하는 것을 실현한다.

3. 죄를 억제하거나 죽게 하는 것은 삼중적인 관계를 갖고 있다. 신자가 실제적으로 죄를 범했을 때 성령은 그리스도의 피를 적용함으로 그것을 죽게 한다. 신자가 그에게서 나오며 그를 저버리는 악한 성향을 두려워할 때 성령은 그 죄를 그리스도의 죽음의 능력으로 내리누를 수 있다. 신자는 완전히 그의 통제를 벗어나는 본의아닌 죄에 대하여 성령을 신뢰함으로 그가 예수님과 또한 그 죄를 정복하실 그의 능력을 계시하시게 할 수 있다. 그러나 몸의 행실이 성령으로 말미암아 죽게 되는 것은 예수님을 그의 죽음과 생명 가운데 계시하시는 것과 영혼을 그로 충만케 하시는 것에 의거함을 기억해야 한다. 성령의 인도하심이 의존하는 것은 성령 안에 있는 이 생명이다.

4. "안전한 인도란 반드시 끊임이 없어야 한다. 한 해의 유익을 한 시간에 잃어버릴 수 있다. 우리가 조그만 일에서 성령과 무관하게 행동한다면 큰 일에서 성령을 기다린다는 것은 헛된 일일 것이다"―보우웬 (BOWEN).

20
기도의 성령

이와 같이 성령도 우리 연약함을 도우시나니 우리가 마땅히 빌 바를 알지 못하나 오직 성령이 말할 수 없는 탄식으로 우리를 위하여 친히 간구하시느니라 마음을 감찰하시는 이가 성령의 생각을 아시나니 이는 성령이 하나님의 뜻대로 성도를 위하여 간구하심이니라—로마서 8 : 26, 27.

성령의 사역들 중에서 하나님의 은혜의 질서 속에서의 그의 위치에 대한 이해와 성삼위일체의 신비 가운데로 우리를 가장 깊이 인도하는 것은 성령이 기도의 영으로서 행하시는 사역이다. 우리가 간구하면 간구하는 바를 들으시는 아버지가 계신다. 우리가 그로 말미암아 간구하며 그를 통하여 그와 연합함으로 응답을 받고 실제로 그 응답을 전유(專有)케 하시는 아들이 계시다. 그리고 성령이 계시는데 우리는 그 안에서 간구하며 그는 우리 속에서 깊이 감추어진 말할 수 없는 탄식으로 하나님의 뜻을 따라 간구하시며 하나님은 마음을 감찰하셔서 성령의 생각이 어떠함을 알아내신다. 보좌 위에서 은혜로이 들으시고 그의 강한 권능으로 효과적으로 기도에 응답하시는 하나님의 거룩한 사역이 놀랍고 실제적인 것처럼, 위로부터 내려오는 응답을 중재하시고 확고히 하시며 전달하시는 아들의 사역이 거룩한 것처럼, 기도하는 가운데 우리 속에서 그 응답을 기다리시며 얻어내시는 성령의 사역 또한 그러하다. 마음 속의 중재 역시 위에서의 중재만큼 신성하다. 이것이 왜 그런지 그리고 이것이 무엇을 가르치고 있는지 생각해 보자.

세상의 창조 속에서 성령의 사역이 어떠했는가를 우리는 알고 있다. 그는 어둡고 생명이 없는 혼돈 상태와 접촉하시면서 그의 소생케 하는 능력으로 생명의 능력과 열매맺는 능력을 부여하셨다. 하나님의 말씀이 형체를 부여하고 우리가 지금 목도(目睹)하는 온갖 다양한 형태의 생명과 미(美)를 불러일으킨 것은 성령께서 생기를 불어넣으신 이후였다. 그리고 또한 인간 창조 속에서 땅에서 형성된 몸에 주입되고 생명없는 물체에 지나지 않았던 것과 연합한 것도 성령이시다. 예수님의 인격 속에서 그를 위해 한 몸을 예비하시고 그의 몸을 무덤에서 다시 소생케 하신 것도 성령이시다. 우리의 몸이 하나님의 전이며 우리 몸의 지체가 그리스도의 지체인 것도 성령을 통해서이다. 우리는 성령을 생각할 때 조야(粗野)하고 연약한 물체와는 거리가 먼 하나님의 영적 성품과 관련시킨다. 우리는, 자신을 물질적인 것과 연합시키시며 그것을 자신의 영적 성품 속으로 향상시키시므로 장차 있을 최고의 완성된 형태, 즉 영적 몸을 개발하시는 것이 성령의 특별한 사역인 것을 잊는다.

성령의 사역에 대한 이런 관점은 그가 하나님의 구속사역에 있어서 차지하시는 위치를 이해하는데 있어서 본질적인 것이다. 구속사역의 각 부분에는 성삼위일체의 세 인격에 각각 할당된 특별한 위치가 있다. 성부 하나님에 있어서 우리는 만물의 창조자이신 보이지 아니하시는 하나님을 발견한다. 계시되시고 나타나셔서 가까이 오신 성자 하나님에 있어서 그는 하나님의 형상이시다. 성령 하나님에 있어서 우리는 내주하시는 하나님을 발견한다. 그는 인간의 몸에 거하시면서 성부와 성자께서 우리를 위해 갖고 계신 것을 그 속에서 일으키시는 하나님의 능력이시다. 개인에 있어서 뿐 아니라 전체인 교회에 있어서 아버지께서 작정하시고 아들이 손에 넣으신 것은 오직 성령의 계속적인 간섭과 능동적인 역사를 통해서만 그리스도의 몸에 적용되며 효과를 볼 수 있다.

이것은 특별히 중보기도에 적용된다. 하나님 나라가 임하는 것, 신자들 속에서 은혜와 지식, 거룩함이 증가하는 것, 그들이 하나님의 사역과 그 사역을 위한 권능에 점차적으로 헌신하는 것, 은혜의 방편을 통하여 하나님의 능력이 개심치 않는 자들에게 효과적으로 역사하는 것—이 모든 것은 하나님께로부터 그리스도로 말미암아 우리에게 임하길 기다려야 하는 것이다. 그러나 그것들은 찾고 바라며 구하고 기대하며 믿고 희망을 가질 때만 임한다. 그리고 이것이 성령이 차지하시는 놀라운 위치이다. 머리되신 그리스도께서 충만함 가운데 공급하시는 것에 이르러 그것을 받아들이며 굳게 붙잡도록 그리스도의 몸을 준비케 하는 일이 그에게 맡겨졌다. 아버지의 사랑과 축복을 전달하기 위하여 아들과 성령이 함께 일하셔야 한다. 아들은 아버지께로부터 받으셔서 계시하시고 가까이 나아오신다. 말하자면 위에서 내려오신다. 성령은 마음 속에서 영혼을 깨우셔서 주님을 드러내시며 만나게 하신다. 위에 계신 아버지께 구하시며 받아들이시는 아들의 끊임없는 중재가 필수적인 것처럼 아버지께서 주신 것을 아들께 구하시고 받아들이시는 성령의 끊임없는 중재도 필수적이다.

본문의 말씀이 이 거룩한 비밀에 던지는 빛은 매우 놀라운 것이다. 믿음과 기도 생활에서 성령이 역사하신다. 그리고 그 가운데서 하나님의 말씀은 우리에게 분명하게 이해되고, 우리의 믿음은 그 말씀이 필요로 하고 요구하는 바를 깨달아 표현하게 된다. 하지만 성령은 생각이나 느낌보다도 더 깊은 곳에서 또한 역사하신다. 그는 우리의 영 속에서, 즉 하나님만이 발견하시고 아시는 생명과 존재의 비밀스런 원천 속에서 기대와 열망을 일으키신다. 이런 성격에는 하나님 자신, 살아 계신 하나님께 대한 참된 목마름이 있다. 이는 "지식에 넘치는" 사랑을 알아 "하나님의 온갖 충만하심으로 충만해지려는" 열망이며, "우리가 구하거나 생각하는 모든 것 위에 풍성히 넘치도록 행하실 수 있는 분," 즉 "사람의 마음으로 상상치 못했던 것"에 대한 희망이다. 이런 열망이 우리를 사로잡을 때 우리는 말로 표현할 수 없는 것을 간구하기 시작한다. 그때 우리는 오직 마음을 감찰하시는 자만이 아시고 이해하시는 영역에서 또한 그의 언어로 성령께서 말할 수 없는 탄식으로 간구하시는 것으로 인해 위로받게 된다.

바울은 고린도 사람들에게 "내가 영으로 기도하고 또 마음으로 기도하며"라고 말한다. 성령의 감동케 하심과 그의 기이한 은사에 영향을 입었을 때 고린도 사람들은 이해를 무시할 위험에 처했었다. 근자에 우리의 위험은 정반대의 방향에 있다. 이해에 따라 기도하는 것은 쉽고 일반적이다. 우리는 이해에 따라 기도하는 것과 더불어 성령으로 기도하는 것, 즉 "성령 안에서 기도하는 것"(유 20, 엡 6 : 18)이 있어야만 함을 기억해야 한다. 우리는 성령의 이중적 사역에 대해 각각 정당한 위치를 부여해야 한다. 하나님의 말씀이 우리 안에 풍성히 거해야 한다. 우리의 믿음으로 그 말씀을 분명하게 지적으로 파악하며 기도 가운데 그 말씀을 내세우길 힘써야 한다. 그리스도의 말씀을 우리 안에 거하게 하며 그것으로 삶과 행위를 충만케 하는 것은 응답받는 기도의 비결 중 하나이다. 그리고 말할 수 없고 생각할 수 없는 영역인 우리 존재의 마음 속 지성소에서(고전 2:6)성령이 우리가 알지 못하며 표현치 못하는 것을 우리를 위해 간구하고 계심을 늘 기억해야 한다. 마음 속에 거하시는 성령의 신성과 우리 속에서 그가 생기를 불어넣으시는 실제에 대한 이해에 있어서 우리가 성장할 때, 우리의 마음의 생각을 무한히 넘어서서 거룩한 배고픔이 존재하며 그로 인하여 성령께서 우리를 하늘로 끌어 당기심을 인식하게 될 것이다. 우리는 하나님의 말씀을 붙잡고 복종하며 그 말씀에서 기도하기를 배우려 애쓰는 믿음의 능동성뿐 아니라 믿음의 피동성 또한 배양할 필요를 느끼게 될 것이다. 우리가 기도할 때 우리의 생각을 무한히 뛰어 넘어 하나님이 계시며 우리가 기도로 들어가는 영적 세계가 있다는 것을 기억하게 될 것이다. 마음과 육신이 쇠하는 곳에서 하나님은 우리 마음의 힘이 되신다. 우리 영의 마음 중심의 지성소에, 즉 휘장 속에 내주하시는 성령은 그의 끊임없는 중보사역을 행하시고 우리 속에서 하나님의 뜻을 따라 기도하신다. 이를 믿고 기뻐하자. 기도하면서 때때로 거룩한 침묵 가운데 경배하고 복되신 보혜사께 우리 자신을 맡기자. 진실로 그만이 간구의 영이시다.[13]

"성령이 '성도를 위하여' 간구하심이니라." 사도 바울은 앞서 "우리가 마땅히 빌 바를 알지 못하나"라고 말했던 것처럼, 왜 '우리를 위하여'라고 하지 않는가? '성도'라는 표현은 바울에게는 친숙한 표현이다. 그는 그 표현에서 교회를 ─ 한 국가에 있어서건 전세계에 걸쳐서건간에 ─ 생각한다. 몸의 통일을 실현하는 것은 각 지체 속에 내주하시는 성령의 특별한 사역이다. 이기심이 사라지고 신자가 더욱 진실하게 영적 마음을 갖고 자

---

13) 한편으로 신비주의자들의 입장은 믿음으로 인식된 것을 인정할 만한 것이 없다고 하는 성령의 이해할 수 없는 중보이다. 다른 한편으로 학자들은 논리적 정의로 옮겨진 것에 주로 의존하면서 이해할 수 없는 것에 대한 그들의 뚜렷치 않은 인식을 보호하게 하므로 그들의 무수한 정의의 휘장을 그 위에 덮는다. 바울은 우리가 믿음으로 아는 것과 모든 지식을 초월하는 것 사이에 중용을 지킨다. 그때 창조적 심오한 목적에 따라 오직 성령께서 우리가 기도하는 것을 아신다. 우리가 믿음으로 말하며 이해하는 것과 성령의 말할 수 없는 마음 속에 공존해야 한다. 그래야 마음이 안정되어진다.

신을 전체인 몸과 더욱 동일한 것으로 느낄 때 신자는 몸의 건강과 번영이 자신의 것임을 알며 "무시로 성령 안에서 기도하고 이를 위하여 깨어 항상 '여러 성도를 위하여' 구하고"라는 말씀이 의미하는 바를 배운다. 우리가 하나님의 온 교회를 수용할 수 있는 넓은 마음으로 이 일에 헌신할 때 성령은 영역에 구애받지 않으시고 즐거이 우리 가운데서 성도들을 위해 그의 중보사역을 이루실 것이다. 우리가 심오하여 말할 수 없으나 전적으로 압도적인 성령의 중보사역에 의뢰할 수 있는 것은 특별히 중보기도 안에서이다.

성령이 끊임없이 아바 아버지께 부르짖으시며 말씀에 있어서 매우 심오한 말로 표현할 수 없는 그의 중보를 베푸시는 성전이 된다는 것은 얼마나 놀라운 특권인가! 영원하신 아들이 나사렛 예수의 육신으로 계시면서 사람으로서 아버지께 기도했던 것처럼, 영원하신 성령이 죄많은 육신인 우리 안에 거하시면서 우리를 훈련시켜 아들이 행하셨던 것처럼 아버지와 말하게 하신다는 것은 얼마나 큰 축복인가! 하나님 나라가 계시되는 유일한 통로인 성령의 능력있는 중보사역에 참여하기에 적합하도록 자신을 이 복된 성령께 맡기지 않을 자 누구인가? 길은 열려져 있으며 모든 사람을 초청한다. 성령께서 완전히 소유하시게 하자. 그로 우리를 충만케 하자. 그가 우리의 생명이게 하자. 성령께서 우리의 인격과 의식을 그가 내재하시는 자리로 만들 수 있음을 믿자. 어떤 인간의 마음으로도 이해할 수 없는 방식으로 그가 우리 안에서 확실히 일하시며 기도하고 계심을 믿자. 은밀하고 연약해 보이며 완만한 성령의 사역 속에서 그의 신적인 전능하심은 거룩한 목적을 완성하고 있으며 우리의 복된 주님과 거룩히 하나됨을 성취하고 있음을 믿어야 한다.

그리고 모든 지각에 뛰어난 것들이 진리와 생명이 되며 성령의 중보가 그리스도 안에서의 일상 생활의 일부가 되는 삶을 살아야 한다.

지극히 거룩하신 하나님이시여! 당신의 존재를 겸손히 찬양하며 한번 더 엎드려, 귀한 기도의 특권으로 인해 감사드립니다. 그리고 하늘 위의 중보자되신 당신의 아들 안에서 허락하셨을 뿐 아니라 마음 속의 중보자되신 당신의 성령 안에서 허락하신 은혜로 인해 특별히 감사드립니다.

오, 나의 아버지시여! 당신의 성령이 실제로 내 안에 거하시며 나의 연약한 기도 가운데서 기도하고 계신다는 놀라운 생각을 내가 거의 갖지 못함을 당신은 아십니다. 내가 당신께 구하오니, 성령께서 나를 완전히 소유하시며 그의 현존에 대한 의식으로 충만케 하시는데 방해하는 모든 것을 내게 밝히소서. 내 마음 중심과 외적 삶이 모두 그의 인도하심 아래 있게 하소서. 이는 내가 영적 이해를 얻어 당신의 뜻을 따라 구하는 것을 깨달으며 살아 있는 믿음을 소유하여 구하는 바를 받기 위함입니다. 그리고 내가 무엇을 어떻게 기도해야 할지 모를 때, 오 아버지시여, 나를 가르치시사 엎드려 말없이 경배하며 항상 당신 앞에서 기다리면서 성령께서 당신만이 이해하실 수 있는 말없는 기도를 토해내고 계심을 깨닫게 하소서.

복되신 하나님이시여! 나는 성령의 전입니다. 그가 중보의 영으로서 나를 사용하실 수 있도록 내 자신을 맡깁니다. 내 모든 마음을 그리스도의 존귀와 잃은 자를 향한 그의 사랑에 대한 갈망으로 충만케 하시사 나의 삶이 당신 나라의 도래를 위한 말할 수 없는 하나의 탄식이게 하소서. 아멘.

요 점

1. 이제 우리는 주님께서 "너희가 구하는 것"이라고 자주 반복하시면서 놀라운 기도의 약속들을 하실 수 있었던 것을 이해할 수 있다. 그는 성령께서 우리 안에서 기도하시며 우리의 소망들을 인도하시고 우리의 믿음을 강건케 하실 것을 의도하셨다. 그는 우리가 우리의 모든 존재를 성령의 내주하심에 맡김으로 성령이 영역에 구애받지 않고 하나님의 뜻을 따라 우리 안에서 기도하실 것을 기대하셨다. 이 거룩한 소명을 받아들여 성령께서 우리 안에서 기도하시도록 우리 자신을 내어드리자.

2. "우리가 마땅히 빌 바를 알지 못하나". 이것이 종종 짐이 되고 슬픔이 되지 않았던가.! 이후로는 그것이 위로가 되게 하자. 우리가 알지 못함으로 인해 옆으로 비켜 서서 알고 계신 분께 자리를 내어드릴 수 있다. 우리가 말을 더듬거나 한숨짓는 가운데서도 능력의 중보자가 간청하고 계심을 믿을 수 있다. 우리의 무지함이나 연약함 속에 성령께서 숨으셔서 그의 일을 이루고 계신다는 것을 망설이지 말고 믿자.

3. "우리가 마땅히." 기도의 커다란 '의무'는 믿음이다. 성령은 생각보다 더 심오한 믿음의 영이시다. 담대해지자. 우리의 믿음은 성령의 지키심 안에 있다.

4. 여기서도 그 밖의 다른 곳에서와 같이 모든 것은 한 가지 관점에 이른다. 곧, 성령의 내주하심은 우리의 유일한 관심이어야 한다는 것이다. 믿음으로 약속을 붙잡고, 조심스럽게 깨어 있어 성령의 인도하심을 기다리고 좇으며, 육신을 완전히 복종시켜 죽게 하므로 성령만이 다스리시고 인도하시게 해야 한다. 이를 위하여 우리의 사랑스런 주님께 맡겨 우리를 그의 성령으로 충만케 하자. 성령은 그의 사역을 이루실 것이다.

21
성령과 양심

내가 그리스도 안에서 참말을 하고 거짓말을 아니하노라… '내 양심'이 '성령'안에서 나로 더불어 증거하노니—로마서 9 : 1.
'성령'이 친히 우리 영으로 더불어…증거하시나니—로마서 8 : 16.

하나님의 최고의 영광은 '그의 거룩하심'이다. 그것으로 인하여 그는 악을 미워하시고 멸하시며 선을 이루신다. 인간 속에서 양심은 그것과 똑같은 일을 행한다. 양심은 죄를 책망하고 의에 찬동한다. 양심은 인간 속에 남아 있는 하나님의 형상이며 인간 속에 있는 신성에 가장 가까운 것이고 타락으로 인한 파괴 가운데서도 하나님의 존귀하심을 보존하는 것이다. 결국, 하나님의 구속행위는 늘 양심과 더불어 시작한다. 하나님의 성령은 그의 성결의 영이시다. 양심은 하나님의 성결의 광채이다. 사람을 새롭게 하시며 성결케 하시는 성령의 사역과 양심의 사역 간의 조화는 매우 친밀하고 본질적인 것이다. 신자가 성령으로 충만케 되며 성령이 베푸실 축복을 충만하게 경험하길 원한다면 우선 그가 양심이 차지해야 할 자리와 영광을 양심에 돌리고 있는지를 살펴보아야 한다. 양심에 충실하는 것이 하나님의 거룩하심을 회복하는데 이르는 첫번째 단계이다. 양심에 민감한 것은 참된 영성의 토대이며 특징이 될 것이다. 책임의식과 하나님을 향한 우리의 올바른 태도를 증거하는 것이 양심의 일이고 그리스도께 대한 믿음과 그에 대한 복종을 하나님이 받아들이심을 증거하는 것이 성령의 일이긴 하지만 성령과 양심의 증거는 그리스도인의 삶이 진척함에 따라 점점 동일하게 될 것이다. 우리는 우리의 모든 행위와 관련하여 바울처럼 "내 양심이 성령 안에서 나로 더불어 증거하노니"라고 말할 필요성과 축복을 느끼게 될 것이다.

양심은 방의 창에 비교할 수 있다. 하늘 빛은 그것을 통해 비치며 또한 우리는 그것을 통해 하늘을 하늘 빛이 밝히는 모든 것과 더불어 바라보고 알 수 있다. 마음은 우리의 생명이, 우리의 자아나 영혼이 그 능력과 애정을 갖고 거하는 방이다. 그 방의 벽에는 하나님의 법이 쓰여져 있다. 이방인들에게 있어서조차 그 법은 비록 안타깝게도 흐려지고 훼손되었다 해도 부분적으로는 합당하다. 신자 속에 그 법은 성령에 의해 빛의 문자로 새롭게 쓰여져 있다. 그 문자는 때때로 처음에는 희미하지만 외부에 있는 빛의 활동에 숨김없이 노출될 때 더욱 분명해지며 더욱 밝혀진다. 내가 죄를 범할 때마다 안에서 밝히는 빛은 죄를 드러내고 책망한다. 죄를 고백하며 사함받지 못한다면 더러움이 남아 양심을 더럽힌다. 이는 마음이 빛의 가르침을 거절했기 때문이다(딛 1:15). 그러므로 죄를 범함에 따라 창문은 점점 더 어두워져 가고 마침내 빛이 전혀 거의 비치지 못하게 되며 그리스도인은 거의 눈먼 양심으로 무감각하게 거리낌없이 죄를 범하게 된다. 성령은 그의 새롭게 하는 사역 속에서 새로운 기능을 창출하시지 않는다. 그는 이미 존재하는 것들을 새롭게 하시며 깨끗케 하신다. 양심은 창조주 하나님의 영의 작품이다. 구속주 하나님의 영이 갖고 계신 으뜸가는 관심은 죄가 더럽혀 놓은 것을 회복시키는 것이다. 그가 하나님의 사랑의 충만한 빛 가운데서 생활할 능력을 신자에게 베푸시는 것은 양심의 충만하고 건강한 활동을 회복시키시며 그 안에서 그리스도의 놀라운 은혜, 즉 "우리 영으로 더불어 증거하시는 성령"을 계시하심으로써이다. 우리가 빛 가운데서 행할 수 있는 것은 하늘을 향해 바라보는 마음의 창이 깨끗케 되는 깨끗함을 유지할 때 뿐이다.

양심에 대한 성령의 사역은 삼중적인 것이다. 양심을 통하여 성령은 '하나님의 거룩한 법의 빛'이 마음에 비추게 하신다. 방에 커튼이 드리워지고 셔터가 닫힐 수 있다. 그러나 이것이 시시때때로 어둠 속을 비추는 빛을 막을 수는 없다. 양심이 죄로 더럽혀지고 마비되어 내적으로 강건해진 사람이 완전한 평강 가운데 거할 수도 있다. 그러나 시내산의 빛이 마음을 비출 때 양심은 깨어나 책망을 즉각적으로 받아들이며 인정하려 하게 된다. 율법과 복음은 둘다 회개와 죄에 대한 확신을 불러일으키며 양심에 호소한다. 그리고 양심으로 허물과 불신앙의 책임에 대해 아멘이라 말할 때 비로소 구원이 진실로 임할 수 있는 것이다.

마찬가지로 성령이 '자비의 빛'을 비출 수 있는 것은 양심을 통해서이다. 집의 창문들이 더럽혀지면 닦아야 한다. "그리스도의 피가'너희 양심'을 훨씬 더 깨끗케 하리라."그리스도의 보혈의 목적은 전적으로 양심에 이르러 양심의 비난하는 바를 잠잠케 하며 또한 양심을 정결케 하는 것이다. 그러면 양심은 "모든 더러움은 제거되었다. 아버지의 사랑은 그리스도 안에서 밝은 빛 가운데 내 영혼으로 흐른다"라고 증거할 것이다."마음에 뿌림을 받아 양심의 악을 깨닫는 것,""더 이상 죄의 양심을 갖지 않는 것"(히 9:14; 10:2,22)은 모든 신자의 특권이도록 계획된 것이다. 이는 예수님의 피의 능력에 대한 하나님의 가르침에 양심이 '아멘'이라 말하기를 배울 때 그렇게 된다.

피로 깨끗함을 입은 양심은 믿음으로 복종하는 가운데 행함으로 그 위에 비추이는 '하나님의 사랑의 빛'에 의해 늘 깨끗함을 유지해야 한다. 내주하시는 성령에 대한 약속과 모든 하나님의 뜻 가운데 인도하시리라는 그의 보증에 대해 양심은 또한 아멘이라 말해야 하며 그가 이루고 계심을 증거해야 한다. 신자는 겸손하고 온유하며 깨어 있는 가운데 행하도록 부름을 받는다. 그러므로 어떤 일에 있어서든지 아무리 사소한 일에 있어서라 할지라도 그가 올바른 것으로 알고 있던 것을 행하지 않았거나 믿음에서 나오지 않은 것을 행함으로 인해 양심이 그를 힐책하지 못하게 해야 한다. 신자는 "우리가 세상에서 하나님의…거룩함과 진실함으로써 하되…하나님의 은혜로 행함은 우리 양심의 증거하는 바니 이것이 우리의 자랑이라"(고후 1:12, 행 23:1; 24:16, 딤후 1:3과 비교할 것) 하는 바울의 기쁨에 찬 증거만으로도 만족할 수 있다. "우리 양심의 증거하는 바니 이것이 우리의 자랑이라" 하는 말씀에 유의하자. 우리가 빛 가운데 거함으로 창이 늘 깨끗하고 밝게 될 때 우리는 아버지와 아들과의 사귐, 맑게 비치는 천상적인 사랑, 어린 아이처럼 진실한 데서 생겨나는 우리의 사랑을 소유할 수 있다. "사랑하는 자들아 만일 우리 마음이 우리를 책망할 것이 없으면 하나님 앞에서 담대함을 얻고 무엇이든지 구하는 바를 그에게 받나니 이는 우리가 그의 계명들을 지키고 그 앞에서 기뻐하시는 것을 행함이라"(요일 3:21,22).

날마다 하나님을 향해 선한 양심을 유지하는 것은 믿음 생활에 있어 필수적이다. 신자는 오직 이것만을 목표삼아야 하며 이것만으로 만족해야 한다. 그는 이것이 그의 영역 내에 있음을 확신할 수 있다. 구약 시대에 신자들은 그들이 하나님을 기쁘시게 한 증거를 믿음으로 얻었다(히 11 : 4, 5, 6, 39). 신약 시대에 그 일은 복종해야 할 명령으로써 뿐 아니라 하나님 자신에 의해 이루어지는 은혜로써 우리 앞에 놓여져 있다. "주께 합당히 행하여 '범사에 기쁘시게 하고 '그 영광의 힘을 좇아 '모든 능력으로 능하게 하시며.'" "하나님이 모든 선을 기뻐함과 믿음의 역사를 능력으로 이루게 하시고." "그 앞에 즐거운 것을 우리 속에 이루시기를"(골 1 : 10, 11, 살후 1 : 11, 살전 4 : 1, 히 12 : 28; 13 : 21). 우리는 하나님을 기쁘시게 하는 것을 행하고 있다는 양심의 증거를 힘써 구해야 한다. 그러면 우리를 놀라게 하는 온갖 실패 속에서도 항상 정결하게 하는 피를 즉시로 바라보는 자유함을 더욱 느끼게 될 것이고 내주하는 죄와 우리에게 아직 알려지지 않은 죄의 모든 활동이 또한 그 피로 말미암아 가리워짐을 더욱 강하게 확신하게 될 것이다. 양심에 뿌려진 피는 중단할 줄 모르는 영생의 능력과 완전하게 구원하시는 변함없는 제사장의 능력 속에 거하며 활동한다. "저가 빛 가운데 계신 것같이 우리도 빛 가운데 행하면 우리가 서로 사귐이 있고 그 아들 예수의 피가 우리를 모든 죄에서 깨끗하게 하실 것이요."[14]

우리의 믿음이 연약해지는 것은 청결한 양심의 결여에 가장 큰 원인을 두고 있다. 바울이 디모데전서에서 믿음과 양심을 얼마나 밀접하게 연관시키고 있는가를 유의해 보라. "청결한 마음과 '선한 양심'과 '거짓이 없는 믿음'으로 나는 사랑이거늘"(1 : 5). "믿음과 착한 양심을 가지라 어떤 이들이 이 양심을 버렸고 그 믿음에 관하여는 파선하였느니라"(1 : 19). 그리고 특별히 "깨끗한 양심에 믿음의 비밀을 가진 자라야 할지니"(3 : 9)라 하였다. '양심은 믿음의 자리이다.' 믿음에 강하여지고 하나님께 담대함을 얻고자 하는 자는 그가 하나님을 기쁘시게 하고 있음을 알아야 한다(요일 3 : 21, 22). 예수님은 성령에 대한 약속, 즉 아버지와 아들의 내주하심, 아버지의 사랑 안에 거함, 기도의 능력 등이 작정된 것은 그를 사랑하며 그의 계명을 지키는 자들에 대해서임을 아주 분명하게 말씀하셨다. 어린

---

14) 뒤의 '강해12'를 보라.

아이 같은 소박함 가운데서 우리 양심이 우리가 그런 조건을 충족시키고 있음을 증거하지 않는다면 우리가 어찌 이 약속들을 확신있게 요구할 수 있겠는가? 교회가 중재자로서 거룩하게 부름받은 수준까지 오르며 이 제한없는 약속들을 실제로 교회의 영역 내에 있는 것으로 내세우려면 신자들은 그들의 아버지께 가까이 나아가 바울처럼 그들 양심의 증거 속에서 하나님의 은혜에 의해 그들이 거룩하고 진실하게 경건되이 행하고 있음을 자랑해야 할 것이다. 이것이 가장 심오한 겸손이며 하나님의 풍성한 은혜에 가장 큰 영광을 돌리는 것임을 알려면 우리가 성취할 수 있는 것에 대한 인간적 생각을 포기하며, 하나님이 바라시고 약속하신 것에 대한 하나님 자신의 선포를 우리가 성취해야 할 것에 대한 유일한 표준으로서 받아들여야 할 것이다. 그러면 어떻게 이 복된 삶을 성취할 수 있겠는가? 우리도 그 삶 안에서는 바울처럼 "내가 그리스도 안에서 참말을 하고 내 양심이 성령 안에서 나로 더불어 증거하노니"라고 하나님과 사람들에게 날마다 호소할 수 있을 것이다. 첫번째 단계는 양심의 책망 아래 아주 겸손히 엎드리라는 것이다. 상당히 잘못된 막연한 고백으로 만족해서는 안된다. 실제적인 범죄를 죄의 본성의 무의식적 활동과 혼동하지 않도록 깨어 있어야 한다. 죄의 본성이 내주하시는 성령에 의해 정복되고 죽게 되는 것이라면(롬 8:13) 우리는 우선 실제적인 죄를 처리해야 한다. 어떤 하나의 죄로 시작하라. 그리고 잠잠히 복종하며 낮추는 가운데 양심에게 책망할 시간을 허락하라. 이 하나의 일에 있어서 우리는 아버지의 은혜로 말미암아 복종할 것임을 그에게 고하라. 그리스도의 놀라운 은사를 새롭게 받아들여 그가 우리 마음을 온전히 소유하시게 하며 주님이시자 보호자로서 우리 안에 거하시게 하라. 자신이 연약하며 무기력하게 느껴진다 해도 그의 성령으로 말미암아 그를 신뢰함으로 이 일을 행하시게 하라. 복종, 즉 그리스도의 말씀을 받아들이고 지키는 것이 그에 대한 항복과 그의 사역과 은혜에 대한 관심을 실제로 증명하는 유일한 길임을 기억하라. 그리고 믿음에 헌신하라. 그러면 하나님의 은혜에 의해 이런 점에서, 즉 "하나님과 사람에게 대해 흠없는 양심을 '항상' 갖는 것"에서 자신을 연단시킬 것이다.

하나의 죄로 이 일을 시작하면서 한걸음씩 다른 죄들로 나아가라. 양심을 순수하게 지키는데 충실할 때 빛이 보다 밝게 하늘에서 마음으로 비출 것이고 전에 깨닫지 못했던 죄를 밝히며 성령에 의해 쓰여졌지만 전에는 읽지 못했던 법을 분명하게 생각나게 할 것이다. 기꺼이 가르침을 받으라. 성령이 가르치실 것임을 신실하게 확신하라. 하나님의 빛 안에서 피로 깨끗해진 양심을 깨끗하게 유지하려는 모든 정직한 노력은 성령의 도우심을 접하게 될 것이다. 하나님의 뜻과 그의 성령의 능력에 마음을 다해 전적으로 오직 맡기기만 하라.

이처럼 양심의 책망에 엎드리며 하나님의 뜻을 행하게 자신을 전적으로 내어줄 때 흠없는 양심을 소유할 수 있다는 담대함이 점점 강해질 것이다. 우리가 행하고 있으며 은혜로 말미암아 행할 것에 대한 양심의 증거는 그리스도께서 행하시고 있으며 행하실 것에 대한 성령의 증거에 일치하게 될 것이다. 어린 아이처럼 소박하게 날마다 단순한 기도로 시작하려 할 것이다. "아버지시여! 당신과 당신 자녀 사이에는 이제 아무런 막힘이 없습니다. 피로 정결해진 거룩한 내 양심이 내게 증거합니다. 아버지시여! 오늘도 한 조각 구름의 그늘이라 할지라도 끼어들지 말게 하소서. 내가 범사에 당신의 뜻을 행하길 원합니다. 성령은 내 안에 거하시며 나를 이끄시고 그리스도 안에서 나를 강건하게 하십니다." 그리고 풍성한 은혜만을 자랑하는 삶으로 들어가면서 하루가 끝날 때마다 이렇게 이야기할 것이다. "우리가 세상에서 하나님의 거룩함과 진실함으로써 하되 하나님의 은혜로 행함은 우리 양심의 증거하는 바니 이것이 우리의 자랑이라." "내 양심이 성령 안에서 나로 더불어 증거하노니."

은혜로우신 하나님이시여! 당신이 우리 마음 속에 허락하신 음성으로 인해 감사드립니다. 이는 우리가 당신을 기쁘시게 하는지 그렇지 않는지를 증거하는 것입니다. 그 증거가 당신의 율법의 저주에 대해 끔찍하게도 '아멘'으로 응답하며 나를 책망할 때 당신께서 당신 아들의 피를 허락하시사 양심을 정결케 하신 것을 감사드립니다. 이 순간 내 양심이 피의 음성에 '아멘'이라 말할 수 있으며 그로 인해 악한 양심에서 깨끗해진 마음으로 온전한 확신 가운데 당신을 바라볼 수 있음을 감사드립니다.

예수께서 나를 위해 내 안에서 행하신 것과 행하시고 있는 것에 대해 하늘로부터 증거하시는 이로 인해 또한 감사드립니다. 그가 내 안에서 그리스도를 영화롭게 하시며 그의 현존과 능력을 내게 허락하심을 감사드립니다. 내 마음 속에 있는 당신의 성령의 현존과 능력에 대해 내 양심이 또한

'아멘'이라 말할 수 있음을 감사드립니다.

오, 나의 아버지시여./ 나는 오늘 당신 앞에서 선한 양심으로 행하며 당신께나 나의 복되신 주 예수께 슬프시게 할 만한 것을 아무것도 행치 않기를 원하나이다. 내가 당신께 구하오니, 성령의 능력 안에서 피로 정결케 됨이 죄의 능력으로부터 생생하고 지속적이며 가장 효과적으로 구원받는 것이 되게 하시고, 당신의 완벽한 섬김에 나를 묶으며 강건케 하는 것이 되게 하소서. 그리고 당신과 함께 하는 나의 모든 행위가 내가 당신을 기쁘시게 하고 있음을 양심과 성령이 연합하여 증거함으로 즐거움 가운데 있게 하소서. 아멘.

요 점

1. 잘 정돈된 집의 창문은 항상 깨끗하다. 특히 주인은 거기서 휴식을 취하면서 아름다운 경치를 바라보길 좋아한다. 오, 창문은 늘 깨끗하고 한 조각의 구름 그늘이라도 위에서 비추는 빛을 차단하거나 위에 계신 아버지의 얼굴을 구하는 사랑의 표정을 가로막지 않게 매일 유의하라. 무의식적인 죄는 믿음으로 바라볼 때 즉시로 피로 인해 정결함을 입는다. 어떤 허물이든지 즉각적으로 고백하여 정결함을 입게 하자. 종일토록 그의 얼굴 빛 가운데 행하는 것으로만 만족하자.

2. "네가 작은 일에 충성하였으므로 네게 많은 일을 맡기겠다." 보다 작은 빛인 양심에 충실하는 것은 보다 큰 빛인 성령의 기쁨에 이르는 유일한 길이다. 우리가 갖고 있는 증거에 충실하지 못한다면 하나님께서 어찌 우리에게 참된 증거를 맡기시겠는가? 양심에 민감한 것이 참된 영성에 이르는 유일한 길임은 아무리 열심히 말하여도 지나치지 않다.

3. 교회에 필요한 것은 피의 선포와 관련하여 양심의, 양심에 대한 선포가 아닌가? 어떤 사람들은 양심을 선포하지만 피에 대해 거의 말하지 않는다. 어떤 사람들은 피를 선포하지만 양심에 대해 거의 말하지 않는다. "그리스도의 피가 살아 계신 하나님을 섬기도록 너희 양심을 훨씬 더 정결케 하리라"는 것은 하나님의 놀라운 말씀 중 하나이다. 양심은 의무, 즉 권리의 이행을 주장하는 능력이다. 그리고 피의 목적과 결과는 하나님이 의도하신 대로 선포하고 믿는다면 양심의 능력과 실제를 전적으로 회복시키는 것이다. "'피'가 '살아 계신 하나님을 섬기도록 너희 양심'을 정결케 하리라." 성결의 능력은 이 둘의 놀라운 조화를 통찰하며 세심하게 지속시키는 것에 있다.

22
성령의 계시

내 전도함이 지혜의 권하는 말로 하지 '아니하고 다만 성령'의 나타남과 능력으로 하여 너희 믿음이 사람의 지혜에 있지 '아니하고 다만' 하나님의 능력에 있게 하려 하였노라 그러나 우리가 온전한 자들 중에서 지혜를 말하노니 이는 이 세상의 지혜가 '아니요 오직' 비밀한 가운데 있는 하나님의 지혜를 말하는 것이니 곧 감취었던 것인데 이 세대의 관원이 '하나도 알지 못하였나니 오직' 하나님이 '성령'으로 이것을 우리에게 보이셨으니 우리가 세상의 영을 받지 '아니하고 오직' 하나님께로 온 영을 받았으니 이는 우리로 하여금 하나님께서 우리에게 은혜로 주신 것들을 '알게 하려 하심이라' 우리가 이것을 말하거니와 사람의 지혜의 가르친 말로 '아니하고 오직' 성령의 가르치신 것으로 하니 육에 속한 사람은 하나님의 '성령의' 일을 받지 '아니하나니' 신령한 자는 모든 것을 판단하나—고린도전서 2:4~15.

이 문맥에서 바울은 세상의 영과 하나님의 영을 비교하고 있다. 특별히 비교가 되는 점은 지혜와 진리를 아는 것에 있어서이다. 인간이 타락한 것은 지식을 구하는데 있어서였다. 우상 숭배가 그 기원을 두고 있는 것은 지식에 대한 교만이다. "스스로 지혜 있다 하나 우준하게 되어"(롬 1:22). 헬라 사람들이 그들의 영광을 구했던 것은 지혜와 철학, 진리를 탐구하는 것에 있어서였다. 유대인이 자랑했던 것은 하나님의 뜻에 대한 지식, 곧 "율법에 있는 지식과 진리의 규모"에 있어서였다. 하지만 하나님의 지혜인 그리스도께서 이 땅에 나타나셨을 때 유대인과 헬라인은 함께 그를 거부했다. 사람의 지혜는 계시를 소유하건 하지 않건간에 하나님과 그의 지혜를 이해하는데 있어서 전혀 불충분하다. 사람의 마음이 하나님으로부터 멀어져 하나님의 뜻을 사랑하거나 행치 아니하면 그 마음이 어두워져 하나님을 바로 알지 못하게 된다. 그리스도 안에서 하나님의 빛이 거룩한 사랑으로 인간에게 비치는 때라 해도 그는 그 빛을 알지 못하고 그 안에 있는 아름다움을 전혀 보지 못한다.

    로마서에서 바울은 인간이 자기 의를 신뢰하는 것과 그 불충분함을 다루었다. 고린도서에서, 특히 처음 세 장에서 그는 인간 지혜의 불충분함을 나타내 보인다. 더욱이 헬라인에게 있어서 뿐 아니라 하나님께서 계시하신 유대인에게 있어서 하나님의 진리와 뜻을 발견하는 문제일 때 인간은 하나님의 조명하심, 즉 성령의 빛없이 그것을 깨닫지 못한다는 것을 그는 나타내 보인다. 이 세상의 관리들이나 유대인, 이방인은 하나님의 지혜를 알지 못한고로 영광의 주를 십자가에 못 박았다. 고린도에 있는 신자들에게 편지를 쓰고 세상의 지혜에 대해 그들을 경고할 때 바울은 유대인이나 이방인과 같은 이교도들을 다루고 있지 않다. 그는 신자들에게 말하고 있다. 그들은 십자가에 못 박히신 그리스도에 관한 바울의 복음을 충분히 받아들였지만, 진리를 전하거나 듣는데 있어서 인간의 지혜의 능력으로 그것을 다룰 위험에 있는 자들이다. 바울은 그들에게 하나님의 진리는 감추어진 영적 비밀로써 오직 영적 계시에 의해서만 이해될 수 있음을 일깨워준다. 유대인들이 그리스도를 거절한 것은, 인간의 지혜가 하나님의 계시를 파악하는데 성령의 영적인 내적 조명없이는 전적으로 무능력함을 크게 증거하는 것이었다. 유대인들은 그들이 하나님의 말씀에 애착심을 갖고 그것을 연구하며 삶과 행위에 있어서 그것에 따르는 것을 자랑했다. 결과적으로 그들은 하나님의 말씀을 깨닫지 못하고 그것을 오해했으며 그들이 기다리고 있으며 신뢰하고 있다고 생각했던 메시야를 부인한 것으로 판명되었다. 하나님의 계시는 바울이 고린도전서 3장에서 상술(詳述)하고 있듯이 세 가지 사실을 의미한다. 하나님은 그가 생각하시고 행하시는 것을 그의 말씀으로 알리심에 분명하다. 그 가르침을 전달하고자 하는 모든 설교자는 진리를 소유해야 할 뿐 아니라 말하는 법을 성령에 의해 끊임없이 가르침받아야 한다. 그리고 듣는 자라면 누구든지 내적 조명이 있어야 한다. 그의 마음이 영적 진리를 취할 수 있는 것은 그가 영적 사람이어서 그의 생명을 성령의 다스리심 아래 둘 때 뿐이다.[15] 우리가 그리스도의 마음과 성품을 가질 때 진리를 분별할 수 있다. 진리가 그리스도 예수 안에 있기 때문이다. 이 가르침은 오늘날의 교회와 각 신자에게 특별히 필요한 것이다. 종교개혁과 더불어 인간의 의와 하나님의 법을 수행할 인간의 실제적 능력의 불충분함은 개혁교회에서 보편적으로 인정되었으며 지금도 최소한 원리적으로 복음적 그리스도인들 가운데서 어디에서나 수긍되고 있다. 그러나 인간 지혜의 불충분함은 결코 분명하게 인정받지 못해 왔다. 성령의 가르치심의 필요성은 대개 기꺼이 인정된다. 이와 반면에 교회의 가르침이나 신자의 삶에 있어서 이 복된 진리는 실제적이고 전적으로 포괄적인 우월함—이것이 없다면 이 세상의 지혜와 영이 그 능력을 나타낼 것이다—을 얻지 못하고 있다.

지금 말한 것에 대한 증거는 바울이 그의 설교에 대해 말하고 있는 것에서 찾아볼 수 있다. "내 전도함이 지혜의 권하는 말로 하지 아니하고 다만 성령의 능력으로 하여 너희 믿음이 사람의 지혜에 있지 아니하고 다만 하나님의 능력에 있게 하려 하였노라." 그는 갈라디아 사람들에게처럼 두 개의 복음에 대해 쓰고 있는 것이 아니라 그리스도의 십자가의 한 복음을 전하는 두 가지 방법에 대해 쓰고 있다. 바울은 사람의 지혜의 권하는 말로 복음을 전하는 것은 그 기원의 징표를 사람의 지혜에 두는 믿음을 낳는다고 말한다. 그 믿음이 사람들과 수단에 의해 자양분을 공급받는 동안에 계속해서 서 있으면서 자라날 수도 있을 것이다. 그러나 홀로 또는 시련의 날에 서 있을 수는 없다. 사람은 그런 전도로 신자가 될 수 있지만 연약한 신자가 될 것이다. 다른 한편으로 성령과 능력의 전하는 것으로 태어난 믿음은 하나님의 능력에 있다. 신자는 성령 자신이 전하시는 것으로 인도함을 받아 옛 사람이 살아 계신 하나님과 직접 접촉하게 된다. 그의 믿음은 하나님의 능력에 있다. 대부분의 교회 구성원의 상태가 은혜의 방편이 풍성함에도 불구하고 연약하여 병에 걸려 있다면, 더욱이 하나님의 능력 가운데 있어서 능력있게 세상을 이기며 마음을 정결케 하고 보다 큰 일을 행

---

15) 이처럼 하나님의 영과 세상의 영을 비교하는데 있어서 바울은 2:6~9 에서 감추어진 지혜를 그 신적 내용과 성격에 있어 기술한다. 10~13절에서 그는 이 하나님의 지혜가 하나님에 의해 계시되어야 하고 그 지혜의 선포는 성령으로 말미암아 하나님에 의해 인도됨을 가르친다. 그리고 14절에서 3:4까지 청중 편에서 받아들이려면 성령의 영향이 필요함을 가르친다.

하는 믿음을 별로 지니고 있지 못하다면, 이는 진실한 복음전도라 할지라도 성령과 능력의 나타남 보다는 사람의 지혜에 더 의존했기 때문임을 우려해야 할 것이다. 어떤 변화가, 말하는 설교자와 교사의 영과 듣고 기대하는 회중의 영에 모두 생겨나야 한다면 그 변화는 각 신자 개개인의 삶에서 시작해야 한다고 확신한다.

우리는 우리 자신의 지혜를 두려워하길 배워야 한다. "너는 마음을 다하여 여호와를 의뢰하고 네 명철을 의지하지 말라." 바울은 신자들에게 "누구든지 이 세상에서 지혜 있는 줄로 생각하거든 미련한 자가 되어라 그리하여야 지혜로운 자가 되리라"(고전 3:18)고 말한다. 성경이 "그리스도의 사람들은 육체를 십자가에 못 박았느니라"고 말할 때 이것은 육신의 이해, 즉 성경이 말하는 육신적 생각을 포함한다. 자아를 십자가에 못 박으면서 자기 자신의 선과 능력, 의지를 그 안에 선한 것이 없음으로 해서 죽게 내어 주며, 그리스도를 바라보면서 그의 생명의 능력으로 하나님을 기쁘시게 하는 선과 능력과 의지를 베풀어 주시길 그에게 구하는 것처럼 특별히 자기 자신의 지혜에 있어서도 그래야 한다. 사람의 마음은 가장 고상하고 가장 하나님을 닮은 능력 중 하나이다. 그러나 죄가 그것을 다스리며 그 안에서 왕노릇 한다. 사람은 참으로 개심할 수 있지만 하나님의 진리를 붙잡고 유지하려 하는 자기 본래의 마음이 어느 정도인지를 알지 못한다. 성경읽기나 가르침이 아주 많이 있지만 삶을 향상시키며 성결하게 하는 능력이 전혀 없는 이유는 단순히 이러하다. 즉, 성령으로 말미암아 계시되고 받아들여진 진리가 없다는 것이다.

이것은 또한 한때 성령에 의해 가르침을 받았지만 생각에 맡겨져 이제는 단지 기억하고 있을 뿐인 진리에도 적용된다. 만나는 땅에 저장되었을 때 급속도로 그 천상성(天上性)을 잃는다. 하늘에서 받은 진리는 날마다 새롭게 기름부음을 받지 못한다면 거룩한 신선미(新鮮味)를 잃는다. 신자는 육신, 곧 본성의 능력이 지성이나 이성의 움직임처럼 하나님의 말씀을 다루는데 있어서 교활하게 나서서는 아니됨을 매일 시시각각으로 느껴야 한다. 이로 인해 신자는 바울의 말에 있어서처럼 끊이없이 "미련한 자가 되기" 위해 힘써야 함을 느낄 것이다. 신자는 하나님의 말씀을 다루거나 하나님의 진리를 생각해야 할 때마다 믿음과 온순함으로 약속된 성령의 가르치심을 기다려야 한다. 신자는 때때로 할례받은 귀를 구해야 한다. 이는 육신의 능력으로 하는 생각이 사라지고 마음 속에 있는 그리스도 예수 안의 생명의 영이 그리스도께서 그리하신 것처럼 삶을 복종시키는 가운데 귀를 기울이는 것이다. 이런 자에게 "이것을 지혜롭고 슬기있는 자에게 숨기시고 어린 아이들에게는 나타내심을 감사하나이다" 하는 말씀이 이루어질 것이다.

모든 성직자들과 교사들, 교수들과 신학자들 그리고 성경학도와 독자들에 대한 교훈은 심히 엄중한 것이다. 계시의 객관적인 영적 내용과 그에 대한 우리 편에서의 주관적인 영적 이해 간에, 성령의 능력으로 계시를 이해하는 것과 전하는 것 간에 그리고 계시를 전하는 것과 그것을 전함받는 사람들의 받아들이는 것 간에 완벽한 일치가 있어야만 함을 느껴본 적이 있는가? 신학교와 훈련기관 위에, 주석가들과 저술가들 그리고 성직자들과 교사들의 연구 위에 "하나님이 성령으로 이것을 우리에게 보이셨으니"라는 바울의 말을 적어 둘 수 있다면 좋을 것이다. 성직자들이 그들 회중을 움직이고 훈련시켜 그 회중이 받은 성경지식의 양이나 명료함 또는 관심에 따라 그 지식이 전해 주는 축복과 능력이 좌우되는 것이 아니라 성령을 실제로 의뢰하는 정도에 따라 좌우됨을 회중에게 깨닫게 할 수 있다면 좋을 것이다. "나를 영화롭게 하는 자들을 내가 영화롭게 하리라"는 말씀은 어느 곳에 있어서도 이 점에 있어서보다 더 사실적으로 깨달을 수 없을 것이다. 자아와 그것의 모든 지혜, 약하고 두려워하며 몹시 떠는 가운데 나아오는 것을 바울이 행한 것처럼 십자가에 못 박는다면 위로부터 오는 성령과 능력의 나타남을 가장 확실하게 접하게 될 것이다.

신자여! 그리스도의 빛이 말씀 가운데서 우리에게 비치는 것으로 충분치 않다. 성령의 빛이 우리 속에서 비추어야 한다. 연구하며 설교를 듣고 신앙서적을 읽으면서 말씀으로 나아올 때면, 외부적 방편들을 접촉하는 것처럼 분명하게 자신의 지혜를 부인하며 믿음으로 자신을 하나님의 교사께 맡기는 명확한 자기 부정의 행위가 있어야 한다. 그가 우리 속에 거하심을 매우 분명하게 믿으라. 그는 마음 속 생명을 정복하시고 성결케 하심으로 예수님께 전적으로 항복하고 복종하게 하신다. 그에 대한 항복을 새롭게 하기를 기뻐하라. 지혜와 자기 확신으로 우리 속에 여전히 있는 세상의 영을 거절하라. 가난한 마음으로 나와 하나님께 속한 성령의 인도하심을 받으라. "너희는 육신과 자아와 그 지혜를 확신함으로 이 세대를 본받지 말고 오직 마음을 새롭게 함으로 변화를 받아 하나님의 선하시고 기뻐하시고 온전하신 뜻이 무엇인지 분별하도록 하라."성령의 가르치심을 받는 것은 오직 하나님의 온전하신 뜻만을 알기를 원하는, 변화를 받아 새롭게 된 생명이다. 자기 자신의 지혜를 그치라. 마음 중심에서 하나님이 약속하신 지혜를 기다리라. 그러면 사람들의 마음으로 생각치 못했던 것들을 점차적으로 증거할 수 있을 것이다. "하나님이 성령으로 이것을 우리에게 보이셨으니."

오, 하나님이시여! 십자가에 못 박히신 그리스도 안에서의 당신의 놀라운 계시, 즉 하나님의 지혜와 능력으로 인해 당신을 찬양합니다. 내가 당신을 찬양함은 사람의 지혜가 죄와 사망의 능력에 직면하여 그를 무기력하게 하는 반면에 십자가에 못 박히신 그리스도께서 하나님의 권능으로 이루신 구원의 능력으로 그가 하나님의 지혜이심을 나타냄 때문이니이다. 더욱이 내가 당신을 찬양함은 그가 전능하신 구세주로서 이루시고 허락하신 것이 당신의 성령의 거룩한 빛에 의해 우리 속에 계시됨 때문이니이다.

오, 주님이시여! 우리가 구하옵나니, 당신의 교회를 가르치시사 교회가 하나님의 능력이신 그리스도를 나타내지 못하는 것은 그가 하나님의 지혜로 거의 알려지지 않았기 때문임을 알게 하소서. 오직 내주하시는 성령만이 당신 앞에서 그를 나타내실 수 있읍니다. 오, 당신의 교회를 가르치시사 교회가 하나님의 각 자녀를 이끌어 마음 속에 계신 그리스도의 개별적 가르침과 계시에 이르게 하소서.

오, 하나님이시여! 우리에게 보이시사, 유일한 큰 장애물은 우리의 지혜, 즉 우리가 하나님의 말씀과 진리를 이해할 수 있다는 우리의 생각임을 알게 하소서. 오, 우리를 가르치시사 지혜로운 자가 되기 위해 미련한 자가 되게 하소서. 우리의 모든 삶이 믿음의 일관된 연속적인 행위이게 하시사 성령께서 가르치시며 인도하시고 진리로 이끄시는 그의 사역을 확실히 이루게 하소서. 아버지시여! 당신은 그에게 허락하시사 그가 영광 중의 예수님을 우리 속에 계시하시게 하셨읍니다. 우리는 이를 기다리나이다. 아멘.

요 점

1. "하나님께서 세상의 미련한 것들을 택하사 지혜 있는 자들을 부끄럽게 하려 하시고"(고전 1 : 27, 비교 1 : 19, 20, 21; 3 : 19, 20). 신자들에게 이런 가르침이 필요했던 것은 단지 고린도에서 뿐이었던가? 모든 사람에게는 하나님께 속하지 않은 지혜가 있지 않는가? 또한 그런 지혜로도 살아계신 하나님 자신과의 직접적인 접촉없이 말씀을 이해할 수 있다고 생각하는 용의가 있지 않는가? 이 지혜는 매우 영적인 진리라 할지라도 정복하려 하며, 그에 대한 분명한 개념이나 이미지를 형성하려 한다. 그리고 그것은 성령께서 생명 안에서 진리를 계시하시는 살아 있는 능력 대신에 분명한 개념이나 이미지를 즐긴다.

2. 예수님은 지혜의 영을 갖고 계셨다. 그것이 어떻게 나타났는가? 그가 아버지께서 말씀하신 것을 듣기를 기다리는 데서였다. "아침마다 그는 내 귀를 깨우시사 가르침을 받는 자들처럼 듣게 하신다." 가르침을 완벽하게 잘 듣는 것이 이 땅에 계신 아들의 표지였다. 이것은 또한 우리 속에 계신 성령의 표지이다. "그가 오직 듣는 것을 말하시며." 생명은 빛이다. 성령은 우리 생명이 그에게 완전히 복종함을 발견하실 때 그가 우리 속에서 역사하시는 것에 따라 가르치신다. "내가 지혜 있는 자들의 지혜를 멸하리라."

3. 기독교인이 하나님의 '능력'이 결여되어 있는 동안에 아름다운 생각과 감동적인 느낌 속에 있는 모조적(模造的)인 지혜로 자신을 기만했음을 아는 것은 하나님이 그 사실을 우리에게 계시하실 때에 이르러서이다. 사람의 '지혜'는 하나님의 능력과 대조된다. 하나님의 지혜의 유일한 참된 표지는 그 능력이다. 하나님의 나라는 말이나 생각이나 지식이 아니라 능력이다. 하나님이 우리의 눈을 여시사 우리의 믿음이 주로 아름다운 말이나 생각, 느낌에 있으며 '하나님의 능력에 있지 않음'을 알게 하시길.

4. 세상의 영과 세상의 지혜가 하나임을 유의하라. 많은 그리스도인들이 두려움이나 조심성없이 이 세대의 학식의 영향에 자신을 맡겨 버리는 것이, 성령이 그들을 인도하시지 못하거나 그들 속에 그리스도를 계시하시지 못하는 중요한 원인들 중의 하나이다. "세상이 능히 성령을 받지 못하리니 이는 저를 알지 못함이라." "우리는 이 세상의 영을 받은 것이 아니요 아버지께 속한 영을 받은 것이라."

23
영에 속한 자와 육신에 속한 자

형제들아 내가 신령한 자들을 대함과 같이 너희에게 말할 수 없어서 육신에 속한 자 곧 그리스도 안에서 어린 아이들을 대함과 같이 하노라 내가 너희를 젖으로 먹이고 밥으로 아니하였노니 이는 너희가 감당치 못하였음이거니와 지금도 못하리라 너희 가운데 시기와 분쟁이 있으니 어찌 육신에 속하여 사람을 따라 행함이 아니리요―고린도전서 3 : 1~3.

전 장(고전 2장―역자주)에서 바울은 영에 속한 자로서의 신자를 자연인(또는 육에 속한 자)으로서의 중생치 못한 사람과, 즉 성령의 사람을 혼에 속한 사람과 비교하였다(고전 2 : 14,15). 여기서 그는 그 가르침을 보충한다. 그는 고린도 사람들에게 그들이 성령을 소유하고 있다 할지라도 영에 속한 자라 불리울 수 없다고 말한다. 그 명칭은 성령을 받았을 뿐 아니라 성령께 자기 자신을 맡겨 그로 하여금 모든 삶을 소유하시고 다스리시게 하는 사람들에 관한 것이다. 이를 행치 아니하고 육신의 능력이 성령의 능력보다 훨씬 더 현저한 사람들은 영에 속한 자라 불리울 수 없으며 육에 속한 자라 불리워진다. 그러므로 사람이 인식될 수 있는 세 가지 상황이 있다. 중생치 못한 사람은 하나님의 성령을 소유하고 있지 않는 '자연인'이다. 중생한 사람일지라도 그가 이제 겨우 개심함으로 인해서건 정체되어 있어 진전을 이루지 못해서건간에 그리스도 안에서 여전히 어린 아이라면 그는 육신의 능력에 맡겨진 '육에 속한 사람'이다. 성령이 전적으로 그 안에서 주도권을 쥐고 있는 신자는 '영에 속한 사람'이다. 문맥 전체에 걸쳐 우리 속에 계신 성령의 삶에 관하여 풍부한 가르침을 제시하고 있다.

'어린 그리스도인은 여전히 육에 속해 있다.' 중생은 태어남이다. 인격의 중심과 뿌리 곧 영이 하나님의 성령에 의해 새롭게 되어 그의 소유로 되는 것이다. 그러나 그 중심에서 나온 능력이 우리 존재의 모든 영역으로 확장되는 때가 필요하다. 하나님의 나라는 씨앗과 같다. 그리스도 안에 있는 생명은 자라나는 것이다. 우리가 그리스도 안에서 어린 아이된 자에게서 젊은 사람들에게서만 발견할 수 있는 힘이나 선조들의 풍부한 경험을 기대한다면 자연과 은혜의 법칙에 똑같이 어긋날 것이다. 어린 개심자에게 구주께 대한 참된 사랑과 헌신을 지닌 대단히 독특한 마음과 믿음이 있다 해도 자아와 죄에 대한 보다 깊은 지식과 하나님의 뜻과 은혜에 대한 영적 통찰력을 얻기 위한 시기가 필요하다. 어린 신자가 감정적으로 깊이 자극받고 정신적으로 하나님의 진리를 묵상함으로 기뻐하는 것은 당연하다. 그러나 은혜 안에 성장함으로 의지가 보다 더 중요한 것이 되며, 정신적으로만 얻는 생명에 대한 생각과 이미지를 즐거워하기 보다는 삶과 인격 속에서 성령의 능력을 기다리게 된다. 그리스도 안에서 어린 아이가 육에 속했다 해서 이상해 할 필요가 없다.

'많은 그리스도인들은 육에 속해 있다.' 하나님은 우리를 성장하도록 부르실 뿐 아니라 성장에 필요한 모든 조건과 능력을 공급해 주신다. 그러나 슬프게도 완전한 데로 나아가 "장성한 자의 분량에 이르러야 함"에도 고린도 사람들처럼 그리스도 안에서 여전히 어린 아이인 자들이 많다는 것은 사실이다. 어떤 경우에 그 책임은 각 개인에게 있다기 보다는 거의 교회와 그 가르침에 있다. 주로 용서와 화평, 하늘의 소망에 관한 구원만을 설교하거나 성결의 삶을 설교한다 해도, 우리의 거룩함이시며 부족함없는 성결의 능력이신 그리스도에 관한 진리와 성령의 내주하심을 분명하게 성령의 능력으로 가르치지 않는다면 성장은 거의 기대할 수 없을 것이다. 거룩함 가운데 현재의 구원으로 이끄는 하나님의 능력인 복음에 대한 무지와 인간적인 잘못된 견해는 악의 원인이다.

다른 경우에 악의 뿌리는 그리스도인이 자기를 부인하려 하지 않으며 육신을 십자가에 못 박으려 하지 않는 데서 찾아볼 수 있다. 각 제자에 대한 예수님의 부르심은 "아무든지 나를 따라 오려거든 자기를 부인하라"는 것이다. 성령은 오직 복종하는 자에게만 허락된다. 그는 절대적으로 자신을 죽게 내어 주고자 하는 자들 안에서만 그의 사역을 이루신다. 고린도 사람들이 육에 속한 것으로 드러난 죄는 시기와 분쟁이었다. 그리스도인들이 이기심과 분노의 죄를 포기하려 하지 않을 때 또는 집안 관계에서든지 보다 넓은 영역인 교회나 공공 생활에서, 멋대로 악한 감정을 터뜨리며 그것을 허락하고 자기 나름대로의 판단을 선포하며 온전한 사랑 안에 있지 않은 말들을 하려 할 때 그들은 여전히 육에 속한 것이다. 그들의 모든 지식과 종교의식에 대한 기쁨, 하나님 나라를 위한 그들의 사역에 있어서 그들은 육에 속해 있고 영에 속해 있지 않다. 그들은 하나님의 성령을 슬프게 한다. 그들은 하나님을 기쁘시게 하고 있다는 증거를 가질 수 없다.

'육에 속한 그리스도인은 영적 진리를 이해하지 못한다.' "내가 너희를 젖으로 먹이고 밥으로 아니하였노니 이는 너희가 감당치 못하였음이거니와 지금도 못하리라." 고린도 사람들은 그들의 지혜를 자랑했다. 바울은 그들이 "모든 지식에 풍족하므로" 하나님께 감사했다. 그의 가르침 속에는 그들이 이해하지 못했을 것이 없었다. 그러나 실제로 영적으로 능력의 진리 가운데 들어감으로 그 진리를 소유하며 그것에 사로잡히게 되고, 말씀이 말하고 있는 생각을 지닐 뿐 아니라 그 자체를 얻게 되는 것은 오직 성령만이 허락하시는 것이다. 그리고 그는 영적 마음을 지닌 자 안에서만 그것을 허락하신다. 성령의 인도하심과 가르치심은 복종하는 자에게 허락되며 그에 앞서 몸의 행실을 죽이는 성령의 다스리심(롬 8:13,14을 볼 것)이 있어야 한다. 영적 지식은 깊은 생각이 아니라 살아 있는 접촉이며, 예수 안에서 그러했듯이 영적 실체이자 실재적 존재인 진리 안으로 들어가 그것에 연합하는 것이다. 성령은 신령한 것들을 신령한 것들과 연결시키시면서 가르치신다. 그는 영적 마음 속에서 영적 진리를 일으키신다. 사람을 성령의 가르치심에 합당케 하는 것은 지적 능력이 아니며 진리를 깨닫고자 하는 열렬한 바램도 아니다. 영적 지혜와 명철을 얻는 것은 성령께 맡겨진 생명—이는 영적으로 되기 위해 성령을 기다리고 의존하며 그에 전적으로 복종하는 가운데 있어야 한다—이다. 마음(성경에서 이 단어의 의미는 '지성'이다)에는 두 가지 요소, 즉 도덕적인 것과 인식적인 것이 결합되어 있다. 전자가 선행하며 지배할 때만이 후자가 하나님이 말씀하신 것을 이해할 수 있다.

육에 속한 삶의 행위와 육에 속한 마음의 지식이 상호간에 작용하고 반응하는 것을 이해하기란 쉽다. 우리가 육신에 무릎꿇고 있는 한 진리를 영적으로 통찰할 수 없을 것이다. 우리는 사랑 곧, 성령께서 마음 속 생명에 일으키시는 사랑없이도 "모든 비밀과 지식을 알 수" 있다. 이는 자만심을 일으키게 하는 지식일 뿐이며 아무런 유익을 주지 못한다. 육에 속한 생명은 지식을 육에 속하게 한다. 그리고 또한 이 지식은 육에 속한 마음 안에 보존됨으로 육신적 신앙, 즉 자기 신뢰와 자기 노력의 신앙을 강화시킨다. 이렇게 받아들여진 진리는 새롭게 하며 자유케 할 능력을 전혀 갖지 못한다. 성경을 가르치는 것이나 성경을 아는 것이 대단하다 해도 성결의 삶 속에서 참된 영적 결실을 별로 얻지 못하는 것은 이상한 일이 아니다. "너희 가운데 시기와 분쟁이 있으니 너희가 어찌 육신에 속하지 아니하리요" 하는 하나님의 말씀이 그의 교회에 울려 퍼진다면 좋으련만. 우리가 겸손과 사랑, 자기 희생, 영적 진리로 충만한 영적 삶을 살고 있지 않다면 하나님의 진리는 우리에게 들어오거나 유익을 주지 못할 것이다.

'모든 그리스도인은 영에 속한 사람이 되도록 하나님의 부르심을 받는다.' 바울은 이 고린도 사람들이 천박한 이교에서 이끌림을 받은 지 단지 몇 년 지나지 않았음에도 그들이 아직도 영에 속하지 않았다고 책망한다. 그리스도 안의 위대한 구원은 모든 장애물의 제거를 그 목적으로 갖고 있었는데 이는 하나님의 성령이 사람의 마음과 생명을 영이신 하나님께 합당한 거처로 만드실 수 있도록 하기 위함이었다. 그 구원은 결코 실패하지 않았다. 성령은 강림하셔서 이전에 알려지지 않았던 내주하시는 생명과 능력의 새로운 분배를 시작하셨다. 아버지의 약속과 사랑, 아들의 능력과 영광, 이 땅에서의 성령의 현존—이 모든 것은 그것이 가능하다는 약속이며 보증이다. 자연인이 정녕 중생한 자가 될 수 있는 것처럼 중생한 자는 아직 육에 속했다 할지라도 영에 속한 자가 될 수 있다.

그런데 왜 그렇게 되지 않는가? 이 질문은 기이하고 측량할 수 없는 신비, 즉 하나님께서 그의 은사를 받건 받지 않건간에, 그가 베푸신 은혜에 충실하건 충실하지 않건간에 사람들에게 주신 능력 앞으로 우리를 이끈다. 우리는 앞서 교회 편에서의 불충실함—이는 신자 안에 있는 성령의 내주하시고 성결케 하시는 능력에 대해 그릇되이 가르치는데 있다—과 신자 편에서의 불충실함—이는 성령께서 전적으로 소유하시고 그들 안에서 완전하게 일하시도록 모든 것을 포기해야 함에도 그렇게 하지 않으려는데 있다―을 이야기했다. 영적으로 되는 길에 이르는 것으로 성경이 가르치는 것을 여기서 다시 한번 점검해 보자.

영에 속한 사람으로 만드는 것은 성령이시다. 그만이 이를 행하실 수 있다. 그는 전인간(全人間)이 그에게 양도되는 곳에서 그것을 가장 확실하게 행하신다. 모든 것이 성령으로 가득차 그에 영향을 입으며 그로 말미암아 성결케 되는 것, 우선 우리의 영이, 그 다음에 의지와 감정과 지성으로 더불어 혼이, 그리고 성령의 통제 아래서 육이 그의 감동하심을 입고 인도하심을 받는 것―이것이 영적 사람을 만들며 그 특징을 이룬다.

이에 이르는 첫번째 단계는 믿음이다. 우리는 깊고 살아 있으며 열중케 하는 확신을 구해야 한다. 그 확신은 성령이 우리 안에 계시는데, 그는 마음 속에 거하시며 일하시는 하나님의 능력이시고, 예수님의 대리인이셔서 예수님을 구원의 능력인 우리의 구속자 왕으로서 우리 속에 현존케 하신다는 것이다. 내주하시는 하나님께 대한 이 진리의 엄청난 영광에 거룩한 두려움과 떨림을 합하며 그가 보혜사이시며 하나님과 그리스도의 거룩한, 변경할 수 없는 현존의 전달자이심을 알므로 어린 아이처럼 기뻐하고 신뢰해야 한다. 그리고 성령이 우리 속에 그의 집을 소유하고 계시며 그의 감추어진 복된 거처는 우리의 영 안에 있음을 생각함으로 생명에 영감을 불어 넣어야 한다.

우리가 성령의 존재와 그의 하실 일에 대한 믿음으로 충만하여 믿음대로 되지 않음을 알 때 우리는 방해물을 찾는다. 우리는 적대적인 세력, 즉 육신이 있음을 깨닫는다. 성경에서 우리는 육신은 두 가지 행위를 갖고 있음을, 곧 육신에서 불의가 생겨날 뿐 아니라 자기 의가 생겨남을 배운다. 성령께서 우리의 능력의 구세주이신 주님으로 계시하시고 높이시는 분께 그 둘을 고백하고 내어 주어야 한다. 육신과 죄에 속한 모든 것, 즉 육신의 모든 행위를 저버리고 내던져야 한다. 그러나 또한 아무리 신앙적으로 보인다 해도 육에 속한 모든 것, 즉 육신에 대한 모든 확신 그리고 모든 자기 노력과 자기 투쟁은 근절되어야 한다. 혼은 그 능력과 함께 예수 그리스도께 사로잡히어 종속되어야 한다. 하나님을 깊이 날마다 의존하는 가운데 성령을 받아들이며 기다리고 그의 뒤를 좇아야만 한다.

이처럼 믿음과 복종 가운데 행할 때, 우리 속에서 하나님의 지극히 복된 사역을 행하시는 성령을 의뢰할 수 있다. "우리가 성령으로 살면"—이런 믿음이 요구된다. 그리고 우리가 하나님의 성령이 우리 안에 거하심을 믿는다면 "성령으로 살자". 이런 순종이 요구된다. 우리는 우리 안에 계신 성령에 대한 믿음으로 성령으로 말미암아 행할 충분한 능력을 가지고 있음을 알며 우리 자신을 그의 능력의 사역에 맡긴다. 그는 우리 안에서 행하셔서 하나님 보시기에 기뻐하실 모든 것을 바라고 행하게 하신다.

은혜로우신 하나님이시여 / 우리가 당신께 겸손히 기도하오니 이 부분의 당신의 복된 말씀의 엄숙한 교훈들로 말미암아 유익이 될 모든 것을 우리에게 가르치소서.
거룩한 두려움과 떨림으로 우리를 채우소서. 이는 그리스도와 성령의 진리에 대한 우리의 모든 지식에 있어서 당신의 성령의 사랑과 순결함 속에 행치 않으면서 기질과 행위에 있어 육에 속하지 않게 하기 위함이니이다. 지식이 건설적인 사랑의 다스림 아래 있지 않는다면 다만 자만심을 일으키게 할 뿐임을 깨닫게 하소서.
영에 속하도록 당신의 모든 자녀들을 부르시는 것을 우리로 듣게 하소서. 당신의 사랑하는 아들처럼 그들의 모든 일상 생활이 지극히 조그만 일에 있어서조차 당신의 성령의 내주하심의 열매임을 증거하는 것이 당신의 목적입니다. 우리 모두가 당신의 사랑에서 우리의 가장 고상한 축복, 즉 그리스도 예수 안에서 당신의 형상에 따르는 것으로 우리를 초청하시는 소명을 받아들이게 하소서.
복되신 아버지시여 / 우리의 믿음을 강건하게 하소서. 이는 우리가 성령이 그의 일을 행하셔서 우리를 영에 속하게 하시리라는 확신으로 충만해지기 위함이니이다. 우리는 자아와 회의를 끊길 원합니다. 우리 안에서 다스리시며 성령으로 말미암아 자신을 계시하시는 우리 주 예수님께 우리 자신을 드립니다. 우리는 당신의 성령, 곧 하나님의 성령이 매순간 우리 안에 거하신다는 어린 아이 같은 믿음으로 당신 앞에 엎드립니다. 우리 영혼이 더욱 더 그의 존재 앞에서 두려워하며 경배하는 거룩한 마음으로 충만하게 하소서. 오 / 아버지시여, 당신의 영광의 풍성함을 따라 우리가 속 사람에 있어 그로 말미암아 강건하여 능력있게 하소서. 그때 우리는 참으로 영에 속하게 될 것입니다. 아멘.

요 점

1. "믿는 이여! 하나님께 속한 것들, 곧 오순절의 영적 상태를 맛보지 못한 제자의 단계에서 일어나라"—새퍼(SAPHIR).

2. '육신에 속한'이라는 말과 바울이 여기서 매우 강하게 비난하는 삶을 이해하려면 로마서 7:14의 "나는 육신에 속하여 죄 아래 팔렸도다"하는 것과 그 말씀이 해결의 열쇠인, 곤고하여 구원받지 못한 상태에 대한 기술을 비교해 보라. '신령한'이라는 말을 이해하려면 로마서 8:6의 "영의 생각은 생명과 평안이라"하는 것을 전후 문맥(2~16절)에서 성령의 생명에 대해 기술한 것과 함께 비교해 보라. '육신에 속한 자'의 큰 징표는 사랑의 결여이고 '영에 속한 자'의 큰 징표는 새로운 계명을 지키는 온유함과 사랑임을 알려면 갈라디아서 5:15, 16, 22, 25, 26, 그리고 6:1을 비교해 보라.

3. 사람이 처음 거듭날 때 그의 속에 있는 새 생명은 죄와 육신의 큰 몸 가운데 있는 작은 씨앗에 지나지 않으며 육신의 지혜와 뜻을 지닐 뿐이다. 그 작은 씨앗 속에 그리스도와 전능하신 능력인 그의 성령이 계시지만 무시당하거나 의심받기 쉬운 작고 연약한 것으로 계신다. 그 작은 씨앗 속에 세상을 정복하고 모든 육신과 생명을 복종시킬 능력이 있음을 믿음으로 안다. 그러므로 성령이 다스리시고 정복하셔서 몸의 행실을 죽이시게 되면 사람은 참으로 영에 속하게 된다.

4. 하나님 말씀에 대한 참된 영적 통찰력은 영적 생명에 따른다는 교훈은, 말씀의 모든 사역자와 교사들에게 대단히 중대한 것이다. 교회의 모든 지도자들을 위해 그들이 영에 속한 사람들이 되도록 기도하자. 대개 축복을 확고히 하는 것은 건전한 가르침 그 자체나 가르치는 자의 열심이 아니라 그의 생명과 사상과 말을 참으로 영적이게 하는 성령의 능력이다.

5. "성령을 소유하는 것과 그가 우리를 완전히 소유하시게 하는 것은 별개의 것이다. 그를 소유하지 않고는 어느 누구도 거듭날 수 없다. 그러나 또다른 면이 있는데 이는 그가 우리의 모든 존재를 충만케 하시며 우리를 그의 뜻대로 하시는 것이다"—켈리(KELLY).

24
성령의 전

너희가 하나님의 성전인 것과 하나님의 성령이 너희 안에 거하시는 것을 알지 못하느뇨―고린도전서 3:16.

하나님의 성령으로 말미암아 우리 안에 거하시는 모형으로서 성전을 예로 들면서 성경은 우리로 하여금 유추(類推)를 연구케 한다. 성전은 모든 점에서 시내 산에서 모세에게 보인 형태를 따라 이루어졌는데, 이는 영원한 영적 실체들에 던져진 그림자로 그 실체들을 상징화하기 위한 것이었다. 이런 실체들 중에 하나는―하나님의 진리는 넘치도록 풍성하고 충만하며 다양하게 많이 적용된다―성전에 디리 나타나 있는 이런 실체들 중에 하나는 사람의 삼중적인 성격이다. 사람은 하나님의 형상으로 창조되었기 때문에, 성전은 사람이 하나님 앞에 나아가는 비밀을 보이는 것일 뿐 아니라 하나님이 사람에게 들어가셔서 그에게서 그의 처소를 취하시는 방법을 보이는 것이다.

우리는 성전을 세 부분으로 나누는 것에 익숙하다. 바깥 뜰에는 모든 사람이 볼 수 있게 성전 외곽지대가 있었다. 이스라엘 사람은 누구나 거기에 들어갈 수 있었고 모든 외적 종교예배는 거기서 이루어졌다. 그리고 성소가 있었다. 제사장들만이 거기로 들어가 밖에서 가져온 피와 향, 빵과 기름을 하나님께 드릴 수 있었다. 그러나 그들은 가까이 있다 해도 휘장 안으로는 들어가지 못했다. 그들은 하나님의 존전에 가까이 나아갈 수 없었다. 하나님은 지성소, 즉 가까이 하기 어려운 빛 가운데 계셨다. 어느 누구도 감히 거기에 가까이 할 수 없었다. 대제사장은 일 년에 한 번 거기에 일시적으로 들어갔다. 이는 휘장이 찢겨져 치워질 때까지 거기에는 사람을 위한 장소가 없었다는 사실을 충분히 알게 하는 것이다.

사람은 하나님의 전이다. 그 안에는 역시 세 부분이 있다. 사람은 몸에 바깥 뜰, 곧 눈에 보이는 외적 생명을 지니고 있다. 거기서 모든 행위는 하나님의 법에 의해 통제되어야 한다. 또한 거기서의 모든 예배는 우리를 하나님께 가까이 하기 위해 우리 밖에서 우리를 위해 이루어진 것을 바라보는데 있다. 그리고 내적 생명, 즉 지·정·의의 능력을 지닌 혼이 있다. 중생한 사람에게 이것은 성소이다. 거기서는 생각과 감정과 욕구가 성소의 제사장들처럼 이리저리로 움직이며 환히 빛나는 의식(意識)으로 하나님께 봉사한다. 그리고나서 모든 인간적 시야와 인간적 빛에 가려진 휘장 속에 이른다. 이는 마음 중심의 숨겨진 성소이며 "지극히 높으신 이의 은밀한 처소"이다. 하나님은 거기에 거하신다. 사람은 휘장이 하나님의 명에 따라 찢겨질 때까지 거기로 들어갈 수 없다. 사람은 육과 혼뿐 아니라 영도 갖고 있다. 의식을 지닌 혼이 들어가는 곳보다 더 깊이 내려가면 사람을 하나님과 연결시키는 영적 성품이 존재한다. 어떤 이들은 죄의 능력이 너무 지독함으로 해서 이 영적 능력을 죽게 한다. 그들은 육감적이며, 성령을 소유하지 못한다. 이들과는 다른 이들에게 있어서 이 능력은 잠재적 능력이며 성령의 소생케 하심을 기다리는 가능성일 뿐이다. 신자에게 이 능력은 마음의 내밀한 방이다. 성령은 이를 소유하시고 거기에 계시면서 그의 영광스런 일을 행하시며 혼과 육을 주님께 거룩하게 하신다.

하지만 이 내주하심은 그것을 인식하고 그것에 맡기며 찬양과 사랑으로 겸손하게 그것을 유지하는 곳 이외에서는 축복을 거의 전해 주지 못한다. 그리고 우리가 하나님의 전이 됨은 그의 성령이 우리 안에 거하심 때문이라는 진리로부터 가르침을 받아야 할 한 가지 큰 교훈이 있다. 이는 우리와 함께 거하시는 성령의 현존을 인정하는 것이다. 오직 이것으로 인해 우리는 가장 바깥 뜰에 이르기까지 모든 전이 성령의 사역에 바쳐진 것으로 간주할 수 있으며 우리의 모든 타고난 능력을 성령의 인도하심과 뜻에 맡길 수 있게 된다. 성전의 가장 신성한 부분—나머지 모든 것은 이것을 위해 존재했고 또 이것에 의존했다—은 지성소였다. 제사장들이 결코 거기에 들어갈 수 없었고 거기에 거하는 영광을 결코 볼 수 없었다 해도, '그들의 모든 행위가 통제당하고 그들의 모든 신앙이 기운을 얻었던 것은 거기에 계신 보이지 않는 분을 생각함을 인해서였다. ' 피 뿌리는 것과 향료를 태우는 것에 의의를 부여했던 것은 지성소였다. 가까이 함으로 확신을 얻고 밖으로 나가 축복하는 특권을 얻을 수 있었던 것도 이것 때문이었다. 그들의 섬기는 장소를 성소로 만든 것은 지성소였다. 그들의 모든 삶은 휘장 속에 있는 보이지 않는 영광을 믿음으로 통제받고 기운을 얻었다.

　신자의 경우도 이와 다를 바 없다. 그가 믿음으로 깨달아 하나님의 성령이 그의 안에 계시기 때문에, 그가 하나님의 전이라는 놀라운 비밀 앞에 떨게 될 때 비로소 그는 그의 고귀한 소명에 헌신하며 거룩한 두려움과 확신의 기쁨을 그의 것으로 갖게 된다. 신자는 **때때로** 성소보다 우위에 있는 것을 알 수 있음에도 마음 가운데 있는 성소만을 바라본다. 이로 인해 그는 성령을 헛되이 구하며 또한 그의 사역이 매우 미약함을 인해 부끄러움을 몹시 느끼게 된다. 우리는 각자 자기 자신이 속한 전 안에 지성소가 있음을 깨달아야 한다. 우리 속에 계신 지극히 높으신 이의 비밀한 처소는 우리가 전에서 예배하는데 있어 중심적 사실이 되어야만 한다. 이것이 우리에게 "성령을 믿사오며"라고 신앙을 고백하는 의미가 되어야만 한다.

　그러면 드러나지 않는 내주하심을 깊이 신앙하는 것이 어떻게 우리 것이 될 수 있는가? 하나님의 축복의 말씀에서 우리의 입장을 취해 가르침을 받고 적용해야 한다. 우리는 말씀이 말하는 바에 관한 하나님의 의도를 믿도록 힘써야 한다. 나는 성전이다. 하나님이 구약 시대에 세우라고 명하신 것과 같은 성전이다. 하나님은 그런 점에서 내가 무엇이 되어야 하는지를 알기를 원하셨다. 거기서 지성소는 중심점, 즉 본질적인 것이었다. 그것은 휘장이 걷히는 때가 올 때까지 완전히 어둠에 잠겨 신비스럽고 감추어진 것이었다. 그것은 제사장과 백성에게 믿음을 요구하고 받아들이는 것이었다. 내 속에 있는 모든 것 중에 가장 거룩한 것 역시 보이지 않으며 숨겨져 있다. 그것은 믿음만이 알 수 있고 다룰 수 있는 것이다. 거룩하신 이에게 나아갈 때 겸손하게 깊이 경외함으로 그 앞에 엎드리라. 거기서 그가 말씀하신 것, 즉 아버지와 아들과 하나되신 성령 하나님이 내 속에 그의 거처를 지금 두고 계심을 믿는다고 말하라. 진리의 영광이 내 위를 내리누르는 것과 내가 성령의 전인 것, 또 성령께서 은밀한 곳에서 그의 보좌 위에 앉으신 것을 믿음으로 인식하기 시작할 때까지 나는 묵상하며 잠잠해야 하리라. 내가 매일매일 조용히 묵상하고 경배하는 가운데 내 자신을 내어 줌으로 나의 모든 존재를 그에게 맡기며 열어 놓을 때, 그는 그의 거룩한 살아 있는 사랑의 능력으로 그의 현존의 빛을 내 의식 속에 비추실 것이다.

이런 생각이 마음에 가득찰 때 비록 드러나지 않긴 하지만 내주하는 존재에 대한 믿음이 영향력을 발휘할 것이다. 즉, 성소는 지성소의 다스림을 받을 것이다. 혼의 의식세계는 그 모든 생각과 느낌, 감정과 의지와 더불어 마음 속 보좌 위에 앉으신 거룩한 능력에게로 나아가 항복하게 될 것이다. 허물과 죄를 몸서리치게 느끼는 가운데 새 희망이 밝아질 것이다. 나는 아무리 오랫 동안 지극히 열심히 노력한다 할지라도 하나님을 위한 성소를 지킬 수 없었다. 이는 하나님께서 몸소 지성소를 지키심을 내가 알지 못했기 때문이다. 내가 마음 중심의 성전에서 거룩하게 경배하며 하나님께 합당한 영광을 돌린다면, 그는 그의 빛과 진리를 나의 모든 존재에 발하실 것이고 마음과 의지를 그의 능력에 드러내시사 성결케 하시고 축복하실 것이다. 그리고 이처럼 혼이 훨씬 더 능력있게 하나님의 다스림 아래 있게 되면 그의 능력은 혼을 통하여 몸으로까지 미칠 것이다. 마음 속의 열정과 욕구, 모든 생각을 복종시킬 때 숨어 계시던 성령은 혼을 통하여 몸 속으로 더 깊이 스며드실 것이다. 성령으로 말미암아 몸의 행실이 죽게 될 것이다. 그리고 하나님과 어린 양의 보좌 아래서 흘러나오는 강물이 우리의 모든 외적 성품을 지나면서 능력으로 정결케 하며 소생시킬 것이다.

오 형제여, 우리가 살아 계신 하나님의 전이며 하나님의 성령이 우리 안에 거하심을 믿으라./ 우리는 성령으로 인침을 받았다. 그는 우리의 양자됨과 우리 아버지의 사랑의 표지이시며 살아 있는 증거이시다. 이제까지 이렇게 생각해 왔음에도 그다지 위로를 받지 못했다면 그 이유는 다음과 같은데 있지 않나 생각해 보라. 우리는 성소에서 그를 찾았던 것이다. 성소는 눈에 보이는 내적 생명의 능력과 섬김 가운데 있는 것이다. 하지만 우리는 거기서 그를 발견하지 못한다. 그러므로 보혜사께서 전해 주시고자 했던 위로와 능력을 얻을 수 없었다. 아니, 나의 형제여, 거기가 아니다. 더 깊이 내려가면 지극히 높으신 이의 은밀한 처소에서 그를 발견할 것이다. 거기서 믿음으로 그를 발견할 것이다. 그리고 거룩한 두려움 속에서 믿음으로 아버지 앞에 경배하고 또한 마음 떨면서 믿음으로 깨달은 것을 생각하라.

그리고 거룩한 침묵 가운데 하나님을 기다리라. 이는 그가 그의 성령의 능력의 사역을 우리에게 허락하시게 하기 위함이다. 거룩한 침묵 가운데 성령을 기다리라. 그가 하나님으로서 일어나셔서 그의 전을 그의 영광으로 충만케 하시리라는 것을 확신하라.

그리고 휘장은 잠시 동안만 있었던 것을 기억하라. 준비가 완벽해졌을 때 육신의 휘장은 찢겨졌다. 우리가 우리 혼의 내적 생명을 마음중심의 성령의 생명에 맡기고 지성소와 성소 간의 왕래를 더욱 실제적으로 하며 깨어지지 않게 할 때, 우리의 혼은 충만한 시기를 맞이하게 될 것이다. 휘장을 찢으시고 영광받으신 자신의 몸에서 성령을 흘러나오게 하신 이의 능력 안에서 우리는 휘장이 찢겨지고 지성소와 성소가 하나로 되는 경험을 하게 될 것이다. 은밀한 데에 감추어졌던 영광이 우리의 의식적인 일상 생활 속으로 흘러들어올 것이다. 성소에서의 섬김이 전적으로 영원하신 성령의 능력 속에 있게 될 것이다.

형제여, 엎드려 경배하자./ "모든 육체여, 여호와 앞에 잠잠하라. 그가 그의 거룩한 처소에서 일어나심이라."

지극히 거룩하신 하나님이시여./ 이 놀라운 은혜의 신비, 즉 내 영과 혼과 몸이 당신의 전이라는 사실에 직면하여 당신 앞에 엎드려 놀라움으로 찬양하나이다.

내 속에 또한 지성소가 있으며 거기에 당신의 감추어진 영광이 그 거처를 두고 있다는 축복의 계시를 깊은 침묵과 경배 가운데 받아들입니다.

오, 나의 하나님이시여, 내가 그것을 별로 잘 알지 못했음을 용서하소서. 내가 이제 떨며 그 축복의 진리를 받아들입니다. 전능의 하나님이신 성령 하나님이 내 안에 거하십니다.

오, 나의 아버지시여, 그것이 의미하는 바를 내게 계시하소서. 이는 그것을 말하면서도 그것에 따라 살지 않음으로 당신께 범죄치 않기 위함이니이다. 복되신 예수시여./ 보좌 위에 앉으신 당신께 나의 모든 것을 맡깁니다. 내가 당신을 의뢰하오니 능력으로 일어나시사 내 속에서 다스리소서.

내가 당신을 믿사오니 충만한 생수의 강이 흐르게 하소서.

복되신 성령이시여./ 거룩하신 교사시여./ 능력으로 성결케 하시는 이시여./ 당신은 내 속에 계십니다. 나는 종일토록 당신을 기다립니다. 나는 당신께 속했읍니다. 아버지와 아들을 위해 나를 온전히 사로잡으소서.

요 점

1. "여기서(요 4:24)의 '영'은 인간 혼의 가장 심오한 요소를 나타낸다. 그것으로 인해 인간 혼은 하나님의 세계와 교제할 수 있다. 그것은 자아의 총체적인 자리이며 참된 예배가 행해지는 성소이다(롬 1:9). '내가 내 심령으로 섬기는 하나님'"-고우뎃(GODET). 2. 바울이 고린도 사람들에게 그들의 천박한 육신적 상태에서 일어나기를 호소하면서 그들이 성령의 전이라는 점에서 그들에게 여러 번 간청한 것을 유의하라. 오늘날 많은 사람들은 성령의 내주하심은 앞서 나가는 그리스도인들에게만 선포해야 한다고 생각한다. 여기서 그리스도인이라면 누구나 다 성령을 소유하고 있다는 것과 그리스도인은 이 사실을 알아야만 한다는 것 그리고 이것을 아는 것이 천박한 육신적 삶에서 일어서는 가장 효과적인 지렛대임을 깨닫자. 모든 그리스도인을 이에 대한 지식, 즉 그가 부여받은 천상적인 권리로 이끌기 위해 노력하자.

3. 그 지식은 몸이 성령의 전이라는 것이다(고전 6:19). 우리의 영이 하나님의 영으로 충만해지면 몸 속에 그 충만함을 나타낼 것이다. "영으로서 몸의 행실을 죽이면 살리니." 하나님께서 특별히 성령을 허락하신 것은 그의 사역을 위해 우리 몸을 성령으로 충만케 하며 정결케 하고 강건케 하기 위함인 것을 믿자. 성령의 사역은 그가 '몸 속'에 내주하심으로 몸을 생명의 부활에 참여할 수 있는 살아 있는 씨로 만드시는 것이다.

4. 그 사실을 충분히 분명하게 변함없이 인식하는가, 인식하지 못하는가? 그것을 믿음에 의해 인식하는가? 그것을 경험적으로 충분히 인식하기 위해 힘쓰는가? 그러므로 가장 심오한 자기 의식으로 "그렇다. 나는 하나님의 전이다. 하나님의 성령이 내 안에 거하신다. 그의 이름에 영광을"이라고 주저함없이 말할 수 있겠는가?

25
성령의 직분

우리의 만족은 오직 하나님께로서 났느니라 저가 또 우리로 새 언약의 일군 되기에 만족케 하셨으니 의문으로 하지 아니하고 오직 '영'으로 함이니 의문은 죽이는 것이요 '영'은 살리는 것임이니라…죽게 하는 의문의 직분도 영광이 있어…하물며 '영'의 직분이 더욱 영광이 있지 아니하겠느냐―고린도후서 3 : 5~8.

바울은 그의 서신 중 고린도후서에서 그리스도인의 직분에 대한 그의 개념을 가장 분명하게 충분히 설명한다. 그를 비방하는 사람들에 대해 그의 사도직을 옹호해야 할 필요성, 연약한 가운데서도 그의 안에서 역사하는 하나님의 능력과 영광을 의식함, 그가 전해 주어야만 하는 것을 사랑하는 마음으로 전달하려는 강렬한 소망 등이 그의 마음의 깊은 곳을 움직였다. 그래서 그는 그리스도와 그의 성령의 참된 일군으로 만드는 심오한 생명의 비밀을 우리에게 펼쳐 놓는다. 본문에는 중심 사상이 있다. 즉, 바울은 그가 성령의 일군이 되었다는 사실에서 충분한 능력과 그의 모든 행위에 대한 영감과 규칙을 발견한다는 것이다. 이 서신의 상반부에서 성령에 대해 언급한 다른 구절들을 택해 보면[16] 바울의 관점에서 직분에 있어서 성령의 사역과 위치가 무엇이며 그의 인도하심과 능력 가운데서 직분의 성격이 무엇인지를 알게 될 것이다.

---

16) 10절에 이르러 그는 그의 직분에 대한 일반적인 기술을 마치고 개인적인 호소로 돌아선다.

이 서신에서 바울은 권위를 가지고 말함에 틀림없다. 그는 자신을 그의 독자들과 같은 수준에 놓고 시작한다. 그는 처음에 성령에 대해 언급하면서 그의 안에 계신 성령이 그들 안에 계신 성령과 다르지 않다고 말한다. "'우리를 너희와 함께' 그리스도 안에서 견고케 하시고 우리에게 기름을 부으신 이는 하나님이시니 저가 또한 우리에게 인치시고 보증으로 성령을 우리 마음에 주셨느니라"(1 : 21, 22). 신자에게 성령으로 '기름부으심' — 이는 기름부음을 받으신 이인 그리스도와 교제하게 하며 그가 우리에게 대해 무엇인가를 계시하시는 것이다. '인치심' — 이는 신자를 하나님 자신의 것으로 표시하며 그것을 확신케 하는 것이다. 성령의 보증 — 이는 영광 가운데 있는 하늘의 기업을 미리 맛봄과 그것에 합당함을 동시에 확고히 하는 것이다. 바울과 그의 독자들은 이 모든 것을 함께 하는 자들이었다. 고린도 교인들 중에 그릇되고 부정한 사람들이 아무리 많다 해도 바울은 그리스도 안에서 하나된 자로서 그들에게 말하며 그들을 생각하고 그들을 사랑했다. "우리를 너희와 함께 그리스도 안에서 견고케 하시고 우리에게 기름을 부으신 이" — 이 심오한 일치감이 그의 마음에 충만했다. 또한 이것은 이 서신 전체에 걸쳐 나오는데 이것이 그의 능력의 비밀이었다. 1 : 6, 10; 2 : 3을 보면 "나의 기쁨이 너희 무리의 기쁨인 줄," 4 : 5을 보면 "우리가 너희의 종된 것," 4 : 10~12을 보면 "사망은 우리 안에서 역사하고 생명은 너희 안에서 하느니라," 4 : 15을 보면 "모든 것을 너희를 위하여 하는 것은," 6 : 11; 7 : 3을 보면 "너희로 우리 마음에 있어 함께 죽고 함께 살게 하고자 함이라"고 되어 있다. 성령의 하나되게 하심, 곧 서로 간에 대해 지체라는 의식이 모든 신자들에게 필요하다면 그것이 직분맡은 자들의 징표이어야만 함은 더 말할 나위가 있겠는가? 성도에게 직분의 능력은 성령의 하나되게 하심, 즉 신자들이 자신을 기름부음에 함께 한 자로서 충분히 인식하는 것이다. 그러나 이 일을 위해 직분을 맡은 자는 기름부음을 받고 인침을 당한 자답게 살면서 그가 그의 마음 속에 성령의 보증을 갖고 있음을 나타내야 할 것이다.

두번째 구절은 3 : 3, 곧 "너희는 우리로 말미암아 나타난 그리스도의 편지니…오직 살아 계신 하나님의 영으로 한 것이며 또 돌비에 쓴 것이 아니요 오직 육의 심비에 한 것이라"이다. 돌비에 율법을 쓰는 것이 분명한 하나님의 행동이었던 것처럼 새 언약 안에서 성령의 법을 쓰는 것과 마음에 그리스도의 이름을 쓰는 것 또한 그러하다. 이것은 하나님의 일이다. 하나님이 구약 시대에 실제로 쓰셨던 것처럼 성령도 그의 직분맡은 자들의 혀를 그 일에 그의 붓으로 사용하신다. 직분에 있어서 회복해야만 할 것은 다음과 같은 진리이다. 즉, 성령을 필요로 할 뿐 아니라 성령께서 기다리시고 그의 일을 이루시는 것은 성령과의 올바른 관계를 유지할 때라는 것이다. 고린도에서의 바울 자신의 경험(행 18 : 5~11, 고전 2 : 3)은 하나님의 능력이 우리에게 머무른다 할지라도 연약함을 의식하는 것이나 두려움, 떨림 또는 절망감이 있을 수 있다는 것이며 또한 의당 있다는 것을 우리에게 가르친다. 이 서신 전체가 이것을 확증한다. 사망선고 아래 있는 사람이 주 예수의 죽인 것을 몸에 짊어졌을 때 그리스도의 능력이 그 안에서 역사했다. 하나님의 성령은 육신과 세상, 자기 생명과 능력을 지닌 자아와는 대조적으로 서 있다. 이런 것들이 분쇄되고 육신이 자랑할 만한 것이 없을 때 성령은 일하실 것이다. 모든 직분맡은 자들의 혀가 준비되어 성령께서 쓰시려는 곳에 붓으로 사용될 수 있기를./

그리고 본문(3 : 6, 7)의 말씀이 나온다. 이는 성령의 새 언약의 직분의 특징을 이루는 것을 가르친다. 그 직분은 "살리는 것"이다. "의문은 죽이는 것이요"라는 대구(對句)는 구약의 율법에 적용될 뿐 아니라, 성경의 가르침에 따르면 성령의 소생케 하시는 능력 안에 있지 않는 모든 지식에도 적용된다. 우리가 다음 사실은 아무리 강조해도 지나치지 않는다. 즉, 우리가 율법이 "신령하다"는 것을 알고 있기는 하지만 율법이 의문을 갖고 있는 것처럼 복음 또한 그 '의문'을 갖고 있다는 것이다. 복음이 매우 분명하고 충실하게 선포될 수 있다. 복음이 도덕적 영향력을 강력하게 행사할 수도 있다. 그러나 복음에서 나온 믿음이 사람의 지혜에 있고 하나님의 능력에 있지 않을 수도 있다. 교회가 직분맡은 자들과 그 예비생들을 위하여 간구해야만 할 것이 하나 있다면 성령의 직분이 그 온전한 능력 가운데 회복되기를 바라는 것이다. 하나님께서 그들에게 가르치시길 간구하라. 성령의 인치심과 기름부으심, 보증 가운데 사는 것이 개인적으로 무엇이며, 의문은 죽이는 것임을 아는 것이 무엇이며, 성령께서 실제로 살리시는 것이 무엇이며, 무엇보다도 개인의 생명이 성령의 직분이 자유롭게 활동할 수 있는 영역 아래 있다는 것이 무엇인지를 가르치시길 간구하라.

나아가서 이제 바울은 두 개의 시대와 그 시대 가운데 살고 있는 자들의 상이한 성격들을 비교한다.[17] 그는 마음의 눈이 먼 것은 우리가 주님께로 돌아올 때 비로소 벗겨지는 수건이 그 마음에 덮여져 있기 때문인 것을 지적한다. 그리고나서 "'주는 영이시니' '주의 영'이 계신 곳에는 자유함이 있느니라 우리가 다 수건을 벗은 얼굴로 거울을 보는 것같이 주의 영광을 보매 저와 같은 형상으로 화하여 영광으로 영광에 이르니 곧 '주의 영'으로 말미암음이니라"(3:17, 18)고 덧붙인다. 하나님이 성령을 주실 수 있는 것은 "그가 영이시기"때문이다. 우리 주 예수께서 "주의 영"이 되시고 신약의 성령을 주시며 성령 안에서 자신이 그의 백성에게로 나오실 수 있었던 것은 그가 성령의 생명으로 높임을 받으셨을 때였다. 제자들은 예수님을 오랫 동안 알았지만 그를 주님되신 영으로 알지 못했다. 바울은 또한 이 사실을 자신과 관련시켜 말한다(고후 5:16). 직분을 섬기면서 십자가에 못 박히신 주 예수께 관한 복음을 매우 열심히 전할 수 있다. 그러나 그가 주의 영되심을 전혀 전하지 않을 수 있다. 후자의 사실을 이해하고 경험하며 선포할 때만이 바울이 여기서 "주의 영이 계신 곳에는 자유함이 있느니라"고 말한 이중(二重)의 축복이 임하는 것이다. 신자들은 하나님의 자녀들의 영광의 자유로 인도함을 받는다(롬 8:2, 갈 5:1, 18). "우리가 저와 같은 형상으로 화하니 주의 영으로 말미암음이니라." 주의 영은 그가 보내심 받은 일, 즉 '우리 안에' 주의 영광을 계시하는 일을 이루실 것이다. 그리고 우리가 주의 영광을 볼 때 영광에서 영광에 이를 것이다. 오순절 이전의 시기에는 "예수께서 아직 영광을 받지 못하신고로 성령이 아직 계시지 아니하시더라"고 기록되어 있었다. 그러나 그가 "성령 안에서 의롭다 함을 얻으시고 영광 가운데 들림을 받으셨을"때 성령은 "뛰어난 영광"으로 우리 마음 가운데 오셨다. 이는 우리가 수건을 벗은 얼굴로 주의 영광을 보며 그와 같은 형상으로 화하기 위함이다. 성령의 직분이야말로 얼마나 놀라운 것인가? 이는 주의 영광을 그의 구속받은 자들에게 있게 하며 그들을 그와 같은 형상으로 바꾸어 영광에서 영광에 이르게 하는 데에 성령의 사용하심을 받는 것이다. "이러하므로 우리가 이 직분을 받아 낙심하지 아니하고." 주의 영되신 그리스도와 신자들을 그와 같은 형상으로 변화시키는 그리스도의 영에 대한 지식과 인식이 교회 안에 살아 있을 때 신

---

17) "역사적으로 나는 성령의 시대에 살고 있으나 실제적으로는 아직 율법의 시대에 있을 수 있다."

자들 중에서 직분은 생명과 능력 안에 있게 될 것이다. 그리고 참으로 성령의 직분이 될 것이다.

하나님 편에서 직분의 능력은 성령이시며, 인간 편에서 그것은 어디에서나 항상 믿음이다. 성령에 관한 그 다음의 언급은 4 : 13에 있다 : "같은 믿음의 마음을 가졌으니"(영역 성경에는 Having the Same Spirit of faith로 되어 있다-역자주). 3장에서 성령의 직분의 영광을 설명하고 4 : 1~6에서 그 직분이 선포했던 복음의 영광을 설명한 후에 바울은 이 보배가 담겨져 있는 그릇들로 향한다. 그는 그의 외견상의 연약함을 변호해야 했다. 그러나, 그는 결코 그렇게 하지 않았다. 그것을 변명하기 보다는 그것의 신적인 의미와 영광을 설명한다. 그는 그의 약함 속에서 하나님의 능력이 역사할 수 있었기 때문에 그의 약함이 어떻게 그의 능력을 만들어냈는가를 나타내 보인다. 약함은 "능력의 뛰어남이 하나님께 속하며 우리에게 속하게 하지 않기 위하여" 정해진 것이다. 그러므로 바울이 예수님과의 사귐을 완벽하게 유지했던 것은 그가 "항상 예수의 죽인 것을 몸에 짊어져 예수의 생명도 그의 죽을 몸에 나타내려 했을"때였다. 그래서 그의 고난에는 그의 주님의 것임을 나타내는 대리적(代理的)요소가 있었다 : "그런즉 사망은 우리 안에서 역사하고 생명은 너희 안에서 하느니라." 그리고 그는 모든 인내와 수고를 통해 그를 지탱시켰던 고무적인 능력의 표현으로써 "우리가 같은 '믿음의 마음'을 가졌으니"라고 덧붙인다. 이에 대해 우리는 성경에서 "기록한 바 내가 믿는고로 말하였다 한 것같이 우리도 믿는고로 또한 말하노라 주 예수를 다시 살리신 이가 예수와 함께 우리도 다시 살리사 너희와 함께 그 앞에 서게 하실 줄을 아노니"라고 말한다.

믿음은 보이지 않는 것들의 증거이다. 그것은 볼 수 없는 것을 보며 그 안에 산다. 예수님을 신뢰함으로 시작하여 "그 안에서 그를 보지 않았다 해도 믿고 기뻐할 때" 믿음은 그리스도인의 삶 전체로 확장해 나아간다. 성령께 속한 것은 무엇이든지간에 믿음에 의한다. 하나님의 위대한 사역은 그의 자녀의 마음을 열어 성령을 보다 풍성히 받아들이게 하는데 있다. 하나님은 그의 자녀의 믿음을 눈에 보이는 모든 것에서의 보다 완벽한 자유와 하나님 안에서의 보다 완전한 안식 가운데로 이끄셔서 하나님이 그의 연약함 속에 계시면서 능력있게 역사하신다는 확신에 이르게 하신다. 이 목적을 위해 시련과 고난이 주어진다. 바울은 그의 고난에 관하여 첫째 장에서 (9절) 매우 놀랄 만한 언어를 사용한다 : "우리 마음에 사형선고를 받은 줄 알았으니 이는 우리로 자기를 의뢰하자 말고 오직 죽은 자를 다시 살리시는 하나님만 의뢰하게 하심이라." 바울조차도 자기 자신을 신뢰할 위험에 빠졌었다. 이것보다 더 당연한 것도 없다. 모든 생명은 자신을 확신하고 있다. 본성은 그것이 죽을 때까지 자신을 고집한다. 바울은 그가 해야만 했던 능력의 사역을 위하여 죽은 자를 다시 살리신 살아 계신 하나님만을 신뢰할 필요가 있었다. 그가 아시아에서 그에게 닥친 역경 속에서 마음에 사형선고를 받은 줄 알았을 때 하나님은 그를 이런 자세로 이끄셨다. 그의 믿음의 시련은 그의 믿음의 능력이었다. 바울은 본문의 전후 문맥에서 다음과 같은 생각에로 돌아온다. 즉, 예수의 죽음에 참여함은 그에게는 그리스도의 생명의 능력을 경험하는 수단과 보증이 된다는 것이다. 이런 믿음의 마음으로 그는 "예수를 다시 살리신 이가 우리도 다시 살리실 줄을 아노니"라고 말한다.

예수님이 죽으시고 나서야 비로소 생명의 성령이 예수님에게서 쏟아져 나올 수 있었다. 예수의 생명은 무덤에서 태어났다. 즉, 그것은 죽음에서 나온 생명이었다. 우리가 날마다 죽고, 예수 죽인 것을 몸에 짊어지며, 육신과 자아를 십자가에 못 박아 죽게 하고, 자아와 본성에 속한 모든 것에 대한 하나님의 사형선고를 우리 마음에 알 때 예수의 생명과 영이 우리 안에 나타나게 될 것이다. 그리고 이것이 믿음의 성령이시다. 그로 인해 연약함과 눈에 보이는 죽음 가운데서도 죽은 자를 다시 살리시는 하나님을 믿음으로 의지하게 된다. 그리고 이것이 성령의 직분이다. 믿음으로 약함을 자랑할 때 그리스도의 능력이 그 위에 있게 된다. 우리의 믿음이 그릇의 무상함과 연약함에 흔들리지 않으며, 능력의 뛰어남이 우리에게서 나오는 것과 우리가 느끼는 것에 있지 않고 오직 하나님께 속한 것임을 동의할 때 성령은 살아 계신 하나님의 능력 안에서 일하실 것이다.

우리는 두 개의 남은 구절에서 똑같은 생각을 얻게 된다. 바울은 5 : 5에서 탄식하는 것과 짐을 지는 것과 관련하여 "성령의 보증"에 대해 다시 이야기한다. 그리고나서 6 : 6에서 그의 직분의 징표로써 그의 고통과 수고를 언급하면서 성령을 끌어들인다. "오직 모든 일에 하나님의 일군으로 자천하여 많이 견디는 것과 환난과…'성령'의 감화와…죽은 자 같으나 보라 우리가 살고 징계를 받는 자 같으나 죽임을 당하지 아니하고 근심하는 자

같으나 항상 기뻐하고 가난한 자 같으나 많은 사람을 부요하게 하고." 성령 안에 있는 그리스도의 능력은 바울에게는 이처럼 살아 있는 실체였으며 육체의 연약함으로 인해 그는 그 능력을 더욱 기뻐하고 신뢰할 수 있었다. 성령의 그리스도 안에 거하심과 역사하심은 의식적으로 바울의 직분의 은밀한 원천이며 신적 능력이었다.

성령께서 바울의 직분에서 차지하셨던 위치를 우리 직분에서도 차지하시느냐고 당연히 물을 수 있다. 교회의 직분맡은 자나 구성원 중에서 그 답변에 절대적인 관심을 갖지 않을 사람은 한 사람도 없을 것이다. 그것은 성령의 사역의 절대적 필요성에 대한 교리를 인정하느냐 인정하지 않느냐를 묻는 것이 아니다. 시간과 생활의 몫 그리고 직분에 대한 생각과 믿음의 몫을 성령의 존재와 사역을 확고히 하는 데에 주어졌느냐 하는 것을 묻는 것이다. 보좌 위에 앉으신 주 예수의 영으로서 성령은 이것을 요구하신다. 성령은 우리 주 예수께서 의도하신 위치를 교회 안에서 차지하시고 있는가? 성령은 하나님의 강한 능력이신 것과 그의 안에서 살아 계신 그리스도께서 우리를 통해 역사하시는 것 그리고 성령이 우리와 함께 하심은 곧 보좌 위에 계신 영광받으신 주님이 함께 하시는 것이라는 상상할 수 없는 영광스런 진리에 우리 마음을 열어 놓을 때 직분과 교회에 필요한 유일한 것은 다음과 같은 것임을 느끼게 될 것이다. 즉, 위로부터 오는 능력을 입기 위해 끊임없이 보좌의 발등상에서 기다리는 것이다. 그리스도의 사랑과 능력, 그의 죽으심과 사심 안에 있는 그리스도의 영은 직분의 영이시다. 성령의 직분이 그 필요한 것을 소유할 때 교회의 머리께서 의도하신 대로 될것 이다.

복되신 아버지시여./ 말씀의 직분을 세우신 것을 감사합니다. 이는 높임을 받으신 주께서 성령으로 말미암아 그의 구원사역을 이루시는 큰 수단으로써 세우신 것입니다. 이것이 성령의 직분임을 감사합니다. 또한 당신이 이것을 통해 세상에 베푸신 온갖 축복을 인해 감사합니다. 지극히 복되신 하나님이시여./ 우리의 기도는 당신께서 더욱 더 분명하게 이것을 당신의 교회 전체에 걸쳐서 당신이 원하시는 상태, 즉 성령과 능력의 직분으로 만들어주십사 하는 것입니다.

도처에 있는 당신의 종들과 백성들이 이 직분이 당신의 의도에 훨씬 미치지 못하고 있음을 깊이 의식케 하여 주옵소서. 그 안에 육신에 대한 신뢰와 인간의 열심과 능력, 세상의 지혜가 매우 많음을 나타내 주옵소서. 당신의 모든 진실한 종들에게 그리스도의 성령께 자리를 내어 드리는 거룩한 비밀을 가르치소서. 이는 성령께서 그들을 사용하시게 하기 위함이니이다. 그들이 성령으로 말미암아 그들 마음 속에 그리스도께서 계심을 의식하며 그것을 매우 담대하게 말하게 하소서. 그들의 모든 삶 속에 있는 성령의 능력으로 말미암아 다른 사람들을 가르치는 일에 성령께서 사용하시기에 합당한 그릇들이 되게 하소서. 연약함 가운데 있는 하나님의 능력이 그들의 공적(公的)직분의 징표이게 하소서.

당신의 백성을 가르치시사 그들의 가르침을 기다리게 하시고 받아들이게 하소서. 그 백성이 성령의 직분인 그것을 위해 당신께 간구하게 하소서. 그리고 신자들의 삶이 더욱 더 그 직분의 능력으로 성령의 인도하심과 성결케 하심을 입게 하소서. 아멘.

요 점

1. 그리스도께서 완전해지시려면 고난을 겪으셔야만 했다. 그가 영광에 들어가신 것은 고난을 통해서였다. 성령은 그것으로 인해 보내심을 받으셨다. "그는 연약함으로 십자가에 못 박히셨지만 하나님의 능력으로 살아나셨다." 바울이 능력 안에 있는 그의 성령의 직분을 행사했던 것은 그와 같은 연약함을 지속적으로 경험하면서였다. "그런즉 사망은 우리 안에서 역사하고 생명은 너희 안에서 하느니라." "우리가 또한 그 안에서 연약하나 너희를 향한 하나님의 능력으로 그와 함께 살리라." 순교자들과 선교사들에게 있어서 박해와 고난은 그리스도의 고난과 연약함, 그의 능력과 성령에 함께 하는 것이었다. 우리는 박해와 고난을 끌어들일 수는 없다. 성령의 직분에 빼놓을 수 없는 그리스도의 고난과 죽음, 즉 그의 육신의 찢기심에 지속적으로 참여하려면 오늘날 어떻게 해야 하는가? 이는 우리 주변에 고통당하는 자들의 궁핍과 슬픔에 깊이 개입함으로 가능하다. 또한 육, 곧 자기 생명에게 아무것도 허락치 않음으로 제멋대로 행치 못하게 하는 자기 부정 안에서 가능하다. 이 자기 부정은 전적으로 연약한 중에 그리스도의 능력이 역사할 수 있게 자리를 마련하기에 더욱 힘쓰는 것이며 그의

성령에 의존하는 것이다.

2. 신자들의 직분의 기준과 삶의 기준은 일치하기 마련이다. 교회 생활에서 성령이 알려지시고 존귀함을 얻으시게 되면 영의 직분의 필요성을 느끼게 될 것이다. 직분이 영적으로 보다 더 깊어지면 교회의 목소리는 높아지게 될 것이다. 교회 생활과 직분은 상호간에 작용한다. 그러나 열심이 있고 학식이 많으며 말을 잘하는 직분이 반드시 성령의 직분은 아님을 기억하는 것이 얼마나 중대한 일인가!

3. 직분을 끊임없이 기도의 대상으로 삼자. 교회가 직분에 크게 좌우됨을 기억하자. 성령의 직분을 위해 하나님께 간구하자. 이것이 교회의 요구일 때 지체되지 않고 채워질 것이다.

4. 성령의 직분의 징표는 무엇인가? 초자연적인 것에 대한 의식, 사람들에게 거하시는 하나님의 존재에 대한 거룩한 두려움, 실제로 존재하시는 성령의 자기 증명적 능력 등이다.

5. "우리의 능력은 우리가 성령께서 '자신을 전달하시기에' 기뻐하시는 도구가 된다는데 있다"—굿윈(GOODWIN).

26
성령과 육체

너희가 이같이 어리석으냐 성령으로 시작하였다가 이제는 육체로 마치겠느냐—갈라디아서 3 : 3.

육체는 성경이 우리의 타락한 본성, 즉 혼과 몸을 지칭하는 것이다. 창조시에 혼은 영적이면서 신적인 것과 감각적이면서 세상적인 것 사이에 있었다. 그러므로 혼은 양편에 대해 공정하게 행하며 그것들을 완전한 연합으로 인도하여 사람으로 하여금 그의 운명, 즉 영적인 몸에 이르게 하려 했다. 그러나 혼이 감각적인 것의 유혹에 굴복하였을 때 성령의 지배에서 벗어나 몸의 능력 아래 있게 되었다. 즉, 그것은 육체가 된 것이었다. 그리고 이제 육체는 오직 성령없이 존재할 뿐 아니라 그에 대적한다 : "육신의 소욕은 성령을 거스리나니."

육체가 이처럼 성령을 대적하는 것에는 두 가지 면이 있다. 한편으로 육체의 소욕은 죄를 범하고 하나님의 율법을 어기므로 성령을 대적한다. 다른 한편으로 육체가 성령을 대적함은 그것이 하나님을 섬기며 그의 뜻을 행하려 하는 데서 나타난다. 혼은 육체에 굴복하며 성령께서 혼에게 연결해 주시는 하나님을 구하기 보다는 하나님의 뜻을 억압하는 이기심을 구한다. 이기심은 혼의 지배원리이다. 그리고 이제 이 이기심은 매우 교활한 능력이 있어서 육체가 하나님을 거스려 범죄함에 있어서 뿐 아니라 혼이 하나님 섬기기를 배우는데 있어서도 그 능력을 나타내며, 오직 성령으로만 인도받기를 거부하고, 종교적이고자 하는 노력으로 성령을 방해하며 소멸하는 커다란 적이 된다. 바울이 갈라디아 사람들에게 "성령으로 시작하였다가 이제 육체로 마치겠느냐"라고 말하는 것이 종종 나오는데 이는 육체의 기만성 때문이다. 성령께 항복함이 온전치 않고 그를 거룩하게 기다림이 큰 의존과 겸손 가운데 지속하지 않는다면 성령으로 시작한 것이 일찌감치 아주 빠른 속도로 육체를 신뢰하는데 빠져들 것이다.

그리고 주목할 만한 사실은 처음 보기에 모순된 것처럼 보일 수도 있겠으나 육체가 하나님을 섬기려 하는 곳에서 그것은 죄의 능력이 된다는 것이다. 자기 의와 육에 속한 종교를 갖고 있던 바리새인들이 교만과 이기심에 빠져 죄의 종이 되었다는 것을 알지 못하는가? 바울이 성령으로 시작했던 것을 육체로 마치겠느냐고 의문을 제기하며 행위의 의에 대해 경고해야 했던 갈라디아 사람들 중에도 육체의 행위가 매우 현저하여 그들이 서로 간에 멸망당할 위험에 있지 않았던가? 사단은 혼을 속박하는데 교활한 책략을 갖고 있는 것처럼 혼을 부추켜 육신적인 신앙에로 이끄는 데도 그러하다. 사단은 육체의 능력이 하나님을 기쁘시게 하거나 죄를 정복할 수 없음을 알고 있으며, 적절한 시기에 육체가 하나님을 섬기는데 있어서 성령보다 우위에 있게 되면 죄를 섬기는데 있어서도 그와 똑같은 우위를 발휘하며 지속하리라는 것도 알고 있다. 성령께서 참으로 끊임없이 봉사의 삶을 전적으로 인도하시고 다스리시는 곳에서만이 육체는 참된 복종의 삶을 이끌고 다스릴 능력을 얻는다. 내가 사람들과의 교제에서 자기를 부인하고 이기심과 분노와 부족한 사랑을 극복하고자 한다면 우선 나는 하나님과의 교제에서 자기를 부인하길 배워야 한다. 거기서 자아의 터전인 혼은 하나님이 거하시는 곳인 성령께 무릎꿇기를 배워야만 한다.

성령 안에서의 경배와 육체에 대한 신뢰 간의 차이를 매우 아름답게 표현하는 것은, 칭찬하는 것이 사람들에게 있지 않고 하나님께 있는 참된 할례—마음의 할례—에 대한 바울의 묘사 속에서이다: "하나님의 성령으로 봉사하며 그리스도 예수로 자랑하고 육체를 신뢰하지 아니하는 우리가 곧 할례당이라." 그리스도 예수로 자랑함을 그리스도인의 신앙과 생활의 본질로써 중심에 둘 때, 그리스도인은 한편으로 그 자랑이 공격당할 큰 위험을 느끼게 되고 다른 한편으로 그 자랑을 온전히 누리는 것을 보장하는 보호막을 깨닫게 된다. 육체를 신뢰함은 무엇보다도 그리스도 예수로 자랑함을 아무 쓸모없게 하는 것이다. 성령에 의한 봉사는 그리스도 예수로 자랑함을 진실로 생명과 진리로 만들 수 있는 유일한 것이다. 성령께서 그리스도 예수로 자랑함이 무엇인가를 우리에게 보여주시길!

그리스도 예수로 자랑함에는 육체를 크게 신뢰함을 동반하는 경우가 있다. 이는 모든 역사와 경험이 우리에게 가르치는 것이다. 갈라디아 사람들 중에서도 그러했다. 바울이 매우 열심히 반대했던 교사들은 모두 그리스도와 그의 십자가를 전하는 자들이었다. 그러나 그들은 무한하게 널리 고루 미치는 십자가의 영향력이 어떠한 것인가를 성령의 가르치심을 받아 깨달은 자들이 아니었다. 그들은 하나님의 성령으로 시작했지만 그들의 지혜와 생각대로 십자가의 의미를 말하며 그것을 대개 율법적이고 육에 속한 신앙과 일치시킨 자들이었다. 그리고 오늘날 갈리디아 교회의 이야기는 갈라디아 사람의 오류에서 벗어났음을 아주 굳게 확신하고 있는 교회에서라 할지라도 반복되고 있다. 믿음으로 말미암는 칭의의 교리가 바울 서신의 주된 가르침인 것마냥 빈번히 이야기하면서도, 믿음에 의해 받아들여진 성령의 내주하심과 성령에 의한 우리의 행위에 대한 교리는 거의 언급하지 않음을 유의하라.

십자가에 못 박히신 그리스도는 하나님의 지혜이시다. 그리스도로 자랑함과 관련하여 볼 때 육체를 신뢰함은 육체의 지혜를 신뢰하는 것을 의미한다.

육체도 성경을 연구하고 전하기도 하며 듣고 믿기도 하지만 타고난 심성(心性)의 능력으로 하여 성령의 개인적 가르치심의 절대적 필요성을 거의 주장치 않는다. 육체를 신뢰하는 것이란 사람들 자신이 진리를 소유하고 있다고 절대적으로 확신하면서도 하나님의 가르침에 의해서라기 보다 인간적 가르침에 의해서 진리를 소유하는 것이다. 뿐만 아니라 유순한 마음을 품지 않고 하나님께서 그의 빛으로 진리를 계시하시도록 그를 기다리지 않는 것이다.

그리스도는 성령으로 말미암아 하나님의 지혜이실 뿐 아니라 하나님의 능력이시다. 그리스도 예수로 자랑하면서도 육체를 신뢰하는 것은 그리스도의 교회 활동에서 아주 많이 발견되고 느껴지는 것이다. 이는 위로부터 오는 능력을 기다리는 것보다 인간적 노력이나 계획이 훨씬 더 넓은 범위를 차지하는 것이다. 광범위한 교회의 기구들, 개별적 교회나 단체들. 마음 속 생명과 밀실 등에서 바로 이 악으로 인해 얼마나 많은 노력이 성공치 못했으며 얼마나 많은 실패가 자주 반복되었던가! 그리스도, 곧 그의 인격과 사역을 우리의 유일한 희망으로 인정하는 것에 부족함이 없으며 그에게 영광을 돌리는 것에 부족함이 없지만 육체를 크게 신뢰함으로 그 모든 것을 무익하게 한다.

이제 내가 다시 한번 묻겠는데 완전한 헌신과 온전한 축복을 위해 열심히 힘쓰던 많은 사람들이 여기서 실패의 원인을 발견치 않는가? 그런 자들을 돕는 것이 이 책을 씀에 있어서 나의 으뜸가는 목적 중의 하나이며 가장 진지하게 하는 나의 기도 중의 하나이다. 설교나 강연, 책이나 대화, 개인기도 등에서, 예수의 충만하심이 예수 안에 있는 거룩한 삶의 가능성과 함께 그들에게 펼쳐졌을 때 그들의 마음은 그것을 전적으로 아름답게, 소박하게 느끼며 어느 것도 그것을 막지 못하리라 생각한다. 그리고 매우 확실하고 가깝게 여겨지는 것을 받아들였을 땐 전에 알지 못했던 능력을 향유하며 경험하기도 한다. 그러나 그런 마음은 오래 가지 못한다. 그 뿌리에 벌레가 있었다. 실패의 원인이 무엇이며 회복할 방도가 무엇인가 알아보아도 헛된 일이다. 종종 발견할 수 있는 유일한 해답은 항복이 온전치 않았고 믿음으로 받아들임이 완전치 못했다는 것이다. 그렇지만 그들은 마음으로 그들이 알고 있던 범위 내에서 모든 것을 기꺼이 포기하려 했고 예수께서 모든 것을 소유하시길 갈망하면서 모든 것을 그에게 맡기려 했음을 확실히 느낀다. 완전한 헌신과 완전한 믿음이 축복의 조건이라면 그들은 완전할 수 없음으로 인해 거의 절망에 빠지게 될 것이다. 그러므로 약속은 그 조건이 전적으로 아주 간단하리라는 것이었다. 즉, 가난하고 연약한 자들을 위한 생명이라는 것이다.

내 형제여, 오늘날 하나님 말씀이 가르치는 축복에 귀기울여 보라. 그리스도 예수로 자랑함을 더럽히는 것은 육신을 신뢰함이다. 그것은 자아가 성령만이 하실 수 있는 것을 행하는 것이다. 그것은 혼이 주도하는 것이다. 혼은 성령께서 모든 것을 인도하시고 행하시도록 그를 의뢰하기 보다는 성령께서 그의 노력을 보좌하시리라는 기대 속에서 자신이 주도한다. 그것은 자기 부정없이 예수님을 따르는 것이다. 그리고 그렇게 하는 것이 은밀한 수고라고 생각한다. 와서 바울의 말을 들어 보라. 그는 이런 위험에 대해 하나뿐인 보호막을 이야기한다 : "하나님의 성령으로 봉사하며 그리스도 예수로 자랑하고 육체를 신뢰하지 않는 우리가 할례당이라." 여기에는 두 가지 요소의 영적 봉사가 있다. 성령은 예수님을 높이시고 육체를 낮추신다. 그리고 우리가 진실로 예수님으로 자랑하며 그를 우리 안에서 영화롭게 하고자 한다면, 또한 예수님의 영광을 개인적으로 변함없이 경험하며 육체적 노력의 변함없는 특징인 무력함에서 벗어나고자 한다면, 우리는 성령에 의한 하나님의 이 봉사가 무엇인가를 참으로 배워야만 한다.

나는 하나님의 복된 말씀에서 하나님의 진리로써 제시하는 이 책 전체의 목적이 무엇인가를 다시 한번 반복할 뿐이다. 즉, 그리스도 예수로 자랑하라는 것이다. 성령으로 세례를 베푸시는 영광받으신 그를 자랑하라. 우리 속에 그의 성령을 허락하신 그를 아주 단순하고 편안하게 신뢰하라. 그의 은사를 믿으라. 우리 속에 거하시는 성령을 신뢰하라. 우리 안에 있는 그리스도의 생명의 비밀로써 이것을 받아들이라. 성령은 우리 영의 숨겨진 깊은 곳에 거하고 계신다. 이 비밀을 묵상하라. 예수님과 이것에 관한 그의 말씀을 믿으라. 그러면 우리의 혼은 하나님의 성령이 참으로 우리 안에 거하신다는 진리의 영광 아래 엎드려 하나님 앞에서 거룩한 두려움을 갖게 될 것이다.

성령의 인도하심에 자신을 맡기라. 우리는 그 인도하심이 마음이나 생각에 있지 않고 생명과 기질에 있음을 알고 있다. 하나님께 자기 자신을 맡겨라. 그러면 모든 행위에서 성령의 인도하심을 받게 될 것이다. 성령은 예수님을 사랑하며 그에게 복종하는 자들에게 약속된 것이다. 우리가 성령을 전심으로 사랑하며 따르고 있음을 성령께서 알고 계신다고 두려워하지 말고 말하라. 그리고 그가 오신 유일한 목적의 중심이 무엇이었는가를 기억하라. 그것은 떠나가신 주 예수를 그의 제자들에게 되돌려주시는 것이었다. 예수님은 "내가 너희를 고아와 같이 버려두지 아니하고 너희에게로 오리라"고 하셨다. 나는 멀리 계시고 나와 떨어진 예수님을 자랑할 수 없다. 내가 그렇게 하려 한다면 그것은 노력의 문제일 것이다. 즉, 나는 육체의 도움으로 그것을 해야 한다. 나는 진실로 자랑할 수 있는 것은 현존하시는 구세주 뿐이다. 성령은 그를 내 속에서 영화롭게 하시며 그의 영광을 나타내신다. 그가 이것을 행하실 때 육체는 낮추어져 십자가에 못 박히고 저주받은 자리에 있게 될 것이다. 그가 이것을 행하실 때 육체의 행실은 죽게 될 것이다. 그리고 나의 모든 믿음은 하나님의 성령으로 봉사하며 그리스도 예수로 자랑하고 육체를 신뢰하지 아니하는 것이 될 것이다.

사랑하는 신자여! 성령으로 시작했으면 성령으로 지속적으로 나아가며 성령으로 견디라. 단 한순간이라도 성령의 사역을 육체로 지속하거나 마치지 않도록 주의하라. "육체를 신뢰하지 아니함"이 우리의 표어가 되게 하라. 육체를 깊이 불신하며 육체를 좇아 행함으로 성령을 슬프시게 할까 두려워하면서 자신을 하나님 앞에서 낮추고 겸손하게 하자. 하나님께 계시의 영을 구하자. 이는 예수께서 모든 것이시며 모든 것을 행하시고 성령으로 말미암아 하나님의 생명이 참으로 우리의 생명을 대신하게 하시며 마음의 보호자이시자 안내자로서 또한 마음의 생명으로서 보좌에 앉으신 것을 알기 위함이다.

복되신 하나님 아버지시여! 당신께서 준비해 놓으신 놀라운 것으로 인해 감사합니다. 당신은 그것을 당신의 자녀들이 당신께 가까이 나아오며 그리스도 예수로 자랑하고 성령으로 봉사하는 것을 위해 준비해 놓으셨읍니다. 우리가 당신께 구하오니 그것이 우리의 생명이며 우리의 모든 믿음의 봉사이게 하소서.

그런 삶을 크게 방해하는 것은 육체의 능력이며 자기 생명의 노력임을 우리에게 보여주시길 당신께 간구할 필요성을 느낍니다. 간구하옵나니, 우리의 눈을 여시사 이 사단의 덫을 보게 하소서. 육체를 신뢰하고픈 유혹이 얼마나 은밀하고 교묘한가를 그리고 성령으로 시작한 것을 육체로 마치는 것에 우리가 얼마나 쉽게 빠져 드는가를 우리 모두 알게 하소서. 성령으로 말미암아 우리 안에서 역사하시며 뜻을 품고 행하시는 당신을 배워 신뢰하게 하소서.

또한 간구하옵나니, 우리를 가르치시사 육체를 정복하고 그 능력을 분쇄하는 법을 알게 하소서. 당신의 사랑스런 아들의 죽으심으로 우리의 옛 사람은 십자가에 못 박혔읍니다. 우리가 그 죽으심 따라 모든 것을 배설물로 여기게 하시며 옛 성품이 늘 죽음의 자리에 있게 하소서. 당신의 성령의 인도하심과 다스리심에 우리 자신을 맡깁니다. 성령으로 말미암아 그리스도께서 우리의 생명이 되심으로 노력과 행위의 생명이 아닌 전혀 새로운 생명이 우리 속에 역사함을 믿습니다. 우리 아버지시여 / 우리 안에서 우리의 생명이신 당신의 성령께 믿음으로 모든 것을 맡깁니다. 아멘.

요 점

1. 그리스도는 하나님의 지혜이시며 능력이시다. 우리 자신의 능력에 대한 신뢰의 모든 뿌리는 우리 자신의 지혜에 대한 신뢰이다. 이는 우리가 하나님의 말씀을 소유하고 있음으로 해서 하나님 섬기는 법을 알고 있다고 생각하는 것이다. 하나님의 말씀을 받아들이는데 있어서 사람의 이 지혜는 교회에 가장 커다란 위험이 된다. 왜냐하면 그것은 우리로 하여금 성령으로 시작한 것을 육체로 마치게 하는 은밀하고 매우 교활한 모양이기 때문이다.

2. 여기서 우리를 안전케 하는 유일한 것은 성령이시다. 성령의 가르치심을 아주 기꺼이 받아들이려는 마음, 지극히 사소한 일에서도 육체를 따라 행하길 두려워하는 거룩한 심정, 순종함—그리스도께서 이에 대해 성령을 약속하신다—으로 모든 면에서 사랑으로 무릎꿇는, 그리고 이 모든 것과 더불어 성령께서 하나님의 능력으로 우리의 삶을 소유하시고 우리를 대신하여 삶을 이루시리라고 생생하게 믿는 것—이것이 안전한 길이다.

3. 사람에게는 두 가지 생활원리가 있음을 충분히 인식하기 위해 힘쓰자. 대부분의 그리스도인들은 이리저리로 내어 주는 불순(不純)한 삶을 살고 있다. 하나님의 뜻은 우리가 단 한순간이라도 "육체를 따라 행치 아니하며 성령을 좇아 행하는" 것이다. 하나님의 뜻을 받아들이자. 성령은 우리의 삶을 그의 뜻에 따르도록 하기 위해 허락되신 것이다. 성령께서는 육체의 생명을 완전히 쫓아내시고 자신이 우리 안에 전혀 새로운 생명이 되시며 그리스도를 우리의 생명으로 계시하신다. 하나님이 이를 우리에게 보여주시길 간구한다. 그때 우리는 "이제는 내가 산 것이 아니요 오직 내 안에 그리스도께서 사신 것이라"고 말할 수 있을 것이다.

4. 이 서신에서 교회는 믿음으로 말미암는 칭의란 목적에 이르기 위한 수단일 뿐이며 하나님의 성령으로 행하는 삶에 들어가기 위한 입구에 지나지 않음을 배워야 한다. 우리는 세례 요한의 선포로 되돌아와야 한다. 그는 세상 죄를 지고 가시는 그리스도와 성령으로 세례 주시는 그리스도를

선포하였다.

  5. "사람들이 예수님께 대한 믿음과 관련하여 그가 세상 죄를 지고 가신다는 점만을 강조하고, 다른 점, 즉 그가 성령으로 세례를 베푸실 수 있다는 점을 대단히 크게 무시하는 것은 왜일까? 이와는 달리 선지자들이나 사도들은 성령의 은사를 새로운 삶, 즉 새로운 성품과 행위의 원천으로 강조한다. 하나님의 율법이 주는 느낌과 표현은 모두 새로운 삶 안에서 깨닫게 되는 것이다. 선지자들과 사도들은 그 문제를 윤리적인 면에서 다룬다. 그러나 전통적인 논리는 성령의 은사를 주로 죄사함과 양자됨의 증거로 그리고 이 사실을 감사하고 기뻐함으로 표현, —즉 단순한 심리적 동기에서 —선을 위한 새로운 생명과 능력이 솟아난다고 주장한다. 오늘날 이런 태도는 매우 훌륭한 저술가들에게서도 발견된다. 이와는 달리 성경은 새롭게 창조하시며 새로운 만족을 베푸시는 성령의 능력을 모든 그리스도인의 성품과 개인적 활동의 원리로써 강조한다(롬 8 : 2). 그리스도께서 죄를 짊어지심은 성령의 임재를 위한 길을 단지 예비하기 위한 것이다(요 7 : 39, 갈 3 : 13, 14). 그것은 기초이지 전체가 아니다."—벡(BECK), 『목회교서』 *Pastorallehren*

27
믿음으로 말미암는 성령

> 그리스도께서 우리를 위하여 저주를 받은 바 되사…이는 그리스도 예수안에서 아브라함의 복이 이방인에게 미치게 하고 또 우리로 하여금 '믿음으로 말미암아 성령'의 약속을 받게 하려 함이니라― 갈라디아서 3 : 13, 14.

믿음이란 단어는 아브라함과 관련하여 성경에서 처음으로 사용된다. 아브라함이 받은 최고의 칭찬, 그가 능력으로 순종하는 비결, 그리고 그가 하나님을 기쁘시게 했던 것은 그가 하나님을 믿었다는 것이다. 그래서 그는 믿는 모든 자들의 조상이 되었고 하나님께서 사랑으로 베푸시는 축복의 위대한 모범이 되었으며 그 축복이 임하는 통로가 되었다. 하나님은 아브라함에게 죽은 자를 소생시키시는 하나님으로 보이셨던 것처럼 그의 거룩한 생명이신 성령을 우리 안에 거하게 하심으로 훨씬 더 완벽하게 자신을 계시하신다. 그리고 이 소생케 하는 능력이 믿음으로 말미암아 아브라함에게 임했던 것처럼 이제 그리스도 안에서 나타난 아브라함의 축복, 즉 성령의 약속도 믿음에 의해 우리 것으로 된다. 아브라함의 인생의 모든 교훈은 이 사실에 집중되어 있다 : "우리로 하여금 믿음으로 말미암아 성령의 약속을 받게 하려 함이라." 우리로 하여금 성령을 받아들이게 하는 믿음이 무엇인가를 알고 그 믿음이 어떻게 임하며 성장하는가를 알고자 한다면 하나님이 아브라함의 이야기에서 우리에게 교훈하시는 것을 연구해야 한다. 아브라함의 인생에서 우리는 믿음이란 무엇인가를 깨닫는다. 이는 사람이 하나님의 계시를 인식하고 받아들이는 영적 분별력이다. 또한 그 계시에 의해 일깨워지는 것이다. 아브라함이 믿음의 사람으로 된 것은 하나님이 아브라함을 선택하시고 자신을 계시하시기로 결정하셨기 때문이다. 새로운 계시는 매번마다 하나님의 뜻에 근거한 행위였다. 하나님의 뜻과 그것의 목적하는 바를 이루는 계시는 신앙의 원인이며 생명이다. 계시나 하나님과의 접촉이 더욱 더 분명해지면 믿음은 더욱 더 마음 속 깊이 일어나게 된다. 바울은 "살아 계신 하나님을 신뢰함"에 대해 말한다. 믿음이 일어나려면 오직 살아 계신 이가 소생케 하는 신적인 생명의 능력으로 가까이 오셔서 영혼과 접촉하셔야 한다. 믿음은 우리가 자신의 능력으로 하나님이 말씀하시는 것을 받아들이는 독립적 행위가 아니다. 믿음은 우리가 하나님께서 그의 뜻하시는 바를 우리에게 이루시게 하기만 하는 전적인 수동적 상태도 아니다. 믿음은 영혼으로 받아들이는 것인데 하나님께서 가까이 오셔서 그의 살아 계신 능력으로 우리에게 말씀하시고 우리와 접촉하실 때 우리 자신을 맡김으로 그의 말씀과 역사를 받아들이는 것이다.

그러므로 믿음에는 다루어야 할 두 가지 사실이 있다. 이는 매우 명백하다. 그것은 주님의 존재와 그의 말씀이다. 말씀을 살아 있게 하는 것은 오직 살아 계신 그의 존재뿐이다. 따라서 믿음은 말씀으로 임하지 않으며 능력으로 임한다. 말씀을 많이 읽고 전하여도 열매를 별로 맺지 못하며 믿음을 위해 열심히 수고하고 기도하여도 결과가 신통치 않은 것은 이것 때문이다. 사람들은 살아 계신 하나님보다 말씀을 주로 다룬다. 믿음은 "하나님을 그의 말씀에서 받아들이는 것"이라 실제로 정의되어 왔다. 많은 사람들에게 이것은 "말씀을 하나님의 것으로 받아들임"을 의미할 뿐이었다. 물론, 그들은 사고력으로 '하나님을' 그의 말씀에서 '받아들일 수' 있다고 생각치 않았다. 열쇠나 문의 손잡이가 쓸모있으려면 내가 열고자 하는 자물쇠나 문에 그것들을 사용해야만 한다. 말씀으로 마음 문을 열어 믿게 할 수 있는 것은 오직 살아 계신 하나님과의 직접적이고 살아 있는 교제 안에서이다. 믿음은 '하나님을' 그의 말씀에서 '받아들이게 한다.' 믿음이 이렇게 할 수 있는 것은 오직 하나님께서 자신을 허락하실 때 뿐이다. 나는 하나님의 책에서 그의 모든 귀중한 약속들을 매우 분명하게 충분히 소유할 수 있다. 약속이 실현되게 하기 위해 그 약속을 신뢰해야만 함을 완전히 깨달으며 배울 수도 있다. 하지만 내가 고대하는 축복을 전혀 발견치 못할 수도 있다. 믿음이 기업에 들어가려면 하나님 자신을 기다리는 마음 자세를 갖추어야 한다. 우선 그가 그의 말씀을 내게 들려주시게 해야 하며 그리고나서 그가 말씀하신 것을 행하시게 해야 한다. 믿음은 하나님과의 교제이다. 믿음은 하나님께 대한 항복이다. 믿음은 하나님이 가까이 다가오셔서 그가 그의 말씀으로 영혼을 소유하시며 그의 사역을 위해 영혼을 붙드시고 준비케 하심으로 형성되는 느낌이다. 믿음이 깨어나면 하나님의 뜻이 나타나는 것에 모든 주의를 기울인다. 그것은 하나님의 존재의 징후에 전적으로 귀를 기울이고 받아들인다. 또한 하나님의 모든 약속이 실현되기를 기다리며 기대한다.

아브라함으로 하여금 약속을 기업으로 받게 했던 믿음은 이런 것이다. 그리고 아브라함의 축복을 그리스도 예수 안에 있는 이방인들에게 임하게 하며 우리로 하여금 성령의 약속을 받아들이게 하는 믿음도 이런 것이다. 성령께서 처음 인치시고 내주하시며 흘러나오시기까지 성령이 하시는 일과 그가 임하시는 방법을 연구함에 있어서 다음의 말씀을 끝까지 굳게 붙들자 : "우리로 하여금 믿음으로 말미암아 성령의 약속을 받게 하려 함이라." 신자는 성령이 내주하심을 충분히 의식하며, 성령께서 하나님의 사랑을 마음에 널리 부으심을 보다 깊게 확신하고, 성령의 모든 열매를 더욱 크게 자라게 하며, 성령께서 모든 진리 가운데로 인도하심을 보다 분명히 경험하는 것에 힘을 쏟아야 한다. 아울러서 모든 은혜의 질서가 기초를 두고 있는 믿음의 법이 완전하게 적용을 요구하고 있음을 기억해야 한다 : "네 믿음대로 될지어다." "우리로 하여금 믿음으로 말미암아 성령의 약속을 받게 하려 함이니라."
아브라함의 믿음 안에 있는 아브라함의 복을 구하자.

이런 점에서 우리의 믿음은 아브라함의 믿음이 시작했던 곳에서, 즉 하나님을 만나고 하나님을 기다리는 데서 시작해야 한다. "여호와께서 아브라함에게 나타나시니라…아브라함이 몸을 굽혀…여호와께서 아브라함과 말씀을 마치시고." 우리의 하나님 아버지를 살아 계신 하나님으로 여기자. 그는 그의 전능한 생명의 능력으로 우리를 위해 이 놀라운 일을 행하실 것이며 우리를 그의 성령으로 충만케 하실 것이다. 그가 우리를 위해 갖고 계신 축복은 아브라함에게 베푸셨던 것과 같은 것이지만 더 크고 더 충만하며 더 놀라운 것이다. 아브라함의 몸이 죽은 것 같았을 때나 후에 그의 아들이 죽음의 제물로 제단에 이미 묶여져 있을 때에도 하나님은 그에게 생명을 주시는 하나님으로 임하셨다. "그의 믿은 바 하나님은 죽은 자를 살리시며." "아브라함은 이삭을 드렸으니 저가 하나님이 능히 죽은 자 가운데서 다시 살리실 줄로 생각한지라." 하나님은 우리에게 오셔서 우리 안에 거하시는 성령으로 말미암아 영과 혼과 몸을 하나님의 생명의 능력으로 충만케 하신다. 우리도 아브라함과 같이 되자. "아브라함이 하나님의 약속을 바라고 믿음이 없어 의심치 않고 믿음에 견고하여져서 하나님께 영광을 돌리며 약속하신 그것을 또한 능히 이루실 줄을 확신하였으니." 우리의 생각을 약속하신 이에 대한 믿음으로 충만케 하며 우리의 마음을 능히 이루실 이에게 고정시키자. 하나님께 대해 마음을 열게 하고 그의 거룩한 사역에 기꺼이 복종케 하며 받아들이게 하는 것은 '하나님께 대한' 믿음이다. 하나님은 우리를 그의 성령으로 충만하게 하시기 위해 우리를 기다리신다. 오, 제발 우리도 그를 기다리자. 하나님께서 그 모든 것을 그의 신성한 행위로 지극히 능력있고 복되게 이루셔야만 한다. 그를 기다리자. 읽고 생각하는 것, 기대하고 간구하는 것, 헌신하고 약속을 붙잡는 것, 성령이 우리 속에 거하신다는 축복의 진리를 굳게 잡는 것—이 모든 것은 자체적으로 좋은 것이다. 그러나 축복을 가져오지 않는다. 한 가지 필요한 것은 마음을 살아 계신 하나님께 대한 믿음으로 충만케 하는 것이다. 그런 믿음 안에서 하나님과 살아 있는 교제를 나누며 그의 거룩한 존재 앞에서 기다리고 경배해야 하는 것이다. 하나님과의 그런 사귐 속에서 성령은 마음을 충만하게 하신다.

우리가 이런 자세를 취했을 땐 그것을 견지하자. 그러면 우리는 성령께 대해 올바른 태도를 갖게 될 것이다. 즉, 성령께서 이미 우리에게 다가오셔서 하나님께서 우리를 위해 예비해 놓으신 것을 계시하신 분량에 이르게 될 것이다. 우리는 성령의 어떤 특별한 모습을 생각하거나 그것에 대해 부족하다고 확신하기도 한다. 말씀의 약속한 것으로 나아가 우리 안에 계신 성령의 생명에 관한 하나님의 모든 뜻 가운데로 인도함을 받고자 하기도 한다. 그때 우리는 겸손하게 의존하는 마음을 지키면서 어린 아이처럼 지극히 확실하게 의뢰해야 할 것이다. 우리는 아주 빈번히 실패했던 긴장과 수고의 삶에서 벗어나야 할 것이다. 우리가 실패했던 것은 성령 안에서 하나님을 섬길 때 우리가 느끼고 행하며 또한 행하려 했던 것 가운데서 육체에 대한 신뢰를 갖고 있었고 그것을 추구했기 때문이다. 말씀을 듣거나 하나님께서 우리의 말에 귀기울여 주시길 간구할 때, 조용히 묵상하거나 공중과 함께 예배할 때, 하나님을 위해 일하거나 일상적인 일을 할 때 우리의 삶 밑에 깊게 깔려 있는 것은 다른 모든 확신을 훨씬 넘어서는 확신이어야 할 것이다. "하물며 하늘에 계신 아버지께서 구하는 자에게 성령을 주시지 않겠느냐." 그는 성령을 주셨으며 앞으로도 항상 주실 것이다.

그런 믿음에는 반드시 시련이 따를 것이다. 이삭―하나님께서 허락하시고 믿음으로 받아들인 이삭의 생명은 죽음에 내어 주어야만 했었다. 이는 그것이 부활의 모형으로, 즉 죽은 자 가운데서 살아난 생명으로서 되돌려 받기 위함이었다. 성령의 사역에 대해 하나님께서 허락하시는 경험은 몇 번이고 소멸된다. 그리고 영혼은 무기력하게 죽어 있는 것처럼 보이게 된다. 이것은 이중적인 교훈을 완전히 깨달을 때까지 그럴 것이다. 하나는 살아 있는 믿음은 모든 느낌과 경험이 약속에 어긋나는 것처럼 보이는 때라 할지라도 살아 계신 하나님을 기뻐할 수 있다는 것이며, 다른 하나는 육신의 생명이 죽을 때 비로소 하나님의 생명이 들어온다는 것이다. 그리스도의 생명은 그의 죽음이 우리 안에서 역사하며 연약함과 무가치함 속에서 우리가 그를 바라볼 때 계시된다. 우리는 믿음으로 말미암아 성령의 약속을 받아들인다. 믿음이 더욱 커지고 넓어지게 되면 약속된 성령을 받아들이는 것이 더욱 풍성하고 깊어질 것이다. 하나님은 아브라함에게 매 번 새롭게 계시하실 때마다 그의 믿음을 더욱 강건케 하셨으며 하나님과의 교제를 더욱 친밀하게 하셨다. 아브라함은 하나님께서 가까이 오셨을 때 무엇을 기대해야 할지 알았다. 하나님께서 그의 아들의 죽음을 요구하셨을 때 그는 아무리 마음에 들지 않는 모습이라 할지라도 하나님을 신뢰할 줄 알았다. 살아 계신 하나님께서 자신을 계시해 주시길 매일 기다리는 것이 믿음이다. 더욱 더 말씀을 잘 듣고 보다 더 자발적으로 봉사하는 가운데 하나님과 그의 존재에 전적으로 의뢰하는 것이 믿음이다. 하나님께서 자기를 계시하고자 하실 때에만이 축복이 임할 수 있으며 또한, 그가 항상 자기를 계시하시길 좋아하시기 때문에 축복이 정녕코 임하리라는 것을 아는 것이 믿음이다. 이런 믿음이 성령의 약속을 받아들인다. 이런 믿음이 아브라함과 구약의 성도들에게서 일어나 강건하게 된 것은 하나님의 존재로 인해서였다. 불신앙이 추방되고 적은 믿음이 강하게 된 것은 이 땅에 계신 예수님의 존재로 인해서였다. 믿음으로 오순절의 축복을 받아들였던 것은 영광받으신 분의 존재로 인해서였다. 하나님의 보좌는 이제 그리스도 안에서 우리에게 열려졌다. 그 보좌는 하나님과 어린 양의 보좌로 되었다. 우리가 겸손히 예배하는 가운데 있으면서 보좌 앞에서 사랑으로 섬기며 행할 때 보좌 아래서 흘러나오는 생수의 강은 우리 속으로 흘러 들어와 우리로 말미암아 우리 밖으로 흘러나갈 것이다. "믿는 자는 그에게서 생수의 강이 흘러나리라."

영원히 복되신 하나님이시여! 당신은 당신의 거룩한 사랑과 능력으로 당신의 각 자녀들에게 그들이 받아들일 수 있을 만큼 당신 자신을 계시하십니다. 우리가 간구하오니 우리 속에 믿음을 더하사 그것으로 말미암아 당신을 깨달으며 받아들일 수 있게 하소서. 당신이 전능하신 하나님으로서 임하시건, 구속하시는 하나님으로서 임하시건, 내주하시는 하나님으로서 임하시건간에 당신이 구하시는 것은 항상 믿음입니다. 그리고 우리는 믿음에 따라 받아들입니다. 오, 아버지시여! 우리가 갖고 있는 믿음의 분량만큼 성령을 소유하게 됨을 우리로 깊이 확신케 하소서.

우리의 거룩하신 하나님이시여! 당신께 맡겨진 영혼 속에 믿음을 일깨우며 일으키는 것은 당신의 존재임을 우리가 압니다. 우리가 간구하오니 당신의 거룩한 존재 속으로 우리를 불가항력적인 능력으로 이끄시사 우리로 하여금 거기서 항상 기다리게 하소서. 오, 우리를 세상과 육체의 무서운 유혹에서 건지소서. 이는 당신의 거룩한 영광이 우리가 전심으로 바라는 것이 되며 우리의 마음이 온전히 비어져 내주하시는 그리스도께 대한 성령의 계시를 받아들이기 위함입니다. 우리는 당신의 말씀을 받아들여 그 말씀이 우리 속에 풍성하게 거하길 원합니다. 우리는 고요한 마음으로 잠잠히 하나님을 기다리길 원합니다. 아버지께서 우리 속에 그의 성령을 허락하셨고 은밀한 역사로 그의 아들을 계시하고자 하심을 신뢰하며 믿길 원합니다. 오, 하나님이시여! 우리는 믿음으로 살아갑니다. 우리는 성령을 믿습니다. 아멘.

요 점

1. 믿음은 하나님을 기쁘시게 하는 유일한 것이다. 그리스도 예수 안에서 하나님께 합당한 모든 예배와 사역 속에서 우리가 하나님을 기쁘시게 하는 증거를 받아들이는 것은 믿음이다. 왜 그런 것일까? 믿음은 자아에서 벗어나 오직 하나님만을 영화롭게 하며 하나님의 아들만을 바라보고 하나님의 성령을 잘 받아들이기 때문이다. 믿음은 하나님의 말씀과 약속의 진실함을 긍정적으로 확신하는 것에 그치지 않는다. 이런 확신은 육체의 능력에도 있을 수 있다. 믿음은 마음의 영적 기관(器官)이다. 마음은 믿음으로 말미암아 살아 계신 하나님을 기다리며 그의 음성에 귀기울이고 그의 말씀을 그에게서 직접 받아들이며 그와 교제한다. 이런 마음 자세가 배양되고 우리의 모든 삶이 믿음으로 말미암을 때 성령이 자유롭게 들어오시며 충만하게 흐르실 수 있다. "믿는 자는 그에게서 생수의 강이 흘러나리라."

2. "성령은 썩지 아니할 씨(벧전 1:21)라 불리워진다. 그는 말씀으로 마음에 뿌려지시되 마음에 열매맺는 능력으로써 뿌려지시기 때문이다. 말씀은 외형적인 씨앗이지만 성령은 실질적인 씨앗이시다"―굿윈(GOODWIN).

3. 우리가 성령의 능력을 간절히 기대함은 그가 우리로 하여금 늘 변함없이 예수님을 바라보게 하시며 죄에서 구원해 주신 분으로서 항상 현존하시는 예수님을 계시해 주시기 때문이다―"오직 믿기만 하라." 매일 묵상과 믿음의 고요한 행위로 시작하라. 잠잠히 자기를 정돈시키면서 마음 속을 살피라. 이는 성령께서 행하시는 일을 보기 위함이 아니라 우리의 영을 거기에 은밀히 거하시는 성령께 맡기기 위함이다. 깊은 겸손 가운데 말하라. 나는 내 속에 조그맣게 숨겨진 하나님 나라의 씨앗, 영생의 씨앗을 갖고 있다. 나는 살아 있는 말씀의 씨앗, 하나님의 씨앗을 내 속에서 찾았다. 나는 이제 그것이 어디에 거하는가를 안다. 두려워하며 떠는 가운데 하나님 앞에 엎드리라. 그는 우리 속에서 역사하시기 때문이다. 그리고 하나님 앞에서 믿음의 시간을 투자하여 이것을 확신하며 충분히 의식하기 위해 힘쓰라. 나는 오늘 내 속에 성령을 소유하고 있다.

4. "하나님의 씨가 그의 속에 거함이요 저도 범죄치 못하는 것은." 믿음의 능력으로 일상 생활 속으로 나아가라. 성령은 우리 속에 거하신다. 그

가 효과적으로 역사하셔서 우리를 죄에서 멀어지게 하심을 아버지께서 허락하실 것이다. 시시때때로 멈추면서 거룩하게 자신을 살피며 성령께서 우리가 하나님의 성전임을 생각나게 하시게 하라. 그리고 거룩한 마음으로 떨며 말하라. 나는 내 속에 하나님의 생명의 살아 있는 씨앗을 지니고 있다. 5. 신자 각자가 이 믿음의 생명으로 들어가 그 안에서 행할 때 위로부터 오셔서 모든 육체 위에 능력으로 임하시는 성령을 간구할 힘을 얻게 될 것이다.

28
성령을 좇아 행함

너희는 '성령'을 좇아 행하라 그리하면 육체의 욕심을 이루지 아니하리라 그리스도 예수의 사람들은 육체와 함께 그 정과 욕심을 십자가에 못 박았느니라 만일 우리가 '성령'으로 살면 또한 '성령' 으로 행할지니—갈라디아서 5 : 16, 24, 25.

"만일 우리가 성령으로 살면 성령으로 행할지니." 이 말씀은 우리에게 허약한 그리스도인의 삶과 건강한 그리스도인의 삶의 차이를 아주 분명하게 제시한다. 전자의 경우에 그리스도인은 "성령으로 사는 것"으로 만족해 한다. 그는 그가 새 생명을 소유하고 있음을 아는 것으로 흡족해 한다. 하지만 그는 성령으로 행치 않는다. 이와는 달리 참된 그리스도인은 성령의 능력 안에 그의 모든 언행을 두지 않고는 만족하지 못한다. 그는 성령을 좇아 행한다. 그러므로 육체의 욕심을 이루지 않는다.

그리스도인이 이처럼 모든 면에서 하나님께 합당하게 행하며 그를 기쁘시게 해드리고자 애쓸 때 그는 때때로 죄의 능력으로 인해 쓰라린 고통을 겪는다. 그리고 죄의 능력을 정복하는데 있어서 아주 빈번하게 실패하는 이유가 무엇인가를 자문해 본다. 그는 이 문제에 대한 해답을 으레 믿음의 부족이나 불성실함 또는 천성적 연약함이나 사단의 강한 능력에서 찾는다. 그가 이런 해답으로 만족한다면 얼마나 안타까운 일인가! 그는 한시라도 빨리 보다 깊은 이유를 발견하여 그리스도께서 그를 위해 확실한 구원을 베풀어 주셨음에도 이 모든 것들이 왜 여전히 득세하고 있는지를 알아야 할 것이다. 그리스도인의 삶의 가장 심오한 비밀 중의 하나는 하나님의 성령께서 다스리시는 것을 막는 유일한 큰 세력, 즉 하나님의 성령께 항복해야 할 최후의 적은 육체임을 아는 것이다. '육체'가 어떠한 줄을 아는 자—육체가 어떻게 작용하며 그것을 어떻게 다루어야만 하는지를 아는 자는 정복자가 될 것이다.

우리는 매우 슬프게도 갈라디아 사람들이 실패했던 것은 이에 대한 그들의 무지함 때문이었다는 것을 안다. 그들이 성령으로 시작했던 것을 육체로 마치려 했던 것도 이 때문이었다(3:3). 또한 그들이 "육체의 모양을 내려 하는" 자들에게 먹이가 되어 "육체를 자랑하게" 되었던 것도 이 때문이었다(6:12, 13). 그들은 육체가 고칠 수 없을 정도로 타락했음을 알지 못했다. 우리의 본성이 그 자체의 욕심을 이루려 할 때 범죄하는 것처럼 "육체의 모양을 내려" 할 때도 범죄함을 알지 못했다. 즉, 그들은 육체가 외견상 하나님께 대한 봉사에 몰두하지만 성령이 시작하신 것을 육체가 마치려 할 때 범죄하게 됨을 알지 못했던 것이다. 그들이 이것을 알지 못했기 때문에 육체의 열정과 욕심을 제어할 수 없었다. 육체의 열정과 욕심이 그들을 이기므로 그들은 원치 않던 것을 행하게 되었다. 그들은 육체, 즉 자기 노력과 자기 의지가 하나님을 섬기는데 영향을 미치는 한 육체가 강하여져 죄를 섬기게 됨을 알지 못했다. 더욱이 육체를 무기력하게 하여 악을 행치 못하게 하는 유일한 방법은 선을 행하려는 육체의 시도를 무기력하게 하는 것임을 깨닫지 못했다.

이 서신이 쓰여졌던 것은 육체가 하나님을 섬기거나 죄를 섬길 때 그에 관한 하나님의 진리를 발견하기 위함이었다. 바울은 성령, 오직 성령만이 그리스도인의 생명의 능력이며, 이렇게 되려면 육체가 그 전적인 의미에서 완전히 배제되어야만 함을 가르치고자 했다. 그리고 이것이 어떻게 가능한가 하는 질문에 대한 답변으로 그는 하나님의 계시에 있는 중심사상 중 하나를 놀라움게 제시한다. 그리스도의 십자가에 못 박혀 죽으심은 죄의 대속에 대한 계시이다. 뿐만 아니라 그것은 육체에 뿌리박힌 죄의 실제적 지배에서 벗어나게 하는 능력에 대한 계시이다. 바울은 성령 안에서 행하는 것에 대해 가르치는 가운데 "그리스도 예수의 사람들은 육체와 함께 그 정과 욕심을 십자가에 못 박았느니라"고 말하면서 육체로부터의 구원을 발견할 수 있는 유일한 방법이 무엇인가를 알려준다. "육체와 함께 십자가에 못 박았느니라"는 말을 이해하고 그것을 의뢰하는 것이 육체를 따라 행치 않고 성령을 좇아 행하는 비결이다. 성령을 좇아 행하길 원하는 사람이라면 누구나 그 의미를 이해하려 해야 한다.

"육체"-성경에서 이 표현은 죄의 능력 아래에 있는 그 현재적 상태에 있어서의 인간성 전체를 의미한다. 그것은 우리의 모든 존재, 즉 영과 혼과 몸을 포함한다. 타락 이후에 하나님은 "사람이 육체가 됨이라"(창 6:3)고 말씀하셨다. 사람의 모든 능력, 곧 지·정·의-이 모든 것은 육체의 능력 아래에 있다. 성경은 육체의 의지, 육체의 마음(육감적인 마음), 육체의 정과 욕심에 대해 말한다. 성경은 우리의 육체에는 아무런 선도 거하지 않으며 육체의 마음은 하나님과 원수된다고 말한다. 이런 점에서 성경은 육체에 속한 것에는, 즉 육감적인 마음이나 의지로 생각하고 행하는 것에는 그것이 아무리 훌륭해 보이고 사람들이 아무리 그것을 자랑한다 해도 하나님 보시기에 아무런 가치가 없음을 가르친다. 성경은 우리에게 신앙에서 가장 위험스러운 것이자 우리의 연약함과 실패의 원인은 육체, 곧 육체의 지혜와 행위를 신뢰하는 것이라고 경고한다. 성경은 하나님을 기쁘시게 하려면 자기 의지를 갖고 스스로 노력하는 이 육체가 완전히 추방되어 또다른 것, 즉 하나님의 성령으로 대체되어야만 함을 이야기한다. 그리고 육체의 능력에서 해방되어 그 능력을 없애버리는 유일한 방법은 육체를 십자가에 못 박아 죽게 하는 것이라고 말한다.

"그리스도 예수의 사람들은 육체와 함께 '십자가에 못 박았느니라.'" 사람들은 육체를 십자가에 못 박는 것을 이루어져야만 할 것으로 종종 말한다. 성경은 항상 그것을 이루어진 것, 즉 완성된 사실로 이야기한다. "이것을 알진대 우리의 옛 사람은 그와 함께 '십자가에 못 박혔느니라.'" "그리스도 예수의 사람들은 육체와 함께 '십자가에 못 박았느니라.'" "우리 주 예수 그리스도의 십자가로 말미암아 세상이 나를 대하여 '십자가에 못 박히고' 내가 또한 세상을 대하여 그러하니라." 이는 그리스도께서 영원하신 성령으로 말미암아 십자가 위에서 이루신 것이다. 그는 개인으로서 이를 행하신 것이 아니라 인류의 머리되신 그가 짊어지신 인간성의 이름으로 행하신 것이다. 그리스도를 받아들이는 사람은 누구나 다 그를 십자가에 못 박히신 분으로 받아들이며 십자가에 못 박히신 그의 공적뿐 아니라 그의 능력을 받아들인다. 또한 그리스도와 연합하여 동일시된다. 그리고 지적으로도 기꺼이 그 동일시를 인식하고 지속하도록 요청받는다. "그리스도 예수의 사람들"은 십자가에 못 박히신 그리스도를 그들의 생명으로 받아들임으로 그들의 육체를 십자가에 넘겨 주게 되었다. 십자가는 지금 하늘에 사시는 그리스도의 인격과 성품의 본질적인 것이다. 그들은 "육체와 함께 그 정과 욕심을 십자가에 못 박았다."[18]

하지만 "그들이 육체를 '십자가에 못 박았다'" 함은 무엇을 의미하는가? 어떤 사람들은 육체에 있던 저주를 십자가가 없애버린다는 일반적인 진리로 만족한다. 다른 사람들은 육체가 괴로움을 가져다 준다는 것과 육체를 부인하고 죽어야 할 의무에 대해 생각한다. 또다른 사람들은 십자가를 생각함으로 발휘될 도덕적 영향력에 대해 생각한다. 이런 각각의 관점들 속에는 진실한 요소가 있다. 그러나 그것들을 능력으로 인식하려면 근본적인 것을 생각해야만 한다. 즉, 육체를 십자가에 못 박는 것은 그것을 저주에 넘겨 주는 것이라는 점이다. 십자가와 저주는 분리할 수 없다(신 21:23, 갈 3:13). "우리의 옛 사람이 그와 함께 십자가에 못 박혔다." "내가 그리스도와 함께 십자가에 못 박혔다"고 말하는 것은 대단히 엄숙하고 두려운 사실을 의미한다. 그것은 다음과 같은 의미이다. 나는 나의 옛 성품, 내 자신이 저주받아 마땅함을 안다. 죽음에 의하지 않고는 그것을 없앨 방법이 없다. 나는 기꺼이 그것을 죽음에 내어 준다. 나는 그리스도를 내 생명으로 받아들인다. 그는 그 자신, 곧 그의 육체를 저주받은 십자가의 죽음에 내어 주기 위해 오셨다. 그는 그의 새 생명을 오직 십자가의 죽음을 인해서 그것을 힘입어 받아들이셨다. 나는 나의 옛 사람, 나의 육체와 자아를 그 의지와 행위와 함께 죄많고 저주받을 것으로 십자가에 내어 준다. 그것은 거기서 못 박힌다. 그리스도 안에서 나는 육체에 대해 죽으며 육체로부터 해방된다. 육체는 아직 죽지 않았다. 그러나 날마다 그리스도와 연합함으로 나는 육체를 십자가에 있게 하며 죽게 할 것이다. 비록 육체의 각 지체들과 행위들이 성령의 능력 안에서도 일어나려 한다 해도.

이 진리의 능력은 그것을 알고 받아들이며 그것에 따라 행하는 것에 좌우한다. 내가 십자가의 대속만을 알고 바울이 자랑하는 것처럼 십자가의

---

18) 홉킨스(E.H.Hopkins) 목사는 성령의 생명 안에 있는 '자유의 법'에서 믿음의 생명을 명확하고 성경적으로 독특하게 설명한다. 그리스도의 죽으심에 따르는 것과 투쟁에 관한 장(章)들은 육체와 성령에 관한 신자의 관계를 올바르게 이해하는데 대단한 도움을 줄 것이다.

교제를(갈 6 : 14) 알지 못한다면 나는 성결케 하는 십자가의 능력을 결코 경험치 못할 것이다. 내가 십자가의 교제에 대한 복된 진리를 알 때 믿음으로 예수님과의 영적 교제로 들어가 그 안에서 사는 법을 알게 될 것이다. 나의 머리이시며 인도자이신 예수님은 십자가를 보좌에 이르는 유일한 사닥다리로 만드셔서 보이셨다. 믿음으로 유지되는 이 영적 연합은 도덕적인 것이다. 나는 그리스도 예수 안에 있던 것과 똑같은 마음과 성품을 갖고 있다. 나는 육체를 죄많고 오직 저주받아 마땅한 것으로 생각한다. 나는 예수 안에서 내게 확보된 육체적인 것에 대한 죽음과 함께 자아의 능력에서 해방되어 그리스도의 영으로 말미암아 새 생명 가운데 행할 유일한 길로서 십자가를 받아들인다.

그 길 안에서 육체의 저주와 능력을 계시하면서 동시에 제거하는 십자가의 능력에 대한 이 믿음은 매우 단순하지만 엄숙한 것이다. 나는 성령으로 사는데 있어서 유일한 위험은 육체와 자아를 따라 하나님을 섬기려 하는 것임을 이해하기 시작한다. 나는 그것이 그리스도의 십자가를 아무 쓸모없게 하는 것임을 안다(고전 1 : 17, 갈 3 : 3; 5 : 12,13, 빌 3 : 3,4, 골 2 : 18~23). 나는 인간과 본성, 율법과 인간적 노력에 속한 모든 것이 갈보리에서 영원토록 하나님의 심판을 받았음을 안다. 거기서 육체는 그 모든 지혜와 종교심으로 하나님의 아들을 증오하고 거부했음을 나타내 보였다. 거기서 하나님은 육체에서 벗어날 유일한 길이란 육체를 저주받은 것으로 죽음에 내어 주는 것임을 증명해 보이셨다. 나는 내게 필요한 유일한 것은 육체를 하나님이 바라보시는 대로 바라보는 것임을 이해하기 시작한다. 즉, 육체에 속한 내 안에 있는 모든 것에 대해 십자가가 전해 주는 사망증명서를 받아들이고 육체와 그것에서 나오는 모든 것을 저주받은 것으로 바라보는 것이다. 내가 이런 마음 자세를 더욱 더 갖게 될 때 나는 내 자신만큼 두려워할 만한 것이 없음을 깨닫는다. 나는 육체, 곧 타고난 내 마음과 의지가 성령의 자리를 빼앗을까봐 크게 조바심을 낸다. 저주받은 것이 항상 예비되어 내 안에 있음을 의식할 때 그리스도를 향한 나의 태도는 겸손하게 전적으로 두려워하는 자세가 된다. 저주받은 것은 빛의 천사처럼 지성소 속으로 들어와 나를 미혹하여 그리스도의 영이 아닌 타고난 능력으로 하나님을 섬기게 한다. 신자가 가르침을 받아 성령의 필요성뿐 아니라 그의 예비됨을 충분히 믿게 되는 것은 겸손히 두려워하는 가운데서이다. 성령은 육체가 차지했던 자리를 완전히 점령하셔서 날마다 십자가를 자랑하게 하신다. 그러므로 신자는 십자가에 대해 "성령으로 말미암아 내가 세상을 대하여 십자가에 못 박혔느니라"고 말할 수 있게 된다.

우리는 종종 그리스도인의 삶 속에서 실패의 원인을 찾는다. 우리는 갈라디아 사람들이 이해하지 못했던 것—오직 믿음으로만 의롭게 되는 것에 대해 철저하기 때문에, 그들의 위험이 우리와는 상관없다고 종종 생각한다. 오, 그러나 우리는 육체가 우리의 신앙 속에서 얼마나 크게 작용하고 있는지를 알고 있지 않는가./ 우리의 가장 괴로운 적이며 그리스도의 원수로서 육체를 인식할 수 있도록 하나님께 은혜를 구하자. 값없이 주시는 은혜란 죄의 용서를 의미할 뿐 아니라 성령으로 말미암는 새 생명의 능력을 의미한다. 하나님께서 육체와 그것에서 나오는 모든 것에 대해 말씀하시는 것에 의견을 같이 하자. 육체는 죄많아 정죄당하고 저주받은 것이다. 육체의 은밀한 활동만큼 두려운 것이 없음을 기억하자. "내 육신에 선한 것이 거하지 아니하노니," "육신의 생각은 하나님과 원수가 되나니" 하는 하나님의 말씀의 가르침을 받아들이자. 우리가 모든 면에서 하나님을 기쁘시게 하려면 성령께서 우리를 완전히 소유하셔야만 함을 하나님께서 우리에게 계시하시길 간구하자. 우리가 날마다 십자가를 자랑하며 기도와 복종 속에서 육체를 십자가의 죽음에 내어 맡길 때, 그리스도께서 우리의 항복을 받아들이시며 그의 신적 능력으로 성령의 생명을 우리 속에 능력있게 유지하시리라는 것을 믿자. 그러면 우리는 성령으로 사는 법을 배울 뿐 아니라 육체의 능력에서 해방되어 육체를 십자가에 못 박으며 그것을 믿음으로 지키면서 실제로 성령을 좇아 행하는 자로서 사는 법을 배울 것이다.

복되신 하나님이시여./ 당신의 말씀이 가르치는 바 충분한 의미를 내게 계시해 주시옵기를 간구합니다. 즉, 내가 성령을 좇아 행할 수 있는 것은 육체와 함께 그 정과 욕심을 십자가에 못 박는 자가 될 때라는 것입니다.

오, 나의 아버지시여./ 나를 가르치시사 본성과 자아에 속한 모든 것이 육체에 속한 것임을 알게 하소서. 육체가 당신의 시험을 받아 부족한 것으로 발견되고 저주와 죽음 이외에는 그에 합당한 것이 아무것도 없음을 알게 하소서. 내 주 예수께서 길을 인도하심과 당신의 정의로운 저주를 인정하심은 내가 기꺼이 육신를 저주받은 것으로 십자가에 내어 주며 또한 그렇게 할 능력을 소유하게 하기 위함인 것을 가르치소서. 오, 날마다 내게 크게 은혜를 베푸시사 당신 앞에서 두려워하게 하소서. 이는 육체가 성령의 사역에 간섭하여 성령을 근심케 하지 못하게 하기 위함이니이다. 성령이 허락되심은 내 생명 중의 생명이 되시며 내 안에 살아 계신 복되신 주님의 죽음과 생명의 능력으로 나를 충만케 하시기 위함인 것을 내게 가르치소서.

복되신 주 예수시여./ 당신은 당신의 성령을 보내시사 내 속에 계신 당신의 존재와 구원의 능력을 방해받지 않고 확실히 누리게 하십니다. 나는 온전히 당신 것이 되며 오직 전적으로 성령의 인도하심 아래서만 살기 위해 내 자신을 맡깁니다. 나는 육체를 십자가에 못 박혀 저주받은 것으로 깨닫길 전심으로 원합니다. 나는 십자가에 못 박힌 자로서 사는 것에 엄숙하게 동의합니다. 구주시여./ 당신은 나의 항복을 받아들이십니다. 나는 오늘 변함없이 성령으로 말미암아 행하기 위해 당신을 의뢰합니다. 아멘.

요 점

1. 그리스도의 생명의 능력은 그의 죽음의 능력과 별개로 내 안에서 역사하지 않는다. 그의 죽음만이 육체와 자아, 타고난 생명을 효과적으로 다루어 새 생명, 곧 성령을 위해 자리를 마련할 수 있다. 성령께서 우리 안에 그리스도의 생명을 계시하시려면, 육체가 얼마나 완전하게 죽어야 하며 성령께서 자아에 속한 우리 생명을 참으로 얼마나 완전하게 몰아내셔야만 하는가를 깨닫기 위해 기도하라.

2. 많은 사람들은 우리가 육체를 자연인, 자기 생명, 저주받은 것이라 부르는 것에 관해 이야기할 것이다. 이것은 어려운 말이다. 십자가를 꽃으로 두르고 그것에 대해 많은 아름다운 사실들을 이야기하기란 쉽다. 그러나 하나님이 십자가에 대해 말씀하신 것은 이것이다 : 십자가는 저주이다. 십자가 위의 하나님의 아들은 "저주받은 바 되셨다." 내 육체가 십자가에 못 박힌다면 이는 오직 그것이 저주받기 때문에 있을 수 있는 일이다. 죄가 저주받은 것임을 사람이 알게 될 때 그것은 인생의 복된 순간이다. 육체는 저주받은 것임에도 사람이 그것을 소중히 여겨 왔고 그것 때문에 성령을 근심케 한 것을 하나님께서 사람에게 보여주실 때 그것은 훨씬 더 복된 순간으로 겸손을 더욱 깊게 할 것이다.

3. 육체와 성령은 두 개의 세력이다. 그 양편의 세력의 다스림 아래서 모든 행위가 이루어진다. 우리의 모든 걸음이 성령으로 말미암아 그를 좇는 것이게 하자.

4. 그리스도의 죽음은 그가 성령을 받으시고 베푸신 곳에서 영광을 낳았다. 그 죽음은 육체에 대한 죽음이 지배원리인 곳에서 생명이 된다. 성령의 능력은 그 지배원리 안에서 계시된다.

5. "교회가 주를 경외함과 성령의 위로로 진행하여 수가 더 많아지니라." 내주하시는 거룩한 존재를 겸손하게 깊이 경외하는 것, 즉 그의 이야기보다 자신의 이야기 듣기를 두려워하는 것은 성령의 위로로 진행하는 하나의 비결이다. "그때에 종일토록 주를 경외함으로 있으라."

29
사랑의 성령

성령의 열매는 사랑-갈라디아서 5:22.
성령의 사랑으로 말미암아 너희를 권하노니-로마서 15:30.
성령 안에서 너희 사랑을 우리에게 고한 자니라-골로새서 1:8.

오늘 우리의 주제는 마음 속 중심의 성소로 우리를 이끈다. 우리는 성령의 사랑을 생각하려 한다. 사랑은 성령의 은혜 중 하나로 으뜸가는 것일 뿐 아니라, 성령은 참으로 우리 안에 거하기 위해 임재한 하나님의 사랑 그 자체이시고 우리는 오직 사랑을 소유하는 것만큼 성령을 소유할 수 있음을 배워야 할 것이다.

하나님은 영이시다. 하나님은 사랑이시다. 이 두 개의 말씀 속에는 성경이 이른바 하나님에 관한 정의를 인간적 언어로 제시하려는 유일한 시도가 있다. 하나님은 영으로서 자기 안에 생명을 갖고 계시며 그의 주변에 있는 모든 것에서 자유로우시다. 또한 만물을 지배하심으로 만물에 들어가 만물을 그의 생명으로 충만케 하시며 만물에 자기 자신을 전달하신다. 하나님이 영들의 아버지시고 창조의 하나님이시며 인간의 구속자 하나님이신 것은 성령을 통해서이다. 모든 생명은 하나님의 성령으로 인해 생겨난다. 그리고 이렇게 됨은 하나님이 사랑이시기 때문이다. 아버지께서 그가 갖고 계신 모든 것을 아들에게 주시고 아들이 그가 갖고 계신 모든 것을 아버지 안에서 구하는 것을 미루어 하나님은 그 자체적으로 사랑이시다. 아버지와 아들 사이에 있는 이 사랑의 생명 안에서 성령은 교제의 끈이시다. 아버지는 사랑하시는 분, 즉 사랑의 원천이시다. 아들은 사랑받으시는 분,

즉 늘 사랑을 받으시고 늘 되돌려 주시는 사랑의 위대한 저장소이시다. 성령은 그들을 하나로 만드시는 살아 계신 사랑이시다. 성령 안에서 하나님의 사랑의 생명은 넘쳐 흐른다. 우리에게 머물며 또한 우리를 충만케 하려 하는 것은 아버지께서 아들을 사랑하신 바로 그 사랑이다. 이 하나님의 사랑이 우리에게 계시되고 전달되는 것은 성령을 통해서이다. 예수님을 사랑의 사역으로 이끄셨던 것은 그의 안에 계신 성령이시다. 예수님은 그 일을 위해 기름부음을 받으셔서 가난한 자에게 기쁜 소식을, 포로된 자에게 자유를 선포하셨다. 그가 우리를 위해 자신을 희생으로 드리셨던 것도 마찬가지로 성령을 통해서이다. 성령은 하나님과 예수님의 모든 사랑을 짊어지시고 우리에게 오신다. 성령은 하나님의 사랑이시다.

그리고 그 성령이 우리에게 들어오셔서 행하시는 첫번째 일은 "하나님의 사랑이 우리에게 주신 성령으로 말미암아 우리 마음에 널리 부은 바 되게" 하는 것이다. 성령이 베푸시는 것은 믿음이나 하나님의 크신 사랑에 대한 체험뿐 아니라 그보다 더 무한히 영광스런 것이다. 하나님의 사랑은 영적 실재이자 살아 있는 능력으로 우리 마음에 들어온다. 이는 달리 되어질 수 없다. 왜냐하면 하나님의 사랑은 성령 안에 존재하며 성령이 흘러나오시는 것은 사랑이 흘러 들어오는 것이기 때문이다. 이제 이 사랑이 마음을 차지한다. 하나님께서 예수님과 우리 자신, 그의 모든 자녀들을 사랑하시며 온 세상에 넘쳐 흐르게 하신 바로 그 사랑이 우리 속에 있다. 그리고 우리가 그 사랑을 알고 신뢰하며 그 사랑에 내어 맡긴다면 그것은 또한 우리의 삶의 능력이 될 것이다. 성령은 하나님의 생명이시다. 우리 안에 계신 성령은 우리 속에 거하시는 하나님의 사랑이시다.

그것이 성령과 하나님의 사랑 간의 관계이다. 이제 우리의 영과 사랑 간의 관계를 생각해 보자. 창조 시에 구성되었지만 타락으로 인해 질서가 무너진 사람의 삼중적 성격, 즉 몸과 혼과 육에 대해 앞서 말한 것을 여기서 다시 언급해야 한다. 우리는 자의식의 터전인 혼이 신의식의 터전인 영에게 종속되어야 했음을 알고 있다. 또한 죄란 단순한 자기 주장이며 혼이 영의 다스림을 거부하고 육체의 욕심을 만족시키는 것임을 알고 있다. 그런 죄의 열매는 자아인데 자아는 혼의 보좌에 올라 하나님 대신에 영을 다스린다. 그러므로 이기심이 인간 삶을 지배하는 능력이 된다. 하나님의 권리를 거절한 자아는 동시에 이웃의 정당한 권리를 거절한다. 세상에 있는 죄에 대한 끔찍한 이야기는 자아의 기원과 성장, 그 능력과 통치에 대한 역사일 뿐이다. 이기심이 정복되고 형제를 향한 사랑이 하나님을 향한 사랑으로부터 흘러 나오려면, 오직 원질서(原秩序)가 회복되고 혼이 영이 요구하는 우선권을 내어 주며 자아가 부정됨으로 하나님을 위해 자리를 마련해야 한다. 다시 말해서 새롭게 된 영이 하나님의 성령과 그의 사랑의 거처가 되며 중생한 사람이 성령께서 다스리시도록 자신을 맡길 때 그 사랑은 다시 우리의 생명과 기쁨이 될 것이다. 이런 점에서 주님은 모든 제자들에게 " 자기 를 부인하고 나를 좇으라"고 말씀하신다. 많은 사람들이 사랑의 삶을 사신 예수님을 좇으려 하는 것은 헛된 일이다. 그들은 그렇게 할 수 없다. 그들은 반드시 있어야 할 것—자기 부정을 소홀히 하기 때문이다. 자아가 예수님을 좇을 땐 항상 실패한다. 자아는 예수님이 사랑하시는 것처럼 사랑할 수 없기 때문이다.

우리가 이것을 이해한다면 예수님이 하신 요구이며 또한 세상이 하는 요구, 즉 우리의 제자된 증거는 사랑이어야 한다는 것을 기꺼이 인정하게 될 것이다. 우리가 겪었다고 고백하는 변화가 신적이며, 자아와 죄의 능력으로부터의 해방이 완벽하고, 하나님의 사랑의 성령의 내주하심이 진실하고 참되며, 또한 우리의 삶의 능력으로 예비된 것이 충분하다면 사랑, 즉 율법의 완성으로서의 새 계명이 모든 신자의 새로운 삶 가운데서 자연스레 넘쳐 흘러야 한다. 그렇게 되지 않는다면 그것은 신자들이 성령을 좇아 행하고 참으로 신령한 사람이 되라는 그들의 소명을 제대로 이해하지 못하는 또 하나의 증거가 될 뿐이다. 우리들 자신이나 우리 주변에 있는 사람들에 의해 끊임없이 이루어지는 온갖 불평, 억누르지 못하는 기질과 두드러진 이기심, 가혹한 판단과, 불친절한 말, 그리스도인다운 온유함과 인내와 유순함의 결여, 대다수의 그리스도인들이 그들 주변에 있는 죽어 가는 것들의 사회적, 종교적 필요에 대해 자기 희생적 자세로 거의 대처하지 않는 것—이 모든 것은 그리스도인됨의 의미를 여전히 이해하지 못하고 있다는 단적인 증거이다. 그리스도인이 된다는 것은 그리스도의 성령과 그의 사랑을 소유하며 성령으로 말미암아 사랑의 원천이 생수의 강에서 솟아 나와 흐르게 한다는 것이다. 우리는 성령께서 우리 안에 계시는 것이 의미하는 바를 알지 못한다. 우리는 성령에게서 주님이 베푸신 것을 받아들이지 않기 때문이다. 우리는 영적이라기 보다 육적이다.

고린도 사람들의 경우가 이와 같았다. 우리는 그들에게서 한 교회의 두드러진 현상을 본다. "그리스도 안에서 모든 일 곧 모든 구변과 모든 지식에 풍족하므로 모든 은사에 부족함이 없이." "모든 일 곧 믿음과 구변과 지식에 풍부하므로." 하지만 슬프게도 사랑에 있어 부족했다. 이 슬픈 광경은 성령이 처음 역사하실 때 혼과 지식과 믿음과 구변의 자연적 능력이 강한 영향을 받는다 해도 자아는 완전히 항복하지 않을 수 있음을 가르친다. 더욱이 성령의 많은 은사를 발견한다 해도 모든 은사 중 으뜸인 사랑은 몹시 드물 수도 있음을 가르친다. 이는 우리에게 참으로 신령해지는 법을 가르친다. 성령께서 혼의 타고난 자질들을 붙드시고 그것들을 일깨우셔서 하나님을 섬기는데 사용하시는 것으로 충분치 않다. 그보다 더한 것이 요구된다. 성령은 혼에 들어오신다. 이는 그것으로 인하여 성령께서 혼과 영을 모두 확고히 완전하게 지배하시며 또한 자아를 물러서게 하여 하나님이 다스리시게 하기 위함이다. 그리고 자아가 물러나고 하나님이 다스리시는 징표는 사랑이 될 것이다. 사랑, 즉 성령의 사랑 안에 있는 생명을 제외하고 어느 것도 생명으로 여기지 않는 복종과 능력이 그 징표가 될 것이다.

갈라디아 사람들의 상태도 별로 다를 바 없었다. "성령의 열매는 사랑"이란 말은 그들에게 행해진 것이었다. 그들의 잘못은 은사와 지식을 뽐내는 고린도 사람들과 같지 않았다 해도 육신에 속한 의식과 규례를 추구하며 신뢰하는 것이었다. 그것은 결과적으로 같은 것이었다. 즉, 성령의 다스림이 온전히 마음 속 사랑의 생명 안에 받아들여지지 않으므로 육체가 그들을 다스렸고 괴로움과 질투와 미움을 일으켰던 것이다. 한편에는 은사와 지식, 건전한 교리와 열심있는 행위에 대한 신뢰가, 다른 한편에는 형식과 의식에 대한 만족이 그리스도와 함께 십자가에 못 박히지 않은 채 육체에 왕성하게 남아 있다. 그러므로 성령은 참된 성결과 그리스도의 사랑의 능력 안에 있는 생명을 자유로이 성취하실 수 없다. 이 교훈을 배우자. 그리고 하나님께서 그의 백성들에게 그것을 가르쳐 주시길 매우 열심히 간구하자. 성령을 소유하고 있다고 고백하는 교회나 그리스도인은 우선 그리스도인다운 사랑을 나타냄으로 그것을 증명해야 한다. 잘못을 짊어지려는 온유함과 잘못을 극복하며 그 능력 아래 있는 모든 사람을 구원하기 위한 자기 희생적 삶으로 그리스도의 생명이 그의 지체 속에서 반복되어야 한다. 성령은 우리에게 임재하는 하나님의 사랑이시다.

이런 면에서 이 진리는 엄격하고 중대한 반면에 또다른 면에서 위로를 주고 용기를 북돋는다. 성령은 우리에게 임재하는 하나님의 사랑이시다. 그리고 우리는 그 사랑을 우리가 이를 수 있는 범위 내에 갖고 있다. 그것은 진실로 우리 속에 거하고 있다. 믿음 가운데 우리가 성령의 인치심을 받는 날 이래로 하나님의 사랑은 우리 마음 속에 널리 부은 바 된다."하나님의 사랑이 우리에게 '주신' 성령으로 말미암아 우리 마음에 '널리 부은 바 되었으니.'" 우리의 삶 속에서 하나님의 사랑을 깨달을 만한 것이 거의 없다 할지라도, 우리들 자신이 그것을 거의 느끼지 못하거나 깨닫지 못한다 할지라도, 그 축복이 인식되지 않는다 할지라도 하나님의 사랑은 존재한다. 성령과 함께 하나님의 사랑은 우리 마음 속으로 임재한다. 그 둘은 결코 분리될 수 없다. 그리고 우리가 이 축복을 경험하는 것에 나아가고자 한다면 아주 단순한 믿음으로 말씀이 말하는 것에서 시작해야 한다. 말씀은 성령의 영감으로 된 것이다. 그것은 성령께서 그의 존재와 행위를 계시하시도록 하나님께서 준비해 두신 기관이다. 우리가 말씀을 하나님의 진리로 받아들일 때 성령은 그것을 우리 안에서 진리되게 하신다. 하나님의 모든 사랑을 소유하시고 우리에게 전해 주시는 성령은 우리가 하나님의 자녀가 된 이후로 항상 그 모든 사랑과 더불어 우리 마음 속에 계심을 믿자. 그 사랑의 능력이 매우 미약하게 흘러나오며, 우리의 의식으로 깨닫지 못하는 것은 육체의 휘장이 우리 속에서 찢겨지지 않았기 때문이다. 성령께서 우리 속에 거하시면서 하나님의 사랑을 우리의 생명의 능력으로써 계시하고 계심을 믿자.

사랑을 부어주시는 성령께서 우리 속에 계신다는 이 믿음으로 아버지를 바라보며 열심히 기도하자. 아버지께서 우리의 속 사람 안에서 그의 능력으로 일하시길 간구하자. 이는 그리스도께서 우리 마음에 거하시며 우리가 사랑에 뿌리를 내려 그 안에 서고 우리의 모든 생명이 사랑으로 강건해져 자라나게 하기 위함이다. 기도가 응답될 때 성령은 우선 우리에게 하나님의 사랑을 계시하신다. 그리스도께 대한 아버지의 사랑은 우리에 대한 아버지의 사랑과 같은 것이다. 또한 우리에 대한 그리스도의 사랑은 아버지께서 그를 사랑하셨던 것과 같은 것이다. 성령으로 말미암아 이 사랑은 하나님과 그리스도께 대한 우리의 사랑으로 일어나 사랑의 원천으로 돌아가게 한다. 그리고 성령께서는 우리 주변의 모든 하나님의 자녀들에 대한 사랑을 동일하게 계시하신다. 그러므로 우리가 사랑이 하나님께로부터 나와 하나님께로 돌아감을 경험하게 되면 형제들에 대해 변함없이 사랑으로 하나가 된다. 비로 내려와 샘이나 강으로 흐르고 증기로 다시 하늘로 오르는 물이 모두 하나이듯 삼중적인 형식으로 된 하나님의 사랑도 그러하다. 즉, 우리에 대한 하나님의 사랑과 하나님께 대한 우리의 사랑 그리고 형제로서 서로간에 대한 사랑은 모두 하나이다. 하나님의 사랑은 성령으로 말미암아 우리 속에 있다. 그것을 믿고 기뻐하라. 하나님의 사랑에 자신을 맡겨라. 그것은 희생제물을 태워 하늘로 올리우는 하나님의 불과 같은 것이다. 이 땅에서 모든 이와 교제함으로 하나님의 사랑을 연습하고 실천하라. 그러면 우리는 하나님의 성령이 하나님의 사랑이심을 깨닫고 나타내보일 것이다.

복되신 주 예수시여./ 육화하신 사랑이신 당신 앞에 거룩한 두려움으로 엎드립니다. 아버지의 사랑이 당신을 허락하셨읍니다. 당신의 오심은 사랑의 선교였읍니다. 당신의 모든 삶은 사랑이었읍니다. 당신의 죽으심은 하나님께서 사랑으로 인치심이었읍니다. 당신께서 제자들에게 주셨던 한 가지 계명은 사랑이었읍니다. 보좌 앞에서의 당신의 유일한 기도는 당신께서 아버지와 하나이신 것처럼 당신의 제자들이 하나되며 아버지의 사랑이 그들 속에 있기 위함입니다. 당신이 우리 안에서 보길 원하시는 당신 형상의 유일한 주된 특징은 당신이 사랑하시는 것처럼 우리가 사랑하는 것입니다. 세상에 대한 당신의 거룩한 선교의 빼놓을 수 없는 유일한 증거는 당신의 제자들이 서로 사랑하는 것입니다. 그리고 당신께로부터 우리에게 임하시는 성령은 당신의 자기희생적 사랑의 영이십니다. 그는 당신의 성도들에게 당신이 행하셨던 것처럼 다른 사람들을 위해 살며 죽으라고 가르치십니다.

거룩하신 주 예수시여./ 당신의 교회를 감찰하시며 우리 마음을 감찰하소서. 그리고 당신이 바라보시는 곳 어디든지 당신의 것과 같은 사랑이 존재하지 않는다면 서두르시사 당신의 성도들을 이기적이고 사랑이 없는 것에서 온전히 구원하소서. 그들을 가르치시사 사랑의 능력이 없는 자아를 저주받은 십자가에 내어주어 그것이 마땅히 받아야 할 죽음을 기다리게 하소서. 우리를 가르치시사 성령이 우리에게 허락되셨기 때문에 우리가 사랑할 수 있음을 믿게 하소서. 우리를 가르치시사 사랑하고 섬기며 자신을 희생시켜 다른 사람을 위해 살기를 시작하게 하소서. 이는 실천적인 사랑으로 그 능력을 깨달아 사랑을 자라게 하며 완전케 하기 위함이니이다. 오, 우리를 가르치시사 당신이 우리 안에 살아 계심으로 당신의 사랑 또한 우리 안에 존재하며 당신이 사랑하시는 것처럼 우리도 사랑할 수 있음을 믿게 하소서. 주 예수시여, 당신은 하나님의 사랑이십니다. 당신의 성령이 우리 속에 계십니다. 오, 그가 들어오셔서 우리 생명을 완전히 사랑으로 채우게 하소서! 아멘.

요 점

1. "성령께서 신자 안에 은혜를 베푸시는 방법은 그들을 감동시켜 은혜대로 행하게 하시는 것이다. 하나님의 성령이 효과적으로 사랑을 일으키시거나 사랑할 능력을 베푸시려면 우리가 사랑을 따라 행해야 한다. 땅에 있는 씨앗이 돋아남으로 식별되는 것처럼 모든 내적인 은혜도 행함으로 식별되기 때문이다. 우리가 우리 마음에 있는 하나님과 사람에 대한 사랑을 깨닫거나 느끼려면 사랑을 실천해야 한다. 우리가 영적 능력을 알려면 그것을 사용하고 연습해야 한다."

2. "하나님의 사랑—이는 사람을 향한 사랑의 원천이다—이 우리에게 주신 성령으로 말미암아 우리 마음에 널리 부은 바 되셨으니." 사랑은 우리 마음에 있다. 그러나 우리는 이를 깨닫지 못할 수도 있다. 우리가 그 명령에 복종하여 하나님과 사람을 전심으로 사랑할 능력을 갖고 있다는 믿음으로 시작하지 않기 때문이다. 믿음과 복종은 성령의 능력을 의식적으로 누리고 경험하는데 늘 선행한다. 하나님이 우리에게 사랑이신 것처럼 우리도 주위의 모든 이에 대해 사랑이어야 한다, "성령의 사랑으로 너희에게 구하노니."

3. 이제 진리의 두 면을 조화시키기 위해 힘써 보자. 한편으로 하나님의 거룩하신 현존을 간절히 기다리라. 이는 사랑을 부어주시는 성령께서 우리 안에 거하시며 우리를 충만케 하신다는 믿음과 의식을 일깨우기 위함이다. 다른 한편으로 자신의 느낌과는 별개로 사랑의 계명을 따르는 것에 전심으로 헌신하라. 그리고 자신의 삶 속에서 온유함과 인내, 친절과 도움 그리고 예수 그리스도의 자기 희생과 자비를 실천하라. 예수님의 사랑으로 살라. 그러면 우리가 만나는 그의 모든 제자들이나 그를 알지 못하는 모든 사람들에게 그의 사랑의 사도가 될 것이다. 예수님과 천국 생명과의 사귐이 성령으로 말미암아 가까우면 가까울수록 사랑의 삶에 대한 해석이 일상 생활의 교제를 통하여 더욱 정확해질 것이다.

4. "어느 때나 하나님을 본 사람이 없으되 만일 '우리가 서로 사랑하면' 하나님이 우리 안에 거하시고." 하나님을 보지 못한 것에 대한 보상은 이것이다. 우리는 사랑해야 할 사람을 서로 간에 가지고 있다. 우리가 서로 사랑한다면 하나님이 우리 안에 거하신다. 우리의 형제가 가치 있는지를 물어서는 안된다. 우리와 우리의 형제에 대한 하나님의 사랑은 무가치한 자에 대한 사랑이다. 성령이 우리를 충만케 하신 것은 '이 사랑,' 즉 '하나님의 사랑이다.' 성령은 우리에게 하나님의 사랑으로 형제들을 사랑하라고 가르치신다.

30
성령의 하나되게 하심

너희가 모든 겸손과 온유로 하고 오래 참음으로 사랑 가운데서 서로 용납하고 평안의 매는 줄로 '성령의 하나되게 하신 것'을 힘써 지키라 몸이 하나이요 '성령'이 하나이니—에베소서 4:1~4.

에베소서 처음 세 장에서 바울은 교회의 머리되신 그리스도의 영광을 제시하며 성령에 의해 내주하시는 그리스도의 몸된 교회 안에서의 하나님의 은혜의 영광을 제시한다. 교회는 성령으로 말미암아 하나님의 거하실 처소로 자라가 하나님의 모든 충만하심으로 충만해지기로 예정되어 있다. 그러므로 바울은 신자를 하늘에 속한 그의 위치로 그리스도 안에 감추어진 그의 생명과 함께 들어올린 후에 그를 땅에 있는 그의 삶으로 내려 놓는다. 그리고 에베소서 후반부에서 신자가 그의 부르심에 합당하게 행하는 법을 가르친다. 그리고 바울이 이 땅에서의 삶과 행위에 관해 제시하는 첫 번째 교훈은(엡 4:1~4) 성령께서 신자를 하늘에 계신 그리스도뿐 아니라 이 땅에 있는 그리스도의 몸과도 연합시키셨다는 기초 진리에 의거한다. 성령은 하늘에 계신 그리스도와 이 땅에 있는 신자 안에 거하실 뿐 아니라 특별히 그리스도의 몸의 모든 지체 안에 거하신다. 신자가 알고 있으며 접촉하는 한, 성령의 완전한 건강한 활동은 개인과 몸 전체 사이에 올바른 관계가 존재하는 곳에서만 발견되어질 수 있다. 그러므로 거룩한 행위에 대한 신자의 우선적인 관심은 정성을 다해 성령의 하나되게 하심을 완전하게 지키는 것이어야 한다. 한 성령과 한 몸의 이런 하나됨을 인식하게 되면 그리스도인의 삶의 기본 덕목은 겸손과 온유가 될 것이다(2,3절). 각 사람은 그 안에서 다른 사람들을 용서하며 그들을 위해 자신을 포기하게 될 것이다. 그리고 모든 사람은 온갖 차이와 부족함 가운데서도 사랑으로 서로서로를 용납하게 될 것이다. 따라서 새 계명은 지켜질 것이고 그리스도의 영, 즉 다른 사람들을 위하여 자신을 전적으로 희생시키는 사랑의 영은 그의 복된 사역을 행하실 충분한 영역을 얻게 될 것이다.

고린도전서는 그런 가르침의 필요성에 대한 두드러진 예이다. 고린도 교회에는 성령의 풍성한 사역이 있었다. 성령의 은사가 현저하게 나타났다. 그러나 성령의 은혜는 대단히 부족했다. 그들은 은사는 여러 가지나 성령은 같음을 이해하지 못했다. 즉, 온갖 차이 가운데서도 같은 한 성령이 그 뜻대로 각 사람에게 나눠주시며 모든 사람은 한 성령으로 세례를 받아 한 몸이 되었고 한 성령으로 마시게 됨을 이해하지 못했다. 그들은 훨씬 더 좋은 길을 알지 못했으며 성령의 모든 은사 중 으뜸가는 것은 자기의 것을 구하지 아니하고 오직 다른 사람들 가운데서 그 생명과 기쁨을 발견하는 사랑임을 알지 못했다.

자기 자신뿐 아니라 전체 교회를 성령의 인도하심에 전적으로 맡기면서 성령의 내주하심이 함축하고 있는 모든 능력을 경험하길 갈망하는 각 신자에게 '성령의 하나되게 하심'은 풍성한 영적 축복으로 가득찬 진리이다. 이전 글에서 나는 스톡마이어(Stockmaier)목사의 표현을 여러 번 사용했었다 : "네 속에 있는 성령의 사역을 깊이 경외하라."그 명령은 보충적으로 제 2의 명령을 필요로 한다 : 네 형제 안에 있는 성령의 사역을 깊이 경외하라. 이것은 쉬운 일이 아니다. 다른 점에서 앞서 나가는 그리스도인들이라 할지라도 여기서 종종 실패한다. 그 원인을 발견하기란 어렵지 않다. 교육에 관한 서적을 보면 차이점을 인식하는 능력인 분별력은 어린이들에게서 개발시킬 수 있는 가장 초기의 능력임을 알 수 있다. 결합력, 즉 여러 가지 모양 가운데 존재하는 조화를 인식하는 능력은 보다 수준높은 능력으로 나중에 온다. 분류하는 능력은 최고의 실제적 능력인데 참으로 타고난 자질 속에서만 오직 발견할 수 있다. 그리스도인의 삶과 교회는 이 가르침의 가장 두드러진 본보기이다. 우리가 다른 그리스도인들이나 교회들과 어디서 차이가 나는가를 알고 우리의 관점을 주장하며 그들의 잘못을 교리적으로나 실제적으로 판단하는 것은 별로 은혜를 받지 않고도 할 수 있는 일이다. 그러나 우리를 시험하거나 슬프게 하는 행위 또는 성경적이 아니거나 해로운 것처럼 보이는 가르침 가운데서 항상 성령의 하나되게 하심에 우선권을 부여하는 것은 진실로 은혜에 의해서 가능한 일이다. 이 은혜는 우리로 사랑의 능력 안에 있는 믿음을 갖게 하며 외적인 분리 가운데서도 생생한 연합을 지속케 한다.

성령의 하나되게 하심을 지키라. 그것은 모든 신자에 대한 하나님의 명령이다. 서로서로 사랑하는 것이 새 계명이다. 그 사랑은 새로운 형태로 성령께 기원을 두고 있으며 자체적으로 생명을 갖고 있다. 우리가 그 계명에 복종하고자 한다면 그 계명은 '성령'의 하나되게 하시는 것임을 조심스럽게 깨달아야 한다. 신조나 관습, 교회나 선택에 있어서 그 매는 줄이 성령께 속하기 보다는 육체에 속한 하나됨이 있을 수 있다. 우리가 성령의 하나되게 하심을 지키고자 한다면 다음 사실들을 기억해야 한다.

자기 자신 안에 있는 '것'을 깨닫기 위해 노력하라. 우리는 그 안에서 집착력과 정복력을 발견하여 하나되려고 한다. 우리 안에는 자아와 육체에 관련된 많은 것들이 있다. 그것들은 이 땅에서의 하나됨에 참여할 수 있지만 성령의 하나되게 하심을 크게 방해할 것이다. 자기 자신의 능력이나 사랑으로는 사랑할 수 없음을 고백하라. 자기 자신에게 있는 모든 것은 이기적인 것이며 성령의 진정한 하나되게 하심에 이르지 못한다. 자신에게 불쾌하게 보이는 것과 하나되게 하는 것은 오직 우리 안에 있는 하나님께 속한 것임을 겸손히 생각하라. 자아를 정복할 수 있고 사랑스럽지 않게 보이는 것조차 사랑할 수 있는 능력이 참으로 우리 안에 있음을 생각하고 기뻐하라.

또한 형제 안에 있는 '것'을 발견하고 높이 평가하기 위해 힘쓰라. 우리는 그것으로 하나되어야 한다. 자기 자신에게처럼 형제에게도 비록 미약한 출발이긴 하지만 하나님의 생명의 씨앗이 숨겨져 있다. 그것은 여전히 육신적인 많은 것에 둘러싸여 때때로 시련을 겪으며 불쾌한 일을 당하기도 한다. 자기 자신이 얼마나 무가치하며 형제를 비난하길 얼마나 좋아하는가를 깨달아 아주 겸손한 마음을 가져야 한다. 이 때문에 예수님은 이렇게

말씀하셨다 : "마음은 원이로되 육신이 약하도다." 우리는 형제 속에 아버지의 형상과 영에 관련하여 존재하는 것을 끊임없이 바라보아야 한다. 그 자신의 상태에 의해서가 아니라 그리스도 안의 그의 상태에 의해서 그를 평가해야 한다. 그리고 우리가 풍성한 은혜를 입고 있는 같은 생명과 성령이 형제 안에도 계심을 느낄 때 성령은 육체적 차이와 반감을 극복해서서 하나되게 하실 것이다. 형제 안에 계신 성령을 인식하고 만날 때 우리 안에 계신 성령은 우리를 묶어 위로부터 오는 생명으로 하나되게 하실 것이다.

성령의 이 하나되게 하심을 실제적으로 교제하는 가운데 지키라. 내 몸의 지체들 간의 연대가 가장 생동적이고 실제적이려면 혈액순환과 그것이 옮겨다 주는 생명에 의해 유지되어야 한다. "우리가 다 한 성령으로 세례를 받아 한 몸이 되었고." "몸이 하나이요 성령도 하나이니." 생명의 내적 일치는 눈에 보이는 사랑의 교제로 표현되고 강건해져야 한다. 생각하거나 예배하는데 있어서 자기 자신과 일치하는 사람들과의 교제만을 장려하지 마라. 이는 하나됨이 성령에 있으며 육체에 있게 하지 않기 위함이다. 다른 신자들에 대한 모든 생각과 판단에 있어서 악한 것을 생각치 않는 사랑을 적용하기를 힘쓰라. 다른 사람들에게와 같이 하나님의 자녀에게 조금만치라도 결코 불친절한 말을 하지 마라. 모든 신자를 사랑하라. 그의 안에 자신과 일치하거나 자신을 기쁘게 하는 것이 있음으로 인해서가 아니라 그의 안에 계신 아버지의 성령으로 인해서 사랑하라. 분명하게 정한 의도를 갖고 자신을 헌신하여 힘이 닿는 대로 하나님의 자녀들을 사랑하며 그들을 위해 수고하라. 비록 그들이 무지함이나 연약함, 고집스러움으로 인해 그들이 성령을 소유하고 있음을 깨닫지 못하며 그를 근심케 한다 할지라도, 성령의 사역은 하나님을 위한 거처를 세우시는 것이다. 그 일을 행하시도록 자기 안에 계신 성령께 자신을 맡겨라. 우리가 형제 안에 있는 성령의 교제를 의존하며 그는 우리를 의존해야 함을 인식하라. 그리고 사랑으로 하나됨으로 우리의 성장과 그의 성장을 구하라.

교회의 하나됨을 위해 하나님께 상달하는 연합 중보기도에 참여하라. 믿는 모든 이를 위한 대제사장의 중보기도를 떠맡아 지속하라 : "저희도 하나가 되게 하옵소서." 교회는 그리스도의 생명과 성령의 사랑 안에서 하나이다. 하지만 안타깝게도 성령의 하나되게 하심이 분명함에도 하나가 되지 못한다. 그러므로 "하나되게 하신 것을 지키라"는 명령이 요구된다. 신자들이 있는 모든 땅과 모든 교회와 모든 영역에서 성령이 능력으로 역사하시길 하나님께 간구하자. 조수가 낮을 때 해안 근처의 조그만 웅덩이들은 제각기 그 안에 서식하는 것들과 함께 바위 장벽으로 다른 웅덩이와 분리된다. 조수가 밀려오면 장벽들은 물에 덮이게 되고 모든 웅덩이들은 한 커다란 바다에서 만난다. 그리스도의 교회도 그러할 것이다. 메마른 땅에 조수가 밀려오듯이 하나님의 성령이 약속을 따라 임하시게 되면 각 사람은 자신과 다른 사람들 안에 있는 능력을 깨달을 것이다. 그리고 성령께서 알려지시고 영광을 얻으시게 되면 자아는 사라질 것이다.

그러면 이런 놀라운 변화가 실현되고 "저희로 하나가 되게 하려 함은 아버지께서 나를 보내신 것과 또 나를 사랑하심같이 저희도 사랑하신 것을 세상으로 알게 하려 함이로소이다" 하는 기도가 이루어지는 때를 앞당기려면 어떻게 해야 하는가? 우리들 각자 자기 자신으로 시작하자. 하나님의 사랑하시는 자녀여, 이 하나됨이 우리의 삶의 유일한 표지이며 아들됨과 또한 내주하시는 성령을 소유하고 아는 것의 증거가 될 것임을 이제 결단하자. 우리는 우리를 즐겁게 하는 것이나 우리의 사고방식과 행동양식에 일치하는 것과 연합하려 하지 말고, 우리 안에 계신 성령께서 다른 사람들 속에서 찾으시고 추구하시는 것과 연합하려 해야 한다. 이렇게 하려면 우리는 성령의 사고방식과 행동양식에 자신을 전적으로 맡겨야 한다. 또한 성령께서 우리의 모든 존재를 지배하셔야만 한다. 우리는 그가 우리 속에 계심을 생생하게 끊임없이 늘 의식해야만 한다. 아버지께서 그의 영광의 풍성함을 따라 속 사람을 그의 성령의 능력으로 강건케 하옵시기를 끊임없이 간구해야 한다. 아버지께서 성령을 아들의 이름으로 주시고 성령께서 우리 속에 거하심은 삼위일체 하나님께 대한 믿음을 통해서이다. 하나님의 보좌 발등상에서 찬양으로 예배하게 되는 것도 이 믿음을 인해서이다. 성령께서 우리의 전존재를 완전히 소유하시고 충만케 하시는 것은 아버지와 아들과의 직접적인 접촉과 교제를 통해서이다. 성령의 내주하심이 더욱 충만하고 그의 역사하심이 더욱 능력있게 되면 우리의 존재는 참으로 더욱 신령하게 되고 자아는 더욱 더 쇠약하게 될 것이다. 그러면 그리스도의 성령께서 하나님의 거하실 처소가 되게 하기 위해 신자들과 함께 지어져서 서로 연결되게 하는 것에 우리를 사용하실 것이다. 그리스도의 성령은 거룩한 기름부음, 즉 헌신의 기름으로 우리 안에 계실 것이다. 이는 우리를 구별하여 그리스도께서 하신 것처럼 아버지의 사랑의 전달자가 되기에 합당케 하기 위함이다. 날마다 겸손하고 온유하며, 교회 안에서의 온갖 차이와 어려움 속에서도 친절하고 사랑으로 참으며, 따뜻한 마음으로 동정하고 자기를 희생시켜 도움이 필요한 모든 사람을 찾아 도와야 한다. 그러면 우리 안에 계신 성령께서 그가 우리에게 그러신 것처럼 몸의 모든 지체에게도 속하신 것과, 우리로 말미암아 그의 사랑이 주변의 모든 사람에게 닿아 그들을 가르치고 축복하실 것임을 나타내 보이실 것이다.

복되신 주 예수시여./ 당신이 이 땅에 계시던 마지막 날 밤 제자들을 위한 당신의 기도는 단 하나, "거룩하신 아버지여 저희도 하나가 되게 하옵소서" 하는 것이었읍니다. 당신의 유일한 소망은 그들이 하나의 연합된 회중으로 있는 것, 즉 전능한 사랑의 한 손 안에 그들 모두 모여 함께 거하는 것을 보시는 것이었읍니다. 주 예수시여./ 이제 당신은 보좌 위에 계시며 우리도 똑같은 간구로 당신께 나아옵니다. 오, 우리를 보전하사 하나가 되게 하옵소서./ 대제사장이신 당신께서 우리를 위해 간구하사 우리가 완전히 하나되어 아버지께서 당신을 사랑하심같이 우리도 사랑하신 것을 세상으로 알게 하소서.

복되신 주님이시여./ 당신께서 당신의 교회에 소망을 일으키시고 있다는 징조들로 인해 감사드립니다. 이는 당신의 백성들의 하나된 것을 세상에 나타내기 위함이니이다. 우리가 기도하오니, 이 목적을 위해 당신의 성령의 능력의 역사를 허락하소서. 모든 신자가 성령께서 자기 안에 계심과 또한 형제 안에 계심을 알게 하시사 그가 접촉하는 사람들과 성령의 하나되게 하신 것을 모든 겸손과 사랑으로 지키게 하소서. 당신의 교회의 모든 지도자들이 위로부터 일깨움을 받게 하소서. 그리하여 신조나 교회 체계로 묶는 온갖 인간적 연대보다도 성령의 하나되게 하신 것이 그들에게는 더욱 귀중하게 하소서. 만물 위에 계신 주 예수로 옷입은 모든 자들이 사랑, 즉 완전하게 묶는 것으로 옷입게 하소서.

주 예수시여./ 우리가 간구하오니 당신 백성을 이끄시사 당신의 영광의 보좌의 발등상에서 합심하여 기도하게 하소서. 거기에서 당신은 당신의 성령을 허락하시사 각자에 대한 당신의 현존을 모든 사람 안에서의 현존으로 계시하십시오. 오, 우리를 당신의 성령으로 충만하게 하소서. 그러면 우리는 하나가 될 것입니다. 한 성령으로 한 몸을 이룰 것입니다.

요 점

1. 지극히 적은 것이라 할지라도 내 몸의 각 지체의 건강은 주변 부위의 건강에 좌우된다. 건강한 부분의 능력으로 치료하여 건강치 못한 요소를 제거해야 한다. 그렇지 않으면 건강치 못한 요소가 병을 전해 줄 것이다. 나는 내가 알고 있는 것 이상으로 형제에 의존한다. 그는 내가 알고 있는 것 이상으로 내게 의존한다. 내가 소유한 성령은 또한 내 형제 안에도 거하시는 성령이시다. 내가 받은 모든 것은 또한 그를 위해서도 계획된 것이다. 성령의 하나되게 하신 것을 실천함으로 지키며 사랑의 교제로 내 주위의 신자들과 함께 사는 것이 성령 안에서의 삶이다.

2. "'저희로 온전함을 이루어 하나가 되게 하려 함은….'그들이 온전해지려면 하나됨에 나아가야 했다. 온전함은 분리된 상태에선 불가능하다. 내 인생은 모두 다 내게 주어진 것이 아니다. 그 일부는 내 형제에게 주어진 것이다. 이는 내가 형제 안에 거할 때 쓸모있게 하기 위함이다"-보우웬(BOWEN).

3. 우리는 시간과 기도, 믿음을 들여 우리 속에 계신 하나님의 성령을 인식했다. 우리 형제 안에 계신 하나님의 성령을 충분히 인식하려면 시간과 기도, 믿음 그리고 많은 사랑을 들여야 할 것이다.

4. "하나님의 성령께서 그의 능력을 교회 안에서나 세상에 대해 완전하게 힘있게 나타내실 수 있는 것은 오직 하나된 몸 안에서이다. 하나님은 독단적으로 지키는 사람들이나 홀로 배우는 사람들에게 결코 말씀하시지 않는 때에도 모인 사람들에게는 말씀하신다. 오순절의 계시 속에는 개인적인 교제에 있어서보다 더 충만한 음성과 더 강한 열정이 있다. 그리고 우리가 알고 있듯이 지극히 경건한 고독 속에서 인식할 수 있는 것보다 더 짜릿한 기쁨이 조화 속에 존재한다"-"보헤사."

31
성령충만

오직 성령의 충만을 받으라…서로 화답하며 — 에베소서 5 : 18, 19.

이 말씀은 명령이다. 이 말씀은 사도들이나 직분맡은 자들의 상태가 어떠해야 할 것인가를 명하는 것이 아니라 참된 마음을 가진 모든 신자가 일상적으로 지속해야 할 경험이 무엇인가를 명하는 것이다. 성령의 충만함을 받는 것은 하나님의 자녀라면 누구나 그의 아버지에게서 요구할 수 있는 특권이다. 하나님의 자녀는 그것보다 못한 것으로는 구속함을 받은 자로서의 삶을 살아갈 수 없다. 즉, 그리스도 안에 거하며 그의 계명을 지키고 많은 열매를 맺을 수 없다. 그런데도 이 명령은 모든 사람이 지켜야만 할 명령들 가운데서 얼마나 하찮게 여겨져 왔던가./ 모든 사람이 이 명령을 지켜야만 한다는 것이 얼마나 가당치 않게 생각되어 왔던가./

이에 대한 유일한 이유는 의심할 여지없이 이 말씀이 그릇되게 이해되어져 왔다는 것이다. 왜냐하면 오순절날과 몇 번의 후속 사건에서 성령의 충만함을 받는 것에는 매우 열정적인 초자연적 기쁨과 능력이 수반되었기 때문이다. 그런 상태는 흥분과 긴장 상태로 조용한 과정의 일상 생활과는 일치하지 않는 것으로 여겨졌다. 신적 충동의 놀라움과 능력과 외적 모습은 성령으로 충만해지는 것에 대한 생각과 매우 깊이 연결되어져 있었다. 그러므로 성령충만은 특별한 경우를 위한 것으로, 즉 아주 적은 사람들에게만 가능한 축복으로 간주되었다. 그리스도인들은 그들의 희망을 그렇게까지 높이 감히 정할 수 없으며 또한 정할 필요가 없는 것처럼 느낀다. 그들은 그 축복이 그들에게 허락된다면 그들의 환경 속에서 그것을 지속하거나 나타낼 수 없으리라 느낀다.

내가 이번 장(章)에서 전하고자 하는 것은 이 명령은 진실로 모든 신자를 위한 것이며, 더구나 교훈하는 것 못지않게, 약속된 것이나 능력 또한 광범위하다는 것이다. 하나님께서 우리에게 은혜를 허락하시사 우리가 그의 이 말씀을 묵상할 때 모든 독자의 마음 속에 강렬한 소망뿐 아니라 견고한 확신을 일깨워줄 수 있기를 바란다. 그 특권은 그들을 위해 작정된 것이며 그것에 이르는 길은 별로 힘들지 않다. 그리고 그 축복은 실제로 그들의 것이 될 것이다.

가뭄으로 인해 종종 고통을 겪는 남아프리카와 같은 나라에는 물을 끌어올려 저장하기 위해 만들어 놓은 두 종류의 댐이나 저수지가 있다. 어떤 농장에는 수원(水原)이 있지만 그 흐름이 너무 약해서 물을 대지 못한다. 거기서의 저수지는 물을 모으기 위해 만들어진 것이며 저수지에 물이 가득 차는 것은 밤낮 수원으로부터 물을 서서히 소리없이 받아들임을 인해서이다. 또한 농장이 수원을 전혀 갖고 있지 않는 경우가 있다. 그런 경우에 저수지를 하천바닥이나 도랑에 세워 비가 오면 물을 모을 수 있게 한다. 그런 장소에서 큰 비가 옴으로 저수지가 채워지는 것은 종종 몇 시간만에 이루어지는 일이다. 그것은 격렬함을 수반하며 위험을 면치 못한다. 그러나 앞서 나온 농장의 소리없는 공급은 보다 더 확실한 것이다. 왜냐하면 공급하는 것이 외견상 미약해 보인다 할지라도 지속적이기 때문이다. 비오는 것이 불확실한 지역에서는 저수지가 몇 달 내지 몇 년 동안 비어 있을 수도 있다.

성령충만이 임하는 방법에도 그와 똑같은 차이가 있다. 오순절날 이방 땅에는 회개의 성령이, 그리스도의 백성들 가운데는 부활의 성령이 부어지심으로 새로운 시작이 이루어졌을 때 사람들은 성령으로 충만함을 입었다. 새롭게 발견된 구원의 열정과 기쁨 속에는 성령의 능력이 명백하게 존재했다. 하지만 성령의 능력을 그처럼 받아들인 사람들에게는 특별한 위험이 있었다. 그 축복은 종종 다른 사람들과의 교제에 크게 의존했으며 보다 쉽게 이를 수 있는 상층기류의 정신 생활에만 미쳤다. 갑작스러운 것은 종종 표피적인 것이다. 깊은 의지와 마음 속 생명에는 이르지 못한다. 그런 유별난 경험에 참여해 본 적이 없는 그리스도인들이 있었다. 그럼에도 불구하고 그들은 예수님께 대한 심도깊은 헌신, 그의 얼굴 빛과 그의 거룩한 현존을 의식하는 가운데 행하는 것, 단순하게 신뢰하며 복종하는 흠없는 삶 그리고 주변의 모든 사람들을 위한 자기 희생적 사랑 등으로 성령의 충만함을 보여준다. 그들은 "위로의 자식이요 착한 사람이며 성령이 충만했던" 바나바의 상태에서 그들의 모형을 구한다.

그러면 이러한 것들 중에서 성령으로 충만해지는 참된 방법은 어떤 것인가? 대답은 간단하다. 위에 열거한 저수지들을 모두 찾아볼 수 있는 농장이 있는데 그것들은 서로 간에 상호 보족적이다. 상태가 양호한 저수지에서는 물을 채우는 두 가지 방법을 모두 사용한다. 큰 가뭄이 들 때는 규칙적으로 소리없이 매일 물을 끌어들임으로 저수지를 채운다. 비가 올 때는 많은 공급량을 기꺼이 받아들여 저장해 둔다. 특별한 능력이 임하지 않으면 만족하지 못하는 그리스도인들이 있다. 능력의 바람이 휘몰아치는 것, 물이 범람하는 것 그리고 불세례-이런 것들은 특별한 능력의 상징이다. 마음 속에서 솟아나 조용히 흐르는 물줄기가 참된 형태의 성령의 사역인 것처럼 생각하는 그리스도인들도 있다. 이 두 가지 면에서 모두 하나님을 인식할 수 있으며 하나님께서 어떤 방법으로 임하시든지간에 항상 축복을 기꺼이 받아들일 수 있는 사람은 복이 있다.

그렇다면 이제 이 성령충만의 조건은 무엇인가? 하나님의 말씀은 한가지로 대답한다. 그것은 믿음이다. 보이지 않는 것을 보고 받아들이며 하나님 자신을 발견하고 받아들이는 것은 오직 믿음이다. 죄에서 정결함을 입는 것과 사랑으로 순종하는 것은 성령을 받아들인 최초의 상태이다. 또한 그것들은 죄와 피, 하나님의 뜻과 사랑이 무엇인지를 깨달은 믿음의 열매이다. 여기서 다시 이것들에 대해 언급하지 않겠다. 복종하고자 충실히 노력하지만 그들이 바라는 것을 얻지 못하는 신자들을 위해 말씀이 존재한다. 믿음으로 그들은 쫓아내야만 할 것이 존재함을 특별히 깨달아야 한다. 완전하게 충만해지려면 비워져야 한다. 나는 여기서 죄에서 정결케 됨이나 완전한 순종을 말하지 않는다. 이런 것은 항상 첫째 가는 본질적 요소이다. 그러나 내가 말하는 것은 이런 것에 있어서 하나님이 요구하시는 것을 행했다고 생각함에도 성령충만의 축복을 누리지 못하는 신자들에 대한 것이다. 완전한 충만의 첫째 조건은 비우는 것이다. 저수지란 큰 도랑이 아닌가? 그것은 미리 크게 비워 놓고 물이 오기를 기다리며 갈망하고 부르짖는 것이 아닌가? 성령충만이 참으로 지속적이려면 비워 놓는 일이 선행되어야 한다. 어떤 사람은 말하기를 "나는 그 축복을 오랫 동안 열심히 구했읍니다. 그리고 그것이 왜 임하지 않는지 의아하게 여겼읍니다. 결국 내 마음 속에 그것을 받아들일 여지가 없었기 때문에 그것이 임하지 않았음을 깨달았읍니다"라고 했다. 그렇게 비우는 일에는 다양한 요소들이 있다. 우리가 이제까지 갖고 있던 신앙에 대한 깊은 불만족감, 그 속에 육체의 지혜와 행위가 얼마나 많았던가를 깊이 깨닫는 것, 우리 손에 쥐고 관리하며 자아가 지배하게 했던 삶의 모든 것, 즉 직접 예수님의 의견을 듣는 것과 그를 기쁘시게 하는 것을 불필요하거나 불가능하게 생각케 했던 모든 것을 발견하고 시인하며 저버리는 것, 자신이 무능하고 전적으로 무기력하여 허락된 것을 붙들지 못한다는 깊은 확신, 가난한 마음으로 자복하면서 큰 자비와 능력 가운데 계신 주님께서 "그 영광의 풍성을 따라 그의 성령으로 말미암아 우리의 속 사람을 능력으로 강건케 해주시길" 기다리는 것, 간절히 바라고 기다리며 부르짖으면서 아버지께서 우리 속에서 그의 약속을 이루시고 우리 마음 속을 완전히 소유하시길 쉬지 않고 기도하는 것, 이렇게 비워 놓는 것이 충만함에 이르는 길이다.

이와 함께 은사를 인정하고 받아들이며 고수하는 믿음이 요구된다. 하나님의 충만하심이 우리 속으로 흘러 들어오는 것은 그리스도와 아버지께 대한 믿음을 통해서이다. 바울은 "성령의 충만을 받으라"고 명령했던 에베소 사람들에 대해 "그리스도 안에서 너희도 믿어 약속의 성령으로 인치심을 받았으니"라고 말한다. 그 명령은 에베소 사람들이 이미 받았던 것에 관련된 것이다. 원천은 그들 속에 있었다. 그것은 열려져야만 했으며 그것을 위한 길이 만들어져야만 했다. 원천이 솟아 오르면 그것이 그들의 존재를 충만하게 할 것이다. 하지만 이 일이 그들의 능력 안에 있었던 것 같지 않다. 예수님은 "나를 믿는 자는 그에게서 생수의 강이 흘러나리라"고 말씀하셨다. 성령충만은 진실로 예수 안에 있다. 예수께로부터 그것을 받아들이려면 참으로 깨어지지 않고 지속하는 실제적인 삶의 교제를 나누어야 한다. 살아 있는 포도나무되신 그에게서 수액(樹液)을 끊임없이 유입하려면 쉬지 않고 받아들이는 단순한 믿음을 아주 분명하게 갖추어야 한다. 마음 속 원천이 솟아 오르는 것은 위에 계신 예수님을 의지할 때만이 가능하다. 예수께서 성령으로 세례를 베푸시는 것은 그가 피로 정결케 하시는 것처럼 분명한 출발을 갖고 있으며 또한 그것은 끊임없이 새롭게 됨으로 지속된다. 성령의 흘러 들어오심이 더욱 더 강화되어 급기야 넘쳐 흐르시게 되는 것은 예수님께 대한 믿음에 의해서이다.

하지만 예수께 대한 믿음과 끊임없이 항상 솟아 오르시는 성령께 대한 믿음이 아버지의 특별한 은사에 대한 믿음과 아버지께서 그의 약속을 특별히 새롭게 성취하실 것에 대한 기도를 요구치 않는 것은 아니다. 에베소 사람들은 그들의 기업에 대한 보증으로 그들 속에 성령을 갖고 있었는데 바울은 그들을 위해 아버지께 "그 영광의 풍성을 따라 그의 성령으로 말미암아 너희 속 사람을 능력으로 강건하게 하옵시며"라고 간구한다. 여기서 동사는 행할 것을 나타내는 것이 아니라 이미 행하여진 것을 나타낸다. "그 영광의 풍성을 따라"라는 표현은 하나님의 사랑과 능력의 커다란 현시(顯示), 즉 매우 특별한 신적인 것을 가리킨다. 에베소 사람들은 내주하시는 성령을 갖고 있었다. 바울이 그들을 위해 간구했던 것은 아버지께서 직접 개입하시사 그들에게 성령의 능력의 사역, 즉 성령의 충만을 허락하시며 그리스도의 내주하심, 사랑 가운데 있는 지식에 넘치는 생명 그리고 하나님의 충만하심으로 충만해지는 것을 그들이 경험하는 복을 누리길 바라는 것이었다. 구약 시대에 홍수가 임했을 때 하늘의 창들과 큰 깊음의 샘들이 함께 열렸다. 이것은 성령의 약속의 성취에 있어서도 그러하다 : "내가 홍수를 땅에 일으켜." 내주하시는 성령께 대한 믿음이 더욱 깊어지고 분명해지며 그를 기다림이 더욱 단순해지면, 아버지의 마음에서 그를 기다리는 자식의 마음으로 직접 오시는 성령의 강림은 더욱 새롭게 풍성해질 것이다. 이 충만함이 믿음에 이르는 것임을 기억해야 할 본질적인 또 하나의 면이 있다. 하나님은 그가 나타나실 땐 낮고 볼품없는 모습으로 오셔서 겸손으로 옷입으시기를 즐겨하신다. 또한 그는 그의 자녀들이 겸손을 사랑하며 그것으로 옷입기를 원하신다. "천국은 씨앗과 같다." 오직 믿음으로만 그 작은 것 속에 있는 영광이 무엇인가를 알 수 있다. 아들이 이 땅에 계심도 그러했다. 그리고 성령께서 마음 속에 내주하심도 그러하다. 성령은 아무것도 보이지 않으며 느끼지 못할 때에도 믿을 것을 요구하신다. 모든 것이 메말라 보이는 때라 할지라도 생수의 강에서 솟아나와 흐르는 원천이 마음 속에 있음을 믿으라. 시간을 내어 마음 속 방으로 물러나 그 속에 계신 성령께 대한 확신 가운데 하나님께 찬양을 돌리며 그에게 경배하라. 시간을 내어 묵상하면서 깨달으라. 그래서 성령께서 모든 진리 중 가장 신령하고 천상적인 진리—그가 우리 속에 거하신다는 진리로 우리 영을 채우시게 하라. 처음에는 생각이나 느낌 속이 아니라 우리가 이해하고 느낄 수 있는 곳보다 더 깊은 곳인 생명 속에 성령의 전, 즉 그의 은신처가 존재한다. 믿음이 요구했던 바를 소유하고 있음을 믿음으로 깨닫게 되면 인내할 수 있을 것이며 육체가 불평하는 곳에서조차 감사함으로 넘칠 것이다. 믿음으로 보이시지 않는 예수님과 숨어 계신 성령을 신뢰할 수 있다. 믿음으로 작고 볼품없는 씨앗, 곧 모든 씨앗 중 가장 작은 씨앗을 신뢰할 수 있다. 모든 지각에 뛰어나 넘치도록 풍성하게 행하시며 모든 것이 약해지고 금시라도 기운을 잃을 것처럼 보이는 때라 해도 능력으로 속 사람을 강건케 하시는 분을 믿음으로 신뢰할 수 있으며 또한 그에게 영광돌릴 수 있다. 신자여! 성령충만을 인간의 이성으로 고안해낸 방식으로 기대하지 마라. 하나님의 아들이 풍채도 없고 고운 모양도 없이 오셨던 것처럼 인간의 지혜에 어리석은 방식으로 성령충만을 기대하라. 하나님의 능력을 매우 약한 가운데 기대하라. 성령께서 가르치시는 하나님의 지혜를 어리석은 자처럼 받아들여라. 스스로 아무것도 아닌 것으로 여겨라. 왜냐하면 하나님은 존재하는 것들을 쓸모없게 하지 않을 것들을 선택하시기 때문이다. 육체의 영광이 아닌 주님의 영광을 배우게 될 것이다. 그리고 날마다 순종하며 어린 아이처럼 단순하게 사는 삶의 심오한 기쁨 속에서 성령의 충만을 입는 것이 무엇인가를 알게 될 것이다.

오, 나의 하나님이시여! 당신의 충만한 사랑과 영광은 끝없는 바다처럼 무한하며 상상할 수 없는 것입니다. 당신의 아들을 계시하시는 가운데 모든 신성의 충만이 아들 안에 육체로 거하게 하시는 것이 당신의 기뻐하시는 바 됨을 감사합니다. 이는 그 안에서 우리가 인간적 생명과 약함 속에서도 그의 충만을 볼 수 있게 하기 위함입니다. 이 땅 위에 있는 그의 교회가 그 모든 연약함 속에서도 이제 그의 몸이며 만물 안에서 만물을 충만케 하시는 자의 충만이고 또한 그 안에서 우리가 충만하게 지음받은 것을 감사합니다. 이는 당신의 성령의 능력있는 역사와 당신의 아들의 내주하심 그리고 당신의 사랑에 대한 지식으로 말미암아 우리가 하나님의 모든 충만으로 충만케 되기 위함입니다.

　복되신 아버지시여./ 성령이 우리에게 예수님의 충만을 지키시는 자 되심과 성령의 충만을 입는 가운데 우리가 그 충만으로 충만케 됨을 감사합니다. 당신께서 성령의 충만을 입었다고 말씀하신 사람들이 오순절 이래로 이 땅 위에 적잖게 있었음을 감사합니다. 오, 나의 하나님이시여./ 나를 충만케 하소서. 성령께서 나의 가장 깊은 마음 중심의 생명을 소유하시며 지키시게 하소서. 당신의 성령이 내 영에 충만케 하소서. 그리하여 혼의 모든 감정과 능력을 지나서 샘이 흐르게 하소서. 내 입술을 통해 샘이 넘쳐 흘러나와 당신을 찬양하며 당신의 사랑을 전하게 하소서. 소생케 하시며 정결케 하시는 성령의 힘으로 말미암아 몸이 하나님의 생명으로 충만한 당신의 전이 되게 하소서. 주 나의 하나님이시여./ 당신께서 내 말을 들으시는 줄 믿습니다. 당신은 내게 성령의 충만을 허락하셨읍니다. 나는 그것을 나의 것으로 받아들입니다.

　모든 당신의 교회로 하여금 성령의 충만을 구하며 발견하고 깨달으며 나타내게 하소서. 주 예수시여./ 영광받으신 우리의 왕이시여./ 당신의 교회가 성령으로 충만하게 하소서.

요 점

　1. 성령의 충만을 받는 것, 성령충만을 우선적으로 추구해야 하는 것은 감정이나 의식의 빛 또는 그 능력과 기쁨 속에서가 아니라 생명, 즉 지식이나 느낌보다 더 깊이 있는 은밀한 마음 중심 속에서이다. 그것은 믿음으로 가까이 하는 영역이며 우리가 깨닫거나 느끼기에 앞서 우리가 존재하며 소유하고 있는 영역이다.

　2. 성령으로 충만해지는 것이 무엇인지 알기를 원하는가? 예수님을 보라. 마지막 날 밤, "아버지께서 모든 것을 자기 손에 맡기신 것과 또 자기가 하나님께로부터 오셨다가 하나님께로 돌아가실 것을 아시고" 제자들의 발을 씻기시는 그를 바라보라. 그가 하나님께 속하셨음을 깊이 잠잠히 의식하는 가운데 성령충만을 깨달으라. 성령충만을 이렇게 구하라. 때가 되면 그것은 증거와 성도들의 교제 속에서 그리고 잃어버린 자들의 구원을 위해

이루어질 것이다.

3. 전후 관계를 주의깊게 살펴보라 : "성령의 충만을 받으라 서로 화답하며." 성령께서 그의 존재를 계시하시는 것은 몸이 교제하며 사랑 가운데 세워질 때 뿐이다. 예수님은 "성령이 증거하시면 너희가 증거하리라"고 말씀하셨다. 성령의 존재에 대한 의식이 충만해지는 것은 우리 편에서 행하며 순종할 때이다. "저희가 성령의 충만함을 받고 말하기를 시작하니라." 그러므로 그와 똑같은 믿음의 성령을 소유할 때 우리도 말해야 한다. 샘은 솟아나야 한다. 강은 흘러야 한다. 침묵은 죽음이다.

4. "하나님의 성령을 근심하게 하지 말라." 이 말씀은 다른 말씀, 곧 "성령의 충만을 받으라"보다 먼저 나온다. 우리는 생명을 주거나 자라게 할 수는 없지만 장애물을 치울 수는 있다. 우리는 순종에 맡길 수 있다. 우리는 육체에서 돌아서 하나님을 기다릴 수 있다. 우리는 성령충만은 위로부터 임한다는 하나님의 뜻을 알고 있는 한 성령께 맡길 수 있다. 많은 기도로 보좌의 발등상에 있으면서 성령충만을 기다리라. 그리고 기도할 때 마음 속을 향하면서 보이지 않는 능력이 자신의 존재 전부를 실제로 소유하고 있음을 믿으라.

5. "성령의 충만을 받으라." 그것은 모든 신자의 의무이고 소명이며 특권이다. 그것은 명령으로 인한 신적 가능성이며 믿음의 능력 안에 있는 신적 확실성이다. 하나님은 모든 신자가 이것을 믿는 날을 재촉하신다.

강해편

강해 1

성령세례(2장)

우리 주님께서 성령으로 세례를 베푸시겠다고 하신 복된 약속은 그 성취 방법에 있어서 예상되었던 것과 상당한 차이를 가져 왔다. 이것은 우리가 얼마나 그 약속을 충분히 경험치 못하고 있는가를 보여주는 확실한 증거이다. 성령께서 큰 능력 안에 계시면 우리가 세례를 받은 것과 그것이 함축하고 있는 바를 증거하실 것이다. 최근에 많은 관심을 끄는 특별히 다른 두 가지 관점이 있다. 그 하나는 모든 신자는 중생하면서 성령을 받기 때문에 성령세례를 구하는 것에 대해 아무런 생각을 하지 않아도 된다고 주장한다. 성령세례의 약속은 오순절의 은사 속에서 교회에 성취되었다. 교회의 그 기업에 모든 신자는 그리스도를 믿음으로 참여한다. 그와 반대되는 관점의 주장은 그리스도의 제자들과 사마리아에서 빌립으로 인해 개종한 사람들, 에베소의 열 두 제자들이 모두 진실한 신자들이었지만 특별히 약속의 성령을 받아야만 했던 것처럼 오늘날도 모든 그리스도인들은 개종에 뒤이어서 이 세례를 구해야만 하며 기대할 수 있다는 것이다. 제 3의 관점은 다소간 중립적 입장을 취한다. 그것은 첫번째 관점에 따라 성령께서 모든 신자 안에 거하심에 동의한다. 반면에 신자는 때때로 성령의 존재와 위로부터 오는 그의 능력을 특별히 새롭게 의식할 수 있으며 또한 이런 것이 새로운 성령세례로 간주될 수 있다고 주장한다. 내가 두 권의 대표적인 소책자에서 글을 발췌함으로 앞서 나온 두 관점을 가장 잘 비교할 수 있을 것이다 : 하나는 어네스트 보이스(Ernest Boys)목사가 쓴 『성령의 충만을 받으라—성령에 관한 성경적 연구』이며 다른 하나는 아사 마한 (Asa Mahan)목사가 쓴 『성령세례』이다.

보이스 목사는 그의 책에서 신약성경 전체를 검토하고 성령에 관련된 구절들을 전부 살핀다. 그러면서 그는 "신자는 영속적인 존재로서 모든 충만과 능력 가운데 계신 성령께 사로잡혀 있는가 아니면 이른바 성령세례라는 독특한 경험을 추구해야 하는가" 하는 문제에 대한 해답을 찾는다. 그의 생각은 "신약성경을 주의깊게 연구해 보면 '모든' 참된 신자는 충만과 능력 가운데 계신 성령을 소유하며 누리기 위해 기다리도록 부름받지 않았으며 그들은 이미 영광스런 특권을 누리고 있음을 믿을 자격이 있고 또한 그에 따라서 행해야 한다고 결론짓게 된다"는 것이다. "믿게 하며 중생케 하는 성령의 사역을 우리는 마음 '안에서'의 사역이라기 보다는 마음에 '관한' 사역이라고 믿는다. 그 사역으로 인해 성령께서 마음 속으로 실제로 얼마나 들어오셨느냐 하는 것을 결정하는 것은 우리의 능력을 넘어서는 것이다. 그러나 이에 대해 확신할 것이 있다—믿음으로 인해 어떤 사람이 하나님의 자녀가 되었을 때 뒤이어 누구의 경우를 막론하고 성령께서 마음 속에 실제로 들어오셔서 영속적으로 내주하신다는 것이다." "그리스도인의 생활과 경험의 문제에 있어서 성령께 대한 신자의 태도나 관계가 어떠하든지간에 신자는 '더 이상의' 성령의 '내주하심'을 구하는 것에 그의 시간과 기도를 허비해서는 안된다. 성령의 내주하심은 그 전적인 의미에 있어서 이미 영광스런 사실이다. 그러나 신자는 현재 실제로 존재하는 것을 보다 철저하게 지적으로나 영적으로 인식해야 한다."

오순절날을 이야기함에 있어서도 보이스 목사는 당시에 성령이 강림하실 때 그는 이 땅에 영속적으로 거하시기 위해 오셨다는 생각을 아주 강하게 내세운다. "사도행전 2장에는 성령께서 지상교회에 그의 거처를 마련하시고 '영원토록 거하시기 위해'(요 14 : 16) 인격적으로 강림하시는 것이 나온다. 하나님의 아들이 실제로 인간의 몸과 연합하심으로 육화하셨던 것처럼 그런 의미에서 또한 성령도 오순절에 육화하셨다. 그는 그리스도를 믿는 남녀들의 인간적 몸과 자신을 결합시키셨다. 그는 그리스도의 몸된 교회 안에 거하시되 오직 그 몸의 실질적 지체인 각 개인의 마음에 거하심으로 머리되신 그리스도와 자신을 하나되게 하셨다. 그리고 이제 성령께서 영적 몸의 각 새로운 지체들에게 자신을 전하시며 또한 신자들 안에서 자신을 전하시며 또한 신자들 안에서 그들로 말미암아 일하시는 것은 이 땅에 있는 처소로부터임을—말하자면 하늘로부터 새로이 하시는 것이 아님을 우리는 믿는다. 그러므로 각 신자는 중개인일 뿐이다. 성령은 각 신자로 말미암아 하나님의 진리의 실체를 다른 사람들에게 효과적으로 나타내시고 전하신다. 또한 각 신자는 어떤 의미에서 성령께서 자신을 다른 사람의 마음에 인격적으로 전하시게 하는 원천이다"(요 15 : 26, 27; 7 : 38, 39).

보이스 목사는 에베소서 3 : 14~21의 기도에 대해 말하면서 이렇게 쓴다 : "성경을 연구할 때 우리는 오순절 이후의 신자들은 단 한번의 경우도 성령을 아직 받지 않은 은사로서 구하도록 권면받지 않았음을 알 수 있다. 오히려 그들은 그들 안에 이미 거하시는 성령께서 속 사람 안에서 그의 다양한 직무를 능력으로 행하실 수 있게 하라고 권면받는다." 그리고 그는 결론을 총괄적으로 말한다 : "언어가 조금이라도 무언가를 의미한다면 우리는 끊임없이 반복되는 영감된 저자들의 확신을 소유해야 한다. 즉, 성령의 내주하심은 참된 하나님의 자녀라면 누구에게나 있는 현재적 실재라는 것이다…하지만 수많은 기독교 신앙고백자들의 삶과 행위 속에서 성령의 내주하심을 깨달을 수 있는 징표가 매우 적음을 시인해야 한다. 그들이 그리스도의 교회 안에 있다는 사실을 생각해 볼 때 하나님의 백성으로서 치유책을 두루 찾아다니며 결국 성령께로 돌아와 그것을 구한다는 것은 이상한 일이 아니다. 그러나 그 비결이 공공연한 것이며 치유책은 그들 아주 가까이에—진실로 이미 그들 속에 있음을 알지 못한다는 것은 놀라운 일이다. 우리에게 부족한 것은 우리 속에 있는 성령의 인격에 대한 어린 아이와 같은 단순한 믿음이다. 우리가 우리를 위한 그리스도의 모든 사역을 쓸모있게 하기 위해 가르침을 받았던 것도 이 믿음이다…모든 영적 경험은 우선 단순한 믿음에서 생겨난다. 이는 모든 느낌과 겉모양에 반대된다 할지라도 단순하게 믿으므로 결국엔 우리의 의식에 실제적인 것으로 보이게 되는 사실에 관한 것이다. 성령께서 우리 마음 속에 거하신다는 진리를 지니기 위해 어린 아이와 같이 단순한 이 믿음을 갖자. 성령의 인도하심에 복종하는 생활과 앞 장들에서 펼쳐 놓았던 성경적 권면에 대한 인식으로 새롭게 출발하자. 그러면 우리는 기쁨과 성결, 신령한 능력—즉, 날마다 시시때때로 성령의 충만을 받는 것에 대한 참된 비결을 발견하게 될 것이다."

나는 뚜렷한 목적을 갖고 꽤 충분하게 발췌문을 제시했다. 이는 여기에 제시된 진리의 심히 중요한 면을 주장하고자 함이며 또한 그것은 결국 진리의 한 면에 지나지 않음을 지적하기 위함이다. 첫번째 목적과 연관지어 말할 것이 있다. 27명의 사역자들이 만나 성령의 사역에 대한 기도와 연구로 엿새를 지낸 적이 있었다. 연 중에 개최되었던 그 모임을 위해 보이스 목사의 책 사본이 몇 주 전에 미리 각 참석자들에게 보내졌었다. 우리가 만났을 때는 모두 그 책을 이용함으로 받았던 축복에 대해 몇 번이고 증거했었다. 어떤 사람이 자기에게 큰 축복이 되었다고 언급한 한 구절이 있었다. 다른 사람들은 그 구절로 인해 충격을 받았고 성령을 향해 취해야만 할 자세를 분명히 하게 되었다. 그 구절이 없었다면 성령의 사역을 위한 우리의 기도가 거의 소용없었을 뻔했다. 보이스 목사는 이렇게 썼다(p. 29) : "'성령의 충만'을 받는 것에 대한 진정한 의미를 아주 간략하게 말해 보라고 한다면 그것은 '우리가 성령을 더 많이 소유하는 것이 아니라 오히려 성령께서 우리를 더 많이 소유하시는 것'을 의미한다고 말할 수 있을 것이다. 그 둘 사이에는 커다란 차이가 있다. 그런데 성령충만을 열렬히 구하는 많은 사람들이 이것을 알지 못하고 있다. 그들은 하나님께서 그들에게 더 많은 것을 주시길 갈망하고 기다리면서 기도한다. 하지만 그들이 '성령의 충만'을 받으려면 그들이 이미 드렸던 것보다 더 많은 것을 '하나님께 드려야만'한다." 몇 날 못되어 그와 비슷한 증거를 어떤 사람에게서 받게 되었다. 그는 모임에 참가하지는 못했지만 보이스 목사의 글이 자기에게는 새로운 계시와 같았다고 편지를 보내 왔다. 그는 성령에 대해 그가 소유해야만 하며 또한 소유할 수 있는 모든 것을 소유하고 있음을 깨닫게 되었다고 증거했다. 나는 그리스도의 교회에는 많은 그리스도인들과 사역자들이 있지만 그들에게 없는 유일한 것은 이것이라고 확신한다. 즉, 성령께서 그들 안에 거하시면서 모든 위급한 사태를 감당하시고 또한 그들을 보다 완전하게 소유하시며 보다 완전하게 지배하시기 위해 오직 기다리고 계심을 생생하게 믿는 것이다. 우리가 복음을 전할 땐 새로운 개심자들이 모두 이 진리의 가르침을 충분히 받게 해야 한다. 구원받은 것을 생생하게 확신하고 성결과 열매맺는 삶의 능력을 얻으며 그리스도의 현존과 내주하심을 누리려면 오직 내주하시는 성령께 대한 믿음을 가져야만 한다.

이제 다른 면을 살펴보자. 마한 박사의 책, 『성령세례』에서 우리는 하나님의 진리의 전혀 다른 면을 발견한다. 그도 역시 오직 성경 안에 있는 하나님의 뜻이 무엇인가를 깨닫길 원했던 자이다. 새 판 서문에 있는 몇 개의 문장이 그의 입장을 분명하게 해줄 것이다. 그는 요한복음 14 : 15~17을 언급하면서 이렇게 썼다 : "성령은 제자들에게 죄에 대해 책망하시면서 그들을 이끌어 그리스도를 믿게 하시고 그를 사랑하게 하시며 그의 계명을 지키게 하셨다. 제자들이 개심하는 순간부터 성령은 그들과 함께 계셨고 그들은 그의 전이었다. 열흘 동안 이 제자들은 예루살렘에 있으면서 아버지의 약속을 기다렸다. 성령은 그들과 함께 계셨다. 그는 그들의 복종을 철저하게 하시고 그들의 열망의 도를 더하시며 그들의 마음을 하나되게 하셨다. 그는 다가올 세례로 인해 생겨날 능력을 마음 속으로 깨달으며 또한 부여받을 수 있도록 그들의 준비를 완전하게 하셨다. 오순절에 앞서 있었던 이 모든 것은 성령세례를 준비하는 것이었지 그것에 참여하는 것이 아니었다. 제자들의 개심과 그 이후의 준비는 성령세례와 마찬가지로 성령의 사역이었다. 그리고 그 사역은 성령세례를 위해 없어서는 안될 것이었다. 사도들이 준비단계의 경험에만 머무른다거나 성령의 약속을 받기에 앞서서 그들의 사역에 덤벼들었다면 그들은 결코 세상에 영향을 미치지 못했을 것이다. 이와는 달리 '아버지의 약속하신 것'을 기다리고 그리스도께서 그러셨던 것처럼 '성령의 능력 안으로' 나아갔기 때문에 그들은 곧 세상을 뒤집어 엎을 수 있었다.

"그와 똑같은 사실이 지극히 큰 자뿐 아니라 가장 작은 자에 이르기까지 현시대—성령의 시대 아래에 있는 모든 신자들에게도 적용된다. 사도들과 그들의 동료들의 경우처럼 예수 안에 있는 모든 신자들의 경우도 그러하다. 성령은 하나님을 향해 회개하게 하시고 우리 주 예수 그리스도께 대한 믿음을 갖게 하신 후에 신자와 함께 계시면서 그 안에서 역사하신다. 이는 성령께서 오순절에 앞서서 행하신 것과 같다. 그리고 이것은 한 가지 목적, 즉 신자의 사랑과 순종과 마음 속 준비를 완전하게 하시므로 성령께서 그의 시대의 맨 처음에 행하신 것처럼 신자에게 임하시기 위함"이다. 개심자가 이 완성에 이르지 못하며 그가 개심할 때 성령세례를 받은 믿음으로 이것을 특별히 이루지 못한다면 그는 거의 필연적으로 삶 전체에 걸쳐서 연약하고 어두웠던 구약 시대 속에 머무르게 될 것이다. 그리고 신약 시대에 특별히 부여된 능력과 신령한 깨달음 가운데서 그의 생애에 맡겨진 사역으로 나아갈 수 없을 것이다.

"여기서 이 위대한 교리는 정반대의 교리에 부딪치게 된다. 즉, 새롭게 태어난 모든 영혼은 약속된 성령세례를 받으며 그가 개심할 때에 모든 능력을 아울러 부여받게 된다는 것이다. 이 교리에 대한 확증으로 '다 세례를 받아 한 몸이 되었고' 모든 신자들의 몸은 '성령의 전'이라 하는 문맥들이 증거가 되는 것으로 인용된다. 이 모든 것은 현재의 모든 개심자들에게 적용되며 인간의 타락 이후로 개심한 모든 사람들에게도 적용된다고 우리는 가르친다. 사도들은 그리스도의 성령을 소유했음에 틀림없다. 그렇지 않다면 그들은 그리스도의 소유가 될 수 없었을 것이다. 하지만 신약적인 의미에서 볼 때 오순절이 되기까지는 '성령이 아직 저희에게 계시지 않았으며' 그들은 '성령으로 세례를 받지 못했다.' 그리고 이 시대의 모든 개심자에게 있어서도 그들은 그리스도의 성령을 소유하고 있으며 그들의 몸은 성령의 전이다. 이것은 베드로와 요한이 이르기 전에 사마리아에 있던 모든 개심자들에게도 적용된다. 하지만 성령은 그들 중 어느 누구에게도 임하지 않았다. 어떤 사람이든지 성령세례의 결과에 대해 계시된 것을 생각해 보고 나서 엄연한 사실 앞에서도 모든 개심자들이 '성령의 약속'에 포함된 '능력으로 옷입는 것'을 받아들였다고 확신한다면 그것은 우리에게 수수께끼 중에 수수께끼가 아닐 수 없다. 신자가 칭의의 상태에 들어가고 또한 사랑과 순종의 상태에 들어간 이후에 그가 '성령의 약속'을 기다려야 하지 않는다면 '위로부터 능력을 입히울 때까지' 하나님 앞에 '유하라'는 말은 아무런 의미가 없을 것이다."

성경의 진리에 대한 이 진술은 한 가지 커다란 점에서 앞에 나온 것과 완전히 일치함을 알 수 있다. 즉, 모든 신자는 그 안에 내주하시는 성령을 소유하고 있다는 것이며 성령께서 그의 성장과 강건함을 위해 필요한 것을 그 안에서 일으키심을 믿어야 한다는 것이다. 그러나 성령의 내주하심이 함축하고 있는 모든 것을 충분히 경험하기 위한 방법에 대해 문제를 제기할 때 차이가 발생한다. 앞서 나온 것은 "성령이 네 안에 거하심을 믿으라. 네 존재 전부를 그에게 열어 놓고 맡겨라. 그러면 성령께서 너를 충만케 하시리라"고 답변하는 반면에, 두번째 것은 "특별히 구별되는 은사인 성령의 충만을 위해, 즉 아버지의 약속의 성취를 위해 보좌 앞에서 기다리라"고 말한다.

이에 대해 말할 것이 있다. 두번째 입장이 모든 신자는 구별된 경험으로써 성령세례를 의식적으로 구하며 받아야만 한다고 주장한다면 이것은 하나님의 말씀이 가르치는 것처럼 보이지 않는다. 하지만 그것이 다음과 같이 제시된다면, 즉 믿음의 기도에 대한 응답으로 많은 신자들은 그들에게는 참으로 새로운 성령세례라 할 수 있는 하나님의 성령의 넘쳐남을 받아들였고 또한 그것을 구하는 자들도 받아들일 수 있으리라 제시된다면 나는 그것을 성경의 가르침과 일치하는 것으로 간주하지 않을 수 없다. 나는 앞서 보이스 목사의 책에서 그의 가르침 중 긍정적 부분의 진리와 가치에 대해 내가 깊이 깨달은 것을 표현했었다. 그러나 우리가 성령을 구해야만 함을 부정하는 것에까지 그가 나아간데 대해서는 나는 동의할 수 없다. 그리고 내가 보기에 그의 관점이 보충받아야 할 진리의 면모들이 성경에 있음을 지적하지 않을 수 없다.

보이스 목사가 얼마간 시야에서 놓쳤다고 생각하지 않을 수 없는 사실이 하나 있다. 앞서 인용한 구절에서 그는 성령께서 이 땅에 오셔서 그리스도의 몸인 교회에 그의 처소를 마련한 것에 대해 아주 강력하게 이야기한다. 그리고 성령이 개심치 않은 자들에게 전달되는 것은 전적으로 신자를 통해서임을 마찬가지로 강조한다. 이것은 진리에 있어서 지극히 중요한 면인데 거의 인식되지 못한 것이었다. 그러나 놓쳐서는 안될 또다른 면이 있다. 성령은 하나님의 영이시다. 그는 교회 안에 계실 뿐 아니라 '아버지와 아들안에도 계신다.' 아버지와 아들과 그의 몸된 교회에 있어서 성령은 한 생명이며 이들은 그 안에서 교제를 나눈다. 하나님은 신자들에게 그의 성령을 주셨다. 그러나 이것은 신자들이 그와 분리됨을 의미하지 않으며 또한 그가 한 번 주심으로 더 이상 주실 필요가 없음을 의미하지도 않는다.[1] 모든 하나님의 은사는 영생의 능력 안에 있다. 이는 그리스도로 말미암아 하나님께로부터 그의 백성들에게 지속적으로 솟아나는 생명의 능력이다. 그러므로 신자가 더 많은 것을 구하는 것은 성령께서 우리 안에 계심을 전적으로 인식하는 것과 모순되지 않는다. 성령의 존재를 잊게 하고 무시하게 하는 기도가 많이 있음을 생각할 땐 유감스럽지 않을 수 없다. 그리고 그로 인해 교회가 입은 손실을 통감(痛減)하게 된다. 하나님께서 성령을 주셨고 우리가 성령을 받았기 때문에 우리가 더 이상 성령을 구해서는 안된다고 한다면 그 손실은 극단으로 치닫게 될 것이다.

---

1) "우리는 성령의 '주심'을 단번에 주어지심으로 이제는 국부적으로 소유하는 것에 대한 따로 떼어진 몫으로 생각해선 안된다. 다시 말해서, 처음에 '주어지신 것'은 일련의 행동 속에 있는 출발점이다. 그리고 각각의 일련의 행동 역시 은사라 표현될 수 있다." - 엡 1:7에 대해, 무울(Moule).

"그러나 우리가 이미 소유하고 있는 것을 어찌 구할 수 있겠는가?" 하는 의문이 종종 제기된다. 그에 대한 답변은 아주 간단한 것이다. 내가 글을 쓰면서 펜을 쥐고 있는 손가락들은 건강에 있어서 흠이 없다고 할 만큼 혈액이 충분하다. 하지만 그것들이 말을 할 수 있어서 심장에 대해 "신선한 피를 보내 달라. 그것이 없다면 우리는 살 수 없다"라고 부르짖는다 할 경우에 우리는 그것들의 말에 끊임없이 귀를 기울이지 않을 수 없을 것이다. 열매가 잔뜩 달려 있는 가지는 열매를 지탱할 수 있을 만큼 수액이 가득하다. 하지만 수액은 그것이 부족하며 필요로 하는 가지에게 끊임없이 공급되어야 한다. 끊임없이 공급되지 않는다면 열매가 맺히지 않을 것이다. 폐에 호흡이 충분하다 해도 매순간 새롭게 공급해 주어야 한다. 임의로 사용하고 처분할 수 있는 능력으로서 또한 아들로부터 독립시키는 인격으로서 성령을 소유한 것이 아니라 아들과의 관계를 살아 있게 하며 끊임없이 그를 의존하게 하는 '아들의 영'으로서 성령을 소유한 것임을 이해하는 신자의 경우도 그러하다. 그의 모든 기도 생활은 믿음과 조화를 이루어 그가 받아들인 성령을 찬양하며 성령이 충만히 거하시는 자로 말미암아 성령께서 충만하게 넘쳐나시길 항상 기다릴 것이다.

우리는 이 조화가 아들의 생명 안에 있으며 그 안에서 구할 수 있음을 안다. 아들은 아버지께서 만물을 그에게 주셨으며 아버지가 그 안에 계심을 알았다. 하지만 그는 기도의 필요성을 느꼈다. 그는 내주하시는 성령을 태어날 때부터 소유했었다. 하지만 그가 세례를 받으실 때에 위로부터 오시는 성령을 받아들인 것은 하나님께서 실제로 이루신 일이었다. 그가 기도하셨을 때 하늘이 열렸고 성령이 강림하셨다. 우리는 또한 그것을 바울 서신에서 발견한다. 바울은 에베소 사람들에게 그들이 약속의 성령으로 인치심을 받았음을 일깨워주면서 하나님께서 그들에게 "지혜와 계시의 정신(영)"을 주시길 기도한다고 말한다. 그는 그들 안에 계신 성령께서 그들을 지혜롭게 하시길 구할 뿐 아니라 그들을 위해 "지혜의 성령"을 간구하길 주저하지 않는다. 그리고 후에 바울은 아버지께서 "그 영광의 풍성—이는 매우 놀랍고 신적인 것이다—을 따라 그의 성령으로 말미암아 능력으로 강건하게 하옵시기를" 간구한다. 그는 우리가 성령께서 우리 안에 계심을 아는 것과 믿는 것으로는 충분치 않으며 성령의 능력이 더하여지는 것과 우리가 성령의 충만을 받는 것을 위해 아버지께 기도해야 한다고 가르친다. 그가 "지혜의 영을 너희에게 주사"라는 표현을 "성령으로 말미암아 너희를 강건하게 하옵시며"라고 바꾼 것은 우리가 둘 중 어느 방식으로든지 구할 수 있게 하기 위한 것이다. 우리는 우선 성령이 우리 안에 계신 것과 성령이 계신 곳에서 오직 아버지께 믿음으로 기도함으로 성령의 존재와 능력이 더욱 더 넘쳐날 수 있는 것을 인식해야 한다. 성령이 우리 안에 계심을 믿는 것, 그가 우리에게 더 많은 것을 요구하시는 것과 또한 그가 우리를 온전히 소유하시는 것과 또한 그가 우리를 온전히 소유하시기만 하면 우리를 충만케 하실 것을 확신하는 것―이것은 우리로 하여금 아버지께 기도하도록 재촉한다. 아버지께서 아들로 말미암아 성령을 주시는 것은 항상 끊임없이 영생의 능력 안에 있는 것이다. 신자가 성령을 한 번 받았다 해서 "하물며 하늘에 계신 너희 아버지께서 구하는 자에게 성령을 주시지 않겠느냐"라는 예수님의 귀한 말씀을 이제 그가 벗어버린 것이라 느끼고, 이 중요한 축복을 더 이상 구하지 않아도 된다고 생각한다면 참으로 슬픈 일일 것이다. 새롭게 기름부음을 받는 것이 날마다 필요하듯이 그 축복도 성령이 늘 그 안에 충만히 거하시는 자로 말미암아 아버지와의 산 교제 속에서 날마다 받아야 하는 것이다. 그러므로 성령으로 세례받으신 예수님을 생각하는 것은 단번에 이루어진 과거의 사실을 회상하는 것이 아니라 그것을 날마다 지속적으로 경험할 수 있음을 약속하는 것으로 인식하는 것이다. 우리가 우리 속에 성령을 소유하고 있다는 믿음은 그것이 거의 새로운 계시처럼 임하여 우리를 기쁨과 능력으로 충만케 했을 때라 할지라도 아버지와 아들과의 산 교제 속에서 그 믿음을 지키며 성령을 받아들이지 않는다면 그 신선함과 능력을 잃게 될 것이다. 오순절의 교훈은 모든 세대에 적용된다. 우리 주님께서 영광 중에 보좌에 앉으셔서 성령을 주실 때 보좌의 발등상은 성령을 받아들이는 장소이다. 우리가 성령을 소유하고 있음을 더욱 깊이 믿으면 믿을수록 아버지께서 우리에게 성령의 능력의 사역을 허락해 주시기를 바라는 우리의 기도는 더욱 더 지속적으로 될 것이다. 성령께서 능력있게 역사하시는 것은 아버지와 아들과의 산 교제 속에서 믿음으로 경배하며 기도할 때 뿐이다.

다음 사항들은 내가 보기에 성경적 빛이라 여겨지는 것을 위해 길을 예비할 수 있을 것이다. 우리는 그 빛 안에서 성령세례를 위해 기도할 수 있으며 또한 응답을 기대할 수 있을 것이다.

1. 제자들에게 성령세례는 분명히 중생을 위한 최초의 성령수여(聖靈授與)가 아니었으며 그들의 영광받으신 주님 안에 있는 존재를 명확하게 전달하는 것이었다.
2. 모든 신자는 그리스도의 교회가 세례를 받았던 이 성령에 참여하게 되며 그들 안에 거하시는 그리스도의 영을 소유하게 된다.
3. 구약과 신약에는 한 성령의 이중적인 역사(役事)가 있었다. 이에 대해 오순절 전과 후의 제자들의 상태는 아주 두드러진 예이다. 마찬가지로 대부분의 그리스도인들에게는 그에 상응하는 경험상의 차이가 있다. 성령의 존재에 대한 부족한 지식과 영광 가운데 내주하시는 그리스도께 대한 성령의 충만한 계시의 차이는 무지함이나 불충분함에서 기인한다.
4. 성령의 내주하심이 전해 주고자 했던 것에 대한 분명한 인식이 영혼 깊숙히 새겨지고 그것에 참여하기 위해 모든 것을 기꺼이 포기하려 할 때 신자는 이른바 성령세례를 구할 수 있으며 기대할 수 있을 것이다. 에베소 사람들을 위한 두 기도에 따라 아버지께 기도하며 믿음과 순종 가운데 새롭게 무릎꿇음으로 예수께로 나아올 때 신자는 성령을 유입(流入)받아 그가 이제까지 살아온 것과는 다른 수준으로 향상됨을 의식하게 될 것이다.
5. 성령세례가 임하는 방법은 매우 다양하다. 어떤 사람들에게는 그들의 신령한 생명이 되살아남을 기쁨으로 느낄 수 있게 임한다. 그들은 성령의 충만을 받아 그들의 모든 감정이 움직임을 느낀다. 그들은 아버지께로부터 온 은사로써 그들이 분명히 경험했던 것에 대해 말할 수 있을 것이다. 다른 사람들에게는 성령세례가 그들의 느낌에 주어지지 않고 그들의 믿음에 주어진다. 그것은 그리스도 안에 있는 성령충만을 그들의 것으로 깊게 말없이 통찰하면서도 보다 더 분명하게 통찰하는 가운데 임한다. 또한 야기될 수 있는 모든 비상 사태를 성령의 충족성이 감당하리라고 확신하는 믿음 가운데 임한다. 연약한 가운데서도 그들은 능력이 그들에게 있음을 안다. 이 둘 중 어떤 경우든지 사람들은 축복이 위로부터 수여됨을 안다. 그래서 그들은 그 축복을 보내신 분께 순종함과 깊이 의존함으로 그

것을 지속시킨다. 6. 성령세례는 특별히 사역을 위한 능력으로써 수여된다. 그것은 때때로 신자가 사역에 대한 그의 소명을 충분히 깨닫지 못하고 주로 자기 자신의 성화에만 몰두하는 동안 임할 수도 있다. 성령세례가 지속되려면 주님을 증거하라는 부르심에 순종해야 한다. 오순절의 성령세례는 분명히 사역을 위한 준비로써 주어진 것이었다. 고넬료와 그의 기도의 동지들이 세례를 받은 것은 하나님께서 그들의 믿음에 인치신 것이었고 그들이 하나님 나라의 축복에 전적으로 참여한 것이었다. 그것은 동시에 그들의 입을 열어 말하게 했다. 우리는 고정된 규칙을 정하는 것에 대해 경계해야만 한다. 하나님의 은사와 사랑은 우리의 마음보다 더 크다. 주님의 영광에 전적으로 맡겨져 자기가 소유한 빛에 이르기를 원하는 신자는 누구나 은사충만에 이를 수 있으며 또한 그것을 요구할 수도 있다. 입을 열어 하나님을 증거하는 것이 그 능력을 나타내보일 것이다.

7. 성령세례를 위한 준비는 최초의 제자들의 경우와 마찬가지이다. 우리 주님께서 그를 위해 모든 것을 포기하도록 그들을 부르셨을 때, 그는 우선 그들을 삼년 동안 그의 학교에 있게 하시면서 그들을 훈련시켜 그의 뜻을 알고 사랑하며 순종하게 하셨다. 개인적으로 예수님께 크게 집착하는 것이 우선 필요불가결한 것이었다. 주님은 그의 죽음의 교제로 그들을 인도하셔서 그들 자신이나 그들의 외적 모습 속에 있는 모든 희망과 육체에 대한 모든 신뢰를 포기하게 하셨다. 그들은 그들 자신의 선한 의도에 있어서나 육체적 현존에 있어서 육체가 죄를 정복하고 해방을 베풀기에는 전적으로 부족함을 알게 되었을 때 보다 더 고상한 것에 대한 필요가 일어났다. 그리고 마지막으로 주님은 처음엔 사십 일을 그리고나서 다시 열흘을 그들이 기대하는 것을 기다리게 하시면서 자신을 바라보게 하셨다. 이는 그들이 구하는 것이나 생각하는 것에 넘치는 것을 주시기 위함이었다. 형식과 내용에 있어서 크게 다양하다 할지라도 모든 신자가 어떤 준비단계를 거쳐야만 함에 있어선 전혀 다를 바 없을 것이다. 주님 자신이 그의 세례반(Baptism Class)으로 넣으시고 훈련과정을 통제하시며 오직 성령으로 충만해지는 것으로만 만족하게 하시는 자는 복이 있다. 어떤 사람들은 성령세례를 전혀 생각치 않음에도 그것이 임한다. 왜냐하면 그들은 그들의 주님께 대한 강렬한 헌신으로 그가 그들 안에 계심과 그들을 온전히 그의 것으로 소유하고 계심을 알기 때문이다.

우리가 구하는 것을 표현하는 방식에 있어서 아무리 차이가 난다 할지라도 우리 아버지께서는 그의 자녀들 하나하나를 그들이 이해하고 있는 것보다 더 잘 이해하고 계심을 기억하자. 다양한 표현양식 중에서라 할지라도 하나님께서 성령과 불의 세례에 대한 그의 약속으로 말미암아 작정하신 것만을 소유하려는 바램이 하나님의 백성들 가운데서 자라나고 있음을 기뻐하자. 성령께서 우리 속에 거하시는 대로 그에게 충실하자. 우리들 자신과 서로 간을 격려하여 우리가 구하는 것이나 생각하는 것에 넘치도록 행하실 수 있는 하나님을 기다리자. 그리하여 신자와 교회 안에서 성령이 능력으로 역사하시는 것과 충만하게 넘쳐나시는 것을 경험하자. 우리는 그것에 대해 전혀 짐작할 수 없을 것이다.

강해 2
인격으로서의 성령 (5장)

우리가 우리 안에서의 성령의 위치와 사역을 이해하고자 한다면 신적 존재로서의 그의 위치와 사역에 대해 다소간 알아야만 한다. 성령이 주어지신 것은 우리를 하나님의 생명과 성품에 참여하게 하며 그가 아버지와 아들 안에 계시면서 행하시는 것처럼 우리 안에 계시면서 우리를 대신하여 행하시기 위함이다. 그가 성삼위 안에서 아버지와 아들의 영으로 계시는 것, 그가 이 땅 위에서 사람이신 그리스도 예수 안에 계시면서 행하신 것, 특별히 영광받으신 우리 주님께 대한 그의 관계를 우리는 흠모함과 두려움으로 숙고해 보아야 한다. 이것은 성령이 우리들 자신에 대해 의미하는 바를 묻는 실제적인 문제에서 벗어나게 하지 않는다. 오히려 우리에게 크게 도움을 주어 아버지와 아들이 합의한 은사의 놀라운 영광과 신비를 인식하게 한다. 그 은사란 그들 자신의 성령─그들의 인격적 생명의 영이 우리의 인격적 생명의 영으로 된다는 것이다. 매우 심오한 성경적 영적 신학자 중의 한 사람인 벡(J.T.Beck)의 『기독교 교리에 대한 강좌』*Vorlesungen uber Chr.Glaubenslehre* 에서 시사적으로 인용하는 다음 것들은 하나님께서 그의 말씀으로 계시하신 것을 이해하고자 하는 노력에 도움을 줄 수 있을 것이다. 신자가 "하나님의 성령이 내 안에 거하심"을 인식하기 시작하고 하나님께서 그에게 신적인 것, 즉 하나님의 인격을 그의 생명으로 주신 것을 알 때 그것은 가장 축복된 일이다. 그러나 아버지와 아들의 인격적 생명이신 성령께서 그의 인격적 생명, 즉 그의 마음 중심의 생명이 되신 것을 알 때 그것은 천 배나 더 놀라운 일일 것이다.

"기독교에서 계시는 자연계시처럼 하나님께 대한 초보적인 증거나 구약의 계시처럼 특별한 율법체계와 이상적 약속으로만 나타나지 않는다. 그것은 소생케 하시는 성령의 새 생명의 체계로도 나타난다. 이처럼 기독교는 초자연적인 것과 신적인 것은 역동적으로 실제상 인격화될 수 있는 성령과 생명이라는 계시를 전해 준다. 이 관점에서 볼 때 기독교는 이전 역사와는 다르게 중재받아야만 한다. 기독교는 계시를 위한 보다 고도의 기관을 소유해야만 한다. 신적인 것이 역동적이고 실제적으로 인격적 생명으로서 인간 개개인 속에 편재되었다면 그것을 중재하기에 적절한 기관은 오직 계시나 신적 원리의 체계가 인간 속에 인격화되게 할 수 있는 것이어야 한다. 다시 말해서 신적인 것이 아무리 능력을 발휘한다 할지라도 사람 속에 양심을 매개로 하여 그의 의식에 대해서만 계시하는 것으로는 충분치 않다. 또한 그것이 영감과 같은 것에 의해서 그 능력을 개발하여 예언의 방식을 따라 이성이나 영의 생명에 영향을 미치고 그 생명을 향상시키는 것으로도 충분치 않다. 양심과 영감은 완전해야 할 계시에 있어서 계시의 수단으로는 충분치 않다. 필요한 것은 중재이다. 그러므로 하나님은 그의 독특한 영과 생명이 인간 개개인 속에 있는 하나의 원리로써 인격적으로 사유화(私有化)될 수 있도록 중재하는 일에 전념하신다. 진실로 신적인 것을 인간 개개인의 인격적 생명으로 바꾸려는 계시와 하나님의 사람을 만들고자 하는 진리에 있어서 신적인 것은 그와 같은 것—즉, 인격적 생명—으로써 인간성의 인격적 중심 속에 우선 구현되어야만 한다. 이는 다음과 같은 이유 때문에 그렇다. 전혀 새로운 것, 즉 그 특성에 있어서 아직까지 존재하지 않았던 것에 관한 한, 새로운 형태의 모든 생명은 그 견본을 늘리기에 앞서서 완전한 일치—이것은 적절한 새 원리이다—속에 결합된 내용을 우선 충분히 지녀야만 한다. 그러므로 사람들 가운데 신적인 것을 인격화시키기 위해서 요구되는 첫번째 것은 하나님의 생명의 원리가 그 안에서 인격화된 자이다. 기독교는 모든 충만한 계시를 중보자되신 예수 그리스도의 유일한 인간적 인격에 모은다. 그는 새로운 신적 유기체의 중보적 중심원리로서 성령과 생명의 충만함 가운데 계시며 사람의 인격적 생명 속에 그 생명을 위해 존재하신다. 그리스도께서 인간 개개인에게 들어가심으로 하나님의 생명은 보편적 세계관계 속에서가 아니라 인격적 원리로서 우리 안에 내재한다. 그러므로 사람은 이른바 $ποίημα\ θεοῦ$ (하나님으로 말미암아 지음을 받은 존재)일 뿐 아니라 또한 $τεκνον\ θεοῦ$ (하나님으로 말미암아 태어난 존재)이다. 그리고 개개인이 그리스도의 생명의 본을 따라 점점 바뀌어 감으로 하나님께로부터 나와 하나님 안에 있고 그리고 하나님께로 향하는 인격적 생명의 발전은 완전해지게 된다. 이것은 도덕적 신정적(神政的) 교제뿐 아니라 자연과의 교제에 있어서의 발전이다. 인간은 타락함으로 인해 그에게 있는 신성과 인간성이 찢겨졌다. 이 분리로 인해 불화와 적대감이 생기게 되었다. 인간은 악한 인격을 갖게 되었다. 이와는 달리 신성과 인간성은 그리스도의 신인적(神人的)인격 속에서 화해되어 하나로 되었다. 그의 인격은 딴 방법으로는 보이지 않는 하나님의 인간적 모습이다.

성령과 관련하여 '성령은 하나님이시다. 성령은 주이시다' 라고는 말하지 않는다. 그러나 이와 반대로 '하나님은 영이시다' 주는 성령, 곧 '살리시는 영' 이시다라고 말한다. 그러므로 하나님과 주께서 각각 현존하는 인격이시면서 $\theta \epsilon \acute{o} s$ 이시고 $\kappa \acute{v} \rho \iota o s$ 이신 것은 성령으로 말미암는다. 하지만 성령께서 이 때문에 어떤 독립적인 실존없이 하나님께 속하시는 것은 아니다.[2] 그가 아버지와 아들로부터 분리된 인격이신 만큼 조금도 하나님께 예속되지 않는다. 그러나 그는 아버지와 아들 안에서 신성을 형성하신다. 성령은 하나님 밖에 있으면서 세상과 인간 속에서 하나님께 대해 독립적으로 계시하신다. 그 계시는 한편으로는 깊이 감추어진 신성에 이르고 인간을 향해서는 하나님의 아들의 생명이 산출한 하나님 자신의 생명을 마음 속으로 전달해 준다. 유일하신 아버지의 신성은 모든 것을 포괄하는 신 중심적 원인이다. 아들과 성령은 하나의 존재로 아버지 안에서 자립적으로 실존하시며 또한 아버지에게서 나오신다. 아들은 아버지의 말씀하시는 자아이시다. 아버지는 그 안에서 자기 형상대로 자신을 계시하신다. 성령은 아버지와 아들의 내적 자아이시다. 인격적 존재의 능력 안에 있는 하나님의 내적 생명은 그 안에서 지속되고 전달된다. 성령께서 자신을 외적으로 나타내시지 않는 것과 그에게 아들과 같은 풍모가 없는 것은 그는 하나님의 내적 생명을 지니고 계신 분이기 때문이다. 아들 안에서 아

---

2) 『기독교 교리 입문서』, p. 229를 보라. "성령은 우리처럼 결코 하나님께 속한 어떤 것이 아니다. 그러므로 다음과 같이 일컫는다 : 하나님은 영이시다. 주는 영이시다. 따라서 '하나님께서 현존하시는 인격이신 것은 진실로 성령을 통해서이다.' 하나님의 성령은 우리처럼 아버지와 아들에 속한 것이며 그들 안에 계신 것일 뿐 아니라 그로 말미암아 아버지와 아들이 하나님이시게 하는 것이다. 성령은 아버지와 아들 안에 있는 하나님의 인격적 존재이시다. 그러므로 그는 거룩한 자, 거룩하게 하시는 이, 능력, 살리시는 이라 일컬어진다. 성령 안에서 아버지와 아들의 인격적 존재가 사람 속에 태어나게 된다. 하나님의 인격적 생명이 중심에 있게 되는 것은 성령 안에서이다. 그러므로 성령은 조금도 비인격적인 것일 수 없다."

버지의 나타나심은 그의 외관적인 자아 속에서 외적으로 이루어지는 것이다. 그러나 아버지와 아들의 내적 자아인 성령 안에서 모든 것은 내적 생명에 속하게 된다. 이는 우리에게 대한 하나님의 나타나심-이는 완벽한 것인데 -이 묵시(默示), 즉 우리 속에서의 하나님의 계시가 되게 하기 위함이다.

"인간성을 세상과 그 죄에서 구속하며 초자연적인 것 속에서 그것을 재생시키기 위해-인간성은 이를 위해 예정된 것이다-필요한 것은 하나님의 생명과의 연합이다. 하나님의 생명은 율법으로써, 희망으로써, 의지와 욕구의 선결 조건으로써 또는 이상으로써 계시될 뿐 아니라 인격적 생명의 실제적 필요에 대한 실질적 성취로써 인간에게 계시된다. 즉, 하나님의 생명은 실제적인 인격적 생명으로 되어야 하는 것이다. 하나님의 생명은 본래적으로 그것에 속한 절대적 가치 때문에 우리의 개인적 사고나 의지, 행위 속에 자리잡고 있을 뿐인 여러 요소들 중 하나로 간주되는 것으로 결코 만족하지 못하다. 그것은 우리에게 닿고 우리의 관심을 끄는 다른 것들과 함께 우리의 생각과 행위 속에 자리잡으며 우리로 우리의 삶을 위한 바람직한 결과들을 얻게 하는 대상이 되는 것으로는 만족하지 않는다. 외견상 적절하고 타당해 보이는 이런 자세는 하나님의 생명을 격하시키며 그것을 이 세상에 있는 대상들과 동일한 위치에 두는 것이다. 또한 이 자세로 하나님의 생명을 모든 대상 중 가장 고상하고 가치있는 것으로 이야기한다 해도 거기에는 실질적인 차이가 없는 것이다. '하나님의 생명은 실제적인 모습 그대로, 즉 절대적인 세계원리로써 받아들여지며 우리의 인격적 발전의 절대적 생활원리로 될 때만이 비로소 참되게 인식되는 것이다.' 하지만 하나님의 생명은 우리가 죄와 죽음을 소유한 세상의 능력에 속박되어 있을 때 인격적 능력을 창조하지 못한다. 하나님의 생명을 우리 안에서 인격화시키는 것은 그런 환경 아래서 우리의 영적 능력이나 이성으로는 성취할 수 없는 것이다. 이것은 새 성품의 조직(組織)을 필요로 한다. 그리고 새롭게 조직하는 것은 창조주의 사역이며 세상 속에서의 신적 원리의 조직에 관한 것이다. 이것은 계시로 하여금 그 완성을 보게 하는 것이다. 계시는 생명을 이루시는 성령, 즉 "생명을 주시는 성령"으로 하나님의 생명을 조직하는 데서 그 완성을 발견한다. 그러므로 생산적인 생명원리로서 또는 인격적인 생명의 능력으로서 하나님의 생명은 인간의 도덕적 생명 속에 내재 할수 있게 된다. 또한 내재함으로 지속적으로 발전하는 가운데 하나님의 생명은 개인 속에서 그의 인격적 생명으로 재생산되게 된다. 그리고 하나님은 절대자로서의 그의 생각에 걸맞게 인간 속에서 모든 것을 결정하시는 생명의 원리가 되게 된다. 계시가 그 전적인 완성을 보게 되는 것은 이런 점에서이다.

"하나님의 '인격적인' 말씀되신 그리스도는 우선 육화하신 아들로서 그의 증거와 중보를 완전하게 조직하셨다. 그리고나서 성령은 이제까지 새로운 초월적인 활동방식으로 아버지와 아들 안에 내재하시는 영으로서, 즉 하나님의 인격적인 생명원리로서 하나님에게서 나오셔서 인격을 이루는 원리로서 생명을 낳는 그의 사역을 시작하실 수 있었다. 하나님의 인격적인 말씀에서 흘러나오시는 하나님의 인격적인 성령은 이제 영감의 최고원리가 되셨다. 이 원리로 새로운 형(型)의 인간, 즉 독생자의 형상에 관한 최고의 인격적 생명형성 원리뿐 아니라 하나님 나라의 비밀들도 이해할 수 있게 되었다.

"이 인격은 성령을 개인화(個人化)하는데 그 근거를 두고 있다. 그것은 첫번째 창조 속에 있었다. 그때 하나님이 생명의 영을 불어넣으심으로 인간은 산 영, 곧 인격이 되었다. 그리고 그것은 두번째 창조-거듭남 속에 존재한다. 성령이 인간에게 분배되심으로 이 모든 것이 그 속에서, 즉 그의 의식과 행위 속에서 새롭게 될 뿐 아니라 새 인간, 하나님의 형상을 닮은 새 인격이 출현하게 된다."

도너 박사(Dr.Dorner)는 그의 '기독교 교리 체계'에서 그리스도 안에서의 하나님의 계시와 성령 안에서의 하나님의 계시 간의 차이에 관해 다음과 같이 적고 있다.

"그리스도의 대속적 성격은 인격에 대해 부정적이거나 억압적이지 않고 생산적이다. 그는 자기 안에 영적 생명이 충만하게 존재하는 것으로 만족하시지 않는다. 그는 그의 백성이 믿음에 의해 영적 생명 속으로 흡수되게 하신다. 신자들은 자유로운 인격으로서 살며 사랑해야 한다. 그리스도의 구속적 목적은 그가 보내시는 성령으로 말미암아 새로운 인격의 창조로 향하는데 그리스도는 그 인격 안에서 영속적이고 확고한 존재를 얻으시게 된다. 그러나 바로 이것에 의해 하나님은 신자들 안에 새로운 방식으로 존재하신다. 이는 구속의 능력이 오직 그리스도 안에 있는 하나님의 존재에만 속하기 때문에 새로울 뿐 아니라 비록 그리스도께서 이 생명의 원리로 남아 계실지라도 이 생명은 그리스도에게서 벗어나 구별되는 가운데 형성되기 때문에 새로운 것이다. 오직 이런 자유에 의해서만 그리스도와 인간 사이의 결속은 한쪽으로 치우치지 않고 균형을 이룰 수 있으며 더욱 더 확고한 결속—상호 교환적인 사랑의 관계로 될 것이다. 하지만 이와 동시에 생명과 빛, 은혜와 진리로 그리스도 안에 객관적으로 거하는 성령의 충만은 이 세상에 대해 더 이상 객관적이 되지 않을 것이다. 오히려 이 세상 속에 살아 구원의 생명의 보화로서 나타날 것이다. 성령으로 말미암아 그리스도의 충동은 사람들에게 지속되고 확장될 뿐 아니라 그들 안에서 고유한 충동, 즉 이식(移植)된 하나님의 능력을 위해 형성된 새로운 중심이 된다. 새로운 신적 원리로서 성령은 실질적으로 새로운 기능들, 즉 새로운 의지와 지식, 감정은 아니라 할지라도 새로운 자의식을 만들어 내신다. 요컨대 그는 새로운 인격을 만들어 내시어 기능들의 과거의 합일점을 해체시키시고 똑같은 기능들의 새로운 순수한 연합을 창조하신다. 새로운 인격은 둘째 아담과의 내적 유사성 속에서, 말하자면 똑같은 가족형(家族型)에 대해 형성된다. 새 인격이 독립된 가운데 알려지게 되는 모든 것은 성경에 의하면 이 세번째 신적 원리에서 기인한다. 성령으로 말미암아 신자는 새 사람으로서의 자의식을 갖게 되었으며 하나님 안에서 자유로운 새로운 거룩한 생명의 능력과 살아 있는 충동을 갖게 되었다. 성령은 기쁨과 자유의 영이시며 의문에 반대되신다. 신적 충동에 복종함은 필요와 자유를 배합함으로 자발적 충동을 배제하는 것이다. 단순한 수동성과 수용성이 자발성, 아니 생산성과 독립성으로 바뀌어진다. 그러므로 성령으로 말미암아 각 개인의 인격은 완전하게 하나님의 은혜를 입은 인격으로 향상된다. 이 모든 것에 의해 성령은 상대적으로 독립적인 유일한 요소—교회의 기원의 전제, 즉 새로운 믿음의 인격을 심고 자라게 한다."

하나님의 인격의 영이신 하나님의 성령께서 우리의 인격의 생명원리가 되신다는 이 사상은 지극히 엄숙하고 한없이 풍성한 것이다. 성령은 나를 처소로 하셔서 내 안에 거하시며 내가 내 자신을 의식하는 마음 중심의 자아와 함께 내 속에 거하신다. 더욱이 그는 그런 나 안에서 새 인격의 새로운 신적 생명원리가 되신다. 그리스도의 마음 중심의 자아로 그 안에 계셨고 지금도 계신 성령은 내 마음 중심의 자아가 되신다. 이로 인해 "주께 합한 자는 그와 '한 영'이라"는 말씀에 새로운 의미가 부과된다. 그리고 "'하나님의 영'이 너희 안에 계신 줄 알지 못하느냐"는 질문에 강조를 두게 된다. 성령은 인격적인 능력으로서 그 나름대로의 뜻과 목적을 가지고 내 속에 계신다. 내가 나의 인격을 그의 인격에 맡길 때 나는 내 인격을 잃지 않을 것이며 오히려 새롭게 되고 강건케 되어 그 최고의 능력에 이르게 될 것이다. 이제까지 육신이 지고 있던 짐을 성령께서 전적으로 짊어지심을 알 수 있기를. 우리는 우리 자신이 자유롭다고 생각했지만 노예였다. 성령은 그의 뜻과 목적을 내 안에서 이루시며 나를 가르치시사 그의 뜻과 목적을 성취하심으로 나를 자유케 하신다.

강해 3
내주하심의 위치(6장, 29장)

　성령의 내주하심에 대한 성경의 가르침을 연구하는데 있어서 성령이 거하시는 장소와 그가 일하시는 방식에 대해 성경이 우리에게 이야기하는 것을 분명하게 아는 것이 매우 중요하다. 그리고 이것을 위해 우리는 특별히 주의를 기울여 인간의 혼과 영 사이의 차이점과 그들의 상호 관계에 관해 정확한 입장을 찾아야 한다.

　인간창조의 역사에서 우리는 다음과 같이 읽는다 : "여호와 하나님이 흙으로 사람을 지으셨다. 이로 인해 인간의 '몸'이 만들어졌다. 그리고 그는 생기를 혹은 생명의 영을 그 코에 불어넣으셨다. 그러므로 인간의 '영'은 하나님에게서 나온 것이다. 사람은 '생령'이 되었다." 육신을 살리시는 성령은 사람을 생령, 즉 자의식을 지닌 산 인격으로 만드셨다. 혼은 만나는 장소, 즉 몸과 영 간의 연합점이었다. 몸을 통하여 살아 있는 혼인 사람은 외부의 감각세계와 관계를 맺게 되었다. 그는 외부세계에 영향을 미칠 수 있었으며 그것에 의해 영향을 받을 수도 있었다. 영을 통하여 그는 영적 세계와 하나님의 영과의 관계를 맺게 되었다. 그는 거기에 그의 기원을 갖고 있었다. 그는 영적 생명과 능력의 수령자이며 봉사자일 수 있었다. 그러므로 혼은 두 개의 세계 사이 중간에 있으면서 양쪽 편에 모두 속하여 자체적으로 결정할 수 있는 능력을 갖고 있었다. 혼은 그것을 둘러싸고 있으며 그것과 관계를 맺고 있는 대상들을 선택하거나 거절할 수 있었다.

　인간성의 이 세 부분의 구성에 있어서 영은 인간을 하나님과 연결시키는 것으로서 최고의 것이었다. 인간을 감각적이고 동물적인 것과 연결시키는 몸은 가장 저급한 것이었다. 혼은 중개자로 있었다. 그것은 다른 것들의 특성에 참여하는 것이었고 그것들을 결합하는 끈이었다. 다른 것들은 혼을 통하여 서로 간에 작용할 수 있었다. 중심세력으로서 혼이 하는 일은 그것들의 적정한 관계를 유지시키는 것이었다. 혼은 가장 저급한 것인 몸을 영에 복종시켜야 했다. 그리고 최고의 것인 영을 통하여 하나님의 성령으로부터 혼의 완성을 위해 기다리고 있는 것을 받아들여야 했다. 그리고 나서 혼은 몸에까지 내려가야 했다. 이는 몸이 혼으로 말미암아 성령의 완전하심에 참여하며 신령한 몸이 되게 하기 위함이었다.

혼이 부여받은 놀라운 은사들, 특히 의식과 자기 결정, 정신과 의지 같은 것들은 성령의 생명, 즉 하나님의 생명의 실제적 내용과 진리를 받아들이며 동화시켜야만 하는 틀이며 그릇이었다. 그 은사들은 하나님께 대한 지식과 그의 뜻을 혼의 것으로 만들도록 하나님께서 주신 능력이었다. 이렇게 하는데 있어서 혼의 인격적인 생명은 성령의 생명으로 충만해져 그에 사로잡혀야 했으며 인간은 전적으로 영적이 되어야 했다. 우리는 이와 반대되는 일이 어떻게 일어났는지 알고 있다. 혼은 감각의 유혹에 굴복하여 그 노예가 되었다. 그러므로 성령은 더 이상 다스리시지 못하며 하나님의 자리를 옹호하기 위해 힘쓰셔도 헛되게 되었다. 급기야 하나님은 "나의 신이 영원히 사람과 함께 하지 아니하리니 이는 그들이 육체가 됨이라"고 말씀하셨다. 사람은 전적으로 육체의 능력 아래에 있게 되었다. 그의 영은 무기력하게 되었다. 하나님을 알고 섬길 수 있는 능력은 구원과 소생을 위한 때를 기다려야만 하게 되었다. 혼은 영을 대신하여 다스렸다. 그리고 모든 종교의 커다란 특징은 하나님을 따르고자 가장 진지하게 힘쓰는 경우라 할지라도 혼으로, 즉 하나님의 성령이 없는 인간 자신의 정력으로 하나님을 발견하고 기쁘게 하고자 자체적으로 노력하는 것이 되었다.

중생할 때에 다시 살아나고 새롭게 되는 것은 바로 인간의 영이다. 성경은 중생 또는 다시 태어남이라는 말은 혼이 죽음에서 생명으로 옮기워지는 변화로써 사용한다. 그 변화는 자연적 출생처럼 즉각적으로 단번에 이루어진다. 새롭게 된다는 말은 지속적이고 전진적인 사역에 대해 사용된다. 그 사역으로 인해 하나님의 성령의 생명은 우리 생명 속으로 보다 충만히 들어와 우리의 성품 전체를 통하여 그 주권을 내세운다.

중생한 사람에게는 혼과 영의 원래의 관계가 회복된다. 인간의 영은 되살아나 하나님의 성령의 거처가 된다. 하나님의 성령은 이제 가르치시고 인도하시면서 그리스도께서 우리를 위해 갖고 계신 실제적인 좋은 것들을 하나님의 생명으로서, 실질적이고 실제적인 것으로서, 즉 진리로서 전달해 주신다. 하나님께서 그의 성령으로 말미암아 진리로 이끄심은 우선 우리의 혼이나 정신 속에서가 아니라 우리의 영 속에서, 즉 정신이나 의지보다 더 깊은 마음 속 생명에서 발생한다. 혼은 그것이 얼마나 맹목적이었는가를 시인하며 그 기능이 영적으로 하나님에 의해 깨우침을 받는데 얼마나 더디었는가를 고백해야 한다. 그리고 어리석고 무지함을 기꺼이 인정하면서 하나님의 성령이 생명 속에서 그의 진리를 베푸시길 온순하게 기다려야 한다. 혼이 그 본래의 운명이었던 성령의 주권에 완전히 무릎꿇을 때만이 하나님의 인도하심이 나타난다.

그리고 이제는 배우기가 쉽지 않은 가장 중요한 교훈을 살펴보자. 우리가 혼과 영의 관계에 대해 오랫 동안 이야기했던 것은 이를 위해서였다. 교회나 개개인의 신앙에 있어 두려워해야 할 가장 커다란 위험은 혼이 그 정신과 의지의 능력으로 거침없이 활동하는 것이다. 혼은 아주 오랫 동안 다스리는데 익숙해 왔다. 그러므로 개심하면서 혼이 예수께 항복했다 할지라도 그 항복을 실행하는 것과 자기가 받아들인 왕을 섬기는 것은 자기의 일이라고 아주 쉽게 생각해 버린다. 많은 신자들은 성령의 내주하심의 실체와 그가 혼을 지배하셔야만 할 범위—우리의 모든 느낌과 생각, 의지를 포함하는 전(全)자아—에 대해 전혀 생각치 않는다. 성령은 육체에 대한 모든 신뢰를 몰아내시고 그의 사역을 행하시는데 있어서 필수적인 온순함과 복종을 일으키신다. 주님께서 우리들 자신의 생명을 미워하라는, 즉 그것을 구하지 말고 저버리라는 (여기서 사용된 단어는 psyche—혼이다) 부르심은 혼을 그 의지와 행위의 능력과 함께 죽게 하라는 부르심이다. 이는 혼이 성령의 소생케 하심과 인도하심 안에서 그 참된 생명을 발견케 하기 위함이다. 이것이 이해되지 않는 한 자아와 그 지혜를 두려워함이 있을 수 없으며 영적 생명의 첫째 조건인 성령에 대한 절대적 의존과 그를 기다림이 있지 않을 것이다.

이런 위험에서 구원받길 원하며 하나님께서 사람을 창조하셨던 정상적 상태로 되돌아오길 간절히 소원하는 자들에게 항상 쉽지는 않지만 길이 열려져 있다. 기도로 시작하라. 이는 우리가 성령과 그의 거처, 그의 길, 그의 사역 그리고 그의 요구하시는 바를 알기 위함이다. 성령의 내주하심에 대한 거룩한 비밀과 신적 실체를 마음 속 깊이 새기기 위해 힘쓰라. 하나님께서 나사렛 예수의 육체 안에 거하셨던 것처럼 성령도 다른 방식이긴 하지만 우리 안에 실제로 거하신다. 거룩한 존재를 깊이 경외하라. 그를 슬프시게 할 만한 것이라면 무엇이든지 질시(嫉視)하라. 특별히 죄 다음으로 성령을 슬프시게 하며 때때로 죄보다 더 우리들 자신에게 위험스러운 것은 혼이 최초의 죄를 반복하면서 선하고 지혜로운 것에 대해 자기 나름대로의 생각을 추종하는 것임을 기억하라. 우리가 성령을 받았음을 이해하라. 이는 혼이 이제 전적으로 그의 다스림 아래 있게 하기 위함이다. 성령의 가르치심이 필요함을 인정하면서 그를 구하고 있다는 사실이 성령의 사역을 충분히 확고하게 하리라고 생각치 말라. 결코 그렇지 않다. 성령의 사역은 혼의 생명, 즉 그 모든 능력과 지혜를 날마다 참되게 포기할 것을 요구하며 나아가서 마음과 의지 전부를 진실되게 복종시킴으로 성령의 소생케 하심과 가르치심을 기다릴 것을 요구한다. 그러면 우리는 성령 안에서 하나님을 알고 예배하는 것을 배우게 될 것이다.

이제까지 말해 온 것을 정리해 보자. 영은 하나님을 의식하는 장소이고 혼은 자기를 의식하는 장소이며 몸은 세계를 의식하는 장소이다. 영 안에는 하나님이 거하신다. 혼 안에는 자아가, 몸 안에는 감각이 각각 거한다. 올바른 관계가 존재함으로 혼이 자아와 함께 영에게 복종하고 영을 통하여 하나님께 복종했을 때는 모든 것이 좋았다. 그러나 죄가 임하여 자아를 내세우게 되었다. 자아는 감각을 통하여 자기 생명을 구하였고 영에 대한 복종을 구치 않았다. 그러므로 혼과 자아와 이기심은 인간 생명의 지배적 원리가 되었다.

중생한 사람에게 있어서 이보다 더 교활한 유혹은 없다. 하나님을 섬기는데 있어서 자아는 자기 주장을 하려 하며 그 의지와 능력으로 하나님의 뜻을 행하려 한다. 그리고 성령을 의존하는 가운데 그를 기다림으로 그가 일하시게, 즉 뜻을 품으시고 행하시게 하지 않는다. 이것은 주 예수께서 아주 분명하게 "자기를 부인하고 자기 십자가를 지라"고 말씀하셨던 이유이다. 자아의 생명과 능력은 성령께서 일하시도록 희생당해야 하며 버림받아야 한다. 그러므로 우리가 참된 생명, 즉 성령의 생명을 발견하려 한다면 우리 생명('혼')을 미워하면서 사랑해야 함을 주님은 말씀하신다. 신자 안에서는 혼과 성령 간의 은밀한 투쟁이 항상 계속된다. 하나님을 위하여 성령은 모든 것을 소유하며 모든 것에 충만하려 하신다. 자아를 위하여 혼은 으뜸가는 자리를 차지하며 독립적 행위의 정당함을 내세우려 한다. 혼이 솔선하면서 성령께서 그 행하는 바를 추종하시고 도우시며 복주시기를 기대하는 한 우리의 생명과 행위에는 영적 열매들이 없을 것이다. 오직 혼이 자아가 뜻을 품고 경주하는 모든 것과 더불어 날마다 부정되고 죽게 됨으로 성령께서 일하시게 될 때 하나님의 능력은 우리의 섬김 속에서 분명해질 것이다. 영적 생활에서의 빈번한 실패와 우리의 매우 값비싼 경험들의 소멸적인 특성에 대한 이유가 여기에 있다. 우리 믿음은 하나님과 그의 성령의 능력 안에 있기 보다는 인간의 지혜 안에 있으면서 인간적 가르침과 이해의 영향을 입고 있었다.

이것은 히브리서 4:12이 의미하는 것이다 : "하나님의 말씀은 살았고 운동력이 있어 좌우에 날선 어떤 검보다 예리하여 혼과 영을 쪼개기까지 하며." 창조 시에 말씀의 첫번째 사역은 빛과 어둠, 땅과 바다 사이를 나누어 구분짓는 것이었다. 성령으로 말미암아 살아 있는 말씀은 지금도 우리 안에서 이 일을 행한다. 그러므로 하나님의 자리로서 높은데 있는 영과 낮은데 있어 그 모든 능력이 늘 영에게 복종해야 할 혼 사이의 차이가 분명하게 된다. 그리고 우리는 하나님의 성령의 처소는 새롭게 된 영 안에 있음을 배워 깨닫게 된다.

제자들이 예수님을 처음으로 알기 시작했을 때 그들은 "주님이시여, 당신은 어디에 거하십니까?"라고 물었다. 주님은 "와 보라"고 대답했다. 그들은 그날 밤 '그와 함께' 거했다. "거룩한 선생이시여, 당신은 어디에 거하십니까?" 하는 질문은 우리가 성령을 알기를 원할 때 진실로 제기해야 할 질문이다. 예수님은 우리에게 "저가 너희 속에 계시겠음이라"고 답변하셨다. 마음 속 성소에 있는 우리의 놀라운 성품은 영이며 그것은 혼보다 더 깊은 곳에 있다. 혼은 느낌과 생각, 의지를 지닌 자신의 생명 전부를 갖고 있는데 하나님은 이것을 자신을 위해 만드셨다. 하나님의 능력으로 말미암아 소생케 된 영 속에 성령은 '거하신다.' 성령은 그 생명을 진리 가운데로 더 깊이 인도하셔서 그리스도 안에 계시된 은혜의 실체를 실제적으로 소유하게 하신다. 성령께서 그 속에 거하심을 알고 거기서 그의 가르침을 기다려야 할 것은 오직 혼뿐이다. 성령은 혼이 필요로 하는 것만큼 많은 것을 허락하시며 지성 속에서 그 진리를 지탱하신다. 그렇지 않으면 지성은 무기력하게 되거나 심지어는 위험해질 것이다. 바울은 "내가 내 영으로 섬기는 하나님"이라고 적고 있다. 나는 영을 소유하고 있음을 알아야 한다. 그것은 "자아의 총체적 자리"이며 "마음 속 지성소"이다. 영은 하나님의 세계와 교제하기 위해 형성되었으며 생각이나 느낌보다 더 깊은 곳에 있다. 나는 영으로 되돌아가서 하나님의 성령을 기다리며 그것을 그에게 열어 놓아야 한다. 그때 나는 성령께서 거기에 거하심을 배워 알게 될 것이다. 성령께서 영 안에서 인식되시고 영광받으실 때만이 그는 은밀한 곳에서 나와 혼과 그 의식적인 생명의 영역에서 그의 능력을 나타내실 것이다. 성전인 신자에 대해 이야기할 때 성소인 혼과 지성소인 영 간의 차이를 지적할 기회를 다시금 갖게 될 것이다.

강해 4
성령을 아는데 있어서 자라감(8장)

다음은 세퍼(Saphir) 박사의 "십자가에 못 박히신 그리스도 : 고린도전서 2장에 관한 강의"에서 발췌한 것이다. 거기에 아주 명백하게 진술된 생각은 일반적으로 그리스도인 생활의 첫 단계에 있는 신자는 그의 믿음과 그리스도인으로서의 생명의 능력이 성령의 직접적인 사역 덕택임을 거의 알지 못한다는 것이다. 이런 무지의 결과로 아주 종종 어두운 시기가 찾아오는데 이는 그를 일깨워 그의 실패의 원인을 찾으며 부흥과 영속적인 성장의 능력을 구하게 하기 위한 것이다. 세째 인격이신 성령의 사역과 내주하심에 대한 각성은 신자에게 필요한 것이다. 이것은 그리스도 안에 있는 모든 것이 실제로 지속적인 경험 가운데 신자의 것이 될 수 있음을 알게 하는 것이다. 그리스도인의 지식에 있어서의 이런 진보에 관해 분명하게 가르쳐야 한다. 그리고 하나님의 자녀들 중 아무리 연약한 자라 할지라도 성령의 내주하심은 그들의 특권이며 능력인 것을 선포해야 한다. 이 가르침과 선포는 오늘날 교회에 필요한 것이며 많은 사람들에게 필연코 빛과 축복을 가져다 주리라 확신한다.

우리는 사도 바울이 에베소에서 제자들을 발견하고 '너희가 믿을 때에 성령을 받았느냐'라고 물은 것을 읽는다. 그때 그들의 대답은 '우리는 성령이 있음도 듣지 못하였노라' 하는 것이었다. 주 예수께서 빌립에게 '내가 이렇게 오래 너희와 함께 있으되 네가 나를 알지 못하느냐' 라고 말씀하셨다. 마찬가지로 성령께서도 참되고 진지한 신자들에게 다음과 같이 말씀하신다 : '내가 이렇게 오래 너희와 함께 있으면서 너희에게 예수 안에 있는 진리를 계시하였고 너희 속에 믿음을 일으켰으며 너희 마음에 하나님의 사랑을 널리 부었다. 또한 죄로 인해 너희가 슬퍼할 때 너희를 위로했으며 기도할 때 너희의 연약함을 도왔으며 하나님 말씀에 나오는 불가사의한 것을 이해할 수 있게 했다. 그럼에도 너희는 나를 알지 못하느냐?' 다소간 이런 무지는 성령이 자신에 대해서가 아니라 아버지와 아들에 대해 증거하신다는 사실에서 나온다. 그리스도를 영화롭게 하는 것이 성령의 일이다. 어두운 밤에 밝은 빛이 한 곳에 집중될 때 빛을 비추는 사람 자신은 보이지 않는다. 축복의 성령도 깨어난 죄인이 알지 못하는 사이에 모든 빛이 십자가에 못 박히신 구세주와 사랑의 아버지께 향하게 하신다. 영혼은 외친다 : 하나님의 사랑이 얼마나 위대한가./ 예수님의 은혜가 얼마나 놀라운가./ 하지만 빛을 비추고 마음의 눈을 열며 영혼을 새롭게 한 자는 여전히 알려지지 않고 주목을 받지 못한다. 세례 요한은 자신을 서서 신랑의 음성으로 인해 크게 기뻐하는 신랑 친구에 비교한다. 마찬가지로 성령은 영혼을 그리스도께로 향하게 하시며 마음을 예수를 믿는 기쁨으로 충만케 하신다. '하지만 그는 자신의 사랑과 사역을 계시하시지 않는다.'

어린 신자가 성령에 대해 별로 알지 못하는 또 하나의 이유는 성령께서 매우 온유하시기 때문이다. 성령의 접근은 매우 부드러우며 우리의 성격적 특성에 대한 그의 적응은 매우 완벽하고 그의 영향력은 매우 깊이 파고든다. 그러므로 우리는 우리의 이성과 상상력, 의지와 양심이 일제히 완전하게 자발적으로 행하고 있다고 생각하게 된다.

"성령께서 모든 능력, 모든 감정, 모든 사고과정에 영향을 미치고 있음을 우리는 얼마나 깨닫지 못하는가? 위대하신 성령은 전혀 소리없이 아주 조용하게 깊은 애정을 갖고 마음 속에서 활동하시면서 모든 건축 돌을 예비하시고 다듬으시며 짜맞추신다—이처럼 솔로몬의 성전을 건축할 때도 아무 소리도 들리지 않았다. 완전한 지식과 무한한 사랑으로 성령은 우리 영혼을 다루신다. 그리고 창조적인 명령이 나올 때 그것은 대개 지진과 우뢰와 불 이후에 엘리야에게 임한 고요한 작은 목소리처럼 임한다."

하지만 신자는 그가 하나님의 은혜와 능력을 경험했음을 깨닫는다. 하나님은 그에게 그리스도를 계시하셨다. 하나님은 그를 새롭게 창조하셨다. 그것이 신자가 의식하고 있는 초자연적인 감화력이다. 그리고 그것은 독특하기 때문에 진리에 대한 확신을 가져 온다. 그의 마음 속에는 참된 빛이 지금 비추이고 있다는 증거가 있다. '나는 내가 믿는 이를 안다.' 이제 우리 자신이 깨닫는다. 하지만 '우리 자신이 깨닫는 이유는 우리 지식이 우리 자신에게 속하지 않고 하나님께 속했기 때문이다.' 이로써 우리는 그가 우리에게 주신 성령으로 말미암아 우리가 그를 알고 있음을 안다. 그리고 이 빛은 감미롭다. 아버지와 아들에 대한 이 지식 속에는 축복, 즉 마음을 만족케 하고 불후(不朽)의 영혼을 충만케 하는 평화와 기쁨이 있다. 그러므로 완벽한 안식이 있다. 이는 어째서 그런가? 하나님이신 성령께서 하나님으로 말미암아 우리에게 아낌없이 부여된 것들을 우리에게 계시하시기 때문이며 또한 성령으로 말미암아 우리가 아바 아버지라, 예수를 주라 부르기 때문이다.

신자가 전진하면서 그의 길이 더욱 복잡하게 될 때 그는 '성령에 대해 더 많은 가르침을 받는다. 왜냐하면 그는 그의 안녕과 성장을 위해 이 가르침을 더욱 더 필요로 하기 때문이다.' 그의 믿음은 그가 생각하는 것처럼 강하지 않으며 확고하지 못하다. 그의 사랑의 열정은 곧 사라진다. 애초에 그가 완전히 파괴되었다고 생각했던 죄의 능력 그 자체를 다시 느끼게 된다. 기도는 미지근해지고 기쁨은 달아난 것처럼 보인다. 다시 말해서 하나님은 그를 골짜기로 인도하신 것이다. 그리고 신자가 자기 믿음의 그리스도를 만들지 않으며 저수지의 원천을 만들지 않도록 자신에 관한 것을 가르침을 받는 것이다. 처음에는 고통스럽고 굴욕적이며 영혼을 당혹감으로 가득 채우는 그리스도인의 삶의 이 두번째 단계에 대해 알지 못하는 자 누구인가? 그러므로 우리는 우리 마음을 새롭게 하신 성령께서 또한 새 생명을 지속하셔야만 함을 배우는 것이다. 즉, 우리를 그리스도께로 이끌 뿐 아니라 항상 그리스도 안에 있게 하는 하나님의 은혜와 능력에 전적으로 의존하기를 배우는 것이다.

그러므로 모든 하나님의 경영에 있어서처럼 항상 늘어나고 넓혀지며 깊어지는 궤도에 있어서도 진보가 있다. 신자는 그가 처음으로 개심할 때에 가르침을 받았던 것을 보다 확장된 심오한 방식으로 다시금 경험한다. 그는 인간의 죄성과 무기력함을 보다 분명하게 깨닫는다. 그리고 우리를 사랑하시는 아버지와 자기 피를 흘리심으로 우리를 구원하신 구세주와 영혼을 소생시키시고 비추시며 하나님의 사랑으로 충만케 하시는 하나님의 영을 전적으로 의존하게 된다. 그는 이제 더욱 깊은 겸손과 보다 참된 기쁨으로 구원은 하나님께 속한 것과 하나님의 은혜가 기초를 쌓아 그리스도의 날까지 우리 속에서 선한 일을 이루심을 깨닫는다. '그때 그는 성령의 은사와 내주하심을 바라본다.' 이처럼 최초의 제자들도 예수님 면전에서 그와 교제하면서 어린 아이와 같은 평화와 기쁨의 시절을 보낸 후에 구세주를 잃었다. 그리고 예수님과 함께 영혼의 정원에는 나무들과 꽃들과 새들의 노래가 사라지고 모든 것은 춥고 말이 없으며 죽은 겨울이 되었다. 그리고 나서 예수님은 그들에게 다시 돌아오셨으며 그들을 결코 떠나지 않으셨다. 오순절날에 그는 보혜사의 인격 속에 강림하셔서 모든 것을 새롭게 하셨다. 그것은 향기와 빛으로 충만한 여름이었다. 그들은 잠시 동안 예수님을 잃어야만 했다. 이는 성령을 고대하며 그의 오심을 즐거워하기 위함이었다.

성령의 은사는 아버지께서 그의 사랑하는 아들을 위해 그리고 우리가 그의 아들을 사랑하며 그가 하나님께로부터 오신 것을 믿음을 인해, 우리를 향해 갖고 계신 가장 귀한 사랑의 은사이다. '그것은 우리를 향한 하나님의 목적이 성취되고 완성되는 은사이다.'

"메시야와 성령은 늘 동행하신다. 그리고 성령의 은사는 메시야께서 오신 위대한 목적이며 그의 사역의 첫 열매이다."

"나는 믿음과 평화를 의식함으로 얻는 이득을 결코 잊지 못할 것이다. 내 경험으로는 그것은 죄인의 화목제물로서 십자가에 못 박히신 분을 처음으로 의심없이 올바르게 바라볼 때 임하는 것이 아니라 그 이후에 임하는 것이다. 즉, 그것은 성령의 인격에 대해 보다 분명하게 지적으로 인식하는 데서 임한다. 영혼이 축복된 시야를 갖게 된 것도 성령의 자비를 인해서이다. 그것은 하나님의 사랑을 바라보는데 있어서의 새로운 발전이며, 마음속에서 영원토록 움직이는 구속의 은총과의 새로운 접촉이고, 신적 원천에 대한 새로운 발견이다. 깨어나게 하시고 거듭나게 하신 이는 인격적인 영원한 친절과 우호의 미소로 영혼 앞에서 비추신다. 그는 고난당하시고 구속하신 이와 또한 그의 아들을 주시고 영원한 은혜의 계획을 세우시며 그것을 전적인 자비로 성취하시고자 하시는 이와 혼돈되지 않고 하나되어 나란히 말없이 서 계신다"―무울(H.C.G.Moule).

강해 5
진리의 성령(9장)

우리는 늘상 진리라는 단어를 교리를 의미하는 것으로 생각한다. 그러므로 우리 주님이 그것을 사용하신 것은 전혀 다른 훨씬 더 고상한 의미에서라는 것을 인식하려면 분명하게 자주 반복되는 노력을 해야만 한다. 요한은 은혜와 '진리'가 충만하신 그리스도에 대해 말한 이후에 "율법은 모세로 말미암아 주신 것이요 은혜와 진리는 예수 그리스도로 말미암아 온 것이라"고 말함으로 이 사실을 설명한다. 우리는 여기서 요한이 율법의 무기력한 그림자와 모양을 그리스도께서 가져오신 것의 살아 있는 실체, 곧 하늘에서 온 하나님의 영원한 생명과의 실제적 교제와 비교하고 있음을 당장에 알 수 있다. 벡(Beck)의 글에서 발췌한 다음 내용은 진리는 참으로 그 나름대로의 생명과 나라를 소유하고 있다는 생각을 갖게 하는데 도움을 줄 것이다.

"영적으로나 육적으로 인간의 창조력이 어떤 참된 실제적 생명에 이르려면 일을 진행하면서 성취할 수 있도록 이미 주어졌거나 받아들여진 어떤 대상이 존재해야만 한다. 인간의 창조력은 항상 객관적인 외적 창조를 전제로 한다. 그러므로 본래 우리는 우리를 위해 형성된 자체적으로 생명력을 지닌 실제적 대상을 항상 소유해야만 우리의 능력으로 어떤 산물을 확보할 수 있다. 영적으로나 육적으로 실제적인 의미에서 우리는 결코 생산해낼 수 없으며 단지 재생산할 수 있을 뿐이다. 자연은 독립된 나라이다. 우리는 그 안에서 살며 일하지만 그 속에 어떤 것을 존재케 하거나 창조할 수는 없다. 마찬가지로 영적 세계인 진리는 독립된 나라이다. 우리는 우리 영으로 진리를 낳지 못한다. 진리가 독립적으로 우리에게 자신을 계시해야 한다. 이는 우리가 영적으로 무언가를 생산하기에 앞서 진리로부터 참된 생명의 실체와 요소를 받아들일 수 있게 하기 위한 것이다. 우리가 안으로부터 무언가를 생산해내기에 앞서 실제적 존재가 그 본래적 능력으로 우리에게 자신을 계시해야만 하며 그 창조적 힘으로 우리에게 들어와야만 한다. 그렇다면 이 실제적 존재, 즉 진리의 생명 나라는 어디에 있는가? 이 질문은 정직한 사색가라면 누구나 다 자신의 격리된 자아에서 나와 이 객관적 세계 (그것은 실제적 객관적 존재를 소유하고 있는 한 내적인 것일 수도 있다)속에서 진리에 대한 계시를 구하게 할 것이다. 이로 인해 그는 자기 영을 진리에 개방하여 진리가 그의 앞에 제시해 놓은 것을 재생산할 수 있게 될 것이다. 그러므로 믿음은 기독교 진리의 실체이다. 믿음은 사람 속에 그의 영적 자산으로 들어가 생명의 능력으로 그 속에 내재하게 된다. 믿음으로서의 기독교는 사상이나 율법, 감정이 아니며 생명, 즉 깊이 파고들어 고루 퍼지는 생명이다."

예수께서 육신을 입고 이 땅에 오신 것은 하나님의 진리의 이 생명 나라, 곧 실제적인 하나님의 생명을 인해서이다. 성령께서 생명을 불어 넣는 원리, 즉 생명 자체이신 것은 이 진리를 인해서이다. 그리고 성령께서 "내가 진리니라"고 말씀하신 그리스도께로부터 나오실 때는 그리스도 안에 있는 모든 것의 전달자로서 나오셔서 우리 속에서 그리스도를 진리되게 하시며 살아 있는 실제적 소유물로 만드신다. 그러므로 우리가 진리이신 그리스도를 소유할 때만이 교리적 진리에 대한 우리의 지식이 생명력을 얻고 유익하게 될 것이다. 진리의 성령은 마음 속 깊은 곳에 생명의 진리를 허락하신다. 그리고나서 그는 그 진리를 행위와 인격의 진리로 이끄신다. 그리고 우리가 생명의 진리 속에서 그를 따를 때만이 우리가 갖고 있는 교리적 진리는 우리에게 대해 진실로 하나님의 진리가 될 것이다. 교회든지 개인이든지 하나님의 영을 소유하고 있는 정도만큼만 하나님의 진리를 소유하게 될 것이다.

강해 6

성령의 선교(9장)

'사랑의 계시 : 제자들을 향한 예수님의 고별사에 대한 고찰, 요한복음 13~17장'(Love Revealed:Meditations on the Parting Words of Jesus with His Disciples in John Xiii.to Xvii.), 죠지 보우웬 (George Bowen)저. 이것은 내가 발췌한 책의 제목이다. 그 책 속에는 많은 그리스도인들이 오순절 이전의 수준에서 살고 있으며, 그리스도께서 그의 백성 중에 현존하심으로 그의 능력을 세상에 나타내 보이시겠다는 약속—이는 성령으로 말미암아 분명해진다—이 우리 경험 속에서 그 성취를 기다리고 있다는 생각이 대단히 분명하고 강하게 제시된다. 아직 이 책을 알지 못하는 사람들에게 영적 교훈이 충만한 것으로써 이 책을 매우 자신있게 권하고 싶다.

"나도 그를 사랑하여 그에게 나를 나타내리라"(요 14 : 21).

그러므로 우리가 '그에게 나를 나타내리라'는 약속의 깊이를 재보고자 한다면 성령의 능력을 믿으므로 그리스도와 아버지와 성령을 영화롭게 해야만 한다. 그리스도에 대한 믿음을 갖고 있으면서도 성령에 대한 믿음을 갖지 않는 것은 크게 모순되는 것처럼 보인다. 하지만 이 모순이 그리스도의 추종자임을 고백하는 거의 모든 사람의 경우에 두드러지게 나타나지 않는다면 그것은 정직한 탐구자의 판단에 맡길 일이다. 아버지를 알기 위해서 우리는 아들을 알아야만 한다. 그리스도를 알기 위해서 우리는 성령을 알아야만 한다. '그가 나를 영화롭게 하리라'고 그리스도께서 말씀하셨다. 이것을 믿는가? 이것이 그리스도의 영광에 대한 개념인가? 즉, 그리스도의 영광은 하나님의 성령께서 우리로 하여금 볼 수 있게 하신 영광이라는 생각을 갖고 있는가? 전능하신 성령께서 우리의 믿음이 그의 자원의 충만한 정도까지 그리스도의 계시 안에서 나아가게 하셨을 때, 그것은 우리가 성령께로부터 돌아서서 그리스도를 우리 가까이에 모셔 두는 보다 완벽한 길로 나아가기에 부족함이 없는 시기가 될 것이다.

우리 주님은 하늘 나라―그가 오셔서 세우신 나라―에서 가장 작은 자가 주님이 강림하시기 전 세상에 있었던 어떤 예언자보다 더 크다고 친히 말씀하신다. 더 크다니? 왜 그럴까? 그가 성령으로 말미암는 하나님의 처소이기 때문이며 또한 그리스도께서 죽으셔서 우리를 위해 얻으신 굉장한 은사가 부여됐기 때문이다.

　현 시대의 영광에 대한 이 모든 관점들은 그리스도인들의 실제적 경험과 일반적으로 비교될 때 어둠 속으로 사라지는 것처럼 보인다. 그럼에도 우리는 그 관점들을 이런 식으로 부당하게 다룬다. 우리는 오히려 그리스도인들의 경험을 성령의 검증에 복종시켜야 한다. 우리가 그렇게 할 때 교회가 오순절 이전의 상태에 빠진 것처럼―그 자신의 시대에서 빠져나간 것처럼 보이지 않는가? 그리스도의 죽음과 부활 이전에 제자들은 미약하나마 어느 정도의 영적 영향력을 누릴 수 있었다. 그렇지 않았다면 그들은 예수를 주라 부를 수 없었을 것이다. 그러나 그것은 그들이 오순절날에 받았던 것과 비교할 만한 것이 아니었다. 오순절날은 모범적인 날이었다. 이 시대의 모든 날은 그와 같거나 그것을 능가해야 할 것이다. 그러나 슬프게도 교회는 이 축복이 주어지기 전의 상태에 빠져 있다. 우리는 그리스도께서 다시 시작하시길 구할 필요가 있다. 우리는 물론 지식―영적 사실에 관한 지적 인식―에 있어서 제자들이 오순절 이전에 있었던 위치보다 훨씬 더 앞서 있다. 하지만 진리가 일단 완전하게 계시되어 정통교리의 일부가 되었을 때 진리를 주장한다 해서 반드시 하나님의 성령의 사역을 함축하고 있는 것이 아님을 유념해야 한다. 우리는 의심할 여지없이 이런 식으로 자신을 속인다. 그리고 우리가 성경 전부를 소유하고 있으며 성경의 모든 위대한 진리에 정통하고 있기 때문에 하나님의 성령이 반드시 우리 안에서 역사하고 있으실 것이라고 생각한다. 그리스도께서 부활하셨을 때에 사도들이 그랬던 것처럼 우리에게도 성령세례가 필요하다. 그리스도의 헤아릴 수 없는 부요함이 성전에 있던 이사야에게 계시되었던 것보다 우리에게 더 풍성하게 계시되어야만 할 필요가 있다.

　우리는 그를 사랑한다고 고백한다. 그러므로―이 추론은 피할 수 없는 것이다―우리는 이제껏 우리에게 허락된 것보다도 더 높고 더 만족스러운 그의 모습들을 누리길 원한다고 고백한다. 그리고 뒤이어 우리는 성령의 흘러나오심을 구해야만 한다는 의무의 압력을 아주 크게 느끼지 않을 수 없게 된다. 하나님이여 찬양받으소서./ 성령은 많은 교회 속으로 흘러 들어가고 계신다. 그리고 많은 그리스도인들은 지금 이 시간 그리스도께서 그들을 초자연적인 기쁨과 사랑과 능력으로 충만케 하신다고 생각함으로 기뻐하고 있다. 그러나 우리는 아직도 이 영광스런 시대의 충만한 데까지 들어가지 못했다. 우리가 그리스도를 사랑한다면 충만한 데로 더 깊이 밀고 들어가야 할 것이며 우리가 이제껏 생각치 못한 영적 세계 속에서 전능함이 계시되리라는 것을 믿어야 할 것이다.

"그러하나 내가 너희에게 실상을 말하노니 내가 떠나가는 것이 너희에게 유익이라 내가 떠나가지 아니하면 보혜사가 너희에게로 오시지 아니할 것이요 가면 내가 그를 너희에게로 보내리니"(요 16 : 7).

'이 말이 너희에게는 낯설고 믿을 수 없는 것처럼 보일는지 모른다. 그럼에도 불구하고 나는 너희에게 단순한 진리를 말하노니 내가 아버지께로 올라가 보혜사이신 성령을 너희의 영원한 인도자로 보내는 것이 너희에게 유익하리라는 것이다. 그리고 그렇게 하는 것이 너희에게 유익이 되리라고 말할 때 성령이 나보다 더 크다거나 너희에게 보다 더 진실한 친구가 되리라는 것을 의미하는 것은 아니다. 사실, 성령의 특별한 직무는 이제까지 너희 생각에 계시되었던 것보다 너희와 나 자신을 더 친밀하고 복되게 연합시키는 것이다. 내가 이 땅에서 순례하던 최근 몇 년 동안 너희가 나와 함께 다녔다 할지라도 도덕적 간격이 우리 사이에 크게 벌어져 있다는 사실을 숨길 수 없었다. 사람의 모양을 입으신 하나님임에 분명한 자가 너희들에게 미친 영향력이 매우 미약하다고 해서 너희들 스스로 아주 깊은 고통을 종종 느꼈을 것임에 틀림없다. 아버지의 독생자로 선포되고 너희 앞에서 변화했으며 천사들의 수종을 받았고 바람과 물결에 말함으로 복종케 한 자의 행동이 너희 마음 속에서는 아주 미약하게 역사했다고 해서 너희는 슬퍼한다. 성화를 향한 소망이 너희에게 있다. 그러나 너희 마음 속에 새로운 고상한 성결의 개념이 들어옴으로 인해 너희의 커다란 도덕적 결함을 더욱 더 의식하게 되었을 뿐이다. 이적들이 너희에게 죄에 대한 승리를 줄 수 있었다면 너희는 지극히 거룩한 자들이 되었을 것이다. 너희 중에 한 사람이 내 발 아래 엎드려 '나를 떠나소서 나는 죄인이로소이다'라고 외친 이래로 너희는 내 능력의 영광스런 모습들을 얼마나 많이 목격했던가!/ 그러나 너희는 슬프게도 교만과 야심과 세속성이 너희를 지배하고 있음을 발견할 뿐이다.
 '3년 반 동안 엄청난 능력을 나타내 보여주었음에도 너희가 지금처럼 여전히 성결치 못한 사람들이라면 십년 동안 그런식으로 나타내 보여준다 해도 너희는 너희 죄를 이기지 못하리라는 것을 너희 스스로 정녕 인정해야 할 것이다. 3년 반 동안 너희는 솔로몬보다 더 큰 이의 이야기를 들었다. 사람이 말하는 것처럼 말하지 않는 자에게서 하나님의 지혜를 들었다. 그리고 너희는 죽어 마땅한 인간이 전에는 결코 누려본 적이 없는 기회들을 누림으로 하나님이 섬김을 받고자 하시는 방법에 관해 하나님의 마음을 알게 되었다. 그런데 그 결과가 무엇이냐? 너희는 스스로 그 결과가 매우 만족스럽지 않음을 부득불 인정하지 않을 수 없을 것이다.'
 '사람에게 필요한 모든 것이 선생을 소유하는 것이고 아주 명료하고 분명한 형식으로 자기 앞에 제시된 하나님의 지혜에 대한 가르침을 소유하는 것이라면 너희야말로 비할 바 없이 지극히 거룩한 자들이어야 하지 않겠느냐? 즉, 이 땅의 온갖 영향력에도 동요되지 않고 어떤 유혹이든지 이겨내는 증거가 되어야 하지 않겠느냐? 그러나 실제로는 어떠하냐? 말하자면 내가 오늘밤 너희 발을 씻김으로 가르치는 일을 다시 시작해야 할 필요가 있지 않느냐? 너희는 누가 가장 큰 자가 될 것인가 하는 문제로 오늘밤 너희들끼리 다투고 있지 않느냐? 너희는 오늘밤 내가 고난당할 때에 나를 버림으로 믿음없는 세상까지 놀라게 할 것이 아니냐?'
 '내가 왜 이 사실들을 강조하는지 아느냐? 이 땅에 있는 내 생명은 하나님께서 너희를 자기 자신에게로 이끄시는 신적 구조의 일부로서 매우 신비스럽고 영광스러운 것이다. 하지만 그것 자체로는 너희의 영적 구속을 이룰 수 없음을 너희가 인식하도록 도와주기 위함이다. 하나님의 형상이 너희 앞에 놓여져 있다는 것과 너희가 그 형상으로 변화되어야 한다는 것은 별개의 문제이다. 사람은 어리석게도 진•선•미를 구현해내려면 진•선•미를 알기만 하면 된다고 주장한다. 하늘이 땅에 내려 왔다. 하늘의 왕이 땅에 거하셨다. 높이 들려 스랍들의 찬양을 받았던 자, 곧 이사야가 성전에서 보았던 자가 그의 보좌에서 내려와 스랍들을 하늘로 보냈다. 그리고 그는 몇년 동안 이사야의 백성들과 함께 거했다. 그럼에도 매우 놀라울 정도로 출중한 사람들이 거룩함과 사랑 속에서 천사처럼 되었다는 사실은 찾아볼 수 없다. 사람들은 하나님의 형상을 알 뿐만 아니라 그 형상으

로 변화될 필요가 있다.'
 '그러나 너희는 내가 너희에게 이야기하고 보여준 것을 거의 기억치 않으며 깨닫지 못하고 나아가서 그것에 복종치 않는다는 것을 아는 것에 그쳐서는 안된다. 나의 종이며 내 복음의 해석자된 너희의 영향력이 명색뿐인 것을 통렬하게 인식해야만 한다. 악하고 반역적인 민족 앞에서 너희는 의기소침해져서 그리스도에 대한 우리의 생각을 사람들에게 어떻게 전할 수 있을 것인가? 하고 자문하고 있다. 너희는 어떤 미지(未知)의 능력에 대한 필요성을 느낀다. 사람들의 마음은 그 능력으로 인해 진리에 복종하게 될 것이다. 너희는 너희의 가장 깊은 확신들을 전하는데 너희 자신이 완전히 쩔쩔매고 있음을 발견한다. 너희는 이제 이렇게 물으려 한다 : 기적을 능가하는 것이 있지 않을까? 성결한 삶의 능력을 넘어서는 것이 있지 않을까? 사람들의 마음으로 다가가 거룩한 삶과 복된 복음의 증거를 받아들이지 못하게 하는 적대감을 복종시키는 수단들이 하나님의 자원 속에 있지 않을까? 그렇다. 있다. 내가 죽는 것은 너희가 생명을 얻되 더 풍성히 얻게 하기 위한 것이다. 내가 위로 올라가는 것은 보혜사가 너희에게 임하시게 하기 위함이다. 그러면 너희는 이제까지 너희가 알지 못했던 능력으로 강건하게 될 것이다. 생명수의 강이 너희에게서 흘러나올 것이다. 그때 광야가 기뻐할 것이다. 황무지가 기뻐함으로 장미꽃처럼 피어날 것이다.'
 "그가 와서 죄에 대하여, 의에 대하여, 심판에 대하여 세상을 책망하시리라"(요 16 : 8).
 '그가 와서'(When He). '그'(He)는 원래 강조형이다. 그것은 '그 사람'(that one)으로 번역될 수 있을 것이다. 오셔서 죄에 대해 인류를 책망하실 분은 바로 '그'이다. 그의 강림은 죄에 대한 사람들의 생각을 뒤바꿔 놓을 것이다. 그는 강림하셔서 예수께서 세례를 받으실 때에 하늘에서 들려온 음성이 증거했던 것보다도 더 선명하게 십자가에 못 박히신 예수께서 다름아닌 영광받으신 그리스도라는 사실에 대해 증거하실 것이다. 세상이 예수님과의 반대의 위치에 서 있다는 단순한 사실에 의해 예수님께 대한 증거는 곧 세상에 대한 증거가 될 것이다. 성령에 대한 약속은 제자들을 향한 것이었음에 유의하라 : "내가 그를 너희에게로 보내리니." 그리고 여기서 사람들의 마음 속에 일반적으로 이루어질 것처럼 암시된 변화는 하나님의 성령이 제자들 위에 강림하심으로 생겨나는 것이었다. 복음이 전파되게 되면 사람들을 죄에 대하여, 의에 대하여, 심판에 대하여 책망하게 될 것이다. 그리스도의 제자들이 세상에 있는 것은 사람들의 죄와 하나님의 심판, 그리고 그리스도의 의로 말미암아 그 심판에서 벗어날 수단을 알리기 위함이다. 하지만 여기서 이런 주제들에 관한 확신을 사람들의 마음 속에 심어주는 일은 하나님의 성령에 의해 성취되는 것이라고 말하고 있다. 따라서 사도들은 하늘로부터 보냄을 받으신 성령과 함께 복음을 선포하고 있는 것으로 자신들에 대해 말하고 있다.

그러면 여기서 약속된 것은 성령의 부으심이다. 그것은 제자들의 의식 속에 계시될 뿐 아니라 세상의 방관적인 견해에 대해서도 부인할 수 없는 놀라운 사실로써 실증된다. 오순절날의 성령강림이 바로 그런 예이다. 베드로는 군중들에게 '그가 너희 보고 듣는 이것을 부어 주셨느니라'고 말한다. 그들이 보고 듣는 그것이 예수님의 모든 기적, 비길 데 없는 말씀, 흠잡을 데 없는 삶이 이루지 못했던 것을 이루었다. 우선 당시의 기적들은 보여지기 위해 시작되었으며 당시의 하나님의 말씀들은 들려지기 위해 시작되었음을 기억하자. 제자들 위에 성령을 부으심으로 예루살렘 백성들은 위를 바라보기 시작했으며 높이 계신 엄위하신 분의 우편에 앉으신 예수님을 바라보기 시작했다. 그들은 그들 자신의 의가 모든 생각을 넘어선 가증스러운 것임을 깨달았다. 그들이 죽게 한 분, 곧 생명의 임금의 의를 깨달았다. 그런 의에 반(反)해서 모든 민족은 지극히 어두운 불의의 옷을 입고서 있음을 알았다. 그리고 그들은 그리스도를 반대하는 것으로 발견된 모든 자들에 대해 하나님의 심판은 불가피하고 무서운 것임을 알았다. 그들은 마치 하늘로 올리워져 심판석과 펼쳐진 책 그리고 그 엄청난 광경 중에 있는 올바른 빛 속에 드러난 그들 자신의 행위를 보는 것처럼 느껴졌다. 그 지혜를 측량할 수 없는 분의 탁월한 계획이여.! 하나님의 백성은 성령의 약속에 함축된 모든 것에 대해 항상 깨어 있는가? 그들의 동료들에게 복음을 알리며 다양한 수단을 취해 복음을 전파해야 하는 그들의 책임을 나태하게 인식하고 있지 않은가? 위대한 일은 이런 사실에 요구되지 않는가? 즉, 하나님의 성령이 그리스도의 백성들 위에 부어지심으로 사람들이 그리스도께서 그 백성들과 함께 계신 것과 하나님의 우편에 계신 것을 깨닫게 하는데 요구되지 않는가? 성령이 부어지심으로 어떤 의미에선 복되신 하나님과 그와 분리된 세상의 함께 나아옴이 있어야 하지 않겠는가? 장차 임할 세상의 능력이 사람들을 붙잡아 그들로 하여금 '형제들아 우리가 어찌할꼬'라고 부르짖게 해야 하지 않겠는가?

헬라어는 하나님의 성령을 단번에 임하는 것으로 표현하지 않고 지속적으로 임하는 것으로 표현하고 있다는 점에서 놀라울 정도로 적절하다. 오셔서 깨닫게 하실 이는 바로 그이다. 그는 하늘에서 내리는 비처럼 임하신다. 비는 반복해서 와야 한다. 그는 바람처럼 임하신다. 바람은 거듭해서 불어야 한다. 우리는 우리의 오순절을 돌이켜보려 하지 않는다. 사도행전의 오순절은 그리스도의 교회가 이 시대에 속한 특권을 알게 하기 위해 주어진 것일 뿐이다. 그것은 세상과 그리스도의 나라가 함께 올라가야 할 오순절 사닥다리의 첫째 단일 뿐이다. 그것은 약속에 수반되는 실례(實例)이다. 즉, 우리가 자극을 받아 그 약속을 아주 큰 열심으로 구하게 하기 위한 것이다.

하나님께서 우리에게 성령의 능력에 대한 고상한 생각들을 불어넣으시기 위해 매우 열심히 일하고 계실 때에 우리가 이 약속의 무한한 영광을 이해하려 들지 않는다면 그것은 용서할 수 없는 일이 될 것이다. 성령의 약속을 생각하라. 우리는 여기서 성령께 맡겨진 사역을 살펴보아야 한다. 이는 그의 능력을 올바르게 바라보기 위함이다. 이 땅을 널리 바라보라. 나라들과 족속들과 방언들을 바라보라. 그들은 하나님께서 그의 섭리 가운데 수 천년 동안 그들에게 가르치신 모든 것에 따라 깨달음을 얻으려 하지 않는다. 또한 이 마지막 시기에 선교사들이 그들에게 죄와 의와 심판에 대해 가르치고 있는 모든 것에 따라 깨달음을 얻으려 하지 않는다. 의의 태양 빛이 거의 스며들지 못하는 농도짙은 죽음의 기류와 같은 이 땅을 둘러싸고 있는 악에 대해 판단하라. 그리고 하나님의 성령이 약속된 것은 세상에 깨달음을 비오듯 퍼붓기 위함인 것을 생각하라. 우리는 성령의 부어주심을 구하도록 가르침을 받는다. 지극히 장엄한 복된 종말, 곧 최후의 심판을 기대하라. 그것은 사람들로 하여금 그리스도의 의, 즉 모든 민족들의 소망을 바라보게 할 것이다.

"이것을 비사로 너희에게 일렀거니와 때가 이르면 다시 비사로 너희에게 이르지 않고 아버지에 대한 것을 밝히 이르리라"(요 16 : 25). 비유가 대화에 사용될 때는 외적 의미와 내적 의미를 지닌다. 껍질이 알맹이를 숨기고 보호하는 것처럼 비유적으로 전달된 진리는 처음에는 인식되지 못할 수도 있다. 후에 빛이 첨가될 때 진리는 분명해지며 그 말하는 것이 알쏭달쏭해지지 않게 된다. 복음은 그리스도께서 고난을 당하시고 자기 영광으로 들어가신 후에야 비로소 이해될 수 있었던 비유들로 가득차 있다. 하나님의 성령이 그리스도의 제자들 위에 부어지셨을 때 예수님의 말씀 위에 덮여 있던 휘장이 거두어지고 내적 진리가 온전히 빛을 발하며 그들 위에 빛났다. 그리스도 자신이 비사였다. 그의 신적 영광이 한 번 빛을 발하여 그들을 놀라게 하기도 했지만 그것은 앞날을 미리 보여주기 위한 것이었다. 그것이 제자들의 마음의 혼란을 씻어주지는 못했다. 그들이 엄격하고 억압적인 유대주의의 골짜기에서 벗어나 새 시대의 높은 단 위에 오르기까지는 그리스도에 관한 어떤 것도 그들에게 합당하고 충분한 영향력을 행사할 수 없었다.

하나님의 성령은 사람들의 마음을 진리―이것은 전에는 그들에게 아무런 의미도 없던 것이다―로 충만케 하신다. 여기서 적잖게 중요한 관찰이 이루어질 수 있는 것처럼 보인다. 성령께서 우리에게 가르쳐 주신 진리는 단순히 타고난 기억력에 의해 마음 속에 간직될 수도 있는 것이다. 그렇다면 우리는 우리가 누리는 영적 능력의 분량에 관해 스스로를 기만할 위험에 있지 않는가? 우리는 제자들이 그리스도께서 죽으시기 전에 소유하고 있던 것과 같은 빈약한 분량의 성령의 영향력을 소유하고 있으면서도 삶의 방식에 관한 지식의 분량에 있어서는 그들을 크게 앞지를 수도 있을 것이다. 진정한 부흥이 찾아들지 않은 교회의 영역 속에서 그리스도인들이 오순절날이 아닌 그 이전의 최초의 제자들에 비교된다는 것은 두려워할 만한 일이 아닌가? 우리들이 의미하는 바 비교란 그리스도인들이 누리는 실제적인 신적 영향력에 관한 것이다. '그들은 진리를 소유하고 있다 해서 진리의 영을 소유하고 있는 것으로 생각한다.' 그들에 대한 그리스도의 말씀은 아마 이런 것일 것이다 : '너희는 위로부터 능력을 입히울 때까지 예루살렘에 유하라.' 우리는 사람들에게 죄에 대하여 의에 대하여 다가올 심판에 대하여 깨닫게 하기에는 우리들 자신이 전혀 합당치 못함으로 인해 좌절하고 당황하며 혼란에 빠진다. 이는 성령의 능력있는 분명한 강림이 우리에게 절대적으로 필요함을 우리가 인식치 못함이 아닌가? 그리스도는 성령께서 우리들 위에 강림하심을 보이게 하시므로 오직 이 사실에 의해 주위 세상이 열려진 하늘과 하나님 우편에 서 계신 하나님의 아들을 발견할 수 있게 하신다.

오늘날 많은 사람들은 사도들 중 가장 낮은 자 못지않게 귀중한 자리를 차지하고 있다. 사도들이 예수께서 그들 가운데 거하시는 동안에 성령의 영향을 절대적으로 받지 못한 것은 아니었다. 그러나 그 영향력은 현재의 어둠을 보게 하며 어렴풋한 먼 거리에서 미래의 빛을 보게 하는데 그치는 것이었다. 이것을 깨닫지 못한 채 현 시대와는 다른 시대에 소속된 미약하고 애매한 분량의 영향력을 받으면서 그들의 특권을 2천년 이전으로 뒷걸음질치게 하는 많은 그리스도인들이 있다. 우리는 이것을 말해 왔으며 부끄러움을 무릅쓰고 다시 말한다. 그들은 물론 오순절 이전의 교회가 갖고 있지 않던 지식을 가지고 있다. '그들이 그들의 영적 빈곤을 모르고 지내게 되는 것은 이런 지적 우월감 때문이다.' 그들의 위치는 섬뜩하게 하는 것이다. 왜냐하면 그들은 영감된 약속들을 잘 알고 있지만 그 약속들 안에 제시된 영광스런 사실들을 바라볼 능력이 없기 때문이다. 그들은 실제로 이 약속들이 그들 자신의 냉랭하고 부끄러운 경험이 제시하고 있는 것보다도 더 고상한 해석을 담고 있다고 생각하지 않는다. 하나님이여 찬양받으소서! 우리는 현 시대 아래서 하나의 오순절에만 제한되어 있지 않다. 현재 우리가 속한 비정상적인 상태를 깨닫자. 그리고 하나님이 우리를 초청하시는 고상한 경험에 대한 지식을 갖자. 오순절은 산꼭대기라기 보다는 높은 산길이거나 고원지대이다. 교회는 그 길을 따라 새 예루살렘으로 가야 한다. 변함없이 위를 바라보자. 구름 속에서라도 이 높은 거룩에의 길을 바라보자. 그리고 구세주의 능력이 우리를 그리로 이끎을 나타내 보이자.

강해 7

보혜사라는 이름(10장)

보혜사(Comforter)라는 단어가 헬라어 Paracletos의 의미를 충분히 나타내지 못함은 누구나 인정하는 것이다. 능동형 Paracletor가 있는데 보혜사는 그것의 정확한 번역이다. 수동형 Paracletos는 라틴어 *advocatus*처럼 도우거나 돌보거나 변호하기 위해 부름받은 자를 의미한다. '변호자'(Advocate)를 정확한 번역으로 취하는 사람들 중에서는 그 단어를 응용하는 방법이 여러 가지이다. 어떤 사람들은 그는 제자들과 세상을 향한 그리스도의 뜻을 떠맡도록 그리스도로 말미암아 '부름을 받았기' 때문에 이 이름을 지녀야 할 것으로 생각한다. 다른 사람들은 제자들이 충고나 능력을 필요로 할 때 '부를 수 있는' 자로서 생각한다. 변호자라는 번역이 우리 주님이 의도하신 바를 충분하게 표현한다고 생각하는 자들은 또한 여러 가지로 설명한다.

영어로 사용된 보혜사(Comforter)란 단어를 벗어버리기가 어려울 것이다. 제자들에게 닥친 슬픔은 예수님의 존재를 잃음을 인식해서였으며, 그들에게 주어진 '위로'는 더 큰 능력 가운데 그의 존재를 되찾으리라는 것, 즉 그들의 신적 변호자였음을 기억한다면 그럴 필요는 없을 것이다. 성령께서 또다른 변호자이시거나 보혜사(Comforter)이신 것은 그가 하늘에 계신 변호자되신 예수님의 대리인으로서 내주하시면서 예수님을 늘 우리 마음속에 현존케 하시기 때문이다.

오웬(Owen)은 "그는 세상 안에서, 세상과 함께 그리고 세상에 대하여 교회를 위한 변호자이다"라고 말했다. 그리고 또한 호웨(Howe)는 말하길 "위대한 변호자인 그는 세상에 대해 그리스도와 기독교의 취지를 관리하도록 떠맡은 자이다"라고 한다. 이 관점에서 볼 때 신자의 개인적 필용에 부응하는 성령의 사역은 충분히 나타나지 않는다. 다른 사람들은 성령을 신자들에 대한 그리스도의 변호자로 생각한다. 보우웬은 그것을 이렇게 표현한다. "그리스도는 아버지께 대해 우리를 변호하시는 분이다. 성령은 우리에 대해 그리스도를 변호하시는 분이다. 그리스도께서 우리를 위해 은혜의 보좌에서 변호하시는 것처럼 성령은 우리 마음속에서 그리스도를 위해 변호하신다. 성령은 우리의 허망한 생각에 대해 그리스도를 변호하시며 그리스도가 무수한 것들 중에 으뜸이시며 전적으로 뛰어나신 분임을 보여주신다."

이런 관점들은 복되신 보혜사의 사역 중 부분적인 면들만을 제시할 뿐이다. "이 단어는 한편으로는 변호자(Advocate)에, 다른 한편으로는 보혜사(Comforter)에 비할 바 없이 더 큰 의미를 지니고 있다. 그것은 양쪽을 모두 포함하고 있지만 그 둘 중 어느 하나보다도 훨씬 더 큰 의미를 포함하고 있다. 그것은 우리의 관심에 일치하는 자, 우리의 모든 취지를 감당하는 자, 우리의 모든 어려움 속에서도 우리를 돌볼 것을 약속하는 자, 모든 면에서 우리를 대표하는 자, 우리를 위해 우리 사업을 처리해 주는 위대한 인격적인 중개인 등을 의미한다"- 켈리(W.Kelly), 『성령의 사역』.

하지만 이것조차도 모든 면을 망라할 수 있는 것처럼 보이지 않는다. 변호자는 진실로 대리인이다. 그러나 성령사역의 가장 포괄적이고 귀중한 면은 이것, 즉 그가 예수님의 대리인이 되기로 예정되었다는 것이다. 그는 예수님이 항상 우리와 함께 하시게 하도록 되어 있었다. 이것은 제자들의 슬픔이었다. 즉, 그들은 그들의 주님을 잃어야 했던 것이다. 이것은 예수님이 약속하신 위로였다. 즉, 그들은 예수님의 존재를 회복시켜 주실 분을 소유할 것이기 때문이었다. 그리고 이것은 성령을 우리와 다른 이의 변호자로 만든다. 즉, 그는 예수님으로 말미암아 부르심을 받으시고 나누어 주신 바 되신다. 그래서 예수님을 대표하시고 예수님의 존재를 제자들에 대해 실제적인 존재로 만드시며 또한 우리 주님이 우리에 대해 갖고 계신 모든 것을 계시하시고 나누어주신다.

예수님이 '또 다른' 보혜사를 말씀하시면서 그가 으뜸이심을 암시하고 요한이서 2절에서 그 이름을 전해 주실 때, 우리는 그를 아버지께서 아버지와 우리 사이의 교제의 중개인으로서 정하시고 허락하신 분으로서 간주해야 한다. 그는 아버지의 축복을 얻으셔서 전해 주신다. 보혜사나 변호자라는 단어가 그의 모든 사역과 인격을 포함한다. 그는 하나님의 생명과 사랑을 우리에게 중재해 주신다. 그는 아버지께서 주시고자 하는 모든 것을 우리를 위해 확고히 하시고 우리가 드리고자 하는 모든 것을 아버지께 전해 주신다. 이것이 그리스도께서 '변호자'로서 하신 일의 전적인 참된 의미이다. 그의 중재는 그의 사역의 유일한 양상이다. 그리고 그가 다른 변호자로서 보혜사를 주실 때 보혜사의 사역은 그리스도 자신의 사역을 모든 영역에 있어서 포괄하여 그것을 우리 속에서 생명과 실체로 만드는 것이다. 그리스도께서 변호자로서 아버지께 대해 중재하시는 것처럼 성령은 그리스도께 대해 중재하신다. 그는 그리스도께서 변호해 주심으로 우리에게 확고히 하시는 모든 것을 영원한 생명의 능력 가운데 현재적인 지속적인 경험으로써 우리 마음속에 계시하신다. 성령은 또 다른 변호자, 즉 하늘에 계신 그리스도께 향한 우리 마음속에 있는 '또 하나의 나'이다.

강해 8
그리스도의 영광(11장)

하나님의 영광은 그가 거하시는 환경이나 처지에 있지 않다. 그의 영광은 그의 거룩한 뜻의 완성이고 능력이며 그의 존재와 활동의 거룩한 양식이다. 하나님께서 그리스도를 자신 안에서 영화롭게 하셨을 때 그리스도는 그의 지상 생활의 환경을 천상세계의 환경으로 바꾸신 것이 아니라 전혀 새로운 존재양식으로 들어가신 것이다. 그는 육체, 즉 시간과 공간에 제한되기 보다는 인간으로서 영이신 하나님의 생명 속으로 들어가셨다. 이 땅에서 그는 자기 자신과 가장 가까우면서도 자신과는 분리된 사람들인 그의 제자들에게 말씀과 모범을 방편으로 일하실 수 있었다. 그는 그들의 마음과 감정에 이르실 수 있었지만 그들의 영을 새롭게 하실 수는 없었다. 하늘로부터 그는 그의 신적 영광으로 말미암아 성령의 능력 안에서 전혀 다른 방식으로 그들 속에서 시작하셔서 역사하실 수 있었다. 그는 그들의 숨겨진 생명 속에 들어가시고 성령으로 말미암아 임하셔서 그들 마음 속에 거하실 수 있었다. 그가 성령, 곧 영광의 영을 주시는 것은 영광받으신 이 —제한된 생명의 외적 노력과 영향력을 그가 만물에 충만케 하신 내적 생명의 능력으로 바꾸어 놓으신 분—로서이다. 그리고 성령의 사역은 예수님을 영화롭게 하시는 것이다. 이것은 하늘에 계신 그의 영광에 대한 어떤 의식을 우리에게 제공하는 것을 의미하지 않는다. 오히려 그것은 예수님의 존재와 능력을 우리에게 인격적으로 전해 주심을 의미한다. 예수님은 그의 신적 영광을 인해 이제 우리 속에 그것을 나타내실 수 있다. 그러나 이처럼 "영광의 주"를 아는 것은 성령의 가르치심에 전적으로 내어 맡기는 영혼뿐이다.

영광의 성령으로 인해 우리 속에서 영광받으신 영광의 주님에 대한 생각은 일단 이해하기만 하면 매우 간단하게 보인다. 그러나 그것은 그리스도께서 그의 영광에 이르신 방법대로만 이를 수 있는 심오한 영적 비밀이다.

그리스도는 그의 고난과 그의 십자가의 사귐에 순종하심으로 영광에 이르셨다. 그의 영광을 각 사람에게 새롭게 나누어주시는 것은 하나님의 영광의 풍성함과 성령의 능력으로 강건케 하심에 따르는 것임에 틀림없다. 하나님의 말로 다할 수 없는 은혜의 가장 실제적이고 직접적인 행위는 그의 사랑의 은사를 영혼에 존속시키게 되며 더하여 주게 된다.

이 영광이 역사하는 방법을 이해하려면 우리는 고난과 영광 사이의 관계를 주의깊게 살펴보아야 한다. "그리스도가 고난을 받고 자기 영광에 들어가야 할 것이 아니냐?" 이 땅에 계신 그리스도는 영광의 주님이셨다(요 1:14, 고전 2:8). 그러나 그 영광은 비천한 인간적 모습 아래 숨기워 있었다. 그러므로 영광받으신 주님의 영이 우리에게 들어오셔서 우리 안에서 주님을 영화롭게 하실 때 그 영광은 연약하고 부끄러운 우리 성품 가운데 감추어진다. 그리고 소생케 하시는 성령을 경험하는 것은 종종 우리가 육체 가운데서 고난을 당할 때에야 가능하다.

유대인들의 치명적인 잘못은 메시야의 영광을 눈에 보이며 그들의 세상적 생각에 부합되는 것으로 기대했다는 것이다. 심지어 제자들까지도 이것으로 인해 고민했으며 그들 모두 주님께 우를 범했다. 그리스도께서 들어가셔서 지금 그 안에서 일하시는 성령의 생명의 영광은 감추어진 비밀, 곧 거룩한 비밀이다. 그것은 외적인 것이나 느낄 수 있는 것 속에서 역사하지 않으며 눈에 보이지 않는 마음 속 생명 안에서 역사한다. 우리가 그리스도께서 자신을 나타내시고 마음 속에 거하심에 대해 읽을 때는 왕이 자기 성에 들어가는 것을 대하듯이 기쁨과 승리에 관해 어떤 생각을 갖기 마련이다. 그러나 예수님은 하늘 나라는 씨앗과 같다고 말씀하셨다. 씨앗은 죽은거나 다름없이 가망없어 보이는 형태 속에 생명을 감추고 있는 것이다. 씨앗이 자라남에 대해 결코 들어본 적이 없는 사람이 그 씨앗 속에 숨겨진 무화과나무나 소나무에 대해 상상할 수 있겠는가? 더구나 그 씨앗은 거기에 감추어진 생명과 함께 다시금 땅 아래 숨겨져야 한다. 하늘 나라는 말씀의 씨앗 속에서 우리에게 임한다. 그것은 너무나 작고 마치 죽은 듯이 보여서 어느 누구도 그것에서 능력을 기대하지 못한다. 말씀의 씨앗은 우리가 인식하고 지켜볼 수 있는 생각이나 감정 속에 감추어져서는 안되며 더 깊이 내려가 신비로운 깊은 영 속에 감추어져야 한다. 거기서 아버지의 보이지 않는 영의 생명 속에 계신 그리스도는 보이지 않게 깊이 있는 우리의 영의 생명을 발견하시고 그리로 들어가신다. 그리스도 자신이 살아 있는 말씀, 살아 있는 씨앗이시다. 성령은 그 씨앗의 생명이시다.

영광의 실체에 대한 잘못된 관점은 유대인들과 교회의 제자들 그리고 신자들 개개인에 대해 커다란 장해물이었다. 하나님의 영광은 그의 선하고 완전한 뜻 속에 계시된 그의 거룩함이다. 그리스도의 영광이란 이런 것이다 : 즉, 그가 하나님의 뜻 속으로 들어가셔서 그것을 행하시고 견디심으로 하나님을 영화롭게 하신 후에 하나님의 영광—하나님이 거하시는 거룩함과 능력의 생명—과의 사귐 속으로 이끌림을 받으시는 것이다. 그리스도는 우리가 그의 뜻으로 들어가 그것에 복종하며 행할 때 우리 안에서 영광을 받으신다. 그리고 하나님의 능력 안에서 우리 속에 그의 존재를 계시하신다. 그리스도 안에서 연약하고 천대받았던 것—인간의 영광에 반대되는 것, 십자가의 비천함과 고난—은 그의 신적 영광의 감추어진 씨앗이었다. 비천함과 복종 속에, 가난한 마음 속에, 가시적이고 감각적인 것의 부재(不在)속에, 육체의 죽음과 하나님을 기다리는 인내 속에 성령으로 말미암아 우리 속에서 영광받으시는 그리스도의 씨앗이 있다.

강해 9

교회 안에서의 성령의 존재(14장)

성령에 대한 현재적 즐거움은 다만 '보증'일 뿐이다. 그것은 미리 받는 은사이며 장차 있을 충만에 대한 약속이다. 사도 바울은 "성령의 처음 익은 열매를 받은"(롬 8:23) 사람들에 대해 말한다. 그리고 그의 다른 서신에서 그는 같은 뜻의 표현들을 사용한다(엡 1:13; 4:30, 고후 1:22; 5:5). 영적 생명이 그 확장된 수용 능력으로 하나님의 지혜와 거룩함의 은사들을 더 풍성하게 받아들여 지속적으로 성장해야 한다는 말은 무엇을 의미하는가? 교회는 영적 축복을 평가하는데 있어서 어린 아이 상태에 있다. 교회는 또한 지나친 논쟁에 빠져 있어서 거룩한 약속의 완성을 위해 거의 준비하지 못하고 있다. 부분을 전체로 오해함으로 교회는 마치 기도할 것이 더 없는 것마냥 성급한 만족으로 안주할 위험에 있다. 교회가 모든 세상적인 것들 가운데 가장 악하고 썩은 것들—어떤 교파를 다른 교파 위에 올려 놓는 일이나 일시적으로 편리한 것에 지나지 않는 형식들을 강력하게 보호하는 일—에 너무 지나치게 몰두하고 있음을 제시하는 것이 냉혹한 것일까? 성령을 충만히 붓는 것을 지연시키는 것은 무엇인가? 감정을 갖지 않고는 제시할 수 없는—이는 감정을 정직하게 억누를 수 없음을 인해서이다—참으로 훨씬 더 심각한 문제가 있다. '오늘날' 교회 안에서의 성령의 존재가 사도 시대 못지않게 분명한 것인가? 확실히 오늘날의 기독교에는 오순절의 감동을 받은 모습을 찾기 어렵다. 왜 1800년된 교회가 1세기 때의 교회보다도 성령의 증거를 보다 충분히 인식하지 못하는가? 교회는 하나님의 모든 목적을 성취하여 전성기의 교회의 빛과 아름다움을 영원히 지나쳐 버렸는가?"—'보혜사.'

강해 10

성령의 부으심 (15장)

나는 성령과 그의 사역에 관한 벡(Beck) 교수의 글을 또다시 제시하려 한다(『기독교 윤리』). 성령은 모든 육체 위에 자신을 부으심으로 세상에서 뿐만 아니라 신자들과 교회 안에서 역사하신다. 이 글은 성령의 부으심을 준비하는데 무엇이 필요했으며 그 목적이 무엇이었고 또한 그가 임하셔서 그 일을 어떻게 이루시는가를 생각하는데 도움을 줄 것이다. 나아가서 우리가 갖고 있는 제한된 생각에서 벗어나 성령이란 무엇이며 그는 누구이고 그가 임하셔서 우리 안에서 행하신 복된 사역이 무엇인가를 바로 알게 하는데 도움을 줄 것이다.

그리스도께 대한 성령의 관계를 생각해 볼 때 성령은 그리스도께서 우리에게 전해 주시고자 마음 속에 담아 소유하고 계신 것을 취하셔서 그리스도를 계시하시며 영화롭게 하시는 '증인'이시다(요 15:26; 16:7,14). 성령의 증거는 이런 독특함을 갖고 있다. 즉, 그는 '위에서 온 능력'으로써 행하신다. 그리고 그의 증거가 들어가는 곳에는 생명이 하나님의 능력 가운데 임한다. 그러므로 성령은 역동적 원리이시다. 그리스도에게서 흘러나오는 모든 생명의 능력들은 성령 안으로 모인다. 그리고 그 능력들은 성령으로부터 나뉘어져 각 개인에게 독특한 능력, 즉 은사와 은혜가 된다. 그는 형체적인 능력이시다. 그 능력은 그리스도 안에 존재하는 것의 실질적인 실체로부터 나와 각 개인의 생명을 낳고 발전시킨다. 성령의 증거는 태어남을 중재한다. 즉, 역동적 원리이신 그는 또한 생성원리이시기도 하다. 그리스도는 성령으로 말미암아 우리 안에서 태어나시며 성령의 은혜의 생명으로 인해 우리 마음 속에서 인격적 생명이 되신다. 그러므로 우리는 위로부터 온 능력, 즉 초자연적인 생명의 능력으로 옷입게 된다. 우리는 우리 밖에 있는 대상으로서 뿐 아니라 우리 안에 있는 하나님의 능력으로서 그리스도의 은혜를 소유하게 된다. 성령 안에서 하나님의 은혜의 능력이 우리 속에 거하게 된다. 모든 새 생명의 능력도 그 능력 안에 모이게 된다. 그러므로 성경에서 '성령, 생명, 능력'은 상호 연관된 개념이다. 반면에 육체, 약함, 죽음도 동일한 개념이다. '영원한 생명체계'(The Eternal life System)는 그 체계의 거룩한 우두머리로 말미암아 이 땅의 육적 세계를 천상적인 영적 세계와 다시 유기적으로 연합시키려 한다. 그 체계는 오직 천상적인 역동성, 즉 성령께서 천국생명의 능력으로서 행하시는 것 위에 세워질 수 있다.

하지만 성령의 이 행동은 오직 예수 그리스도께서 이루신 화해와 그가 받으신 영광으로 인해 세상에 전달된다. 이 화해에 앞서 하나님의 성령은 이 땅에서 자연 속에 계신 성령, 즉 지상적인 생명의 능력으로서 일하셨으며 또한 예언자들의 경우에 있어서처럼 특수한 기능들을 위해 특별히 일시적으로 나타나시는 신정(神政)의 영으로써도 일하셨다. 그러나 하나님의 성품에 속해 있으면서 아버지와 아들 안에 거하는 영생, 곧 하나님의 인격적 생명의 영이 인간의 인격적 생명이며 그의 마음 중심의 성품이 될 수 있었던 것은 과거의 방식에 의해서가 아니었다. 현재의 특별한 면에서 볼 때 구약의 성령은 그리스도 안에서 실현될 약속에 지나지 않았다. 그러므로 그는 약속의 성령이라는 이름을 지니신다. 그 약속은 신약의 성령 안에서 이루어졌고 실제적으로 분배되고 소유할 수 있게 되었다. 하지만 이 일이 인간 개개인에게 일어날 수 있으려면 우선 성령께서 지극히 높으신 이의 능력으로써―마치 그가 이제까지 초월적인 하나님의 성품 속에만 존재하셨던 것처럼―인간 성품 속에 자기 자신을 위해 중심을 형성하시고 확고히 하시므로 거기서부터 자기 자신을 전달하실 수 있어야 한다. 이런 중심적 성격 속에서 성령은 육체 속에 존재하는 인간의 심리적 육체적 성품과 자유롭게 유기적으로 연합되셔야 한다. 그리고 인간의 성품은 성령의 기관 속으로 편제되어야 한다. 한마디로 말해 성령, 즉 기름부음을 받으신 이로 기름부음을 받아 충만해진 인간이 형성되어야만 한다. 그리고나서 영적으로 완전해진 예수 그리스도 중심적인 인격 속에서 육체는 스스로의 희생적 죽음을 통하여 하나님의 참된 영적 존재로 변형되어야만 한다. 또한 육체는 영화롭게 되어 하나님께로 높임을 받으므로 하나님과 세상의 화목을 성취해야만 한다. 오직 이런 방법으로만 가시적인 생명구조, 즉 감각적인 혼의 생명조직이 화목케 하시는 이로 말미암아 하나님의 성령의 역사와 간섭에 정당하게 윤리적으로 접근할 수 있게 된다. 그러므로 오직 성령만이 그의 새로운 성격 속에서 이제 하나님 안에서 영화롭게 되신 그리스도의 성품, 곧 신적 인간성으로 말미암아 자유롭게 행하실 수 있게 된 것이다. 그는 천상적 생명, 즉 영생의 능력으로서 자신을 모든 육체 위에 부어주신다.

문제는 이제 우리가 이 성령의 부으심을 어떻게 이해해야만 하느냐 하는 것에 이른다.

성령의 부으심은 그의 개인적 내주하심과 동일하지 않으며 오히려 그것의 보편적 전제이다. 왜냐하면 그것은 '모든' 육체 '위에' 부어주는 것으로써($\epsilon\pi\iota$는 방향을 나타낸다) 말하고 있기 때문이다(행 2:17을 보라. 그리고 33절과 비교하라). 개인적으로 성령의 충만을 받는 것은 오직 성령의 부으심의 결과이다. '성령의 개인적 영접은 보편적 부으심에 의해 중재된다.' 그 관계는 보편적 화해, 즉 세상과의 화해가 개인적 화해-이는 보편적 화해에 의해 중재되는 것이다-에 대해 맺고 있는 관계와 같은 것이다. 세상과의 화해와 성령의 부으심은 각각 모든 이를 위해 단번에 성취된 모든 것을 포괄하는 사실, 즉 객관적인 보편으로써 존재한다. 반면에 몇몇 사람들만이 주관적 인식 속에서 그 부으심에 참여할 수 있다. 그러므로 모든 육체 위에 부으심은 모든 육체에 들어가심이 아니며 또한 몇몇 개인들 속에 들어가시는 것에 대한 단순한 수사적 표현도 아니다. 그것은 방향성과 모든 사람들을 위해 정해 놓은 것을 가리킨다. 하지만 그것은 단순히 이상적으로 정해 놓은 것이 아니다. 왜냐하면 그것은 이미 구약 안에 있었기 때문이다. 신약 안에서 그것은 이미 발생한 사실이다(행 2:33). 그는 아버지의 약속을 '받으셨기' 때문에 그것을 '퍼뜨리셨다.' 성령의 부으심은 사람, 곧 모든 육체를 위한 그 목적에 부합하여 세상을 포괄하는 모든 사람에 대한 성령의 역사인 것이다. 우리 주님 자신이 성령의 오심과 부으심에 대해 말씀하시면서(요 16:8) 불신의 세상에 대해 비록 그들이 개인적으로 성령을 받아들이지 않는 때라 할지라도 성령의 사역을 밝히셨다. 그러므로 그것은 심판자이신 성령을 받아들이는 것과는 별개의 사역이다.

그러므로 우리는 이것에 비추어 다음의 사실을 생각하게끔 된다 : 보내심을 받으시고 부어지신 바 되신 성령은 앞서 계시던 초월적 상태에서 강림하심으로 세상을 뒤덮으며 움직이는 능력이 되신다. 그는 그리스도 안에서 세상만물의 화해가 성취되었다는 점에서 그리스도께로부터 나온 새로운 보편적 능력(a new Cosmic Power)이시다. 반면에 성령은 개인적 은사로서, 주관적 소유로서 단지 몇몇 사람에게만 내재하신다. 부어지신 바된 성령은 개인들 속에 특별히 내주하시는 것과는 별개로 세상 속에 계시면서 일하신다. 높임을 받으신 그리스도께서도 역시 천지를 충만케 하시는 주님으로서, 즉 보편적 능력으로서 존재하시면서 일하신다. 모든 육체 위에 성령의 부으심과 더불어 새 생명의 능력이 위로부터 한량없이 부어진다. 그러므로 새 생명의 능력은 영으로서 눈에 보이지 않게 그 나름대로의 법칙을 따라 세상구조에 침투한다. 그것은 이제까지 세상을 지배해 온 거짓과 파멸의 영의 능력에 대항하여 거룩한 보편적 영의 능력으로서 반응한다. 거짓 영은 개인들 속에 내재하는 영으로서 존재할 뿐 아니라 이 세상의 임금으로 독립된 능력으로서 존재한다. 마찬가지로 새롭고 거룩한 영적 세계의 능력은 일면 일반적으로 역사하여 세상 속에서 움직이면서 또한 특별히 개인적으로 역사하여 그리스도의 교회 안에서 움직인다. 우리는 세상에 대하여 세상을 심판하시는 성령의 사역을 보게 된다. 성령은 위로부터 땅 위에 떨어진 불로서 역사하신다. 그는 분리하고 심판하는 능력으로 도덕적 세계뿐 아니라 육체적 세계를 포괄한다(눅 12 : 49, 51; 3 : 16 : 불로 세례를 주고 태움-계 4 : 5).

이것이 보다 특별한 역사를 위한 기초이고 준비이다. 이것 안에서 성령은 위로부터 온 새 생명의 강으로서 주님과 연합된 각 개인 속으로 흐르시고 그들을 충만케 하신다(요 3 : 5; 7 : 38; 4 : 10, 14). 여기서 성령은 그의 소생케 하는 능력으로 물과 연합하신다. 마치 그가 그의 심판의 능력으로 불과 연합하시는 것처럼. 창세기 1 : 2(물, 성령, 빛), 마태복음 3 : 11(성령, 불, 물), 요한계시록 4 : 5; 15 : 2; 22 : 1을 비교해 보라.

'이처럼 성령께서 불과 물로 묘사된 곳에서 그는 자연 속에 있는 능력-그러나 이것은 자연 가운데서의 신적이며 영적인 능력으로 물리적 세계 속에서 느껴지는 보편적 능력이다-처럼 보인다. 하지만 이는 세상과 관련된 일상적 목적을 위한 것이 아니며 특별한 시대에 하나님 나라와 관련된 목적을 위한 것이다. 보편적 능력으로서 부어지신 바 되신 성령은 세상의 구속주-그의 모든 성품은 하늘의 신령함 속으로 들림을 받았다-와 육체적 세상의 구속과 변화-세상은 성령없이 성령을 거스리는 그 본래의 상태에서 벗어나와 영적 구체성을 띠게 된다-사이의 연결고리를 형성하신다.

그러므로 성령의 부으심은 화해로써이다. 성령의 부으심은 화해의 직접적 결과이다. 화해로 인해 이 지상세계 속에 성령께서 영향력을 행사하시는 실제적인 완성된 조직이 이루어지게 된다. 그 조직으로 말미암아 더러운 영의 영향력에 대항하여 실질적인 천국의 신령한 생명이 인간성 속에 들어가 역사하게 되며(엡 1:3; 히 6:4) 결국에는 모든 자연 속에 들어가 역사하게 된다(롬 8:19). 그러므로 사단의 능력이 전적으로 파멸당하게 된다 (요일 3:8;12:31; 16:8,11).

강해 11

선교의 영(16장)

　커다란 국제선교회의가 개최되었고 스코틀랜드에서는 이른바 십자군 선교사(a Missionary Crusade) 모임이 그 뒤를 이었다. 나는 많은 사람들과 협력하여 그 모임에서의 우리 주님의 임재를 위해 기도했으며 허락해 주신 성공에 대해 감사하면서 그 결과들로 인해 찬양했다. 하지만 내가 밝히지 않을 수 없는 의견이 하나 있음을 느낀다. 나는 피어슨(A.Pierson)박사가 쓴 '그리스도인'안에 있는 한 글-이는 그 모임이 있기 전에 출판된 것이다-을 큰 관심을 갖고 살펴보았다. 그는 그런 모임에서 기대할 수 있는 것을 지적하면서 그 모임이 결국 거대한 기도세례가 되지 않는다면 그것은 상대적으로 실패일 수 있다는 의견으로 결론을 맺었다.[3] 나는 성직에 있는 하나님의 종들의 여러 커다란 모임에서 느꼈던 것을 여기서 또한 느끼게 되었다. 즉, 성령의 능력에 대한 필요와 기대, 믿음을 합심하여 고백하는데 별로 시간을 투자하지 않는다는 점이다. 기차를 끄는 엔진에 대한 증기의 관계나 화약과 포탄으로 장전한 대포에 대한 불의 관계가 교회와 선교의 사역에 대한 성령의 관계와 같다는 것을 우리 모두 인정한다. 그런데 왜 열흘 가량의 그런 모임들 중 가장 좋은 날이 합심하여 기도하는 것과 분리되어 있는가? 하나님의 종들 속에 성령께서 능력있게 내주하시며 일하시는 것-이는 그런 모임에 존재하거나 묘사되는 것이다-을 위해 그리고 그 모임에서의 성령의 강한 능력을 위해 기도해야 한다. 나아가서 삶과 일에 있어서 필요한 유일한 것은 성령으로 말미암아 계시되는 그리스도의 내주하심이라는 확신을 교회 전체에 걸쳐 심화시키는 것을 위해 기도

---

[3] "우리가 다른 모든 결과들을 합친 것보다 더 큰 확신과 희망을 갖고 바라보는 하나의 결과가 있다. 교회가 무엇보다 필요로 하는 것은 기도세례이다…. 런던에서의 그 모임이 새로운 기도세례로 되지 않는다면 최고의 결과에 이를 수 없을 것이다. 모든 그리스도의 교회가 연합하여 능력있게 움직이는 기도로 하나되자. 그러면 훗날 하나님이 모든 육체 위에 그의 영을 부으심이 이루어질 것이고, 마침내 요엘의 예언이 엄청날 정도로 완전하게 성취될 것이다.

해야 한다. 기도모임이 가장 작기 보다는 오히려 가장 크고 중요해야 하지 않겠는가./ 연약한 제자들의 무리가 예루살렘과 로마의 권세에 도전하여 이겨냈던 싸움을 위해 준비했던 것은 높임을 받으신 주님의 발등상에서 한 마음으로 기도하며 간구하기를 계속했던 열흘이었다. 우리는 무엇보다도 서로서로를 도와 기도하기를 계속하므로 하나님의 성령으로 말미암아 능력으로 강건해질 수 있어야 한다.

그런 모임에서 우리가 하나님 기다리기를 우리의 첫번째 일로 삼게 된다면 모인 사람들을 위한 축복이 그 시간에 임하리라는 것을 확신한다. 또한 우리의 복된 주님께서 기다리셔서 세상을 축복하시는 것은 신자 개개인을 충만케 하시는 성령으로 말미암는다고 하는 복된 진리의 말할 수 없는 가치를 생생하게 증거하게 되리라는 것도 확신한다.

스코틀랜드에서 십자군 선교사 의 감동적인 보고서들을 읽을 때 그와 같은 생각이 다른 모양으로 나타났다. 선교에 대한 거룩한 열정으로 충만한 몇몇 사람들이 많은 청중들에게 이야기할 때, 그들은 청중들에게 그들의 불을 전하는데 어느 정도 성공할 수도 있다. 그들 속에 계신 성령은 그들의 영향을 받은 사람들을 깊게 감동시키신다. 하지만 지속적인 결과는 종종 매우 적다. 그 과정이 지속적으로 반복되어야만 한다.[4] 교회에 필요한 것과 우리 주님께서 주시기 위해 부탁하시고 원하시는 것은 더 많은 것이다. 연약하고 병든 그리스도인의 삶을 살아 가고 있는 그리스도인들은 때때로 감동을 받는 것으로는 부족하다. 선교에 대한 신자 개개인의 관심이 주님을 매우 기쁘시게 하는 것이며 세상 속에서의 실제적인 영적 힘이라면 그것은 외부에서 끊임없이 호소하는 것으로 임해서는 안되고 예수님의 영이 거하시는 마음에서 자연스럽게 흘러나옴으로 임해야 한다. 포도나무의 각 가지들은 생명을 주는 수액—성령—을 직접 받아들임으로 열매를 맺는다. 우리가 선교를 한답시고 했던 최근 몇년 동안의 끔찍한 부족과 신실치 못함 속에서 이루어졌던 고백들이 어떤 의미를 지니려면 우리는 모두 반쯤 잊혀진 진리—'신자라면 누구나 다' 성령충만을 기대해야 한다는 것—의 회복을 위해 애써야 한다. 지원과 기도를 위한 모든 교회의 호소는 성령의 능력 속에서 가르침을 받아야만 한다. 즉, 성령이 거하시고 다스리시는 곳

---

4) 피어슨 박사는 같은 글에서 말한다. "종종 단순한 조직에 의존하는 경우가 있다. 일시적 열정은 아침 안개가 새벽이슬처럼 깨어나 금시 사라진다."

에서 그리스도를 위한 희생과 그리스도의 관심에 대한 전인적 헌신은 건강한 그리스도인의 삶의 자연스런 결과에 지나지 않는다는 것이다. 그리스도께서 교회를 부르셔서 온 세상에 대한 그의 증인으로 삼으실 때는 반드시 우선적으로 교회 위에 임하시는 성령의 능력을 전제로 하셨다.

내가 이 한 가지 생각만을 너무 자주 반복하는 것처럼 보인 것을 독자들이 용서해 주길 바란다. 나는 마치 전할 메시지를 가지고 있지만 말을 더듬고 있음을 의식하여 자기 메시지가 올바르게 이해받지 못할까봐 두려워하는 사람과 같다. 우리가 모두 확신하는 것은 우리가 성령을 믿는다는 것이며 성령의 역사가 필요불가결함을 이해한다는 것이고 심오한 영적 진리를 바라보기란 어렵다는 것이다. 또한 우리의 전능하신 주 예수께서 그의 성령으로 말미암아 모든 신자 속에서 그리고 그의 교회를 통하여 그가 약속하셨던 더 큰 일, 즉 우리의 구하는 것이나 생각하는 것에 넘치도록 풍성한 것을 이루시기 위해 기다리고 계신다는 것이다. 변화의 시작은 일상적인 말씀의 사역 속에서 모든 신자 개개인이 성령으로 충만해지는 것이 참된 열매를 맺고 하나님을 기쁘시게 하는 삶을 위해 절대적으로 필요한 것임을 충분히 의식하도록 가르침을 받는 것이다. 우리가 멸망하도록 내버려 둔 수억의 사람들 앞에서 선교를 위한 모든 호소와 모든 노력이 교회로 하여금 자기 허물을 의식하게 하며 자기의 영광스런 부르심에 항복할 수 있게 하길. 말하며 쓰고 기도하는 모든 것이, 우리의 모든 모임과 교회의 모임이 성령이 교회의 모든 사역과 선교를 위한 능력이심을 깊게 확신할 수 있게 하길. 그 능력만이 강력하게 역사하여 그리스도의 성령이 소유가 되어 그의 인도하심을 받으며 그에게 사용되도록 자신을 헌신하는 신자들 개개인의 수를 증가시킬 것이다.

강해 12
양심 (21장)

　사람이 성전의 원형이며 그의 영이 하나님이 거하시는 지성소라면 양심을 상징하는 부분의 기구의 위치와 의미를 정하기란 어렵지 않다. 이것은 다름아닌 언약궤이다. 그렇게 동일시하는 증거는 세 가지이다. 궤는 하나님의 율법이 담겨져 옮겨지던 것이다. 양심은 그 내용으로써 하나님의 법을 지니고 있는 능력이다. 율법이 이방인의 마음에 쓰여져 있건 성령으로 말미암아 신자의 마음에 옮겨 적혀져 있건간에 마음에 존재하는 한 양심은 그 역할을 행할 수 있다. 언약궤처럼 양심은 율법을 놓아 두는 곳이며 간직하고 있는 곳이다. 그리고 시은좌(施恩座)가 놓여 있고 피뿌림이 행해지며 은혜의 보좌가 하나님께서 경배받으시도록 세워져 있던 것은 궤 위였다. 그러므로 우리 속에서 피가 적용되며 성령께서 하나님을 기쁘시게 하는 일에 대해 증거하시는 것은 특별히 양심에 대해서이다. 궤는 하나님의 율법이나 이스라엘에 대한 하나님의 증거를 담고 있었기 때문에 증거궤라 불리웠다. 그러므로 마음 속에 생명의 법을 기록하시는 성령은 구속받은 자기 백성에 대한 하나님의 증거이시며 하나님의 뜻과 사랑에 대한 증인이시다. 그리고 피뿌림을 받아 어린 아이와 같은 순종의 삶을 늘 깨어 지키는 양심은 우리의 영 속에 있는 영적 기관이다. 성령은 그것에 대해 그것으로 말미암아 증거하신다. "내 양심이 성령 안에서 나를 증거하노니."
　언약궤가 이스라엘에서 얼마나 많은 관심을 받으며 소중히 여겨졌던가! 가나안과 그 거민들을 정복하기 위해 요단을 건널 때 무리들이 얼마나 큰 확신으로 뒤따랐던가! 여리고 성 주의를 고요하지만 얼마나 큰 기대감을 갖고 돌았던가! 얼마나 큰 기쁨으로 한 장소가 언약궤를 위해 예비되었으며 하나님께서 그것과 함께 하시길 요구했던가!(시 132편). 그리스도인이여! 무엇보다도 네 속에 있는 증거궤를 소중히 하라! 성령의 법은 그 속에 있으며 피는 그 위에 있다. 그것이 네 하나님께서 거하시고 쉬시며 너와 교제하시는 장소이다. 그것은 하나님과 영혼 간의 만남의 장소이며 접촉점이다. 즉, 믿음의 자리이며 하나님의 자리이다. 무엇보다도 궤 위에 거하시는 성령의 현존 앞에 두려움과 경외함으로 엎드리라. 흠없는 양심을 지키라.

강해 13

성령의 빛 (22장)

(세퍼 〈A.Saphir〉 박사 저, 『십자가에 못 박히신 그리스도』에서)

그러나 이런 질문이 제기될 수도 있다 : 하나님은 그리스도 안에서 자기 자신과 자기 뜻을 계시하셨다. 그런데 왜 또다른 빛과 또다른 교사가 필요한가? 그 필요성은 역사상으로 보아 분명하다. 이방세계는 지혜로 하나님을 알지 못했다. 그리고 그리스도께서 오셨을 때는 그는 거절당하셨다. 그를 받아들인 사람들은 그것이 초자연적 비추심, 즉 하나님의 성령 때문이었음을 고백했다. 이스라엘은 하나님의 영감을 받은 거룩한 사람들에 의해 가르침을 받아 오시기로 되어 있던 분의 완벽한 초상화인 성경을 소유했었다. 이스라엘은 이처럼 고도로 은혜를 입고 충분히 가르침을 받았지만 모세와 선지자들 그리고 이스라엘의 모든 제도가 증거했던 그 얼굴의 거룩한 형상을 식별할 수 없었다. 그는 자기 백성에게 왔지만 자기 백성은 그를 영접치 않았다. 그들은 그를 십자가에 못 박았다. '성령께서 그리스도를 증거하시지 않는다면 그리스도 자신은 보이지 않는 빛으로 남는다는 것'에 대한 보다 더 큰 증거를 어떻게 얻을 수 있을까?

그러나 우리 주님의 제자들을 보라. 그들은 아버지로 말미암아 예수께로 이끌림을 받았다. 예수님이 메시야이시며 하나님의 아들이시라는 그들의 지식은 본성, 곧 혈과 육에서 나온 것이 아니라 위로부터 임한 것이었다. 그들은 전심으로 예수님을 사랑했으며 모든 연민의 정을 다해 예수님께 집착했다. 하지만 그가 여기에 계시는 동안 그들은 성경을 이해하지 못했다. 심지어 매우 강한 찬탄과 애착심을 갖고 받아들인 복된 주님의 가르침까지도 충분치 않았다. 그들은 진리의 출발점에 서 있었다. '성령만이 우리를 진리로 인도하실 수 있다.' 하나님은 그리스도 안에 계신다. 그러나 성령만이 하나님이신 그를 분명하게 계시하신다.

하지만 실제 역사와 경험이 증거하는 것보다 더 높이 올라가보자. 하나님은 그의 사랑 속에서 자기 자신을 계시하신다. 내가 그를 알아야만 하는 것은 그의 은혜로운 뜻이다. 그리스도 예수 안에서 하나님은 자기 자신을 완전하게 계시하신다. 예수님은 광명과 부드러운 사랑으로 충만한 빛이시다. '하지만 나는 참된 빛을 보기 위해 또다른 빛을 필요로 한다.' 어째서 이런가?

단순히 삼위일체되신 하나님—성부, 성자, 성령—외에 다른 하나님이 없기 때문이다. 하나님은 그의 성령 안에서 자기 자신을 아신다. 하나님이 그 자신이 빛이신 것은 하나님의 성령 안에서이다. 그러므로 성령으로 말미암아 그는 세상과 그의 자녀들의 마음 속으로 빛을 보내신다.

하나님은 자기 자신을 계시하신다. 그러나 계시되신 하나님은 누구인가? 아들 외에 누가 있겠는가? '그리고 누구로 말미암아 아버지는 아들을 아시고 사랑하시는가? 아버지께서 자기 자신을 사람에게 계시하시게 되는 성령으로 말미암아서이다.' 성경은 아버지의 것이다. 그 내용은 그리스도이며 그것은 성령으로 말미암아 계시된다. 계시하시는 하나님, 계시되신 하나님이 참된 하나님, 곧 아버지와 아들과 성령이시다.

그러므로 성경은 구속 안에 있다. 우리가 아버지와 성령을 잊어버릴 때는 주 예수 그리스도를 높이거나 그에게 보다 더 가까이 나아갈 수 없다. 그리스도께서 아버지를 계시하시며 성령으로 세례를 베푸시는 것은 그의 영광이다. 아버지와 아들과 성령은 위엄과 영광에 있어서 하나이며 사랑과 은혜에 있어서 하나이다.

기억하라. 이 세상에서 영광의 땅에 이르는 다리가 없음을 기억하라. 저 땅에서 저 높은 곳에서 삼위일체 하나님 자신이 내려오셔서 우리에서 구원을 전해 주시지 않는다면 이 땅에서 하늘에 이를 사닥다리가 없음을. 사랑하는 이시여, 강림하소서./(Amor descendit)는 옛 사람들의 말이었다. 사랑은 하늘에서 내려온다. 하나님께서 그의 무한한 사랑과 지혜와 능력으로 그리스도 예수 안에 감추어 두신 것을 '성령의 능력으로 말미암아 하나님께서 직접 우리에게 주셔야만 한다.' 그러므로 우리는 그리스도 예수 안에 있는 하나님의 사랑에서 우리를 끊을 것이 아무것도 없음을 알고 확신해야 한다. '왜냐하면 그리스도는 우리의 것이기 때문이다. 이는 우리의 이성, 우리의 정력, 우리의 신실함으로 말미암지 않고 성령 자신으로 말미암는다.' 그가 바로 하나님, 영원하신 하나님이시며 우리를 주 예수와 연결하여 영원토록 그의 것이 되게 하신다.

아버지와 아들과 본질적인 완전한 교제를 나누시는 성령은 우리에게 영원한 실재를 계시하신다. 오직 성령만이 하나님께서 우리를 사랑하신 하나님의 무한한 사랑을 아신다. 오직 그만이 이 사랑이 나오는 깊이를 측량할 수 있기 때문이다. 그러므로 성령께서 계시하시고 나누어주시는 것은 하나님 안에 있는 영원한 실재에 관한 지식이다.

성령은 '생명'의 지식을 전해 주신다. 그의 빛은 생명의 빛이다. 그것은 정보나 진리에 관한 통찰력 또는 진리의 아름다움과 장엄함에 대한 평가가 아니다. 사람들은 방대하고 심오하다 해도 하나님의 은혜가 결여되어 있고 하나님의 성령이 깃들지 않는 지식을 소유할 수도 있다. 하나님과 그가 보내신 예수 그리스도를 아는 것이 영생이다. 하나님과 그리스도를 바라보는 하나님께 대한 이 지식이 성령께서 우리 속에 창조하시는 영적 생명, 즉 결코 다함이 없는 생명이다. 죽은 지식―정지되어 있고 침묵하여 고립되어 있는 지식―은 성령의 사역이 아니다. 성령이 주시는 지식은 '교제'이기 때문이다. 우리는 아버지와 아들이 '우리를 아시는 것처럼' 그들을 안다. 우리가 성령의 계시에 의해 그들을 바라보는 것은 그들이 우리를 무한한 사랑으로 바라보시며 우리 위에 은혜의 축복을 베푸시는 것과 같다. 우리가 아는 것은 우리가 알려졌기 때문이다. "아버지 당신께서, 아들 당신께서 나를 아십니다" 하는 것은 하나님에 대한 영적 인식이 존재할 때 영혼이 직접 깨닫는 것이다. 다시 말해서 찬양과 사랑, 간구, 하나님의 음성을 듣는 것, 그리스도의 사랑과 평강을 받아들이는 것 등의 '교제'는 이런 지식 속에서 생겨난다.

그러므로 이 지식은 또한 하나님께 대한 '경험'이다. 우리가 알 때 하나님과 그의 은사들을 소유하고 받아들인다. 우리는 아버지를 안다. 그는 우리의 아버지시다. 우리는 그리스도를 알며 그의 중보를 안다. 우리는 새 언약의 피로 나아와 그리스도를 '소유하며' 그의 죽음과 부활의 능력과 효험을 경험한다. 우리는 하늘 처소의 영적 축복을 안다. 그리고 그것을 알기 때문에 소유한다. 우리는 하나님의 실재의 그림이나 형상을 소유할 뿐 아니라 그 실체를 소유한다.

가르치며 조명하는 이는 성령 자신이시다. '진리 그 자체'―복음의 선포나 성경읽기―는 '지식을 영혼에 전달하는 고유한 능력을 갖고 있지 않다.' 이런 것들은 오직 도구일 뿐이다. 성령이 대행자이시다. 진리는 오직 검일 뿐이다. 성령은 움직이는 힘, 즉 검을 다루는 손이시다. 진리는 하나님으로 말미암아 배우게 될 것이다. 하나님은 복음의 빛이 우리 마음 속에 비치게 하실 것이다. 우리는 위로를 주고 용기를 충만케 하는 이 사실을 얼마나 인식치 못하는가! 우리는 성령이 사용하시는 은사와 통로 속에서 '살아 계신 성령'을 얼마나 쉽게 잊어버리는가! 우리는 우리 자신을 하나님의 자리에 두길―아버지의 자리에 두지 않는다면 그리스도의 자리에, 그리스도의 자리에 두지 않는다면 성령의 자리에 두길 얼마나 좋아하는가!

강해 14
교회를 인도하시는 성령 (23장)

  성령의 계시의 필요성에 관하여 고린도 사람들을 향한 사도의 모든 가르침은—비록 진리가 그 신적 능력과 신선함을 지속하고 있으며 우리가 진리 가운데로 더 깊이 인도함을 받고자 한다 할지라도—성경의 진리를 인간의 지혜의 말로 표현한 교리에 부착될 수 있는 위험을 우리에게 제시한다. 교리는 교회 신앙의 잠정적 부차적 구체화로써 매우 높은 가치를 지니고 있는 반면에 우리가 이론적으로 오직 하나님의 말씀에만 부여한 위치를 아주 쉽게 실제로 빼앗을 수도 있다. 교리는 말씀이 우리에게 가르쳐야 할 것의 완전한 최종형식으로써 부족함이 없는 것으로 간주될 때 특별히 해가 될 수 있다. 그리고 말씀 속에 계시된 것을 보다 분명하고 충분하게 드러내기 위해 성령께서 더욱 더 가르쳐 주시길 기대하지 못하도록 마음을 무의식적으로 막을 수도 있다. 성령은 교회를 모든 진리 가운데로 인도하시기 위해 교회 전체에 주어지셨다. 우리는 처음 5세기 동안 인간의 논쟁과 연약함 가운데서도 몇 가지 크게 두드러진 계시진리가 습득되고 체계화된 방법을 추적해야만 한다. 우리는 깨닫지 못하고 잘못 옮겨진 진리들을 종교개혁 시에 회복한 것에 대해 하나님께 감사한다. 그러나 많은 사람들이 종교개혁 신조가 확립된 이후에는 성령의 인도하심은 별로 필요치 않게 되었다고 생각하는 위험한 경향이 있지 않는가? 그들은 성령께서 그의 교회를 가르치실 더 많은 것을 소유하실 수 있다는 것이나 우리의 표준에서 발견되는 것보다 더 분명하고 충분하게 제시된 하나님의 진리를 기대할 수 있다는 것을 거의 생각치 않는다. 성령과 그의 가르치심을 향한 이런 태도는 크게 위험한 것이다. 이것은 유순하고 기다리는 영혼—하나님의 성령은 오직 이에 대해서만 하나님의 진리를 능력으로 계시하실 수 있다—에 대해 마음을 닫는다. 이것은 정통교리—우리가 이에 충실할 것을 고집할 때에 알지 못하는 사이에 성경에서 그 권위를 빼앗기게 된다—의 정확성에 자만(自滿)하는 영혼을 길러낸다. 이것은 그리스도 시대에 유대인들 태도의 경향을 이루는 것이었다. 그들은 하나님 말씀이 그들에게 모든 것이었다고 생각하길 즐겨했지만 그들이 행한 것은 하나님 말씀에 대한 인간적 해석, 즉 그들이 매우 열심을 냈던 하나님의 진리에 대한 인간적 묘사였다. 우리는 오늘날의 신학에 있어서 보다 더 성령을 의뢰하길 배워야 한다. 성령은 여전히 우리를 가르치실 많은 것을 소유하시고 있다. 성직자의 생활과 사역이 더욱 더 성령의 능력 아래에 오며 모든 신자 속에서의 성령의 인도하심이 필요한 것이자 특권으로써 인식되게 될 때 우리는 성령께서 교회를 진리 가운데로 인도하신다는 생각에 친숙하게 될 것이다. 나아가서 우리가 사전에 눈치챌 수 없는 방식으로 성령께서 그의 일을 행하심을 그에 대한 확신 속에서 바라보게 될 것이다.

많은 사람들이 이 사실을 받아들이길 몹시 꺼리게 되는 것은 그것과 관련된 외견상의 위험이다. 그들은 아주 많은 사람들이 계시진리를 인간심성의 본능과 세대정신, 과학적 요구에 일치시키는 일에 종사하고 있음을 본다. 이 모든 것들은 교리로부터의 해방을 추구한다. 이는 보다 순수한 성경적 신학의 회복을 위해서가 아니라 신앙체계의 구조 속에 있는 모든 구속에서 벗어나 이른바 인간의 이성적 신앙의식을 만족케 하기 위함이다. 양쪽 편이 모두 교리에 관한 자유를 옹호한다 할지라도 얼마나 멀리 서로 간에 떨어져 있는가를 알기란 어렵지 않다. 하나는 판단의 자유를 옹호하면서 현명한 사람들이 말하는 이성적 지시에 기꺼이 따르려 하는 것이다. 다른 하나는 성령의 자유를 옹호하면서 성령의 가르치심―이는 전적으로 성령의 지배 아래 있으면서 성령께서 성경이 담고 있는 것을 펼쳐주시길 기다리는 교회에 계시되는 것이다―을 기꺼이 받아들이며 따르려는 것이다. 교회의 관심 속에서 이 둘을 주의깊게 구분지어 마땅하다. 교회와 신앙의 참된 친구들은 종교개혁의 진리 속에 고귀한 기초가 놓여졌음을 인정하면서도 상부구조를 일으키는데 있어서 성령께서 행하셔야만 하고 기꺼이 하시고자 하는 일들이 아직도 많이 있음을 믿는 자들이다. 성령께서 교회가 그의 인도하심에 귀기울이며 언제라도 복종하고자 함을 아실 때 그는 성경의 진리를 충분하게 계시하신다.

다음 글은 건전한 교리체계에 집착하는 것과 성령을 깊게 통찰하는 것이 무엇보다도 문제가 되는 사람에게서 뽑은 것인데 신중하게 고려할 만한 가치가 있다. 세퍼 박사는 그의 『그리스도와 성경』에서 이렇게 말한다 : "우리들 가운데는 불안한 감정이 있는데 이는 잘못되고 있는 것에 대한 드러나지 않은 의식이다. 인간의 마음과 경험에 하나님의 능력을 나타내어 온 복음에 명백히 위반되는 교리의 발전은 불안한 한 요인이다. 그리고 종교개혁의 교리와 신학의 보루로 되돌아가는 것이 의당 제시되는 구제책이다. 그러나 이에 대해 두 가지 생각이 강조되어야 한다. 첫째로 이스라엘은 뒤돌아보거나 되돌아가선 결코 안되었다. 주님 자신(그에 관한 형상이 아닌)이 우리 주위의 불못이시다. 오직 생명만이 죽음의 잘못들과 싸울 수 있다. 그러나 둘째로 '교리'가 생명을 결코 보존할 수 없다면 (교리가 하지 못했음을 역사가 증명하고 있듯이) 교리가 어찌 죽어가는 불꽃을 다시 타오르게 할 수 있으며 죽은 자에게 생명을 전할 수 있겠는가. 발전으로써건 반대로써건간에 현재상황이 도래한 것은 교리에서 나온 것이다. 그리고 우리의 목표는 이 교리 속에서 어떤 성경적 요소의 부재나 어떤 성경적 요소에 대한 잘못된 진술과 강조가 현재 나타나고 있는 병폐의 뿌리이냐 아니냐를 발견하는 것이어야 한다."

"그리고 여기서 본질적으로 근본적으로 다를 수 있는 양쪽 편, 즉 교리가 성경적 요소를 너무 많이 포함하고 있다는 사람들과, 교리는 성경적 요소를 너무 적게 포함하고 있거나 충분히 순수하게 포함하고 있지 않다는 사람들이 만나는 것은 명백하다. 교리에 대한 반대자들은 교리가 너무 셈족적이거나 아니면 지나치게 셈족적이 아니기 때문일 수 있다."

또다른 사람의 말을 들어보자. 라이든(Leyden)에 있는 망명 청교도모임의 목회자였던 존 로빈슨(John Robinson)은 뉴 잉글랜드(New England)를 향해 메이플라워호를 타고 떠나가는 일단의 망명객들—이들은 후에 "개척선조들"(the Pilgrim Fathers)이란 이름으로 유명해졌다—에게 작별인사를 하면서 이런 기억에 남을 만한 고별사를 했다 : "나는 여러분이 내가 주 예수 그리스도를 따르는 것을 보았던 것 못지않게 나를 따르길 부탁합니다. 주님은 그의 거룩한 말씀에서 제시하신 것보다 더 많은 진리를 갖고 계십니다. 내가 개혁교회의 상태를 아무리 슬퍼한다 해도 부족할 것입니다. 개혁교회는 신앙에 있어서 끝나버렸으며 이제 그들의 개혁수단을 넘어서지 못할 것입니다. 루터와 칼빈은 그들 시대에 있어서 위대하게 빛나는 빛이었읍니다. 하지만 그들은 하나님의 모든 뜻을 통찰할 수 없었읍니다. 루터교 사람들은 루터가 보았던 것을 넘어설 마음을 갖지 않습니다. 그리고 여러분도 알다시피 칼빈주의자들은 하나님의 그 위대한 사람이 그들을 내버려 둔 지점만을 굳게 고수합니다. 나는 여러분이 이것을 기억하길 부탁합니다. 이것은 단 하나의 여러분의 교회 계약입니다. 즉, 하나님 말씀에서 여러분에게 알려지는 진리라면 무엇이든지 언제라도 받아들이겠다는 것입니다."

 모든 주제는 심히 중요하고 적잖게 어려운 것이다. 교회를 안전케 하는 것은 오직 새롭게 된 믿음과 성령의 사역에 대한 끊임없는 기대 속에 있다. 성령은 교회의 믿음의 구성원들의 삶 속에서 역사하신다. 이것에서 교회의 능력을 소생케 하실 이에 대한 강렬한 헌신이 생겨날 것이다. 교회는 성경의 모든 진리를 받아들이며 성령께서 가르치시는 말씀 속에서 삶과 증거로 그 진리를 재현할 것이다.

강해 15

성령을 신뢰함(27장)

스톡마이어(Stockmaier)목사의 강연이 들어 있는 『1879년 케스윅(Keswick)집회에 대한 회고』라는 제명(題命)의 소책자에서 나는 성령의 사역에 관한 매우 시사적인 생각 몇 개를 발견했다. 즉, 성령은 우리가 우리 자신의 생명에 대해 죽게 하실 수 있으며 그리스도를 우리의 생명으로 받아들이게 하실 수 있다는 것이다. 이것을 보존하며 이것에 접근할 다른 방도가 없는 독자들에게 이것을 소개하기 위하여 나는 다소간 긴 발췌문을 여기 제시한다. 모임과 영적 부흥의 축복이 지속되며 더욱 풍성하고 깊게 흘러나올 수 있는 유일한 방법은, 신자 개개인이 그가 성도들과의 교제 속에서 받아들인 것은 성령의 복된 사역을 통하여 개인적으로 확고히 되며 더 하여질 수 있다는 것을 깨닫는 것이다. 성령은 신자 안에 거처를 갖고 계시지만 신자는 거의 그를 전혀 알지 못한다.

빌립보서 2 : 12, 13, "두렵고 떨림으로 너희 구원을 이루라 너희 안에서 행하시는 이는 하나님이시니 자기의 기쁘신 뜻을 위하여 너희로 소원을 두고 행하게 하시나니." 우리는 복종치 않음을 두려워할 것이다. 왜냐하면 우리는 인간의 사역이나 인격 앞에 있는 것이 아니라 성령 앞에 있기 때문이다. 우리 안에서 행하는 이는 우리가 아니라 성령이시기 때문이다.

모세가 불붙은 떨기나무 앞에 왔을 때 여호와께서 그에게 "너의 선 곳은 거룩한 땅이니 네 발에서 신을 벗으라"고 말씀하셨다. 이것은 거룩한 땅이다. 왜냐하면 소원을 품고 행하게 하는 일을 하시는 이가 성령 하나님이시기 때문이다. 성화와 봉사의 모든 문제에 있어서 우리는 우리 자신 앞에 있지 않으며 하나님 앞에 있다. 거룩한 땅, 즉 인간의 땅, 인간적 인격의 땅이 아닌 성령의 땅 위에 있다. 그리고 그런 이유 때문에, 즉 우리 안에서 우리로 소원을 두고 행하게 하시는 이는 하나님이시기 때문에 두렵고 떨림으로 우리의 구원을 이루어야 한다. 그러면 우리의 구원을 이룬다는 것은 무엇인가? 사도는 같은 구절에서 "나의 사랑하는 자들아 항상 복종하여"라고 말한다. 나는 "그러므로"라는 단어가 8절에 있는 그리스도의 사역으로 돌이켜 보게 한다고 생각한다. 그리스도는 '죽기까지 복종하셨다.' 5절~11절에는 그리스도의 사역—낮추심이 있다. 그리고 그가 낮아지셨기 때문에 그렇게 높이 올리워지셨다. 그러므로 우리 또한 복종해야 한다.

12, 13절에는 예수님의 사역을 계속하시는 성령의 사역이 있다. 예수님은 죽기까지 복종하셨다. 죽음은 우리의 본성에 반대된다. 우리는 우리의 생명을 지키기 위해 할 수 있는 것이라면 무엇이든지 행한다. 하지만 그리스도께서 영원하신 성령으로 말미암아 흠없이 자신을 하나님께 드리셨고 그의 죽음으로 희생사역을 마치셨던 것처럼 성령의 사역은 죽으신 그리스도와의 사귐으로 우리를 이끄신다. 성령은 우리가 그리스도의 능력으로 기꺼이 죽게 하신다. 성령은 그리스도의 죽음이 우리를 둔 위치에 우리가 있게 하신다. 그리스도께서 죽으신 것은 '사는 자들이 이후로 자신들을 위해 살지 않고 그들을 위해 죽으시고 다시 사신 자를 위해 살게 하기 위함' 이었다. 그리스도로 말미암아 우리에게 주어진 위치로 자발적으로 들어가려 하는 사람은 아무도 없을 것이다. 우리의 손을 잡고 우리를 우리 자신의 생명에서 이끌어내어 우리가 기꺼이 부활하신 그리스도의 죽음과의 교제를 좋아하고 추구하게 하는 이는 성령이시다. '지금 나 없을 때에도' 성령께 복종하기를 계속하라. 그가 너희를 가르치셔서 어린 양을 따르게 하실 것이며 너희로 기꺼이 그리스도와 함께 죽게 하실 것이다. 이는 너희가 새 생명 가운데 섬기며 사랑하며 행하게 하기 위함이다. 그리고 이 모든 것을 두렵고 떨림으로 행하라. 행하는 이는 하나님이시기 때문이다. 우리에게 필요한 유일한 두려움은 성령의 모든 역사하심 속에서 그를 따르며 자아에서 벗어나 그에게 복종하는 것이다. 이는 그가 우리를 그의 손 안에 두시기 위함이며 그가 하나님의 영광을 위해 일하심으로 모든 문제를 하나님의 손 안에 위임하시기 위함이다. 그리고 우리의 두려움이 그 점—구세주를 근심케 하지 않는 것—에 집중되면 즉시로 우리는 더 이상 두려워할 것을 아무것도 갖지 않게 된다. 우리는 먼저 하나님 나라와 그의 의를 알 수 있을 것이며 다른 모든 것은 우리에게 더하여질 것이다. 왜냐하면 하늘이 온 땅 사면을 둘러싸고 있는 것처럼 성령의 사역은 우리의 존재 속에 그것이 미치지 않는 것을 아무것도 남겨 두지 않을 것이며 모든 것을 그의 행

위와 변화시키는 능력 아래 둘 것이기 때문이다.
　우리는 우리의 근원이 되는 거룩한 땅으로 돌아가야만 한다. 하나님은 그의 것을 소유하셔야만 한다. 우리는 그에게서 나왔으며 그에 의해 지음 받았다. 우리는 성령을 영화롭게 하며 그의 사역을 우리가 가지고 있는 가장 귀한 것으로 생각하길 배워야 한다. 그리고 그의 한 가지 암시라도 놓치는 것을 두려워해야 한다. 성령이 하시는 모든 일은 무한한 수고를 담고 있으며 우리가 성령의 어떤 사역을 사랑한다면 우리가 알고 있는 것보다 더 무한한 수고를 사랑하는 것이기 때문이다. 우리가 하나님의 사랑을 더 많이 알아야 하는 것만큼 하나님 두려워하길 또한 더욱 배워야 한다는 것은 경험의 문제이다. 전자는 후자를 포함하며 통제한다. 그 둘에는 모순이 없다.

　야고보서 4:1에서 우리는 "너희 지체 중에서 싸우는 정욕"에 대해 읽는다. 그리고 같은 문맥(5절)에서 성령의 소욕에 대해 읽는다. 그러나 우리가 일반적으로 부여하는 것과 같은 의미를 그 말씀 위에 부여할 수 없다. 여기서의 말씀은 죄의 소욕을 의미하지 않는다. 하나님의 성령은 죄의 소욕을 가지실 수 없다. 여기서 우리는 공통적인 것이 아무것도 없으며 하늘과 땅처럼 완전히 분리된 두 가지 성향, 두 가지 능력, 두 가지 세계—육체와 성령—를 보게 된다. 우리는 성령의 사역을 통하여 우리의 책임을 지니기 때문에 책임있는 도덕적 존재이다. 이는 우리가 우리의 내적, 외적 삶 속에서 적대적인 이 둘 중 어떤 것에 움직임과 행위를 허락할 것이냐에 관한 책임이다.
　'나는 순수하지 못한 감정에서 일어나는 것은 마음 속에 자리잡아서는 안되며 일순간이라도 빛으로써 모양을 지닐 수 없다는 입장을 알고 있다. 이런 입장의 그리스도인은 순수치 못한 욕구로부터 그리스도로 말미암아 자신을 지키길 배운다. 그리고 그런 욕구는 더 이상 나타나지 않는다. 하지만 이런 그리스도인들이라 할지라도 순수치 못한 욕구를 형성하는 육체의 성향에 대한 의식을 갖고 있다.'
　순수치 못한 것과 순수함으로 충만한 것 사이에는 무한한 등급이 존재한다. 그리고 우리가 순수치 못한 욕구에서 완전히 해방된 이후에야 비로소 성령께서 그의 순결케 하는 사역 속으로 더욱 더 깊게 나아가실 수 있다. 이것은 표현될 수 없으며 인식되어야만 하는 것이다. 그리고 우리는 우리의 경험과 다른 사람들의 경험, 즉 교회에서의 그리스도인의 삶의 수준이 성경해석에 얼마나 크게 영향을 미치는가를 쉽게 의식하지 못한다. 케스윅이나 옥스포드와 같은 모임에 참석하여, 성령 하나님께서 더욱 더 가깝게 끌어당기시는 것만큼 자신의 내적 분위기가 바뀌어지며 신선한 공기를 들이마시게 되는 순간에 도달함을 경험해 본 적이 있는가? 그리고 우리가 성령의 그늘 아래 오는 것만큼 우리의 삶에 대한 성령의 능력은 보통과는 다르게 될 것이다. 우리가 최초의 예루살렘 교회로 되돌아갈 때 우리는 성령의 능력을 충만히 경험하여 우리의 육체의 성향을 피하게 될 것이다. 하지만 우리는 가족이다. 우리가 머리되신 예수 그리스도의 충만함을 개인적으로 경험하려면 우리의 말을 이해하는 다른 사람들이 있어야 한다. 우리가 지체들의 삶을 필요로 함은 성령의 생명을 인식하기 위함이다. 우리가 병든 그리스도인들, 잠자는 그리스도인들, 즉 그들의 구세주를 전적으로 신뢰하지 않는 그리스도인들에게 둘러싸여 있을 때 전능자의 그늘 아래 거하기란 어려운 일이다. 우리의 일상 생활, 대화, 표정은 우리가 선한 목자 안에서 생명을 풍성히 얻고 있음을 증명해야만 한다. 오, 사랑하는 그리스도인들이여, 성령께서 우리의 생명 전부를 죽이고자 일하실 때 우리의 생명을 지키며 보호하려 하지 말자. 오, 사랑하는 형제들이여, 우리는 너무 '세상적'이다. 우리의 세상적 생활은 개종시키는데 커다란 장애물이며 복음이 별로 열매맺지 못하는 큰 이유이다. 하지만, 기억해야 할 것은 그리스도인이라면 누구나 다 주님께 모든 것을 내어드리는 때가 있었다는 것이다. 그때에 그리스도인은 행복했다. 그리고 지금 그가 불행한 이유는 자신의 모든 생명을 포기하지 않으며 일상 생활, 일상 대화, 일상 사건 등에 있어서 때때로 자기 뜻과 하나님 뜻 사이에서 주저하고 있다는 것이다. 오, 나의 형제들이여, 나는 어떤 인간적 기대나 욕구에든지 내 마음을 더 이상 열지 않으려 한다. 왜냐하면 그것은 나의 하나님의 얼굴을 뵙지 못하게 할 것이기 때문이다. 나는 어느 오후 한 시라도 결코 내 손에 두지 않으려 한다. 그렇다면 그것은 불행한 날, 불행한 시간일 것임을 알고 있기 때문이다. 나는 너무 행복함으로 매일 매시를 내 천부의 손에 두려 할 것이다. 그리고 너무 행복함으로 다시는 내 인생의 실마리를 내 손에 두려 하지 않을 것이다.

  요한복음 16：7∼11, 그리고 사도행전 2：36과 뒤이은 구절절에는 약속의 성취가 있다. 사랑하는 형제들이여, 요한복음서의 본문에는 우리의 거룩한 주님께서 제시하신 성령의 독특한 두 가지 직무가 나온다. 제자들에 대한 그의 이름은 보혜사이다. 그는 또한 세상을 책망하는 일을 하신다. 그러나 그가 제자들을 통하여 세상을 책망하실 수 있으려면 더 많은 제자들이 성령의 충만을 받아야만 한다. 그러므로 오순절에 그 약속이 성취되었다. 제자들은 성령으로 충만해졌다. 보혜사가 그들 안에 거하셨기 때문에 그들은 하나님의 손에 있어 불신앙의 죄에 대해 세상을 책망하는 도구가 되었다. 성령께서 보혜사로서 일하시는 것을 알고 있는 제자들이 얼마나 적은가! 그리고 그의 위로는 무엇인가? 성령은 무엇보다도 우리가 아들의 능력으로 아버지를 기쁘시게 해드리고 있다는 의식, 즉 우리는 아버지를 기쁘시게 하는 화목된 자녀들이라는 의식을 우리 마음에 전해 주실 것이다. 오, 그리스도인들은 얼마나 오랫 동안 성령의 직무를 안으로 향하게 할 것인가? 그리고 성령께서 그들의 일상 생활 속에서 위로하시기 보다는 책망하시기를 얼마나 오랫 동안 하시게 할 작정인가? 내가 요즈음에 깊이 느끼는 것이 있으므로 그것을 하나님 앞에서 말하고자 한다. 즉, 성령께서 우리 가운데서 행하셔야만 하는 것은 일반적으로 말해서 위로하시는 것보다는 책망하시는 사역—죄에 대한 책망—이라는 것이다. 무슨 죄인가? 불신앙의 죄이다. 아주 많은 그리스도인들이 하루나 한 주일, 한 해를 돌이켜 보면서 그들이 하나님을 기쁘시게 한 증거를 그들의 삶 속에 갖고 있지 않을 때 그것은 오직 불신앙의 열매인 것이다. 그리고 성령께서 몇 번이고 죄를 책망하시는 그의 일을 감당하시지 않을 수 없으며 하나님의 자녀들이 결국 믿음의 능력을 잃어버려 하늘에 계신 아버지를 기쁘시게 하는 삶에 이르지 못하는 것도 오직 불신앙의 열매인 것이다. 오, 케스윅 모임이 하나님께 인정받으려면 이런 열매를 맺어야 한다. 즉, 일주일 후, 한 달 후, 일년 후에 적어도 믿음으로 깨달아 하나님을 기쁘시게 하는 그리스도인들이 있어야 할 것이다. 그리고 일년 후로 돌아가지 않고 예수님의 능력을 말한다 할지라도 그들의 삶 속에서 그리스도의 능력을 나타내고 있는지를 질문받을 때 늘상 하나님을 기쁘시게 해드리지 못하며 보혜사되신 성령의 존재를 언제나 소유하고 있지 못함을 고백하는 그리스도인들이 있어야 할 것이다.

　기억하라. 우리가 거룩한 땅 위에 있으며 우리가 하나님의 능력을 인식하고 있지 않다면 그것에 대해 이야기할 권리가 없음을. 오, 나는 내가 믿고 있는 모든 것을 인식하고 있지 않음을 한 순간이라도 깨닫는다면 한 걸음도 나아가려 하지 않는다.

　그리고 이제 베드로전서 2 : 5, 9에서 한 구절 더 보자. 오, 사랑하는 교우들이여, 우리도 하나님이 우리에게 주신 그 영광스런 임무를 수행할 수 있다. 우리는 불신앙의 죄에 대해 책망받으며 불신앙의 죄에서 영구히 떠난 이후에 비로소 성령께서 보혜사로서 우리 영혼 속에서 활동하고 계심을 알 수 있다. 오순절날 삼천 명의 사람들이 그들의 죄를 어떻게 깨달았던가!'우리가 어찌할꼬?''회개하라': 이 말은 너희 죄, 즉 예수 그리스도에 관한 불신앙의 죄에서 떠나라는 것이다. 그들은 그렇게 했다. 그 순간에 그들은 그들이 십자가에 못 박은 예수님을 주이자 그리스도로서 받아들였다. 그러므로 내가 부탁하고자 하는 것은 불신앙의 두려운 죄에서 떠나라는 것이다. 이는 우리가 예수님을 기름부음을 받으신 주님으로서 알기 위함이다. 그는 하나님의 자녀들을 기다려 기름을 붓고 제사장들로 삼고자 하신다. 그리고 그가 우리의 일상 생활 가운데서 우리로 하여금 신뢰하게 하시며 믿음과 하나님을 기쁘시게 하는 행위 속에 우리를 거하게 하실 수 있음을 믿음으로 시작하자. 아버지를 기쁘시게 하지 않는 삶을 우리가 더 이상 계속할 수 있겠는가?

　"빌립보서 2 : 12, 13. 우리 앞에 제시된 영광의 진리를 좀더 실제적으로 인식하지 못하는 것은 하나님의 자녀들이 예수님의 사역을 분명히 신뢰하며 하나님 앞에 있는 갈보리 위의 입지점(立地点)을 분명하게 바라보고 있지만 성령을 그만큼 분명하게 신뢰하고 있지 못하기 때문이라고 생각한다. 성령은 언젠가 우리 안에서 역사할 능력이 아니라 각 신자의 영혼 속에서 끊임없이 역사하면서 우리의 구원에 관한 모든 것을 의도하고 행하는 능력이시다. 나는 이 순간 호흡할 공기가 있으며 나의 하나님께서 그것을 내게 매일 허락하고 계심을 안다. 마찬가지로 성령도 내 영혼의 가장 깊숙한 부분에서의 그의 사역을 중단하시지 않을 것이다. 나는 그의 전이며 그는 내 속에서 역사하시고 있다. "너희 안에서 행하시며 너희로 소원을 두고 행하게 하시는 이는" 성령 하나님이시기 때문이다.

이제 우리는 어떻게 신뢰할 것인가?를 묻고자 한다. 나를 죄에서 멀게 하시는 예수님을 내가 신뢰하고 있음을 어떻게 확신할 수 있는가? 즉, 오늘 오후, 오늘 저녁 내가 하나님과의 교제를 지속하면서 예수님 안에 거하고 끊임없이 신뢰할 것임을 어떻게 확신할 수 있는가? 사랑하는 형제여, 우리가 이런 질문을 하고 있는 순간 우리는 성령을 불신하고 있는 것이다. 우리가 이런 질문을 하고 있는 한 우리는 결코 하나님과의 교제를 지속시키지 못할 것이다. 왜냐하면 우리는 끊임없이 신뢰하는 비결을 우리 자신 속에서 찾고 있기 때문이다. '우리 안에서 행하시면서 소원을 두고 행하시는' 이는 '성령'이시다.

이런 사실들을 인식하는 그리스도인들이 매우 적은 이유는 하나님의 자녀들이 예수님의 사역에 대해 갖고 있는 것과 같은 분명한 신뢰감을 성령의 사역에 대해 갖고 있지 않다는 것이다. 우리는 그리스도께서 그의 사역으로 우리를 위해 예비해 두신 모든 것을 인식하는 '삼위일체의 신자'이어야만 한다. 그러나 우리가 성령의 섭리 속에 있다 해도 성령을 영화롭게 하지 않는 한 실제적인 그리스도인들이 될 수 없다.

우리 일상 생활의 모든 면에 있어서 성령께 나아가자. 아버지와 아들과 성령은 모두 함께 일하고 계신다. 아버지는 성령과 손을 잡고 일하신다. 성령은 내 영혼 속에서 일하신다. 그는 내가 예수님을 바라보고 있는 동안만 내 영혼 속에서 자유롭게 역사하실 수 있다. 내가 성령의 사역을 바라보기 시작하는 순간 나는 그것을 방해하는 것이다. 성령의 사역의 시작과 끝은 내가 예수님을 바라보게 하는 것이다. 내가 예수님을 바라보고 있을 때 성령께서 내 안에서 역사하실 수 있는 올바른 위치에 있는 것이다. 그리고 아버지는 성령과 더불어 종일토록 일하신다. 아버지께서 일하시지 않는다면 내 영적 연령으로는 감당할 수 없는 유혹이 있을 것이다. 나는 고린도전서 10:13("사람이 감당할 시험밖에는 너희에게 당한 것이 없나니 오직 하나님은 미쁘사 너희가 감당치 못할 시험당함을 허락치 아니하시고 시험당할 즈음에 또한 피할 길을 내사 너희로 능히 감당하게 하시느니라."—역자주)에 기술된 상황 아래 있을 수 없을 것이다. 우리가 감당할 수 있는 것을 넘어선 유혹이란 있을 수 없다. 아버지께서 그의 자녀를 위해 다음 날 필요한 것들을 매일 저녁 예비해 두시고 있기 때문이다. 내가 예수님을 바라봄으로 얻는 영적 능력을 능가하여 안팎으로 폭풍이 몰아쳐

옴을 결코 그가 허락하시지 않으리라는 것을 나는 안다. 머리에서 머리카락이 떨어지려면 반드시 천부께서 허락하심이 있어야 한다. 그러므로 성령의 사역은 아버지의 보호하시는 능력에 의해 우리 영혼 속에서 자유롭게, 충분히 점진적으로 계속될 것이다. 아버지는 외적 삶의 모든 면모들을 정리해서서 그의 능력이 성령의 사역과 손을 잡고 함께 역사하게 하신다.

'질문' : 성화를 위해 신자는 요한복음 7 : 37~39에 언급된 성령을 받아야 하는가 아니면 성령은 성화와는 구별된 은사인가?

사랑하는 교우들이여, 성화란 무엇인가? 한마디로 말하자면 칭의로 말미암아 성령에 의해 예수 그리스도께로 인도함을 받는 것이다. 하나님은 우리의 죄짐을 벗기셨다. 그는 우리를 택하셔서 예수 그리스도 안에 있는 새로운 세계 속에 두셨다. 내게 있어서 성화란 다름아닌 예수 그리스도 안에 '거하는'것이다. 곧, 성령께서 나를 두신 장소에 머무르는 것이다. 우리가 성령을 처음 받은 순간부터 우리 속에 계신 성령을 존경하는 것을 제외하고 우리가 행할 것이라고는 아무것도 없다. "두렵고 떨림으로 너희 구원을 이루라 너희 안에서 행하시는 이는 하나님이시니 자기의 기쁘신 뜻을 위하여 너희로 소원을 두고 행하게 하시나니." 그러므로 많은 하나님의 자녀들이 진실로 생명수가 아니라면, 생명수가 그들에게서 흘러나오고 있지 않다면 그것은 그들이 모든 면에서 실제로 성령을 영화롭게 하지 않기 때문이다. '두렵고 떨림으로 이루라.' 우리는 '안에서 역사하시는' 성령께 복종해야만 하기 때문이다. 어떤 점에서든지 성령께 복종치 아니하기를 두려워하라. 그러면 우리는 다른 사람들에 대한 생명수가 될 것이다. 우리 안에서 역사하시는 성령께 우리의 존재를 모든 면에서 넘겨 드리는 순간부터 하나님은 우리 성품을 복종시키실 것이다. 또한 나무가지 속에 수액이 흐르듯이 하나님은 우리 안에서 활동하실 것이다.

'질문' : 그리스도 안에 있는 이 믿음의 삶이 일반적인 일상적 유혹—가령, 아침 일찍 일어나 아침식사 전에 성경읽기와 기도를 위한 시간을 확보하지 못하는 것—에서 우리를 어떻게 도울 것인가?

여기서 가르친 것을 일상적 경험 속에서 인식하는 비결은 모든 면에서 성령의 암시에 내맡기기를 배우는 것이다. 성령은 우리 안에서 노예의 주인인 양 역사하시지 않는다. 그는 우리로 그리스도의 배우자가 되게 하신다. 남편과 아내의 올바른 관계는 아내가 남편과 동등하게 되는 것이다. 그리고 우리는 성령과의 관계 속에서 지극히 하찮은 암시, 곧 '나직하고 조그만 음성'에도 내어 맡기길 배워야만 한다. 우리가 사는 동안에 전적으로 하나님의 그런 나직하고 조그만 음성에 우리의 귀를 더욱 더 열어 놓기를 배우는 것은 얼마나 귀중한 교훈인가! 우선 아무런 갈망이 없는 그리스도인들에게는 근심이 많다. 왜냐하면 잘못된 훈계,즉 성령을 따르지 않는 가르침의 목소리와 그 이외의 목소리들이 생각과 영혼을 채우기 때문이다. 그리고 그들은 다른 모든 목소리에 귀기울이지 않고 그런 나직하고 조그만 음성에만 귀기울이기를 배워야 한다. 그 목소리를 구별하길 배우는 것은 얼마나 거룩한 일인가! 그리고 우리 영혼과 생각, 바라는 것이 하나님 편에 있을 때 그 목소리를 구별할 것이다. 우리의 좋은 목자의 선함과 친절함, 온유함과 섬세함을 신뢰할 때 우리는 듣기를 배울 것이다. 다른 목소리들을 들을 때 우리는 정녕 잘못된 길로 나아갈 것이다. 로마서 8:11과 데살로니가전서 5:23에서 하나님의 마지막 방법이 '형체화'(形體化:corporality)임을 알 수 있다. 하나님의 사역이 끝나려면 우리'몸' 속에 구현되어야만 한다. 우리는 그리스도인들의 얼굴 속에서, 그들 눈의 표정 속에서 그들이 '미성숙한' 그리스도인들이 아님을, 즉 그들이 오랫 동안 하나님과 함께 살아 왔음을 읽을 수 있다. 우리가 나지막한 조그만 음성 듣기를 배우는 것에 비례하여 '예수를 죽은 자 가운데서 살리신 이의 영'이 또한 우리의 죽을 몸 속에서 역사하셔서 그것에 생명을 불어넣으실 것이다. 우리가 일찍 일어나려고—우리의 꿈을 정복하려고—노력하고 애쓸 때가 있다. 우리는 하지 못한다. 하지만 우리가 성령께 내맡기기를 배우는 것에 비례하여 하나님의 성령의 소생케 하는 능력이 우리 몸 속에 나타날 것이다. 그리고 우리의 몸은 하나님을 섬기기에 가장 적합한 모든 것을 위해 원래의 탄력성을 얻을 것이다. 우리는 하나님께서 우리로 행하게 하시려는 것을 그의 음성 가운데 깨닫기를 배울 것이다. 하나님의 성령은 우리의 타고난 힘으로 수행할 수 있는 것을 위해 결코 우리 몸에 생기을 불어넣지 않으실 것이다. 그러나 내가 날마다 시시때때로 깨닫고 인식하는 것은 하나님은 내게 주신 모든 사역을 위해 이 죽을 몸에 생기를 불어넣으시리라는 것이다. 내 영어가 매우 서툴 수도 있다. 하지만 하나님의 성령께서 내게 허락하시지 않는다면 나는 5초도 말할 수 없을 것이다. 그러므로 일찍 일어나는 것이나 그밖의 어떤 일에 대해서든지 성령은 매순간 필요한 만큼의 능력을 허락하실 것이다. 이런 식으로 살아가고 있는 사람은 그가 건강하건 병들었건간에 피곤하거나 튼튼한 것에 더 이상 개의치 않는다. 그는 일에 대한 지시를 그의 하나님에게서 받는 것을 배운 것이다. 일찍 일어나는 것이 하나님의 뜻이며 하루를 안전하게 지내기 위해 필요하다고 생각한다면 그는 어린 아이처럼 아버지께 나아가 '내가 일어나는 순간부터 일용할 양식을 허락하소서'라고 말할 것이다. 이는 하나님의 성령께서 죽을 몸 속에서 역사하심을 함축하고 있다. 그러므로 몸과 혼과 영이 매순간 주님께서 그의 일을 위해 원하시는 대로 되는 것이다.

빌립보서 2 : 8에서 예수 그리스도께서 "죽기까지 복종하셨으니"라고 읽는다. 몇 구절 더 내려가 보면 사도가 "너희가 나 있을 때 뿐 아니라 더욱 지금 나 없을 때에도 항상 복종하여 두렵고 떨림으로 너희 구원을 이루라 너희 안에서 행하시는 이는 하나님이시니 자기의 기쁘신 뜻을 위하여 너희로 소원을 두고 행하게 하시나니"라고 말함을 발견한다. 소원을 두고 행하게 하신다는 것은 무엇을 의미하는가? 죽기까지 복종하신 예수님과 같은 마음을 갖는다는 것이다. 성령은 우리로 기꺼이 죽게 하시며 모든 면에서 아침부터 저녁까지 거룩한 하나님의 제단 위에 산 제물이 되게 하시고 새 언약의 영광스런 법으로 자진해서 나아가게 하신다. 즉, 우리는 우리 자신의 생명을 포기하는 것에 비례해서만 생명을 얻을 수 있는 것이다.

우리가 예수 그리스도의 생명이 우리 생명에 비할 바없이 무한히 귀중함을 믿는다면 그리스도께서 우리에게 전해 주신 생명은 얼마나 영광스러운 것인가! 그리고 성령께서 우리 안에서 일으키시는 생명은 얼마나 영광스러운 것인가!

많은 그리스도인들이 그리스도를 위한 그들의 사역에 있어서 왜 자주 기운을 잃는가? 그들이 그들의 사역 속에서 그들 자신의 생명을 추구하고 있기 때문이다. 우리의 사역은 그것 속에서 우리의 생명이나 기쁨을 구하지 아니하며 그리스도의 영광과 관심만을 구할 때 오직 열매를 맺을 수 있다. 우리는 그리스도와 함께 장사되어 오직 그의 생명 속에서 사는 한 부활 생명을 소유할 수 있다.

요한복음 5 : 29을 읽을 때 '성경을 유심히 보라.' 예수님은 엠마오의 제자들에게 모든 성경이 예수의 이름으로 가득찼음을 보여주셨다. 예수님을 전적으로 신뢰하는 사람들이 적음은 성경에서 발견하는 참된 예수를 아는 사람들이 적기 때문이다. 우리는 상상에 의한 그리스도, 감정에 의한 그리스도에게서 벗어나 성경 속에 주어진 그리스도께로 돌아와야만 한다. 그는 우리의 죄를 위해 죽으시고 그의 의의 삶을 우리로 살게 하기 위해 사신 참된 생명의 구주이시다.

오, 성경을 유심히 살펴보라. 성령께서 사시다가 죽으시고 부활하신 예수님의 인격을 우리 눈 앞에 들어 올리시게 하라. 우리 기도에 응답하시는 성령께서 예수님의 인격에 관해 새로운 빛을 전해 주시면 주실수록 우리는 예수님을 어떻게 신뢰해야 할지를 더 이상 묻지 않게 될 것이다. 이 친구와 더욱 더 친숙하게 지내라. 그러면 내가 어떻게 예수님을 신뢰할 것인가? 하고 더 이상 묻지 않게 될 것이다. 다른 방법은 없다. 오직 이 한 가지만을 기억하라. 즉, 그것은 믿음으로 말미암는다는 것을. 예수님은 첫째 단계에서 그의 모든 사랑을 드러내시지 않는다. 그는 우리가 그를 신뢰할 것을 요구하신다. '너는 내 생명이 너의 모든 생명보다 더 귀함을 믿을 수 있느냐? 그러면 내게 네 생명을 다오. 내가 네게 또다른 생명을 주겠다'라고 말씀하신다. 예수님은 기다리고 계신다. 성령은 예수님의 인격에 관해 빛을 던지시고 계신다. 우리는 너무나 악해서 성령께서 예수님을 보여주실 때에야 비로소 우리 자신을 되돌아본다. 오, 사랑하는 형제여, 이것이 풍성한 삶이다. 누구에 대해서인가? 살아 계신 구세주께서 갈보리에서의 그의 사역 — 다시 말해서, 우리로 우리 자신의 생명에 말려 들게 했던 사슬과 끈을 그가 끊으신 것 — 에 대해 깨닫도록 이끄시는 자들에 대해서이다. 우리는 죽을 수 없었다. 우리의 거룩한 목자와 함께 푸른 초장뿐 아니라 사망의 음침한 골짜기라 할지라도 갈 생각을 하지 못했다. 복음서에서 예수 그리스도께서 마리아에 대해 "이 여자의 행한 일도 말하여 저를 기념하리라." "이 여자가 행한 것은 내 장사를 위하여 함이니라"고 말씀하셨다. 마리아는 죽으실 그리스도를 받아들였다(여자는 감수성이 예민한 자이다). 그녀는 시몬 베드로가 받아들이지 못한 것, 즉 그리스도께서 십자가로 가셔야만 하는 것을 받아들였다. 그녀는 자기의 가장 좋은 향유를 그리스도께 부어 그의 장사를 준비했다. 오, 죽으신 그리스도를 전적으로 받아들이자. 우리 자신을 살리기 위해서는 더 이상 요구하지 말자. 예수 그리스도는 죽으셨고 죽으심으로 부활에 이르셨다. 그리스도의 생명의 그늘 아래 거하라. 우리는 안식과 평화를 원한다. 그것을 푸른 초장과 잔잔한 물가에서만 구하지 말라. 가장 깊은 위로는 사망의 음침한 골짜기 속에 있다. "내가 해를 두려워하지 않을 것은"—어디서인가? "사망의 음침한 골짜기" 속에서이다. 내가 선포하는 것은 죽음으로 말미암는 생명, 죽음 안에 있는 생명이다. 나는 그것 외에 다른 생명을 알지 못한다. 예수께서 '모든 것'이라면 내 생명은 그의 생명 앞에 내놓아야만 한다. 그의 생명은 나의 모든 생명에 대한 권리를 갖고 있어야만 한다.

성경을 연구하는데 더 깊이 나아가라. 그리스도의 모든 발자취를 따르라. 그가 죽으심으로 죽음의 능력과 두려움을 치우심으로 인해 우리가 더 이상 속박되지 않음을 기억하라. 그리고 이제 자신에 대해 죽는 것은 더 이상 두려운 것이 아니다. 그것은 생명이다. 나의 모든 존재를 만족시키기 위한 생명일 뿐이다. 아무것도 갖지 않는 것이 그리스도를 소유하는 것이다. 오, 예수께서 우리로 그의 죽음과 완전하게 교제하게 할 것임을 신뢰하라./ 그를 신뢰하라./ 우리 성품과 우리 감정을 바라보지 마라. 사망의 골짜기 뒤에 풍성한 생명이 있다. 우리가 모든 것을 포기하고 우리 자신을 예수님의 팔에 맡길 때 죽음을 두려워하지 않게 될 것이다. 내가 갖고 있는 경험이나 예수님께 자신을 전적으로 맡긴 모든 사람이 갖고 있는 경험은 유일한 참된 생명이 존재한다는 것이다. 일상 생활 속에서 조화를 원한다면 생명을 구하지 말라. 생명을 구하고 있다면 결코 생명을 발견치 못할 것이다. 생명이란 오직 자신의 생명을 지닐 때만 존재한다. 생명이 우리가 구하고 있는 것이라면 우리는 언제나 그리스도 안에서 우리 자신에 대해 죽을 능력을 구해야 한다. 우리가 죽지 않는다면 열매를 맺을 수 없을 것이다. 내가 이런 전적인 신뢰의 결과로 무엇을 보고 느꼈는가를 말하길 원하는가? 그것은 이렇다. 나는 이전보다 더욱 잘 알게 된 나의 구세주로 인해 그가 의도하시는 모든 것을 경험하게 되었다. 그는 나로 깊은 물을 지나게 하셨다. 불로 정결케 되지 않는 하나님의 종이란 없다. 주님은 레위 자손들이 불을 지나게 하신다. 거기서 그는 그들의 직무를 위하여 정결케 하신다. 주님은 열매맺는 직무를 위해 오직 순전한 그릇들만을 사용하신다. 하나님은 항상 깨끗치 못한 그릇은 사용치 아니하신다. 나는 또한 사망의 음침한 깊은 골짜기에서 내 구주를 알았으며 결코 전에는 느껴보지 못한 그의 위로를 경험했다. 그러므로 정녕코 나의 거룩한 목자께서 나로 깊은 물과 어둔 골짜기를 지나게 하시고자 할 때 나는 결코 잔잔한 물가나 푸른 초장으로 가려 하지 않을 것이다. 한편에는 푸른 골짜기가 있고 다른 한편에는 어둔 골짜기가 있다. 그는 특별한 필요에 따라서 양들 각자를 인도하신다. 예수님을 바라보길 배우라. 그렇게 함으로 예수께서 그의 모습으로 우리의 방황하는 모습들을 성령의 인도 아래로 이끄심을 점점 더 발견하게 될 것이다. 그리고 조금씩 그것이 우리 영혼의 자세가 될 것이다. 그리고 어떤 것이든지 보다 쉽게 행함으로 예수님을 불신하지 않게 될 것이다.

'질문' : 실제적인 성결 생활이 진지하고 활동적인 사업 생활, 즉 아침 9시부터 저녁 7시까지 일주일 중 엿새를 장사일에 전념하면서 모두 열 개의 거래 중 아홉 개가 변화받지 않은 사람들과 이루어진다고 말하는 사업 생활과 양립할 수 있는가?

한 사업가를 제시해 보이겠다. 다니엘 6장 처음 몇 절에서 다리오 왕국에 방백 일백이십 명과 총리 셋이 있었고 모든 방백들 위에 뛰어난 한 사람, 다니엘이 있었음을 읽는다. 이 사람은 공공연하게 하루에 세 번 자기 집에 돌아가 하늘을 향해 창을 열고 하늘의 공기로 호흡했다. 우리에게 할 일이 많으면 많을수록 더욱 더 하늘의 공기가 필요하다. 허영과 탐욕에 매인 사람을 보라. 이런 사람은 일상 생활의 모든 면에서 그의 삶의 큰 사업 —돈을 버는 것—을 결코 놓치지 않고 바라볼 것이다.

하지만 하나님의 영에 매인 자녀는 그의 일상 생활의 커다란 목적—그의 하나님을 영화롭게 하는 것—을 결코 놓치지 않고 바라볼 것이다. 그리고 그런 삶을 살려면 자신에 대해 죽어야만 한다. 그리스도인 사업가는 자기 자식들을 위해 일하지 않으며 자기 하나님을 위해 일한다. 하나님은 그의 자식들을 위한 양식을 그에게 허락하신다. 나를 믿으라. 하늘에 계신 아버지도 사업을 이해하신다. 그는 그의 자녀들 중 어느 누구도 하루를 지내되 필요한 것을 반드시 공급받게 하신다. 하나님의 자녀가 언제라도 멈춰야 하는 것은 그의 아버지가 그에게 이런 암시를 주실 때이다 : '자녀여, 내게 오라. 내가 네게 말할 것이 있다. 너를 위협하고 있는 구름이 있다. 내 곁에 오라. 이는 내가 너를 준비시켜 그것에 대항하게 하려 함이다.'

'평강으로 들어가라'. 우리는 거룩한 목자의 팔을 의지하므로 안식에 들어갈 수 있다. 우리가 어떻게 안식에 거할 수 있는가를 묻지 말라. 기억하라. 우리가 우리의 악한 마음 속에서가 아니라 성령 안에서 신뢰의 능력을 구하고 있다면 우리로 매일 매시간 항상 신뢰하게 하실 이는 성령이라는 것을. 그러므로 아버지의 마음과 능력의 손으로 인도하심을 받아 삼위일체 사역의 거룩한 땅 위에 서서 '평강으로 들어가라.' 아멘.

사역과 봉사의 기쁨 속에서 천국 생명의 위대한 교훈—'사랑'의 교훈—을 적용하자. 우리의 사역이 아닌 다른 사람들의 사역 속에서 기뻐하길 배우자. '기뻐하는 자들로 함께 기뻐하며 우는 자들로 함께 우는 것'을 배우자. 우리의 모든 슬픔의 눈물을 거두며 단지 우리의 개인적 기쁨을 인해서만 즐거워하지 말자. 우리 주님의 손 아래로 와 그의 손에 감싸여 오직 하나의 목적만을 갖자. 즉, 우리의 모든 사역이 하나님의 손 안에 감싸이게 하는 것이다. 오, '여기에' 생명의 비밀이 있다. 성령은 결코 자신의 영광을 구치 아니하시며 자신에 대해 말씀하시지도 않는다. 그의 유일한 목적은 그리스도를 영화롭게 하는 것이다. "나는 이러한 기쁨이 충만하였노라 그는 흥하여야 하겠고 나는 쇠하여야 하리라." 이것은 천국의 기쁨이었다. 나는 쇠하여야만 하리라—이것은 의무가 아니라 마음의 간절히 바라는 바였다.

강해 16

그리스도의 영과 그의 사랑(29장)

"그리고 내가 육화된 사랑임을 알라. 내가 육으로 옷을 입은 것은 너희 마음 속에서 다스리기 위함이다. 내가 너희를 사랑한 것처럼 서로서로 사랑하라. 그러면 내가 항상 함께 있음을 깨달을 것이다. 나의 모든 생애와 고난은 그 목적으로 이것을 가지고 있다. 즉, 하나님의 사랑이 사람들 가운데 영원히 거하게 하는 것이다. 내가 육체 가운데 나타난 것처럼 나는 교회 안에 나타나야만 한다. 내가 너희를 사랑한 것같이 서로 사랑하라. 그러면 내가 위로 올라가는 것을 보고 놀랄 세상이 너희에게로 돌아와 놀라운 기쁨으로 너희 안에서 그리스도를 볼 것이다. 사랑은 이제껏 소유했던 계시 중 최고의 계시를 소유할 것이다. 너희가 십자가를 바라볼 때, 특별히 성령께서 너희로 지혜로운 눈으로 그것을 바라보게 하실 때 거기에 계시된 사랑이 너희의 모범임을 깨달아라. 십자가 위에서 죽는 것이 너희 안에서 사는 것이다. '이로써 모든 사람이 알리라.' 이것은 어느 누구도 거부할 수 없는 증거이다."

사랑이 예수님의 인격 속에서 우리의 평범한 인간성 안으로 들어오게 되면 벗어나려 하지 않고 오히려 끊임없이 지속하려 든다. 제자들이 십자가에서의 그리스도의 죽으심과 성령의 부으심으로 인해 그리스도의 사랑에 대해 깨달았던 것은 모두 그들에게 서로 간에 즐겁게 해줄 것을 요구하는 사랑에 대한 깨달음이었다. 그들은 각각 예수님의 사랑의 삶을 이어나가도록 위임받았다.

그러나 이 일이 어떻게 가능한가? 신자의 마음이 자기 백성을 위해 구세주의 사랑의 보관소로 되는 것은 그리스도에 대한 신자의 연합을 통해서이다. 모든 신자의 사명은 이것, 즉 그리스도의 사랑의 계시자가 되는 것이다. "너희가 내 안에 거하고 내 말이 너희 안에 거하면 무엇이든지 원하는 대로 구하라 그리하면 이루리라." 그리스도의 백성들의 기도가 보다 더

신속하게 이루어지지 않는 이유를 알기란 어렵지 않은가? 그들은 그의 말씀이 그들 안에 거하게 하지 않으며 그가 그들을 사랑한 것처럼 서로 사랑하라는 그들의 의무를 실제적으로 인식하지 않는다. 우리가 예수님의 친절한 명령—서로에게 그의 사랑을 전하라는 것—에 태만함으로 우리를 향한 아버지의 사랑의 많은 귀중한 표현들이 얼마나 실제적으로 억압받고 있는가를 누가 아는가? 우리는 성령의 부으심을 간절히 바라고 있다고 고백한다. 그러나 성령께서 우리 안에 생산해내시고자 하는 우선적인 것들 중의 하나가 형제들에 대한 그리스도와 같은 사랑임을 마땅히 깨달아야 할 것이다.

"나의 그리스도 형제들은 그들의 육체의 눈으로는 구세주를 보지 못한다. 그러나 내가 구세주께 위임받은 것은 어떤 의미에서는 이런 부족을 메워 주라는 것이다. 나는 예수님의 인간적 인격 속에 나타났던 사랑을 이제 내 삶 속에서 나타내도록 명령받았다. 변함없이 사랑하시는 그가 그의 사랑을 기꺼이 내 속에 두시고자 하지 않는다면 그것은 전적으로 무익한 명령일 것이다. 그 명령은 사실상 참 포도나무의 가지가 되라는 것이다. 나는 스스로 살아가며 사랑하기를 중지하고 내 자신을 맡겨 그리스도의 사랑의 표현이 되고자 한다"—죠지 보우웬(George Bawen),『계시된 사랑』.

강해 17

성령의 임재(5장)

"성령의 사역에 관한 예수님의 가르치심은 매우 독특해서 질문을 제기하게 한다. 즉, 인자의 지상사역 기간동안에 성령은 어디 계셨는가 하는 것이다. 수면에서 운행하시고 이스라엘에게 부어지셨던 성령은 어디에 계셨는가? 그의 사역은 일시적으로 정지되었는가? 이에 대해 구약의 교회에서는 '성령충만'이 실현되지 않았다는 것이 제시될 수도 있다. 그리고 그 것은 의심할 여지없는 사실이다. 하지만 비록 사실이라 할지라도 성령의 강림을 하나님의 새로운 방문이며 축복으로써 다루는 것으로 충분치 않다. 그에 대한 답변은 오히려 성령은 예수 그리스도 자신 안에 계셨으며 성령이 구별된 그리스도인의 은사로서 허락되시려면 처음 단계의 육화가 인자의 승천 속에서 완성되어야만 했음인 것처럼 보인다. 하나님의 모든 충만하심이 그 안에 육체적으로 거하였다. 그런 하나님의 능력이 교회에 부어졌을 때 그것은 그리스도의 마음에서 나온 것이었으며 육화의 신비와 은혜를 구성하고 있던 모든 요소를 포함하는 것이었다"—보혜사.

CHRISTIAN LITERATURE CRUSADE

기독교문서선교회는 청교도적 복음주의신학과 신앙을 선포하는 국제적, 초교파적, 비영리 문서선교기관입니다.

기독교문서선교회는 한국교회를 위한 교육, 전도, 교화에 힘쓰고 있습니다.

만일 당신이 예수 그리스도와 그리스도인의 생활에 대하여 알기를 원하시면 지체말고 서신연락을 주십시오. 주 안에서 기쁜 마음으로 도움을 드리겠습니다.

서울 서초구 방배동 983~2
Tel. 586-8761~3

기독교 문서 선교회

그리스도의 영

The Spirit of Christ

1999년 8월 31일 초판 발행
2016년 3월 14일 초판 5쇄 발행

지은이 | 앤드류 머레이
옮긴이 | 임석남

펴낸곳 | 사)기독교문서선교회
등 록 | 제16-25호(1980. 1. 18)
주 소 | 서울시 서초구 방배로 68
전 화 | 02) 586-8761~3(본사)   031) 942-8761(영업부)
팩 스 | 02) 523-0131(본사)   031) 942-8763(영업부)
홈페이지 | www.clcbook.com
이메일 | clckor@gmail.com
온라인 | 기업은행 073-000308-04-020, 국민은행 043-01-0379-646
        예금주: 사)기독교문서선교회

ISBN 978-89-341-0316-4 (93230)

※ 낙장·파본은 교환해 드립니다.